"어렵고 지루한 금융강의는 가라~ 머리에 쏙쏙 들어오는 기막힌 강의가 온다"

국내 최강의 금융교수진과 함께하는

파생상품투자권유자문인력

족집게 동영상 강의

핵심을 짚어주는
막힘없는 강의

방대한 이론을
명쾌하게 정리

머리에 쏙 들어오는
친절한 해설

nadoogong.com

문제로 정리하는 파생상품투자권유자문인력

 동영상 강의 커리큘럼

▓ 강의 커리큘럼은 사정에 따라 변경될 수 있습니다. 자세한 내용은 나두공(시스컴) 홈페이지를 참조하시기 바랍니다.

핵심을 집어 주는 **금융 자격증** 동영상 강의

펀드투자권유자문인력 | 증권투자권유자문인력 | 파생상품투자권유자문인력 | 투자자산운용사

금융 자격증 준비는 어렵고 지루하다?
방대한 이론을 명쾌하게 정리하는
기막힌 강의!

이론의 요점을
빔 프로젝터로 보충정리하여
필수 이론을 완벽히 설명해 드립니다.

머리에 **쏙쏙** 들어오는
막힘없는 강의로
수험생의 노력을 극대화해 드립니다.

2025

파생상품투자권유자문인력

대표유형+실전문제

김일영 · 이진

2025
파생상품투자권유자문인력
대표유형+실전문제

인쇄일 2025년 1월 1일 9판 1쇄 인쇄   **발행처** 시스컴 출판사
발행일 2025년 1월 5일 9판 1쇄 발행   **발행인** 송인식
등 록 제17-269호   **지은이** 김일영, 이진
판 권 시스컴2025

ISBN 979-11-6941-538-5 13320
정 가 24,000원

주소 서울시 금천구 가산디지털1로 225, 514호(가산포휴) | **홈페이지** www.nadoogong.com
E-mail siscombooks@naver.com | **전화** 02)866-9311 | **Fax** 02)866-9312

이 책의 무단 복제, 복사, 전재 행위는 저작권법에 저촉됩니다. 파본은 구입처에서 교환하실 수 있습니다.
발간 이후 발견된 정오 사항은 나두공(시스컴) 홈페이지 도서 정오표에서 알려드립니다(홈페이지→자격증→도서정오표).

파생상품투자권유자문인력은 사전교육 + 인증시험으로 이루어져 있습니다. 따라서 투자자 보호 관련 집합교육을 의무 이수한 후 인증시험 합격자에게만 파생상품투자권유(판매)·투자자문자격을 부여합니다.

파생상품의 경우 권유대행인이 없고 투자권유자문인력 적격성 인증시험만 시행되어 (겸영)금융투자회사 재직자만 응시 가능하다는 점도 기억해야 합니다. 또한 증권투자권유대행인, 펀드투자권유대행인 시험에 합격하였더라도 금융투자회사에 입사 후 판매관련 업무에 종사할 경우에는 동일하게 판매적격성 인증을 받아야 하오니 시험 준비 전에 직무에 적합한 지 꼭 확인하셔야 합니다.

시대에 발맞추어 보다 전문적이고 합리적인 파생상품투자권유자문인력의 역할이 그 어느 때보다 필요합니다. 이 책에는 각 과목 장별로 해당 부분의 학습에 필요한 기초이론과 출제 가능성이 높은 문제들을 수록하여 문제풀이와 관련 이론학습으로 정리할 수 있도록 구성하였습니다. 또한 최신 기출유형을 반영한 FINAL 실전모의고사 3회분을 전격 수록하였고, 각 과목별 출제범위 변동 등을 고려하여 수험생으로 하여금 시행착오를 겪지 않도록 보다 충실히 내용을 담고자 노력했습니다.

이 책이 파생상품투자권유자문인력 적격성 인증시험을 준비하는 수험생 여러분의 많은 도움이 되기를 바라며 건투를 빕니다.

① 시험 주관

- 금융투자협회(http://www.kofia.or.kr)

② 응시 접수

- 금융투자협회 자격시험접수센터
  홈페이지 (http://license.kofia.or.kr)에서 작성 및 접수
  ※ 인터넷(온라인) 접수만 가능함
  ※ 접수 후 시험의 연기 및 고사장 변경은 불가능함
  ※ 기타 접수에 관한 공지사항이 있을 시 홈페이지에 공지함

③ 응시서 교부

- 접수 시 응시자가 PC에서 직접 출력함

④ 문제 형식

- 객관식 4지선다형

⑤ 시험시간

- 120분

⑥ 합격 기준

- 응시과목별 정답비율이 50% 이상인 자 중에서, 응시 과목의 전체 정답 비율이 70%(70문항)
  이상인 자

⑦ 시험과목 및 문항 수

시험과목		세부과목	문항 수	문항 수	
				총	과락
1과목	파생상품 I	선물	13	25	13
		옵션	12		
2과목	파생상품 II	스왑	8	25	13
		기타 파생상품 · 파생결합증권	17		
3과목	리스크 관리 및 직무윤리	리스크관리	8	25	13
		영업실무	5		
		직무윤리 · 투자자분쟁예방	12		
4과목	파생상품법규	자본시장과 금융투자업에 관한 법률	9	25	13
		금융위원회규정	8		
		한국금융투자협회규정	4		
		한국거래소규정	4		

합계	100문항
시험시간	120분

⑧ 합격자 발표

- 금융투자협회 자격시험접수센터(http://license.kofia.or.kr)에 로그인 후 「합격확인」에서 확인

⑨ 응시 제한 대상(응시 부적격자)

- 동일시험 기합격자
- 『금융투자전문인력과 자격시험에 관한 규정』 제3-13조 및 제3-15조의 자격제재에 따라 응시가 제한된 자
- 『금융투자전문인력과 자격시험에 관한 규정』 제4-21조 제3항 및 제4항에 따라 부정행위 등으로 시험응시가 제한된 자
- 투자권유자문인력 적격성 인증 시험의 경우 『금융투자전문인력과 자격시험에 관한규정』 제5-2조에 따라 투자자 보호 교육의 수강 대상이 아니거나, 해당 교육을 수료하지 못한 자
- ※ 상기 응시 부적격자는 응시할 수 없으며, 합격하더라도 추후 응시 부적격자로 판명되는 경우 합격 무효 처리함. 또한 5년의 범위 내에서 본회 주관 시험응시를 제한함
- ※ 상기 시험은 시험 접수 시 해당 시험 관련 투자자 보호 교육 이수 여부를 확인하며, 이에 부적합할 시 시험접수가 제한됨

⑩ 유의사항

- 답안 마킹용 펜이 지급되지 않으므로 검정색 필기구(연필제외)를 꼭 지참해야 함
- 시험당일에 응시표, 신분증(규정신분증 참고) 및 계산기를 반드시 지참해야 함[단, 전자수첩 및 휴대전화(PDA 포함)는 사용 불가하며, 재무용 · 공학용 계산기는 감독관의 초기화 후 사용가능]

※ 규정신분증

구분	규정신분증	대체 가능 신분증
일반인 또는 대학생	주민등록증, 운전면허증, 여권	주민등록증 발급신청 확인서
주민등록증 미발급자 (초 · 중 · 고등학생)		신분확인증명서, 재학증명서, 학생증, 청소년증
공무원		공무원증
군 인		장교/부사관 신분증, 군복무확인서, 신분확인증명서
외국인	외국인등록증 또는 여권	재외국민국내거소신고증

※ 모든 신분증, 증명서에는 사진이 부착되어 있으며, 발급기관장의 직인이 찍혀있어야 신분증으로 인정 가능

- 시험시작 20분 전까지 입실 완료하여야 하며 시험 종료 40분 전까지 퇴실 금지
  ※ 시험시작 이후 고사장 입실 및 응시 불가
- 대리응시, 메모(답안 등) 작성 및 전달, 메모(답안 등) 수령 및 기재, 문제지와 답안지 유출행위 등 시험부정행위, 감독관의 정당한 지시에 불응하는 행위, 시험 진행 방해 등으로 인해 시험응 시 무효 또는 0점 처리될 수 있음
- 자격시험 신청서의 허위기재 및 기타 부정한 방법으로 시험에 합격한 경우 합격을 취소하며, 응시무효 및 합격취소자의 경우 상기 사유가 발생한 날로부터 3년 이내의 범위에서 금융투자 협회 주관 시험 응시가 제한됨
- 본인의 응시번호를 답안지에 정확히 마킹하지 않은 경우 0점 처리됨

대표 유형 문제

각 장별로 빈출 기출문제의 유형을 분석하여
가장 대표적인 유형의 문제를 엄선하였습니다.

> **1장 선물**
>
> **대표 유형 문제**
>
> 주가지수선물의 차익거래에 대한 설명으로 옳은 것은?
>
> ① 프로그램매매 중 선물과 연계된 것을 비차익거래라 한다.
> ② 차익거래는 선물과 선물 간의 가격차이를 이용하는 것이다.
> ③ 차익거래의 목적은 손실위험 없이 이익을 얻고자 하는 것이다.
> ④ 우리나라 증권시장의 경우 매수차익거래보다는 매도차익거래 발

> ③ 준법감시인은 해당 금융투자업자의 고유재산 운용업무도 겸직할
> ④ 회사는 효율적 준법감시업무를 위해 지원조직을 갖추어 준법감시인
>
> **정답해설** 해당 금융투자업자의 고유재산 운용업무는 준법감시인이 담당해서는 안
>
> **대표 유형 문제 알아 보기**
> 준법감시인 제도
> • 금융투자업자는 내부통제기준의 준수 여부를 점검하고 내부통제기준을 위반하는 경
>   사에게 보고하는 자(준법감시인)를 1인 이상 두어야 한다.
> • 준법감시부서의 설치 및 운영(표준내부통제기준 제14조)
>   – 회사는 준법감시업무가 효율적으로 수행될 수 있도록 충분한 경험과 능력을 갖
>   직인 준법감시부서를 갖추어 준법감시인의 직무수행을 지원하여야 한다.

정답 해설

유사문제에서 오답을 확실히 피할 수 있도록
문제의 요지에 초점을 맞추어, 해당 선택지가
문제의 정답이 되는 이유를 논리적이고 명확하
게 설명하였습니다.

오답 해설

유사문제뿐만 아니라 응용문제까지도 폭넓게
대처할 수 있도록 하며, 다른 선택지들이 오답
이 되는 이유를 상세하게 설명하고, 경우에 따
라 필요한 부가 설명을 제시하였습니다.

> ② 콜옵션은 기초자산의 현재 시장가격이 행사가격보다 크면 클수
> ③ 시간가치란 옵션의 현재가격과 내재가치와의 차이를 말한다.
> ④ 다른 조건이 동일하고 행사가격만 다른 두 콜옵션 중에서는 행사가격이
>
> **정답해설** 다른 조건이 동일하다면 행사가격이 낮은 콜옵션의 가치가 더 높다.
>
> **오답해설** ① 옵션의 시간가치는 만기일까지의 잔존일수에 대상물의 가격변동에 대
>   가까워질수록 시간가치는 줄어들게 되고 따라서 만기일이 되면 시간가
> ② 콜옵션은 기초자산가격이 행사가격보다 큰 경우를 내가격옵션이라 하며
>   행사가격으로 매수할 권리의 행사가 가능하여 옵션의 가격이 높아지고
> ③ 옵션의 시간가치는 옵션가격과 내재가치의 차이로서 옵션이 즉각 실
>   수 있는 가능성에 대해 옵션판매자에게 보상하는 성격을 갖고 있다.
>
> **대표 유형 문제 알아 보기**
> 콜옵션의 수익구조
> • 콜옵션 매수(long call) : 시장가격이 상승할 경우 이익은 콜옵션 매수
>   무한대가 되지만 하락할 경우 콜옵션 권리행사를 포기함

---

1 파생상품의 이해

개념 확인 문제

01 기초자산의 가격이나 가치변화에 따른 위험을 관리하거나, 이에
도구로 만들어진 일종의 금융상품을 (   )이라 한다.
① 증권   ② 파생상품

02 파생상품은 타인자본을 이용하여 자기자본이익률의 상승효과를
으로도 큰 규모의 거래가 가능한 것을 소위 (   )라고 한다.
① 레버리지 효과(leverage effect)   ② 제로섬 효과(z

실전 확인 문제

개념 확인 문제

주요 이론의 핵심 포인트를 추려, 가장 효과적
으로 개념을 학습할 수 있도록 문제로 구성하
였습니다.

실전 확인 문제

최근 시험의 경향 분석을 바탕으로 출제 가능
성이 높은 문제들을 수록하여 응용력을 향상할
수 있도록 하였습니다

실전 확인 문제

▶ 파생상품의 거래유형에 대한 설명이 옳지 않은 것은?
① 파생상품은 기초자산의 가치에 비해 훨씬 적은 금액으로도 거
② 옵션은 미래의 일정시점에 사전에 약정한 가격으로 매입·매
것이다.
③ 파생상품은 기초가 되는 상품에 따라 주식파생상품, 채권파생
눌 수 있다.
④ 파생상품은 가격의 변동이 있을 경우에는 이익을 얻을 수 있지
는 이익을 얻을 수 없다.

정답해설 파생상품은 종류가 다양하여 기초자산 가격의 등락에 상관없이 이익을 얻
도 이익을 얻을 수 있는 상품도 있다.

개념 짚어 보기

선물거래의 특징

• **거래소와 청산소의 존재** : 거래소는 대부분 회원제에 의해 운용되는
산기관은 매수자와 매도자의 중간에서 거래상대방이 되어 결제이행
약이행 보증을 위해 운영하는 것으로 모든 선물거래를 일치·조정
련된 절차를 제공한다.
• **결제불이행을 방지하기 위한 장치의 존재**
  – 일일정산 : 청산소는 당일 장종료 후 종가를 기준으로 매일의 계
대한 잠정이익과 손실을 정산함과 동시에 증거금을 확인하여
도록 하고 있다. 청산소는 일일정산 기능을 통하여 계약 당사자
불이행 위험을 미연에 방지하고자 한다.
  – 증거금 : 최초 계약체결 시 1계약당 선물회사에 납부하는 개시증
거금의 70% 정도인) 유지증거금. 일일정산 결과 계좌의 잔액이
콜, 마진콜을 받았을 때 익일 12시까지 현금으로 납입해야 하
• 표준화된 계약조건 : 거래대상품의 내용이나 조건(기초자산

개념 짚어 보기

문제와 관련 있는 이론 범위의 주요 개념 등을
한 단계 더 깊이 있게 학습할 수 있도록, 해당
문제의 포인트를 면밀히 분석하고 그와 가장
밀접한 부분의 핵심 내용을 정리하였습니다.

목 차

3과목
리스크 관리
및 직무윤리

4과목
파생상품법규

FINAL
실전모의고사

Study Plan

	과목	학습예상일	학습일	학습시간
1과목 **파생상품 I**	선물			
	옵션			
2과목 **파생상품 II**	스왑			
	기타 파생상품 · 파생결합증권			
3과목 **리스크 관리 및** **직무윤리**	리스크 관리			
	영업실무			
	직무윤리 · 투자자분쟁예방			
4과목 **파생상품법규**	자본시장과 금융투자업에 관한 법률 / 금융위원회규정			
	한국금융투자협회규정			
	한국거래소규정			
FINAL **실전모의고사**	제1회 실전모의고사			
	제2회 실전모의고사			
	제3회 실전모의고사			

[SISCOM Special Information Service Company
독자분들께 특별한 정보를 제공하고자 노력하는 마음

w w w . s i s c o m . c o . k r

Certified Derivatives Investment Advisor

파생상품투자권유자문인력 대표유형+실전문제

1과목

파생상품 I

1장 선물

주가지수선물의 차익거래에 대한 설명으로 옳은 것은?

① 프로그램매매 중 선물과 연계된 것을 비차익거래라 한다.
② 차익거래는 선물과 선물 간의 가격차이를 이용하는 것이다.
③ 차익거래의 목적은 손실위험 없이 이익을 얻고자 하는 것이다.
④ 우리나라 증권시장의 경우 매수차익거래보다는 매도차익거래 발생비중이 현저히 높다.

정답해설 차익거래는 현물과 선물 간의 가격괴리 차이를 이용해 무위험 차익을 내고자 함에 목적이 있다.

오답해설 ① 프로그램매매 중 선물과 연계된 것을 차익거래, 선물과 연계되지 않은 것을 비차익거래라고 한다.
② 차익거래는 현물과 선물 간의 가격차이를 이용하는 것이다.
④ 매도차익거래는 현물을 팔고 선물을 사야 하는데 현물주식을 원하는 만큼 공매도하는 것이 어렵기 때문에 실제로는 매수차익거래에 비해 발생비중이 현저히 적은 편이다.

대표 유형 문제 알아 보기

주가지수 차익거래(index arbitrage)

• **개념** : 주가지수선물가격과 주가지수현물가격 간에 일시적으로 나타나는 가격불균형 상태를 이용하여 일정한 수익을 얻고자 하는 거래로, 주가지수선물을 이용하는 차익거래는 추적오차, 유동성위험, 시장충격의 위험이 있다.

• **특징**
 − 현물과 선물 간 가격차이 발생 시 현물과 선물을 동시매매하여 이익을 얻고자 하는 무위험전략
 − 이론가격을 먼저 도출하여 결정
 − 선물가격이 고평가된 경우 저평가된 경우보다 균형으로 빨리 회복함

• **유형**
 − **매수차익거래(cash & carry strategy)** : 현물인 주식 포트폴리오에 비해 주가지수선물이 고평가되어 선물과 주식의 거래비용을 초과하는 수준에 주가지수선물이 위치할 때, 고평가된 주가지수선물을 매도하고 상대적으로 저평가된 현물 바스켓을 매수한 이후 선물 만기시점이나 고평가 또는 저평가가 해소되는 시점에서 포지션을 청산하는 거래이다. → 현물보유전략
 − **매도차익거래(reverse cash & carry strategy)** : 주식 포트폴리오에 비해 주가지수선물이 저평가되어 선물과 주식의 거래비용에도 미치지 못하는 수준에 주가지수선물이 위치할 때 저평가된 주가지수선물을 매수하고 상대적으로 고평가된 현물 바스켓을 매도하는 거래이다. → 역현물보유전략

[대표 유형 문제 정답] ③

1 파생상품의 이해

개념 확인 문제

01 기초자산의 가격이나 가치변화에 따른 위험을 관리하거나, 이에 따른 높은 수익성 추구를 위한 도구로 만들어진 일종의 금융상품을 (　　)이라 한다.

① 증권　　　　　　　　　　　　　② 파생상품

02 파생상품은 타인자본을 이용하여 자기자본이익률의 상승효과를 꾀할 수 있으며, 적은 투자금액으로도 큰 규모의 거래가 가능한 것을 소위 (　　)라고 한다.

① 레버리지 효과(leverage effect)　　　② 제로섬 효과(zero sum effect)

실전 확인 문제

▶ 파생상품의 거래유형에 대한 설명이 옳지 않은 것은?

① 파생상품은 기초자산의 가치에 비해 훨씬 적은 금액으로도 거래를 할 수 있다.

② 옵션은 미래의 일정시점에 사전에 약정한 가격으로 매입·매도할 수 있는 권리를 거래하는 것이다.

③ 파생상품은 기초가 되는 상품에 따라 주식파생상품, 채권파생상품, 금리파생상품 등으로 나눌 수 있다.

④ 파생상품은 가격의 변동이 있을 경우에는 이익을 얻을 수 있지만 가격의 변동이 없는 경우에는 이익을 얻을 수 없다.

정답해설　파생상품은 종류가 다양하여 기초자산 가격의 등락에 상관없이 이익을 얻을 수도 있고 가격변동이 없는 경우에도 이익을 얻을 수 있는 상품도 있다.

개념 짚어 보기

파생상품의 거래유형

- **선도·선물계약** : 미래의 어떤 시점에 특정가격으로 거래할 것을 현재 약정하는 것
- **옵션** : 미래의 특정 시점이나 기간 동안 약정한 행사가격으로 사고 팔 권리를 현재 사고파는 것
- **스왑** : 미래의 현금흐름을 교환하는 것

파생상품의 분류

구분	금리	통화	주식(주가지수)
선도·선물거래	FRA, 이자율선물(국고채선물)	선물환, 통화선물	주식선도, 주가지수선물 주식선물, 주가지수선도
스왑거래	금리스왑	외환스왑, 통화스왑	주식스왑, 주식지수스왑
옵션거래	금리옵션	통화옵션	주식옵션, 주식지수옵션

[개념 확인 문제 정답] 01 ②　02 ①　**[실전 확인 문제 정답]** ④

2 선물거래와 선도거래의 차이

개념 확인 문제

01 (   )는 매매계약 체결일부터 일정 기간 후 거래대상물과 대금이 교환되는 매매예약거래의 일종으로서 매매계약의 체결과 동시에 상품의 인도와 대금의 결제가 이루어지는 현물거래에 대응되는 거래를 말한다.

① 선물거래   ② 선도거래

02 (   )는 시장 상황에 따라 결제일 전 자유롭게 반대거래를 통해 청산이 가능하나, (   )는 상대방이 응하지 않으면 중도에 청산이 쉽지 않아 대부분의 거래는 만기일에 실물의 인수도가 이루어진다.

① 선물거래, 선도거래   ② 선도거래, 선물거래

03 선물거래의 가격은 (   ) 형성된다.

① 거래당사자 간 협의에 의해   ② 시장에서

실전 확인 문제

▶ **선물거래와 선도거래의 차이점에 대한 설명으로 옳지 않은 것은?**

① 선물거래와 선도거래는 대부분 만기에 실물이 인수도된다.
② 선도거래는 점두거래방식으로 계약이행 여부가 불투명하다.
③ 선물거래는 공개호가방식이나 전자거래시스템에 의한 다중경매방식으로 거래가 이루어진다.
④ 선물거래는 거래소라는 공적인 장소에서 거래가 이루어지지만, 선도거래는 특정한 장소 없이 사적으로 거래가 형성된다.

정답해설 선물거래는 대부분 만기 이전에 반대거래에 의해 계약이 소멸되므로 만기일에 실물이 인수도 되는 경우는 극히 드물다.

개념 짚어 보기

선물거래와 선도거래의 차이

구분	선물거래	선도거래
거래장소	거래소라는 물리적 장소(공개적 거래)	특정한 장소 없이도 거래 가능
거래방법	공개호가방식, 전자거래시스템(경쟁매매)	거래당사자 간 계약(상대매매)
거래금액	표준단위	제한 없음(협의로 결정)
신용위험	없음(청산소가 계약이행 보증)	계약불이행 위험 존재
증거금제도	당사자가 증거금 납부	없음(대고객의 경우 필요에 따라 요구 가능)
결제일	특정일(거래소에 의해 미리 결정)	협의(거래당사자 간 협의로 결정)
일일정산	가격변동에 따라 거래일별로 청산소가 수행	계약종료일에 정산됨
인수도	대부분의 거래는 만기일 이전에 반대거래로 종료	대부분의 거래가 종료 시 실물인수도가 이루어짐

[**개념 확인 문제 정답**] 01 ① 02 ① 03 ② [**실전 확인 문제 정답**] ①

3 선물거래의 특징

개념 확인 문제

01 거래가 종료되면 청산소는 가격변동에 따른 이득 또는 손실에 따라 모든 선물계좌의 잔액을 정리하는데 이러한 과정을 (　　　)이라 한다.

① 청산　　　　　　　　　　　　　　② 일일정산

02 선물거래 후 가격변동에 의하여 증거금이 초과한 경우에 그 초과분에 대한 인출은 (　　　)하다.

① 가능　　　　　　　　　　　　　　② 불가능

실전 확인 문제

▶ **청산소의 기능 또는 역할이 아닌 것은?**

① 일일정산　　　　　　　　　　② 인수도의 규제
③ 결제불이행 방지　　　　　　　④ 주문의 전달

정답해설 주문의 전달은 거래소 회원사인 증권사의 역할이다. 청산소는 계좌의 청산, 증거금의 수납 및 유지, 인수도의 규제, 거래자료의 통보 등을 담당하며, 시장참가자 입장에서는 매도거래 시 매수역할을, 매수거래 시 매도역할을 하는 거래상대방의 역할을 한다.

개념 짚어 보기

선물거래의 특징

• **거래소와 청산소의 존재** : 거래소는 대부분 회원제에 의해 운용되는 비영리법인으로 청산기관(청산소)을 운영하고 있다. 청산기관은 매수자와 매도자의 중간에서 거래상대방이 되어 결제이행을 책임지는 역할을 수행하며 이는 거래소가 원활한 계약이행 보증을 위해 운영하는 것으로 모든 선물거래를 일치·조정하고 선물거래의 재무적 건전성을 보장하며, 인수도와 관련된 절차를 제공한다.
• **결제불이행을 방지하기 위한 장치의 존재**
  – 일일정산 : 청산소는 당일 장종료 후 종가를 기준으로 매일의 정산가격을 발표하여 모든 거래참여자들의 미청산계약에 대한 잠정이익과 손실을 정산함과 동시에 증거금을 확인하여 증거금이 일정수준 이하로 내려갈 경우 부족액을 납부하도록 하고 있다. 청산소는 일일정산 기능을 통하여 계약 당사자들로 하여금 일정수준의 증거금을 유지하도록 하여 계약불이행 위험을 미연에 방지하고자 한다.
  – 증거금 : 최초 계약체결 시 1계약당 선물회사에 납부하는 개시증거금, 계약체결 후 계좌에서 유지해야 되는 잔액(개시증거금의 70% 정도)인 유지증거금, 일일정산 결과 계좌의 잔액이 유지증거금 수준 이하로 떨어지는 경우 통보되는 마진콜, 마진콜을 받았을 때 익일 12시까지 현금으로 납입해야 하는 추가증거금이 있다.
• **표준화된 계약조건** : 거래대상품의 내용이나 조건(기초자산, 거래단위, 결제월, 가격표시방법, 최소호가단위, 일일가격제한폭, 인수도 방법 및 시기 등)이 거래소에 의해 표준화되어 있다.
• **높은 유동성(반대거래)** : 장내파생상품거래에서는 최종거래일 이전에 거래당사자가 원할 경우 언제든지 계약에서 벗어날 수 있도록 하기 위해 반대매매를 제도적으로 허용하고 있다.

[개념 확인 문제 정답] 01 ② 02 ①　**[실전 확인 문제 정답]** ④

4 선물거래의 계약조건

개념 확인 문제

01 선물거래는 거래대상에 제한이 (　　　). 또한 어떤 상품이 선물거래소에 상장되어 거래되기 위해서는 상품의 품질 및 저장성, 가격구조 및 가격변동의 정도, 헤징의 수요, 현물시장의 규모 등여러 가지 조건이 고려되어야 한다.

　① 있다　　　　　　　　　　　　　　　② 없다

02 호가단위란 선물계약의 매입·매도 주문 시 제시가격의 (　　　)가격변동단위이며, 각 선물거래소마다 상품별로 그 크기가 표준화되어 있다.

　① 최소　　　　　　　　　　　　　　　② 최대

실전 확인 문제

▶ **선물거래의 계약조건에 대한 설명이 옳지 않은 것은?**

　① 결제월은 통상 1년 중 4~7개의 달을 지정하여 사용하고 있다.
　② 모든 거래소의 선물거래는 가격제한폭을 사용하지 않고 있다.
　③ 각 선물거래소마다 상품별로 최소호가단위가 표준화되어 있다.
　④ 선물계약의 거래대상상품은 기술의 발달과 금융기법의 고도화로 점차 확대되고 있다.

정답해설 일일가격제한폭은 전날의 결제가격을 기준으로 당일 거래 중 등락할 수 있는 최대한의 가격변동범위를 말한다. 이는 선물가격의 급격한 변동으로 추가증거금의 부담증가에 따라 선물계약의 당사자가 일방적으로 계약을 불이행하는 위험을 감소시키기 위함이며 KOSPI200선물은 가격제한폭이 있으나 시카고상업거래소의 주요 금리선물과 통화선물 등에는 가격제한폭이 없다.

개념 짚어 보기

선물거래의 주요 계약조건

- **거래대상상품 또는 기초자산** : 선물계약의 만기일에 인도되는 상품 또는 자산을 말한다. 거래대상상품의 종류에 따라 크게 상품선물과 금융선물로 구분할 수 있으며, 상품선물은 농축산물 및 임산물, 비철금속, 귀금속, 에너지 상품 등을, 금융선물은 통화, 금리, 주가지수 등을 기초자산으로 한다.
- **계약단위** : 선물거래에서 거래되는 상품의 기본 거래단위로서 선물계약 1건의 크기를 말하며, 하나의 거래단위를 1계약이라고 한다. 거래소에서의 거래는 거래대상 상품별로 표준화된 거래단위를 사용하여 이루어진다.
- **호가단위** : 선물계약의 매입·매도 주문 시 제시가격의 최소가격변동단위이며, 각 선물상품별로 가격대에 맞는 호가의 크기가 표준화되어 있다. 호가단위에 계약단위를 곱하면 최소호가단위의 1단위 변동 시 계약당 손익변동금액이 산출된다.
- **결제월** : 선물계약이 만기가 되어 실물의 인수도가 이루어지는 달로서 인도월이라고도 한다.
- **일일가격제한폭** : 전날의 결제가격을 기준으로 당일 거래 중 등락할 수 있는 최대한의 가격변동범위를 말하며, 우리나라 주가지수선물의 가격제한폭은 전일 종가의 상하 10%로 정하고 있다.

[개념 확인 문제 정답] 01 ② 02 ①　**[실전 확인 문제 정답]** ②

5 선물거래의 경제적 기능

개념 확인 문제

01 파생상품시장에서 결정되는 선물가격에는 해당상품의 수요와 공급에 관련된 각종 정보가 집약되어 결정되므로 (　　　)시점에서 미래의 현물가격에 대한 시장참가자들의 합리적 기대치를 나타낸다고 할 수 있다.

　① 미래　　　　　　　　　　　　　② 현재

02 파생상품시장에서 (　　　)는 투자 레버리지 효과로 인한 높은 수익 창출의 기회를 얻을 수 있다. 파생상품 시장은 이들의 부동자금을 흡수하여 기업을 안정적으로 경영하고자 하는 헤저들의 효율적인 자금관리와 자본형성에 도움을 주는데, 이를 선물거래 시장의 효율적 자원배분 기능이라 한다.

　① 투기자　　　　　　　　　　　　② 투자자

실전 확인 문제

▶ **선물거래의 경제적 기능에 대한 설명으로 옳지 않은 것은?**

　① 현물시장과의 차익거래 기회를 제공함으로써 현물시장의 활성화에 기여한다.
　② 다수의 시장참가자가 경쟁하므로 시장의 자원배분 기능이 효율적으로 이루어진다.
　③ 선물가격은 미래의 현물가격에 대한 견해를 반영하므로 미래의 시장가격을 정확히 예측한다.
　④ 위험을 회피하려는 헤저(hedger)로부터 이익을 추구하려는 투기자에게 효율적으로 위험을 전가시키는 메커니즘을 제공한다.

정답해설 선물가격이 미래의 시장가격을 언제나 정확히 예측하는 것은 아니다. 현재시점에서 시장참가자들의 합리적 기대치를 나타낸다고 할 수 있다.

개념 짚어 보기

선물거래의 경제적 기능

• **가격변동위험의 전가** : 헤저는 선물거래를 이용하여 가격변동위험을 감수하면서 보다 큰 이익을 추구하려는 투기자에게 위험을 전가시킬 수 있다. 단, 가격변동위험은 헤저로부터 투기자에게 전가될 뿐 소멸되는 것은 아니다.
• **가격예시의 기능** : 파생상품시장에서 결정되는 선물가격은 해당상품의 수요와 공급에 관련된 각종 정보가 집약되어 결정되므로 현재시점에서 미래 현물가격에 대한 수많은 시장 참가자들의 공통된 예측을 나타낸다.
• **효율적 자원배분** : 파생상품시장은 헤저에게는 가격변동위험을 조절할 수 있는 위험조절의 장이자 투기자에게는 높은 수익을 얻을 수 있는 기회를 제공한다. 때문에 파생상품시장은 투기자의 부동자금을 흡수하여 안정적인 기업운용을 목적으로 하는 헤저들의 효율적인 자금관리와 자본형성에 도움을 준다.
• **시장효율성 증대** : 현물시장과의 차익거래를 통해 현물시장의 거래를 촉진함으로써 현물시장의 안정성과 유동성을 높이며, 다수가 경쟁함에 따라 독점력이 감소하고 자원배분 기능이 보다 효율적으로 이루어진다.
• **새로운 금융서비스 제공** : 현물금융거래방식에서 선물거래소를 중심으로 하는 새로운 금융선물거래가 도입되어 금융서비스산업의 영역이 확대되었고 금융거래형태도 변화하고 있다.

[**개념 확인 문제 정답**] 01 ②　02 ①　[**실전 확인 문제 정답**] ③

6 선물거래의 유형

개념 확인 문제

01 자산가치 변동에 따른 손실을 줄이기 위하여 이용되는 거래는 (   )이며, 현물과 선물거래를 동시에 실행하여 리스크를 감소시키는 것이 주된 목적이다.

① 스프레드거래　　　　　　　　　　② 헤지거래

02 선물가격이 변동되는 위험을 감수하면서까지 시세차익을 목적으로 하는 거래는 (   )이며, 현물보유와는 무관하게 미래 선물가격의 변동을 예측하여 선물을 매매함으로써 시세차익을 주된 목적으로 한다.

① 차익거래　　　　　　　　　　　　② 투기거래

실전 확인 문제

▶ 선물거래의 유형에 대한 설명으로 옳지 않은 것은?

① 선물시장에서 헤지거래를 찾아보기는 쉽지 않다.

② 현물에 대한 투자 없이 자산가격의 하락을 예상하여 선물을 매도하였다면 투기거래이다.

③ 현물주식과 주가지수선물의 가격차이를 이용하여 이윤을 얻는 것을 주가지수 차익거래라 한다.

④ 같은 기초자산에 대하여 만기가 다른 두 선물거래의 가격차이를 이용하여 스프레드거래를 할 수 있다.

정답해설 대다수 거래자들은 현물시장에서의 가격변동위험을 회피하기 위하여 선물시장을 이용하며, 이러한 거래자들을 헤저라고 부르고 그들의 거래를 헤지거래라 한다.

개념 짚어 보기

선물거래의 유형

구분	현물시장	선물시장	특징
헤지거래	○	○	현물시장에서의 가격변동위험을 회피할 목적으로 선물시장에 참여하여 현물시장에서와 반대의 포지션을 취하는 거래 → 위험회피가 목적
투기거래	×	○	선물시장에만 참여하여 선물계약의 매수·매도 중 한가지 포지션만 거래함으로써 이득을 얻고자 하는 거래 → 유동성 확대, 방향에 대한 배팅
차익거래	○	○	현물과 선물의 일시적 가격차이를 이용하여 현물과 선물 중 고평가된 쪽은 매도하고 저평가된 쪽은 매수함으로써 무위험이득을 취하고자 하는 거래 → 균형·불균형 가격, 고평가·저평가, 무위험이익
스프레드 거래	×	○	선물시장에서 두 개 선물 간의 가격차이를 이용하여 한쪽은 매수하고 동시에 한쪽은 매도하여 이득을 얻고자 하는 거래 → 선물가격차가 중요, 이익·손실 모두 적음

[개념 확인 문제 정답] 01 ② 02 ② **[실전 확인 문제 정답]** ①

7 주가지수선물의 이해

개념 확인 문제

01 주가지수선물의 핵심적 기능은 주식시장의 (　　　) 위험을 관리하는 것이다.

① 체계적 　　　　　　　　　　　　② 비체계적

02 주가지수선물거래에서는 결제일에 (　　　)하여 청산한다.

① 차액을 현금으로 결제 　　　　　② 대상상품을 인수도

실전 확인 문제

▶ 주가지수선물에 대한 설명으로 옳지 않은 것은?

① 주가지수선물은 거래대상이 구체적이다.

② 주식투자가 비체계적 위험(특정기업의 위험)을 줄일 수 있는 반면, 주가지수선물은 체계적 위험(시장위험)을 줄일 수 있다.

③ 주가지수선물은 위험의 관리, 현물시장의 유동성 증가, 미래 가격발견의 기능, 거래비용의 절감 등의 경제적 기능을 지닌다.

④ 미래의 주가지수가 대상이므로, 향후 주가가 오르고 내림에 따라 손익이 정산되고 이 과정에서 어느 한 쪽의 이익은 반드시 상대방의 손해를 야기시킨다.

정답해설　주가지수선물은 기초자산이 주가지수인 선물거래를 말하며, 거래대상이 추상적인 주가지수이므로 지수에 일정 금액을 곱하여 지수 자체를 현금화한 값으로 거래한다.

개념 짚어 보기

주가지수선물의 경제적 기능

- **위험관리** : 선물거래의 핵심적인 기능으로 해당 기초자산의 가격변동위험을 관리하는 기능을 말한다.
- **현물시장의 유동성 향상** : 주가지수선물과 같은 위험관리수단이 존재할 경우 시장에의 진출입을 용이하게 하며, 이를 통해 해당시장의 유동성을 보강하고 시장발전에 기여한다.
- **미래 가격발견 기능** : 선물은 현시점에서 미래 특정시점의 가격을 거래하는 것으로 주식관련 선물시장에서 참여하는 투자자들이 많아질수록 보다 합리적으로 주가를 예측할 수 있다.
- **거래비용의 절감** : 선물거래는 증거금을 활용하기 때문에 직접 주식현물을 투자하는 것에 비하여 초기 투자비용이 적게 든다.
- **새로운 투자수단의 제공** : 안정적 수익추구를 위해 포트폴리오 보험전략이나 신종 파생상품을 이용한다.

[개념 확인 문제 정답] 01 ① 　02 ①　 **[실전 확인 문제 정답]** ①

8 주가지수의 유형

개념 확인 문제

01 가격가중방식 주가지수는 구성종목의 각 주당 가격의 평균으로 주가지수를 산출하므로, 구성종목의 권리락이나 주식분할 등 지수의 연속성을 유지하기 위해 평균값을 구하는 (   )이/가 필요하다.

① 제수   ② 시가총액

02 시가총액 합계산출 시 필요한 가중치(각 구성종목 상장주식 수량)는 라스파이레스식, 파쉐식, 피셔식으로 구분되는데 주식수의 증가분을 즉시 기준지수에 반영하기 때문에 대부분의 시가총액가중방식 지수가 사용하는 것은 (   )이다.

① 파쉐식   ② 라스파이레스식

실전 확인 문제

▶ **주가지수 산출방식의 특징을 설명한 것으로 옳지 않은 것은?**

① 시가총액가중방식은 대부분의 국가에서 채택하고 있다.
② 시가총액가중방식 주가지수는 기업가치의 변동을 잘 나타내준다.
③ 가격가중방식은 구성종목의 주가합계를 시가총액으로 나눈 수치이다.
④ 미국의 다우존스 공업지수와 일본의 NIKKEI225는 가격가중방식을 채택하고 있다.

정답해설 가격가중방식은 구성종목의 주가합계를 제수로 나누어 산출한다.

개념 짚어 보기

주가지수 산출방식의 구분

구분	가격가중방식(다우식)	시가총액가중방식
방법	가격만 중요	가격과 수량 모두 중요
지수산출	$\dfrac{\text{구성종목의 주가합계}}{\text{제수}}$	$\dfrac{\text{비교시점의 시가총액}}{\text{기준시점의 시가총액}} \times \text{기준지수}$
특징	간편한 계산, 해당 시장의 핵심종목 파악이 용이, 증권시장 주가등락의 민감한 반영 가능	자산가치 증감 정도의 적정 표시, 장기적 추세변화의 파악 용이, 국제 간 상호비교 가능
비고	다우존스, NIKKEI225	대부분의 국가에서 채택(KOSPI200 등)

*시가총액＝주가×상장주식수(최근에는 상장주식수 대신 유통주식수 사용)

[**개념 확인 문제 정답**] 01 ① 02 ①   [**실전 확인 문제 정답**] ③

9 상장상품 거래조건

개념 확인 문제

01 1990년대 초반 주식시장의 개방과 금융자율화의 진전으로 금융자산가격의 변동성이 높아지면서, 금융투자자들은 이를 효과적으로 관리하고 효율적으로 운용할 수 있는 신 금융투자상품에 대해 관심을 가졌고, 이에 (   )이 도입되었다.

① 스타지수선물　　　　　　　　　　　　② KOSPI200주가지수선물

02 KOSPI200주가지수선물의 최종거래일은 결제월의 (   )이다.

① 두 번째 목요일　　　　　　　　　　　　② 두 번째 화요일

실전 확인 문제

▶ 선물거래의 주요 거래조건에 대한 설명으로 옳지 않은 것은?

① KOSPI200선물은 가격제한폭이 상하 15%이다.

② 3년국채선물의 경우 3, 6, 9, 12월이 결제월로 지정된다.

③ KOSPI200선물은 지수에 25만 원을 곱한 금액이 거래단위이다.

④ 최소호가단위(tick)에 계약단위를 곱하면 1단위 호가변동 시 계약당 손익금을 산출할 수 있다.

정답해설　KOSPI200선물은 가격세한폭이 기준가격 대비 각 단계별로 확대 적용된다.
　　　　① ±8% ② ±15% ③ ±20%

개념 짚어 보기

한국거래소 주요 선물 품목의 거래조건

구분	KOSPI200선물	3년국채선물	미국달러선물	돈육선물
거래단위	KOSPI200지수×25만 원	액면 1억 원	US$10,000	1,000kg
최소가격변동폭	0.05p(=12,500원)	0.01p(=10,000원)	0.10원/$(=1,000원)	5원×거래승수 1,000
결제월	3, 6, 9, 12월	3, 6, 9, 12월	분기월 중 12개와 그밖의 월중 8개	분기월 중 2개와 그밖의 월중 4개
최종거래일	결제월의 두 번째 목요일	결제월의 세 번째 화요일	결제월의 세 번째 월요일	결제월의 세 번째 수요일
최종결제일	최종거래일의 다음 거래일	최종거래일의 다음 거래일	최종거래일로부터 기산하여 3일째 거래일	최종거래일로부터 기산하여 3일째 거래일

10 상장상품 결제방식

개념 확인 문제

01 선물의 거래대상을 인수도하기 위하여 시간이 필요하기 때문에 선물은 (   ) 1~3일 전에 선물거래를 종료하게 되는데 이날을 (   )이라고 한다.

① 최종거래일, 최종결제일   ② 최종결제일, 최종거래일

02 해당 선물종목의 인수도가 이루어지는 날을 (   ) 또는 인수도일이라 한다.

① 최종결제일   ② 최종거래일

03 (   )는 계약만료 시 기초자산을 인수도하지 않고 최종결제일에 최종결제가격을 사용하여 차금을 수수하여 계약을 종료한다.

① 현금결제   ② 인수도결제

04 KRX 상장상품 중 통화선물에 대하여만 (   )방식으로 최종결제를 하고 그 밖의 상품은 (   )방식으로 최종결제를 한다.

① 현금결제, 인수도결제   ② 인수도결제, 현금결제

실전 확인 문제

▶ 최종결제방식은 현금결제방식과 인수도결제방식으로 구분된다. 다음 중 최종결제방식이 현금결제방식이 아닌 것은?

① 엔선물   ② 금선물
③ 10년국채선물   ④ 돈육선물

정답해설   엔선물은 인수도결제방식이다.

개념 짚어 보기

한국거래소 주요 선물 품목의 결제방식
최종거래일(만기일)에 선물거래가 종료되면서 선물계약에 의하여 거래대상을 주고받게 되는데 이때 어떤 방법을 사용할 것인가를 결정하며 크게 현금결제와 인수도결제방식으로 구분할 수 있다.
- **현금결제방식(cash settlement)** : 만기의 상품가격과 선물계약가격의 차이를 현금으로 결제하는 방식
  → KOSPI200선물, 주식선물, 채권선물(3년 · 5년 · 10년국채), 돈육선물, 금선물
- **인수도결제방식(physical delivery)** : 만기의 상품가격과 선물계약가격의 차이를 현물로 직접 인수도하는 결제방식
  → 통화선물

[개념 확인 문제 정답] 01 ②   02 ①   03 ①   04 ②   [실전 확인 문제 정답] ①

11 주가지수선물의 이론가격

개념 확인 문제

01 (   )은 현물가격과 현물을 만기까지 보유하는 데 필요한 비용을 합한 금액에서 현물보유자에게 지불되는 이자나 배당을 제외한 값으로, 현물을 보유하는 순비용에 현물가격을 더하여 산출된다.

① 선물이론가격   ② 거래비용

02 제반거래비용이 없고 차입과 대출금리가 동일한 완전시장을 전제한 상태에서 현물가격에 (   )을 더하여 주가지수선물의 이론가격을 계산한다.

① 무위험이자율   ② 순보유비용

실전 확인 문제

▶ 다음 조건의 주가지수선물의 이론가격으로 옳은 것은?

- KOSPI200 : 100.00pt   - 배당수익률 : 2%
- 무위험이자율 : 6%   - 잔존기간 : 3개월
- 선물거래수수료 : 0.02pt(매도＋매수)   - 주식거래수수료 : 0.06pt(매도＋매수)

① 100.02pt   ② 100.95pt
③ 101.00pt   ④ 101.08pt

정답해설 $100.00\text{pt} \times \left[1 + (0.06 - 0.02) \times \dfrac{1}{4} \right] = 101.00\text{pt}$

개념 짚어 보기

주가지수선물의 이론가격 계산

- 거래비용이 없고 차입과 대출금리가 동일한 완전시장의 가정하에서 현물지수에 이자비용에서 배당수익을 차감한 순보유비용을 더하여 계산한다.
- 순보유비용은 주식을 보유하기 위하여 필요한 투자자금에 해당하는 이자수익과 주식을 보유하지 않기 때문에 손실이 불가피한 배당수익의 차이를 말한다.

$$F = S \times \left[1 + (r - d) \times \frac{t}{365} \right]$$

- S : 현재시점의 주가지수   - r : 이자율
- d : 배당수익률   - t : 주가지수선물의 만기까지 잔존기간

[개념 확인 문제 정답] 01 ① 02 ②   [실전 확인 문제 정답] ③

12 보유비용모형(cost-of-carry model)

개념 확인 문제

01 주가지수선물의 선물이론가격은 보유비용모형을 활용하는데, 주가지수를 구성하고 있는 현물주식을 매수하는데 필요한 자금조달비용인 (   )과 현물주식보유에 따라 발생하는 (   )을 반영하여 결정한다.

① 이자비용, 배당금   ② 거래비용, 배당수익률

02 주가지수의 경우 현물주식과 달리 배당금을 받을 수 없지만 배당금의 지급은 주식의 보유비용을 (   )시키는 효과를 가져오므로 주가지수선물도 이를 감안하여 반영해야 한다.

① 감소   ② 증가

03 (   )은 선물의 기초자산인 구성주식을 매입하고 선물을 매도하는 전략으로서 선물가격이 고평가되어 있을 때 가능하며, (   )은 선물의 기초자산인 구성주식을 공매하고 선물을 매입하는 전략으로서 선물가격이 저평가되어 있을 때 활용할 수 있다.

① 현물보유전략, 역현물보유전략   ② 역현물보유전략, 현물보유전략

실전 확인 문제

▶ 선물가격을 결정하는 모형에서 보유비용모형에 대한 설명이 옳지 않은 것은?

① 이론선물가격은 현물가격에 순보유비용을 더한 것이다.
② 매매일로부터 만기까지 현물을 보유하는 데 발생하는 비용에는 이자, 배당금 등이 있다.
③ 선물가격은 인도일이 가까워질수록 보유비용이 감소하여 인도시점에서는 현물가격과 일치한다.
④ 보유비용은 '매매일로부터 만기까지 현물을 보유하는 데 발생하는 비용 – 현물자산의 소유자에게 지불되는 현금'을 말한다.

정답해설 이자와 배당금은 현물자산의 소유자에게 지불되는 현금이며, 매매일로부터 만기까지 현물을 보유하는 데 발생하는 비용에는 이자, 창고보관료, 운송료 등이 있다.

개념 짚어 보기

선물이론가격 결정변수와 가격방향

결정변수	선물이론가격의 방향	관계
현물주가지수 상승	상승	정비례
이자율 상승	상승	정비례
배당수익률 상승	하락	반비례
잔존일수 상승	상승	정비례

[개념 확인 문제 정답] 01 ① 02 ① 03 ① **[실전 확인 문제 정답]** ②

13 주가지수선물의 베이시스

개념 확인 문제

01 베이시스는 선물가격과 현물가격의 차이를 말하며 만기 이전에는 베이시스의 변화가 일정하게 움직이지 않으나 만기일에 근접할수록 (   )에 수렴하고, 만기일까지의 기간이 길수록 확대된다.

① 100

② 0

02 현물, 선물의 강한 상관관계로 인해 베이시스위험은 현물, 선물 각각의 위험보다 매우 (   ).

① 크다

② 작다

03 보유비용이론에 따르면 이자율의 상승은 베이시스 (   ), 현물가격 상승은 베이시스 (   ), 배당수익률 상승은 베이시스 (   ), 잔존기간 상승은 베이시스 (   )으로 이어진다.

① 상승, 상승, 하락, 상승

② 하락, 하락, 상승, 하락

실전 확인 문제

▶ 베이시스에 대한 설명으로 옳은 것은?

① 현물가격이 선물가격보다 높은 시장을 콘탱고라고 한다.
② 시장선물가격과 현물가격 간의 차이를 이론베이시스라 한다.
③ 선물가격은 보유비용때문에 현물가격보다 낮게 형성되는 것이 정상이다.
④ 선물가격과 현물가격의 변동폭이 동일하다면 일정한 베이시스폭을 유지할 수 있다.

정답해설 선물가격에 따른 베이시스 형태

선물가격	시장	베이시스 형태
선물가격 > 현물가격	정상시장 → 콘탱고	B > 0 베이시스(+)
선물가격 < 현물가격	역조시장 → 백워데이션	B < 0 베이시스(−)

개념 짚어 보기

베이시스(basis)

주가지수선물가격에서 현물가격을 차감한 값을 의미하며 보유비용과 크기가 같다. 베이시스의 변동에 따라 선물가격이 변동하며 만기에 근접할수록 선물 보유비용의 감소에 따라 베이시스는 0에 수렴한다.

$$B = F - S = S(r-d) \times \frac{t}{365}$$

[개념 확인 문제 정답] 01 ② 02 ② 03 ① **[실전 확인 문제 정답]** ④

14 주가지수선물의 거래전략 - 차익거래

개념 확인 문제

01 (　　　)는 고평가된 선물을 매도하고 상대적으로 저평가된 현물을 매수하는 전략이며, (　　　)는 고평가된 현물을 매도하고 상대적으로 저평가된 선물을 매수하는 거래이다.

① 매도차익거래, 매수차익거래   ② 매수차익거래, 매도차익거래

02 (　　　)는 선물에서는 매입포지션을 취하고 현물은 매도하는데, 이러한 거래는 주로 프로그램 매매에 의해 진행된다.

① 매도차익거래   ② 매수차익거래

실전 확인 문제

▶ 차익거래에 대한 설명으로 옳지 않은 것은?

① 래깅차익거래는 차익거래의 주문을 시차를 두고 실행하는 것으로 변형된 차익거래 기법이다.

② 매도차익거래는 고평가된 현물을 매도하고 상대적으로 저평가된 선물을 매수하는 거래이다.

③ 주가지수차익거래는 주가지수선물가격과 주가지수 간에 일시적으로 나타나는 가격불균형상태를 이용하여 수익을 얻고자 하는 거래이다.

④ 차익거래가 가능한 선물의 시장가격과 선물이론가격의 괴리정도는 이론가격 산출 시의 적용금리, 선물과 주식거래비용 등과는 상관없다.

정답해설 차익거래가 가능한 선물의 시장가격과 선물이론가격의 괴리정도는 이자율 등의 보유비용과 거래비용 등에 따라 차이가 난다.

개념 짚어 보기

차익거래

현물시장과 선물시장의 양 시장 간에 가격차이가 있는 경우, 즉 현물가격과 선물가격이 어느 한 시장요인에 의해 일시적 또는 순간적으로 정상적인 가격구조가 왜곡되어 비정상적인 상태로 괴리되는 경우 이 가격차이를 이용하여 무위험이익을 얻고자 하는 거래이다. 선물과 현물은 서로 반대되는 방향으로 투자하기 때문에 가격변동의 위험은 대부분 상쇄되며 차익거래 발생시점에서 기대하는 수익이 만기까지 확정되기 때문에 무위험거래이다.

주가지수 차익거래의 유형

• 매수차익거래(cash & carry 전략) : 고평가된 선물을 매도하고 저평가된 현물(cash)을 매입(carry)하여 만기에 이를 정산할 경우 수익을 얻을 수 있는 상황에서 취할 수 있는 전략이다. → 이론선물가격 < 실제선물가격

• 매도차익거래(reverse cash & carry 전략) : 고평가된 주식을 공매도하고 상대적으로 저평가된 선물을 매수하여 만기까지 보유하는 전략이다. → 이론선물가격 > 실제선물가격

[개념 확인 문제 정답] 01 ② 02 ①   **[실전 확인 문제 정답]** ④

15 주가지수선물의 거래전략 – 헤지거래(1)

개념 확인 문제

01 헤지에서 두 반대 포지션 간의 손익이 완벽히 상쇄될 것이 예상될 때를 (　　)라고 하는데, 이는 현실적으로 거의 불가능하다.

① 완전헤지　　　　　　　　　　　② 대체헤지

02 헤지거래는 (　　)에 따라 매도헤지와 매수헤지가 있고, 헤지대상의 현물에 대응하는 (　　)에 따라 직접헤지와 간접헤지(교차헤지)가 있다. 또한 헤지범위에 따라 완전헤지와 부분헤지로 분류되기도 한다.

① 선물의 존재 여부, 선물의 매매방향　　② 선물의 매매방향, 선물의 존재 여부

03 국고채 5년물을 5년국채선물로 헤지하는 것을 (　　)라 하고, 보유하고 있는 회사채를 국채선물로 헤지하는 것을 (　　)라 한다.

① 직접헤지, 교차헤지　　　　　　　② 교차헤지, 직접헤지

04 헤지거래는 기초자산의 가격변동위험을 회피하고 운용이익의 향상을 꾀하고자 하는 것으로 선물을 이용한 헤지거래의 경우 손익을 (　　)시켜 손실발생위험을 회피하고 동시에 이익발생기회도 (　　)된다.

① 고정, 박탈　　　　　　　　　　　② 변동, 생성

실전 확인 문제

▶ 헤지거래에 대한 설명으로 옳지 않은 것은?

① 헤지거래는 기존의 현물포지션과 선물시장의 포지션을 같게 하는 전략이다.
② 헤지거래는 현물의 가격변동위험을 베이시스변동위험으로 바꾸는 효과가 있다.
③ 매수헤지는 미래 가격상승에 대비하여 해당 선물을 사는 계약을 체결하는 것이다.
④ 매도헤지는 현물시장에서 매수포지션을 보유하고 있는 투자자가 해당 현물에 대응하는 선물을 매도하는 것이다.

정답해설 헤지거래는 기존의 현물포지션에 대하여 선물시장에서 반대포지션을 취한다.

개념 짚어 보기

헤지거래

• 현재 보유하고 있거나 미래에 보유 예정인 현물의 불확실한 가치에 대하여 선물시장에서 반대되는 포지션을 취함으로써 가격변동에 따른 위험을 축소 또는 회피하기 위한 거래이다.
• 현재 현물시장에서 보유하고 있는 포지션 또는 장래에 취하려는 포지션에서 발생할 수 있는 가격변동위험을 회피하기 위하여 선물옵션시장을 이용하는 거래를 말한다.

[개념 확인 문제 정답] 01 ①　02 ②　03 ①　04 ①　**[실전 확인 문제 정답]** ①

16 주가지수선물의 거래전략 – 헤지거래(2)

개념 확인 문제

01 헤지거래를 위하여 가장 먼저 검토하고 취해야 할 단계는 (   )이다.

① 헤지거래에 따른 효과분석   ② 위험회피의 필요성 인식

02 가치가 10억 원인 주식포트폴리오를 보유한 투자자가 주식시장이 하락할 것으로 예상하여 주가지수선물을 이용하여 위험을 최소화하고자 하는 경우 (   )을 매도하면 된다. 단, 베타는 1.2이고 주가지수선물은 100.00pt이다.

① 24계약   ② 25계약

실전 확인 문제

▶ 현재가치가 9억 원인 주식포트폴리오를 보유하고 있는 펀드관리자가 향후 주가하락에 대한 위험을 KOSPI200을 이용하여 헤지하려고 한다. 가장 적절한 전략은? (단, 주식포트폴리오의 베타는 1.2, KOSPI200선물가격은 120.00pt)

① 15계약 매수   ② 15계약 매도
③ 18계약 매수   ④ 36계약 매도

정답해설 선물계약수 $= \dfrac{\beta \times \text{주식포트폴리오의 가치}}{\text{선물가격} \times \text{거래승수}}$

$= \dfrac{1.2 \times 9\text{억 원}}{120 \times 250,000} = 36\text{계약}$

개념 짚어 보기

헤지거래에 따른 효과분석

• 헤지비율$(h) = \dfrac{\text{헤지하려는 선물계약의 가치(금액)}}{\text{헤지대상 주식포트폴리오의 가치(금액)}}$

$= \dfrac{\text{선물계약수} \times \text{선물가격} \times \text{거래승수}}{\text{주식포트폴리오의 가치}}$

• 헤지해야 할 선물계약수 $= \dfrac{\text{헤지비율}(h) \times \text{주식포트폴리오의 가치}}{\text{선물가격} \times \text{거래승수}}$

• 헤지효과 $= \dfrac{\text{대상 포트폴리오의 분산} - \text{헤지포트폴리오의 분산}}{\text{대상 포트폴리오의 분산}} \times 100$

[개념 확인 문제 정답] 01 ②   02 ①   [실전 확인 문제 정답] ④

17 주가지수선물의 거래전략 – 헤지거래(3)

개념 확인 문제

01 (   )는 헤지대상 물량 전체에 해당하는 최근월물 모두를 매입 또는 매도한 후 선물 만기가 될 때마다 해당 기간 경과분만큼을 제외한 나머지를 그 다음 최근월물로 이월하는 방법을 말한다.

① 스택헤지   ② 최소분산헤지

02 베타조정헤지는 베타를 이용하여 전체 포트폴리오의 시장위험을 조절하는 헤지거래로, 보유주식 포트폴리오의 가치가 하락할 것으로 예상될 경우 매도포지션을 (   )시켜, 전체 포트폴리오 의 베타를 (   )줌으로써 손실을 상대적으로 축소시킬 수 있다.

① 감소, 높여   ② 증가, 낮추어

실전 확인 문제

▶ 투자자 A는 총가치가 30억 원인 주식포트폴리오를 보유하고 있다. 향후 주가상승을 예상하고 KOSPI200선물을 이용하여 포트폴리오의 베타를 현재 0.7에서 1.1로 조정하려고 한다. 투자자 가 취해야 할 전략으로 가장 적절한 것은? (단, 주가지수선물의 가격은 200.00pt)

① 24계약 매수   ② 24계약 매도
③ 30계약 매수   ④ 30계약 매도

정답해설 지수선물계약수(N)=(목표베타−기존베타) × $\dfrac{\text{주식포트폴리오의 현재가치}}{\text{지수선물 1계약의 현재가치}}$

$$=(1.1-0.7) \times \frac{\text{30억 원}}{200.00 \times 250,000} = 24$$

개념 짚어 보기

헤지전략

• **연속헤지(스택헤지)** : 보유하고 있는 주식의 가격변동위험을 헤지하기 위하여 동원하는 선물의 만기가 존재하는 한시적인 금융상품이다. 베이시스가 안정적으로 유지되어야만 헤지성과를 높일 수 있고, 기존 월물의 만기시점에서 기존 선물계약과 차근월물 간의 연속성이 유지되어야만 한다.

• **베타조정헤지** : 베타를 이용해 전체 포트폴리오의 시장위험을 조정하는 헤지방법이며, 시장상황에 맞게 보유 포트폴리오의 위험 노출 정도를 조정하는 방법이다. 주가가 하락할 것으로 예상될 경우 주식포트폴리오와 주가지수선물을 포함하는 전체 포트폴리오의 베타를 낮추어줌으로써 주가하락에 따른 손실을 상대적으로 축소시키며, 주가가 상승할 것으로 예상되면 전체 포트폴리오의 베타를 높여줌으로써 주가상승 시 이익을 취하고자 하는 것으로 위험 회피의 목적 이외에 시장상황에 따라 보유 포트폴리오의 위험 노출 정도를 조정하여 수익도 얻고자 하는 적극적인 개념이다.

• **최소분산헤지** : 주식의 베타 대신 회귀분석을 통해 현물과 선물의 변동성을 최소화시키는 값을 헤지비율로 이용하는 헤지이다.

[개념 확인 문제 정답] 01 ① 02 ② **[실전 확인 문제 정답]** ①

18 주가지수선물의 거래전략 – 스프레드거래

개념 확인 문제

01 결제월 간 스프레드에서 향후 스프레드 확대가 예상되는 경우 근월물을 (   )하고 원월물을 (   )하며, 스프레드 축소가 예상되는 경우 근월물을 (   )하고 원월물을 (   )하면 된다.

① 매도, 매수, 매수, 매도   ② 매수, 매도, 매도, 매수

02 상품 내 스프레드는 주가지수가 상승할수록, 이자율이 상승할수록, 배당수익률이 감소할수록 (   )된다.

① 확대   ② 축소

실전 확인 문제

▶ 스프레드거래에 대한 설명으로 옳은 것은?

① 스프레드거래는 선물의 이론가격과 실제가격 사이에 일시적 가격불균형이 발생했을 때 이루어진다.

② 스프레드거래는 결제월 간 스프레드, 종목 간 스프레드, 시장 간 스프레드로 분류할 수 있다.

③ 근월물 상승이 예상될 때 근월물을 매수하고 원월물을 매도하는 것을 약세스프레드라 한다.

④ 근월물 하락이 예상될 때 근월물을 매도하고 원월물을 매수하는 것을 강세스프레드라 한다.

정답해설 ① 스프레드거래는 선물들 간의 가격차이 변동을 예상하여 하나의 선물을 사고 다른 선물을 파는 거래이다.
③ 근월물이 원월물보다 상승이 예상될 때 근월물을 매수하는 것은 강세스프레드이다.
④ 근월물이 원월물보다 하락이 예상될 때 근월물을 매도하는 것은 약세스프레드이다.

개념 짚어 보기

스프레드거래의 유형

• **상품 내 스프레드(결제월 간 스프레드)** : 동일한 주가지수선물의 결제월물별 가격차이를 이용하는 거래이다. 선물가격의 시세변동이 예상되더라도 투기거래를 할 정도의 위험을 감수하지 않으려는 투자자들이 한정된 위험만을 감수하고 스프레드 정도의 시세차익을 얻고자 할 때 이용한다.
 – 스프레드의 확대 예상 : 근월물을 매도, 원월물을 매수*
 – 스프레드의 축소 예상 : 근월물을 매수, 원월물을 매도
• **상품 간 스프레드(시장 간 스프레드)** : 서로 상이한 두 개의 선물계약을 동시에 매매하여 스프레드의 시세차익을 얻으려는 거래이다. 각각의 선물계약에 미치는 다양한 변수로 인해 상품 내 스프레드에 비해 변동폭이 크다. 선물가격 상승이 예상되면 가격변동이 큰 선물을 매수, 선물가격 하락이 예상되면 가격변동이 큰 선물을 매도한다.
• **KRX지수선물 스프레드거래** : 한국거래소(KRX)에서는 KOSPI200지수선물에도 결제월물 스프레드거래를 도입하였다. 일반적인 스프레드거래는 최근월물과 차근월물에 대하여 각각의 매매를 통해 포지션을 구성하지만, 최근월물과 차근월물의 가격차이, 즉 스프레드를 별도의 매매대상으로 떼어낸 것이 특징이다.

[개념 확인 문제 정답] 01 ① 02 ①   **[실전 확인 문제 정답]** ②

19 금리의 이해(1)

개념 확인 문제

01 채권의 미래현금흐름의 현재가치와 채권의 시장가격을 일치시키는 수익률을 (   )이라 하며, 매매시점에 따라 변화하는 것이 보통이다.

① 실효수익률 　　　　　　　　　　　② 만기수익률(내부수익률)

02 수익률곡선 관련 이론의 유동성선호설에 따르면 채권가격의 변화 가능성은 채권의 만기가 길수록 증가하기 때문에 위험회피적인 투자자는 (   )보다 (   )를 더 선호하는 경향이 있다.

① 장기채, 단기채 　　　　　　　　　② 단기채, 장기채

03 기대가설에서 (   )이 예상될 때, 단기채는 수요가 줄고 장기채는 수요가 늘어 수익률곡선의 기울기는 완만해진다. 반대로 (   )이 예상될 때, 장기채 가격의 하락이 더 크게 되므로 수익률곡선의 기울기는 급해진다.

① 금리상승, 금리하락 　　　　　　　② 금리하락, 금리상승

실전 확인 문제

▶ **수익률곡선에 대한 설명으로 옳지 않은 것은?**

① 일반적으로 우상향의 형태를 취한다.
② 수익률과 가격 사이의 관계를 도표로 작성한 것이다.
③ 수익률과 만기 사이의 관계를 기간구조라 한다.
④ 시장 여건에 따라 우하향의 형태를 나타내기도 한다.

정답해설　수익률과 만기 사이의 관계를 기간구조라 하며, 이를 도표로 나타낸 것을 수익률곡선이라 한다.

개념 짚어 보기

수익률곡선의 형태
• 수익률곡선 우상향 : 선도금리 > 무이표채금리 > 이표채금리
• 수익률곡선 우하향 : 선도금리 < 무이표채금리 < 이표채금리

수익률곡선의 형태에 관한 이론
• 기대가설 : 수익률곡선은 미래 시장금리의 움직임에 대한 투자자들의 예상에 따라 결정된다.
• 유동성선호가설 : 장기투자에 따른 프리미엄으로 인해 장기채수익률은 단기채수익률보다 높아야 한다.
• 시장분할가설 : 투자자들은 채권 만기에 대하여 서로 다른 선호도를 가지고 있어 채권시장은 몇 개의 시장으로 분할되어 있다.

[개념 확인 문제 정답] 01 ②　02 ①　03 ②　**[실전 확인 문제 정답]** ②

20 금리의 이해(2)

개념 확인 문제

01 이자율 변동에 따른 채권가격의 변동폭은 만기가 길수록 (   )한다.

① 감소   ② 증가

02 채권의 듀레이션은 채권의 가격민감도를 측정하는 데 사용하며, 채권의 수익률은 듀레이션과 (   )한다.

① 정비례   ② 반비례

03 만기가 (   ), 표면이자율이 낮을수록, 채권수익률이 낮을수록, 이자지급빈도가 (   ) 보다 긴 듀레이션을 갖는다.

① 짧을수록, 많을수록   ② 길수록, 적을수록

실전 확인 문제

▶ 채권가격과 수익률의 관계에 대한 설명으로 옳지 않은 것은?

① 채권가격과 채권수익률은 반비례 관계에 있다.

② 장기채가 단기채보다 일정한 수익률 변동에 대한 가격변동폭이 더 크다.

③ 표면이자율이 높은 채권이 낮은 채권보다 일정한 수익률 변동에 따른 가격변동률이 크다.

④ 만기가 일정할 때 수익률 하락으로 인한 가격상승폭이, 같은 폭의 수익률 상승으로 인한 가격하락폭 보다 크다.

정답해설 B. G. Malkiel의 채권가격과 수익률의 관계
- 채권가격과 채권수익률은 역의 방향으로 움직인다.
- 채권수익률이 변동할 때 그 변동으로 인한 채권가격의 변동은 만기가 길어질수록 커진다.
- 채권수익률 변동에 따른 채권가격변동폭은 커지지만 그 증가율은 체감한다(즉, 채권가격변동률은 체감적으로 증가).
- 만기가 일정할 때 수익률의 하락으로 인한 가격상승폭이, 같은 폭의 수익률 상승으로 인한 가격하락폭보다 크다.
- 채권수익률 변동으로 인한 채권가격의 변동률은 표면이자율이 높을수록 작아진다.

개념 짚어 보기 ◀

듀레이션

채권의 수익률이 변동할 때 채권의 가격이 얼마나 민감하게 변동하는가를 나타내는 지표로서, 채권의 수익률에 대한 가격탄력성(elasticity)이라 할 수 있다.

- 금리상승 예상(채권가격 하락) → 낮은 듀레이션 선택 → 단기채, 고쿠폰채, 금리선물 매도
- 금리하락 예상(채권가격 상승) → 높은 듀레이션 선택 → 장기채, 저쿠폰채, 금리선물 매수

[**개념 확인 문제 정답**] 01 ② 02 ② 03 ②   [**실전 확인 문제 정답**] ③

21 단기금리선물

개념 확인 문제

01 LIBOR란 (　　　)에서 은행 간 거래되는 3개월 정기예금의 이자율로 많은 채권이나 금리관련 상품의 기준금리로 이용된다.

① 영국 런던　　　　　　　　　　② 미국 뉴욕

02 금리선물은 만기 (　　　)을 기준으로 그 이하를 단기금리선물, 그 이상을 장기금리선물이라 분류한다.

① 1년　　　　　　　　　　② 3년

실전 확인 문제

▶ 단기금리선물에 대한 설명으로 옳지 않은 것은?

① T-bill의 호가단위는 0.01이며 현물인수도방식으로 결제한다.
② 유로달러선물은 360일 기준의 연단리로 표시되며 만기에 현금결제방식을 택하고 있다.
③ T-bill시장에서 사용되는 할인율은 액면가격기준으로 얼마나 할인되어 있는가를 나타낸다.
④ 연방기금금리선물의 거래대상은 유효연방기금금리이며, 결제월의 최종거래일에 현금결제방식으로 결제한다.

정답해설 T-bill의 호가단위는 1/2pt=0.005=$12.50이며, 원래 현물인수도방식이었으나 거래량이 부진하여 현금결제방식으로 전환되었다.

개념 짚어 보기

단기금리선물 상품명세

구분	기초자산	거래단위	가격표시	최소호가단위(1 tick)	가격제한폭	결제방식
유로달러 선물	91일물 LIBOR금리	$1,000,000	IMM 지수방식	• 최근월물 : 0.0025(1/4 bp)=$6.25 • 기타월물 : 0.005(1/2 bp)=$12.50	없음	현금결제
T-bill 선물	3개월 T-bill금리	$1,000,000	IMM 지수방식	0.005(1/2 bp)=$12.5	없음	현금결제
연방기금 선물	연방기금 금리	$5,000,000	IMM 지수방식	• 최근월물 : 0.25 bp= $10.4175 • 기타월물 : 0.005(1/2 bp)=$12.50	없음	현금결제

단기금리선물의 이론가격

• 내재선도금리 : 미래의 일정 시점부터 일정 기간 예금하는 선도예금의 금리로, 현재의 장·단기금리에 의해 차익거래의 기회가 발생하지 않도록 하는 금리이다(단기금리선물).
• 유로달러선물의 이론가격 : 내재선도금리에 의해 결정되는데 선물의 계약기간이 3, 6, 9, 12월 셋째주 수요일부터 90일간 금리수준이므로 이를 감안한 가격으로 표시하여야 한다.

22 장기금리선물(1)

개념 확인 문제

01 (　　　)의 이론가격 계산 시 현물자산으로 최저가인도채권을 사용한다.

① 3년국채선물　　　　　　　　　　　　② T-bond선물

02 3년국채선물의 위탁증거금률은 0.60%, 5년국채선물은 (　　　), 10년국채선물은 (　　　)이다 (한국거래소 2019. 01. 25 기준).

① 1.2%, 1.2%　　　　　　　　　　　　② 0.90%, 1.95%

03 3년국채선물의 이론가격 계산은 기초자산인 3년 만기 5%인 국고채의 가격을 알아야 하나 기초자산이 실제로 존재하지 않는 가상채권이므로 실질적으로 기초자산의 가격을 알 수가 없다. 이를 알아보기 위한 계산은 바스켓에 편입된 채권수익률과 선도가격에 근거하여 (　　　)에 걸쳐 계산된다.

① 5단계　　　　　　　　　　　　　　② 7단계

실전 확인 문제

▶ 우리나라 5년국채선물에 대한 설명으로 옳지 않은 것은?

① 이표율 5%, 6개월 이표지급방식의 5년 만기 국고채를 기초자산으로 한다.
② 최종결제가격 산정 시 바스켓을 사용한다.
③ 결제월은 3, 6, 9, 12월 중 2개월물만 상장된다.
④ 5년국채선물의 상품구조는 3년국채선물과 대부분 동일하나 위탁증거금률은 2.7%이다.

정답해설 3년국채선물의 위탁증거금률은 0.60%, 5년국채선물의 위탁증거금률은 0.90%, 10년국채선물의 위탁증거금률은 1.95%이다(한국거래소 2019. 01. 25 기준).

개념 짚어 보기

3년 · 5년 · 10년국채선물의 공통 거래조건
거래단위는 액면 1억 원이며(거래승수 100만) 결제월은 3, 6, 9, 12월이다. 호가단위는 0.01이며 최종거래일은 결제월의 세 번째 화요일, 최종결제일은 최종거래일의 다음 거래일, 최종결제방법은 현금결제방식이다.

해외장기금리선물(T-bond)
T-bond는 만기 10~30년의 미국 재무부 채권으로, T-bond를 기초자산으로 하는 장기금리선물이다. 선물가격은 액면가에 대한 백분율로 표시되며 1틱은 1/64bp로 소수점 이하의 가격은 1%의 1/32단위로 호가된다.

[개념 확인 문제 정답] 01 ② 02 ② 03 ①　**[실전 확인 문제 정답]** ④

23 장기금리선물(2)

개념 확인 문제

▶ 표준물이 아닌 T−bond로 인수도결제가 행해지는 경우의 결제금액을 표준물에 의한 결제금액과 같게 만들어야 하는 경우 (　　　)을/를 이용하며 T−bond선물의 이표율이 6%보다 작을 경우 이 값은 1보다 (　　　).

① 최저가인도채권, 크다　　　　　　　② 전환계수, 작다

실전 확인 문제

▶ T−bond의 정산가격(EDSP)이 98−16, 인도하고자 하는 채권의 전환계수가 1.2305이고 경과이자는 $100당 2.125라면 청구가격은 얼마인가?

① USD 118545.00　　　　　　　② USD 119127.55
③ USD 123329.25　　　　　　　④ USD 123396.15

정답해설 청구가격＝(정산가격×인도채권 전환계수)＋경과이자
＝(98.5×1.2305)＋2.125
＝121.20425＋2.125＝123.32925 → $100당 거래단위 $100,000이므로 USD 123329.25

개념 짚어 보기

전환계수(CF : Conversion Factor)
서로 다른 채권의 인도가치를 표면이자와 만기의 함수로 나타낸 것으로 만기와 표면이자가 서로 다른 인도대상채권을 표준물 가격으로 조정해주는 가중치라 할 수 있다.
• 쿠폰이 6%인 채권의 전환계수는 1이다.
• 쿠폰이 6%보다 높은 채권의 전환계수는 항상 1보다 크다.
• 쿠폰이 6%보다 낮은 채권의 전환계수는 항상 1보다 작다.

청구가격(invoice amount)
청구가격은 선물매도자의 수령 금액, 즉 선물매수자의 지급 금액을 말한다.

청구가격＝선물정산가격(EDSP)×인도채권의 전환계수(CF)＋경과이자(AI)

최저가인도채권(CTD : Cheapest-To-Deliver bond)
매도자 자신에게 가장 유리한 것을 인도하게 되는 것을 최저가인도채권이라 한다. 전환계수 산정방법의 불완전성 때문에 CTD가 존재하며 채권매입가격과 청구가격 간의 차이가 가장 적은 채권이 CTD가 된다.

T−bond선물의 이론가격
T−bond선물 거래자들이 염두에 두고 있는 현물인 최저가인도채권(CTD)에 근거하여 산출하게 된다. 매도자가 갖는 인도시기와 인도채권 종류의 선택에 대한 옵션으로 인해 이론가격을 구하기가 쉽지 않으나 인도일과 최저가인도채권가격을 아는 경우에는 보유비용 모형을 이용해 채권선물의 이론가격을 구할 수 있다.

24 금리선물의 거래전략 – 차익거래

개념 확인 문제

01 이론선물가격보다 실제선물가격이 낮은 경우 현물(   ), 선물(   ) 포지션을 취하며 이는 금리선물가격의 (   ), 현물의 (   )를 의미한다.

① 매도, 매수, 저평가, 고평가   ② 매수, 매도, 고평가, 저평가

02 (   )는 이론선물가격보다 실제선물가격이 높은 경우에 가격불균형을 이용하여 무위험차익을 획득하는 것이다.

① 매수차익거래   ② 매도차익거래

실전 확인 문제

▶ 3년국채선물 2018년 6월물이 현재 107.28에 거래되고 있다. 현물과 선물의 가격이 다음 표와 같을 때 차익거래를 위해 매도해야 할 국채선물의 계약수는? (단, 채권은 액면 100억 원을 매수한다고 가정)

구분	현물	선물	이론가격
가격	102.50	107.28	106.32
듀레이션	2.4532	2.7853	

① 84계약   ② 86계약
③ 88계약   ④ 90계약

정답해설 차익거래 시 선물계약수 $= \dfrac{\text{현물가치} \times \text{현물의 듀레이션}}{\text{선물가치} \times \text{선물의 듀레이션}}$

$$= \frac{10,250,000,000 \times 2.4532}{107,280,000 \times 2.7853} = 84$$

개념 짚어 보기

차익거래전략

금리선물의 시장가격과 이론가격이 같은 수준에서 거래되지 않을 경우 현물을 매수(매도)하는 동시에 선물을 매도(매수)하여 무위험수익을 얻는 거래이다.

• 선물가격 < 이론가격 → 매도차익거래(현물매도, 선물매수) → 금리선물가격 저평가, 현물 고평가
• 선물가격 > 이론가격 → 매수차익거래(현물매수, 선물매도) → 금리선물가격 고평가, 현물 저평가

[개념 확인 문제 정답] 01 ① 02 ① **[실전 확인 문제 정답]** ①

25 금리선물의 거래전략 – 헤지거래(1)

개념 확인 문제

01 변동금리부로 자금을 차입한 경우 또는 고정금리채권을 보유하고 있는 투자자 등은 금리선물을 이용하여 (   )를 해야 한다.

① 매도헤지   ② 매수헤지

02 (   )는 비교적 장기간 금리위험에 노출되어 있는 경우 각 결제월의 단기금리선물을 동일 수량만큼 매수 또는 매도하여 전체적으로 균형화하는 헤지방법이다.

① 스택헤지   ② 스트립헤지

03 (   )는 최근월물로 헤지 대상물량 전체를 모두 매수(매도)한 후 만기가 될 때 해당 기간 경과 분만큼을 제외한 나머지를 그 다음의 최근월물로 이월하는 헤지방법이다.

① 교차헤지   ② 스택헤지

실전 확인 문제

▶ 금리선물을 이용하여 매수헤지를 해야 하는 경우는?

① 변동금리부로 자금을 차입한 경우
② 장래 채권발행계획이 있는 기관
③ 고정금리채권을 보유하고 있는 투자자
④ 변동금리채권을 보유하고 있는 투자자

정답해설 변동금리채권을 보유하고 있는 투자자는 금리가 하락하면 이자가 감소하여 손실을 입게 되므로 금리하락 위험을 헤지하기 위해 금리선물을 이용하여 매수헤지를 해야 한다.
①, ②, ③ 금리상승위험에 노출되어 있으므로 매도헤지를 해야 한다.

개념 짚어 보기

금리위험의 유형에 따른 헤지전략

현물포지션	현물거래	금리위험	헤지전략
현재 보유	채권투자	금리상승 → 가격하락	채권선물 매도
	고정금리 차입	금리하락 → 기회손실 발생	금리선물 매수
보유 예정	채권투자 예정	금리하락 → 기회손실 발생	채권선물 매수
	차입 예정	금리상승 → 차입비용 상승	금리선물 매도

[**개념 확인 문제** 정답] 01 ① 02 ② 03 ② [**실전 확인 문제** 정답] ④

26 금리선물의 거래전략 – 헤지거래(2)

개념 확인 문제

01 금리선물을 이용한 듀레이션 조정에서 채권포트폴리오 관리자는 금리하락이 예상되는 경우 포트폴리오의 듀레이션을 (　　　) 한다.

① 하향조정　　　　　　　　　　　　② 상향조정

02 액면가치모형에 따르면 현물 액면가 1원을 선물 1계약의 (　　　)으로 헤지한다.

① 액면가 1원　　　　　　　　　　　② 시장가 1원

실전 확인 문제

▶ 현재 국고채 100억 원을 보유하고 있는 투자자가 향후 금리상승에 따른 채권가격하락의 위험을 회피하기 위하여 국채선물을 이용하여 헤지하고자 한다. 다음과 같은 시장상황에서 듀레이션 헤지모형에 따라 매도해야 할 국채선물 계약수를 구하면?

구분	보유채권	5년국채선물
시장가치	103.50	115.25
듀레이션	4.1250	4.2580

① 76계약　　　　　　　　　　　　② 82계약
③ 87계약　　　　　　　　　　　　④ 92계약

 정답해설 · 보유채권의 시장가치 ＝103.50억 원＝10,350백만 원
· 선물의 시장가치 ＝115.25×100만 원(거래승수)＝11,525백만 원

· 매도계약수＝$\dfrac{10{,}350\text{백만 원}\times4.1250}{11{,}525\text{백만 원}\times4.2580}$＝86.999계약

대표 유형 문제 알아 보기 ▶

금리선물을 이용한 듀레이션 조정

· 금리하락(채권가격상승) 예상 → 포트폴리오의 듀레이션 상향조정 → 금리선물 매수
· 금리상승(채권가격하락) 예상 → 포트폴리오의 듀레이션 하향조정 → 추가선물 매도

$$듀레이션 조정을 위한 선물계약수＝\frac{(D_t-D_r)\times S}{D_f\times F}$$

· D_r : 포트폴리오의 현재듀레이션　· D_t : 포트폴리오의 목표듀레이션　· D_f : 선물의 듀레이션
· S : 포트폴리오(채권)의 가치　　　· F : 선물의 가치

27 금리선물의 거래전략 – 스프레드거래, 투기거래

개념 확인 문제

01 (   )와/과 (   )의 상품 간 스프레드를 이용하면 수익률곡선거래가 가능하며, 이러한 상품 간 스프레드거래는 수익률곡선 움직임에 대해 투자하는 것과 같은 효과를 낼 수 있다.

① T−bond, T−bill   ② 3년국채선물, 5년국채선물

02 금리상품의 스프레드 가격은 근월물가격에서 원월물가격을 차감한 것으로 근월물을 매수하고 원월물을 매도하는 것을 (   )스프레드거래라 하고, 근월물을 매도하고 원월물을 매수하는 것을 (   )스프레드거래라 한다.

① 매수선물, 매도선물   ② 매도선물, 매수선물

실전 확인 문제

▶ 수익률곡선의 기울기가 급격해질 것으로 전망될 때의 스프레드거래가 바르게 연결된 것은?

① 3년국채선물 매수＋5년국채선물 매도
② 5년국채선물 매수＋3년국채선물 매도
③ 3년국채선물 매수＋5년국채선물 매수
④ 3년국채선물 매도＋5년국채선물 매도

정답해설 수익률곡선의 기울기가 급격해질 것으로 전망될 때는 3년국채선물을 매수하고 5년국채선물을 매도하는 방식으로 거래한다.

대표 유형 문제 알아 보기

수익률곡선을 이용한 거래전략

• 스프레드거래에서의 이용 : 수익률곡선의 기울기 변화로부터 이익을 얻고자 하는 거래전략으로 수익률곡선의 기울기가 급격해질 것으로 예상하는 경우 스프레드 매수전략을, 수익률곡선의 기울기가 완만해질 것으로 예상될 경우 스프레드 매도전략을 택한다.
• 국채선물의 수익률곡선전략 : 장기물의 수익률 상승폭과 단기물의 수익률 상승폭을 비교한 거래전략
 – 급격한 수익률곡선 예상 : 3년국채선물 매수＋5년국채선물 매도(단기물 매수＋장기물 매도)
 – 완만한 수익률곡선 예상 : 3년국채선물 매도＋5년국채선물 매수(단기물 매도＋장기물 매수)

투기거래전략

• 금리상승 예상 : 3년국채선물 또는 5년국채선물 매도
• 금리하락 예상 : 3년국채선물 또는 5년국채선물 매수

28 외환 및 외환거래의 이해 – 외환과 환율(1)

개념 확인 문제

01 외국통화 한 단위의 가치를 자국통화로 표시하는 방법을 (   )이라 하며, 자국통화 한 단위의 가치를 외국통화로 표시하는 방법은 (   )이라 한다.

① 간접표시법, 직접표시법

② 직접표시법, 간접표시법

02 외환시장은 구매력 이전기능, (   ), 헤징기능을 제공한다.

① 시장금리 형성기능

② 신용기능

03 우리나라에서 (   )으로 환율을 표시하면 직접표시법, (   )으로 환율을 표시하면 간접표시법이다.

① $1＝₩1,000, ₩1＝$1/1,000

② ₩1＝$1/1,000, $1＝₩1,000

실전 확인 문제

▶ 외환시장에 대한 설명이 옳지 않은 것은?

① 외환시장은 구체적인 장소와 시간에 거래가 이루어진다.

② 시장조성자로서의 딜러의 역할이 외환거래의 유동성을 원활하게 하였다.

③ 은행 간 외환거래가 이루어지는 은행 간 시장은 거래규모가 큰 외환도매시장이다.

④ 외환시장은 선물환, 통화선물, 통화옵션 등의 다양한 파생상품을 이용하여 헤징할 수 있는 기능을 제공한다.

정답해설 외환시장은 구체적인 장소와 시간이 존재하지 않는 일종의 장외시장(OTC)이다.

대표 유형 문제 알아 보기

교차환율(cross rate)
미 달러화가 아닌 제3의 통화 간의 환율을 통상적인 외환거래의 기준이라 할 수 있는 미 달러화를 이용하여 계산하게 될 때를 교차환율이라고 한다. 환율의 표시가 간단해지고 거래가 편리하게 되어 차익거래의 발생 가능성을 막을 수 있다.
1$＝1,000₩, 1$＝100￥ → ￥100＝₩1,000

외환시장의 특성
딜러 중심의 장외시장, 호가선행시장, 양방향 호가시장, 호가스프레드, 24시간 연속 개장, 점두시장, 미달러 기준시장, 제로섬시장

외환시장의 기능
• 구매력 이전기능 : 외환시장이 구매력의 국제적 이전을 가능하게 하여 국제거래를 성립시킨다.
• 신용기능 : 신용장이나 수출어음 등을 통하여 외국환은행이 국제거래에 신용을 제공할 수 있다.
• 헤징기능 : 환율변동의 위험을 선물환, 통화선물 등의 파생상품을 이용하여 헤징할 수 있는 기능을 제공한다.

[개념 확인 문제 정답] 01 ② 02 ② 03 ① **[실전 확인 문제 정답]** ①

29 외환 및 외환거래의 이해 – 외환과 환율(2)

개념 확인 문제

01 원－달러 환율의 상승은 원화가치의 (　　), 즉 (　　)을/를 의미한다.

① 상승, 평가절상　　　　　　　　　② 하락, 평가절하

02 외환포지션은 환위험에 노출된 금액을 나타내는데 외환자산이 외환부채보다 큰 경우를 외환 초과 (　　)이라 하며, 외환자산이 외환부채보다 작은 경우는 외환 초과 (　　)이라 한다. 외환자산과 외환부채가 같은 경우는 스퀘어 포지션이라 한다.

① 매도포지션, 매수포지션　　　　　② 매수포지션, 매도포지션

실전 확인 문제

▶ 우리나라에서 거래되는 미국달러선물에 대한 설명으로 옳지 않은 것은?

① 거래단위는 10,000달러이다.
② 1999년부터 거래소에 상장되어 거래되고 있다.
③ 원－달러 환율이 상승하면 선물 매도포지션이 이익이 된다.
④ 가격표시방법은 원－달러 환율을 표시하는 방법 그대로 사용한다.

정답해설 원－달러 환율이 상승하면 미국달러선물의 가격도 같은 방향으로 상승하므로, 매입포지션은 이익이 되고 매도포지션은 손실이 된다.

대표 유형 문제 알아 보기

환율제도
• **고정환율제도** : 환율변동을 전혀 인정하지 않거나 그 변동폭을 극히 제한하는 환율제도로 환율이 안정적으로 유지됨에 따라 경제활동의 안정성이 보장되어 대외거래를 촉진시키는 장점이 있으나 환율변동에 의한 국제수지의 조정이 불가능함에 따라 대외부문의 충격이 물가 불안 등 국내경제를 불안정하게 하는 단점도 있다.
• **변동환율제도** : 외환의 수급상태에 따라 자유로이 환율을 변동시켜 국제수지의 조정을 기하려는 제도를 말한다. 환율의 실세를 반영하여 융통성 있게 변동할 수 있는 장점이 있으나 환투기의 가능성이 있을 때에는 환율의 안정을 잃게 된다는 단점이 있다.

국내 원－달러 환율 변동요인
• **기업의 외환수급상황** : 월초는 수입원유 대금결제가 집중되어 달러가치 상승. 월말은 수출대금의 유입으로 달러가치 하락
• **원화자금 사정** : 원화자금 경색 또는 원화자금 수요 증가 → 달러가치 하락
• **엔－달러 환율** : 엔화 약세 → 수출경쟁력 하락 → 원화 약세
• **증시상황** : 증시 활황(침체) → 달러 유입(유출) → 달러 약세(강세) → 원화 강세(약세)

[개념 확인 문제 정답] 01 ②　02 ②　[실전 확인 문제 정답] ③

30 외환 및 외환거래의 이해 – 선물환

개념 확인 문제

01 선물환율의 고시방법 중 현물환율과 선물환율과의 차이로 표시하는 방법은 (   )이라 하며, 선물환율의 호가를 매입률과 매도율로 표시하는 방법을 (   )이라 한다.

① 스왑률, 아웃라이트율   ② 아웃라이트율, 스왑률

02 실제선물환율이 이론선물환율보다 (   )된 경우, 선물을 매도하고 원화를 차입하여 달러로 바꾼 후 달러표시 채권에 투자하면 차익거래 이익을 얻을 수 있다.

① 저평가   ② 고평가

실전 확인 문제

▶ 현재 엔–달러 현물환율은 달러당 124.25엔이고 만기가 92일 남은 3개월 선물환율은 달러당 121.53엔이다. 선물환의 할증률은 얼마인가?

① −8.57%   ② 8.57%

③ −0.29%   ④ 0.29%

정답해설 선물환율의 할증률(할인율) $= \dfrac{\text{선물환율} - \text{현물환율}}{\text{현물환율}} \times \dfrac{360}{\text{선물환 만기}} = \dfrac{121.53 - 124.25}{124.25} \times \dfrac{360}{92} = -0.085661$

개념 짚어 보기

스왑률(swap rate)
- 선물환율 할증 : 매입률 < 매도율 → 선물환율 = 현물환율 + 스왑률
- 선물환율 할인 : 매입률 > 매도율 → 선물환율 = 현물환율 − 스왑률

원–달러 차액결제선물환(NDF : Non Deliverable Forward)
역외선물환이라고도 하며, 만기에 계약 원금의 교환 없이 계약 선물환율과 현물환율(지정환율) 간의 차이만을 계약 당시 약속한 지정통화(통상 미 달러화)로 결제하는 파생금융상품이다. 결제금액 산정 시 지정환율이 계약환율보다 높은 경우 매수자가 매도자로부터 결제금액을 수취하고, 지정환율이 계약환율보다 낮은 경우 매수자가 매도자에게 결제금액을 지불해야 한다.

선물환율의 결정모형(이자율평가이론)

$$F = S \times \frac{1 + r_h}{1 + r_f} \quad \Rightarrow \quad \frac{F - S}{S} = r_h - r_f$$

- F : 선물환율   • S : 현물환율   • r_h : 국내이자율   • r_f : 해외이자율

무위험이자율 차익거래
만일 이자율평가이론이 성립하지 않는다면, 만기와 위험은 같고 표시통화만 다른 두 금융상품의 수익률이 서로 다르다는 것을 의미한다. 이때 수익률 간의 차익을 이용하고, 환위험을 선물환으로 헤징하면 무위험이자율 차익거래가 가능해진다.

[개념 확인 문제 정답] 01 ①   02 ②   [실전 확인 문제 정답] ①

31 통화선물의 이해(1)

개념 확인 문제

01 (　　　) 헤지법은 선물환거래가 불가능하거나 또는 낮은 거래비용으로 비교적 소규모의 헤지포지션을 취하려는 경우에 이용된다.

① 통화선물　　　　　　　　　　　② 단기자금시장

02 통화선물을 이용한 환위험관리 시 수입대금의 가치하락을 방지하기 위해서는 (　　　)를 사용해야 한다.

① 매수헤지　　　　　　　　　　　② 매도헤지

실전 확인 문제

▶ 한국의 S기업은 미국의 A기업에게 물품 구입대금 150만 달러를 3개월 후 지급하기로 하였다. 향후 원－달러 환율의 상승을 예상한 S기업은 단기자금시장을 이용하여 환위험을 헤지하고자 한다. 현재 원－달러 현물환율은 달러당 1,000원이며, 국내 이자율은 연간 5%, 미국 이자율은 연간 2%이다. S기업이 3개월 후 지급해야 하는 원화금액은 얼마인가?

① 약 13억 1,500만 원　　　　　　② 약 15억 1,100만 원
③ 약 18억 6,200만 원　　　　　　④ 약 19억 2,100만 원

정답해설　$F = 1,000 \times \dfrac{(1+0.0125)}{(1+0.005)} ≒ 1,007.462$

S기업이 3개월 후 지급해야 하는 금액 $= 1,007.462 \times 150$만 달러 ≒ 151,119만 원(∵ 시장균형에서 단기자금시장을 이용한 헤지결과는 이자율 평형이론의 결과와 동일)

개념 짚어 보기

통화선물을 이용한 환위험 관리
• 매도헤지 : 수출상 또는 외환채권자 － 환율하락 위험 노출
• 매수헤지 : 수입상 또는 외환채무자 － 환율상승 위험 노출

단기자금시장을 이용한 환위험 관리

시장선물환율 > 이론선물환율	• 매수헤지(선물매도＋현물매수) : 단기자금시장을 이용한 헤지가 유리 • 매도헤지(선물매수＋현물매도) : 선물을 이용한 헤지가 유리
시장선물환율 < 이론선물환율	• 매수헤지(선물매도＋현물매수) : 선물을 이용한 헤지가 유리 • 매도헤지(선물매수＋현물매도) : 단기자금시장을 이용한 헤지가 유리

[개념 확인 문제 정답] 01 ①　02 ①　[실전 확인 문제 정답] ②

32 통화선물의 이해(2)

개념 확인 문제

01 우리나라에서는 ( ) 4월부터 미국달러선물이 상장·거래되어 왔다.

① 1999년   ② 2006년

02 외환스왑에서 현물환을 매수하고 선물환을 매도하는 거래 형태는 ( )라 하며, 해당 통화의 차입을 의미한다. 반대로 현물환을 매도하고 선물환을 매수하는 거래 형태는 ( )라 하며, 해당 통화의 대출을 의미한다.

① buy and sell swap, sell and buy swap   ② sell and buy swap, buy and sell swap

실전 확인 문제

▶ 우리나라의 통화선물에 대한 설명으로 옳지 않은 것은?

① 결제월 주기가 3, 6, 9, 12월로 되어 있다.

② 거래소에서 미국달러선물, 엔선물, 유로선물을 거래할 수 있다.

③ 해당 외국통화의 환율이 상승하면 선물가격도 상승하므로 매입포지션이 이익이 된다.

④ 통화선물의 거래단위는 미국달러선물이 10,000달러, 엔선물이 1,000,000엔, 유로선물은 10,000유로이다.

정답해설 국내 통화선물의 결제월 주기는 낭월물 포함 연속 3개월+3, 6, 9, 12월이므로 총 6개의 결제월물이 있다. 예를 들어 현재시점이 6월 초라면 6월, 7월, 8월의 연속 3개월물에 이어 9월, 12월 다음해 3월물이 상장되어 있다.

개념 짚어 보기

통화선물의 거래조건

구분	미국달러선물	엔선물	유로선물
거래단위	10,000달러	1,000,000엔	10,000유로
결제월주기	분기월 중 4개와 그 밖의 월 중 4개		
상장결제월	1년 이내의 8개 결제월		
가격표시방법	1달러당 원화	100엔당 원화	1유로당 원화
최소가격변동폭	0.10원	0.10원	0.10원
거래시간	9 : 00 ~ 15 : 45(단, 최종거래일은 9 : 00 ~ 11 : 30)		
최종거래일	결제월의 세 번째 월요일(공휴일인 경우 순차적으로 앞당김)		
최종결제방법	인수도결제		

[**개념 확인 문제 정답**] 01 ①   02 ①   [**실전 확인 문제 정답**] ①

33 상품선물의 이해

개념 확인 문제

▶ 상품선물은 농축산물, 산업광물, 에너지, 귀금속 등 일반상품을 매매대상으로 하는 선물계약을 말하며 농산물은 (   )거래소, 축산물은 (   )거래소, 귀금속은 뉴욕상업거래소(NYMEX), 비철금속은 런던금속거래소가 대표거래소이다.

① 시카고상품, 시카고상업   ② 시카고상업, 뉴욕상업

실전 확인 문제

▶ 상품선물에 대한 설명으로 옳지 않은 것은?

① 1865년 시카고상품거래소에서 표준화된 계약을 만들어 시행하였다.
② 1970년대 통화선물이 도입되면서 상품선물의 비중이 점차 확대되고 있다.
③ 1999년 한국선물거래소(현 한국거래소)가 개장하면서 우리나라에서도 본격적인 선물거래가 시작되었다.
④ 시카고상품거래소는 시카고상업거래소, 뉴욕상업거래소와의 인수합병으로 2007년 CME Group에 주요 금융선물거래의 대부분을 넘겨주었다.

정답해설 1970년대 초까지 세계 선물시장의 주류가 상품선물이었으나, 1972년 통화선물이 도입된 후 금융선물의 비중이 확대되고 상품선물의 비중은 점차 축소되고 있다.

개념 짚어 보기

상품선물(Commodity)의 거래조건

구분	금선물	돈육선물
거래대상	순도 99.99%의 금괴	돈육대표가격(산출기관 : 축산물품질평가원)
거래단위	100g	1,000kg
결제월주기	2, 4, 6, 8, 10, 12월 및 그 밖의 월 중 1개	최근 연속 6개월
상장결제월	1년 이내의 7개 결제월	6개 결제월(분기월 중 2개와 그 밖의 월 4개)
가격표시방법	원(g 당)	원(kg 당)
호가가격단위	10원/g	5원/kg
가격제한폭	±10%	±21%
최종결제일	최종거래일로부터 기산하여 3일째 거래일(T+2)	최종거래일로부터 기산하여 3일째 거래일(T+2)
최종거래일	결제월의 세 번째 수요일	결제월의 세 번째 수요일
결제방법	현금결제	현금결제

※ 위탁증금금은 한국거래소 2019. 01. 25 기준

[**개념 확인 문제** 정답] ①   [**실전 확인 문제** 정답] ②

34 상품선물의 가격결정(1)

개념 확인 문제

01 상품선물의 보유비용 또는 재고유지비용은 선물계약의 기초자산이 되는 상품의 재고를 미래의 일정시점까지 유지해나가는 데 드는 비용을 말하며 창고비용, 이자기회비용, (　　　)이/가 있다.

① 배당금　　　　　　　　　　　　　② 보험료

02 편의수익이란 보유비용모형을 통한 상품선물의 가격결정에서 부(−)의 보유비용에 해당하는 것으로 재고보유에 따른 수익을 말한다. 편의수익은 상품재고가 (　　　) 증가한다.

① 풍부할수록　　　　　　　　　　　② 희소할수록

실전 확인 문제

▶ 상품선물의 보유비용모형에 대한 설명으로 옳지 않은 것은?

① 보유비용에는 창고비용, 수송비용, 보험료 등이 포함된다.
② 보유비용은 실물저장비용과 편의수익의 합으로 계산된다.
③ 현물가격과 선물가격 간의 관계 또는 선물가격 내에서 근월물 가격과 원월물 가격의 관계는 보유비용에 의해 설명된다.
④ 보유비용이란 선물계약이 기초자산이 되는 상품의 재고를 미래의 일정시점까지 유지해 나가는 데 드는 비용을 말한다.

정답해설 보유비용에는 상품의 저장에 따른 실물저장비용과 그 상품을 구매하는 데 소요되는 자금에 대한 이자비용 또는 기회비용이 합산되고, 그 상품을 보유함으로써 발생하는 수익이 차감된다. 즉 편의수익은 차감해야 한다.

개념 짚어 보기

보유비용모형에 따른 상품선물의 가격결정

$$F = S \times \left[1 + (r+u-y) \times \frac{t}{365} \right]$$

- F : 선물가격
- S : 현물가격
- r : 이자율
- u : 저장비용
- y : 편의수익
- t : 만기까지 잔존기간

[**개념 확인 문제 정답**] 01 ② 02 ② [**실전 확인 문제 정답**] ②

35 상품선물의 가격결정(2)

개념 확인 문제

01 ( )은 현물가격보다 선물가격이 높은 시장구조를 말한다.

① 정상시장   ② 역조시장

02 보유비용모형에 따르면 재고수준이 극히 낮아 편의수익이 매우 커짐으로써 편의수익이 이자비용과 저장비용의 합을 훨씬 압도하는 경우 ( )이 발생하게 된다.

① 정상시장   ② 역조시장

03 정상시장을 ( )이라고도 한다.

① 콘탱고시장(contango market)   ② 백워데이션시장(backwardation market)

실전 확인 문제

▶ **3월 15일 현재 금현물가격과 선물가격이 다음과 같을 때, 역조시장 구조를 보이고 있는 것은?**

현물가격	4월물	5월물	6월물	8월물
29,200	29,190	29,350	29,500	29,800

① 현물가격과 4월물가격   ② 현물가격과 5월물가격
③ 4월물가격과 5월물가격   ④ 6월물가격과 8월물가격

정답해설 현물가격보다 선물가격이 높은 것이 정상시장이고, 반대가 역조시장이므로 현물가격과 4월물가격이 역조시장 구조를 보인다. 나머지는 원월물이 근월물보다 높은 정상시장의 구조를 나타낸다. 이는 선물의 경우 현물거래 후에 대상상품의 인수도가 이루어지므로 그 기간 동안의 이자비용과 저장비용이 편의수익보다 크다는 것을 의미한다.

개념 짚어 보기

정상시장과 비정상시장(역조시장)
- **정상시장(콘탱고시장)**
  - 선물가격 > 현물가격
  - 원월물가격 > 근월물가격
  - 이자비용＋저장비용 > 보유이득(편의수익)
- **역조시장(백워데이션시장)**
  - 선물가격 < 현물가격
  - 원월물가격 < 근월물가격
  - 이자비용＋저장비용 < 보유이득(편의수익)

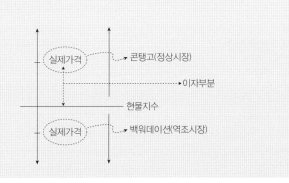

[**개념 확인 문제 정답**] 01 ① 02 ② 03 ①   [**실전 확인 문제 정답**] ①

36 상품선물의 거래전략 – 차익거래

개념 확인 문제

01 매수차익거래의 기회는 선물시장가격이 이론가격보다 (　　) 형성될 때 발생한다.

① 높게   ② 낮게

02 고평가된 현물을 공매도하고 저평가된 선물을 사는 거래를 동시에 하는 것을 (　　)거래라 한다.

① 매도차익   ② 매수차익

03 매도차익거래에서 얻을 수 있는 이익은 선물시장가격과 이론가격 간의 차이인 (　　)가 된다.

① 가격괴리   ② 스프레드

실전 확인 문제

▶ **상품시장의 차익거래에 대한 설명으로 옳지 않은 것은?**

① 매수차익거래를 위해서는 현물을 공매도해야 한다.

② 매도차익거래는 선물시장가격이 이론가격보다 낮게 형성되어 있을 때 발생한다.

③ 매도차익거래를 통해 얻게 되는 이익은 선물시장가격이 이론가격을 초과하는 가격괴리이다.

④ 매도차익거래자는 고평가되어 있는 현물을 매도하고 이와 동시에 저평가되어있는 선물을 매수하는 거래를 한다.

정답해설 　현물의 공매도가 필요한 것은 매도차익거래이다.

개념 짚어 보기

매수차익거래와 매도차익거래

구분	매수차익거래	매도차익거래
채권시장	자금차입	공매도대금 대출
현물시장	현물구매, 저장, 현물인도	현물공매도
선물시장	선물매도	선물매수, 현물인수, 공매도분 현물상환

[**개념 확인 문제** 정답] 01 ① 02 ① 03 ① 　[**실전 확인 문제** 정답] ①

37 상품선물의 거래전략 – 헤지거래(1)

개념 확인 문제

01 (   )는 헤저가 이미 상품을 보유하였거나 보유할 예정인 경우 미래의 일정시점에 판매하고자 하는 상황에서 그 상품의 가격하락에 대비하고자 할 때 이용하는 방법이다.

① 매도헤지   ② 매수헤지

02 매수헤지는 베이시스 (   ) 시 유리하다.

① 약화   ② 강화

실전 확인 문제

▶ 다음 중 매도헤지를 하려는 금 현물 매도자의 입장에서 가장 유리한 상황은 무엇인가?

	가격변화	베이시스변화
①	하락	불변
②	하락	약화
③	상승	강화
④	상승	약화

정답해설 매도헤지의 경우 가격하락 시 선물가격이 현물가격보다 상대적으로 더 하락하여 베이시스가 강화될 때 유리하고, 가격상승 시 현물가격이 선물가격보다 상대적으로 더 상승하여 베이시스가 강화될 때 순매도 가격이 높아져 헤저에게 유리하게 된다.

개념 짚어 보기

매도헤지(short hedge)

• 헤저가 이미 상품을 보유하였거나 보유할 예정일 경우 미래의 일정시점에 판매하고자 하는 상황에서 그 상품의 가격하락에 대비하고자 할 때 선물계약을 매도함으로써 현물 판매가격을 현재 수준의 가격으로 고정시키는 방법이다(매도가격 고정효과).

• 현물매입(판매예정)＋선물매도

• 순매도가격＝현물매도가격(S_2)＋[매도가격(F_1)－매수가격(F_2)]

매수헤지(long hedge)

• 헤저가 미래의 일정시점에 상품을 구매하여야 하는 상황에서 그 상품의 가격상승에 대비하고자 할 때 선물계약을 매수함으로써 현물 구매가격을 현재 수준의 가격으로 고정시키는 방법이다(매수가격 고정효과).

• 현물매도(구매예정)＋선물매입

• 순매수가격＝현물매도가격(S_2)－[매도가격(F_1)－매수가격(F_2)]

[개념 확인 문제 정답] 01 ① 02 ①   [실전 확인 문제 정답] ③

38 상품선물의 거래전략 – 헤지거래(2)

개념 확인 문제

01 근월물로부터 원월물로 헤지를 대체하여 나가는 것을 (   )이라 하며, 그 이유는 장기간에 걸친 헤지 시 원월물의 유동성 부족, 현물매도 또는 매입 일정의 변경, 스프레드를 통한 이익이 발생하기 때문이다.

① 교차헤지   ② 헤지의 이월(rolling hedge)

02 현물가격 변동위험이 가격상승에 따른 것이면 (   )를 해야 한다.

① 매도헤지   ② 매수헤지

실전 확인 문제

▶ 향후 구매할 금 200kg에 대한 매수헤지를 하고자 한다. 회귀계수가 0.90이고, 금선물 1계약이 1,000g일 때 최적선물계약수는?

① 18계약   ② 180계약
③ 1,800계약   ④ 18,000계약

정답해설 최적선물계약수$(N^*) = h \times \dfrac{Q_S(\text{헤지하고자 하는 현물포지션의 크기})}{Q_F(\text{선물 1계약의 크기})}$

$$= 0.9 \times \frac{200,000\text{g}}{1,000\text{g}} = 180$$

개념 짚어 보기

헤지거래의 적정성 검증
- 현물가격 변동위험이 가격상승에 따른 것이면 매수헤지를, 가격하락에 따른 것이면 매도헤지를 한다.
- 헤저는 헤지거래 시작시점에서 최초의 현물포지션과 선물포지션 간 서로 상반된 포지션을 취해야 한다.
- 헤지를 시작하는 시점의 선물포지션과 헤지를 종결하는 시점의 현물포지션은 서로 동일해야 한다.

과도헤징 및 과소헤징
- 과도헤지 : 선물포지션 > 현물포지션
- 과소헤지 : 선물포지션 < 현물포지션

헤지 이월 시 주의사항
매도헤지 이월은 반드시 보유비용시장, 즉 정상시장(근월물 < 원월물)에서 이월해야 하고, 매수헤지 이월은 반드시 역조시장, 즉 비정상시장(근월물 > 원월물)에서 이월되기 때문에 주의해야 한다.

[**개념 확인 문제 정답**] 01 ② 02 ②   [**실전 확인 문제 정답**] ②

39 상품선물의 거래전략 – 투기거래

개념 확인 문제

01 초단위로 매매차익을 실현하고자 하는 투기거래자를 (   )라 한다.

① 스캘퍼   ② 데이트레이더

02 투기거래의 형태는 코너(corner)와 스퀴즈(squeeze)가 있으며, 선물만 조작하는 것을 (   ), 현물과 선물 모두를 조작하는 것을 (   )라 한다.

① 스퀴즈, 코너   ② 코너, 스퀴즈

실전 확인 문제

▶ **상품선물의 투기거래에 대한 설명으로 옳은 것은?**

① 선물투기거래는 선물가격의 변동을 고려하여 현물거래를 하는 것을 말한다.

② 스퀴즈는 인위적 공급부족을 야기하기 위하여 현물시장과 선물시장에서 다량의 매입포지션을 보유하는 것이다.

③ 코너는 특정 선물가격을 내재가치로부터 벗어나도록 왜곡하기 위하여 선물시장의 인수도 메커니즘을 이용하는 것이다.

④ 투기거래로 인해 수요와 공급의 불균형이 해소되어 시장의 유동성이 제고되는 측면이 있다.

정답해설 ① 선물투기거래는 선물가격의 변동에 따른 시세차익만을 목적으로 한다.
② 인위적 공급부족을 야기하기 위하여 현물시장과 선물시장에서 다량의 매입포지션을 보유하는 것은 코너이다.
③ 특정 선물가격을 내재가치로부터 벗어나도록 왜곡하기 위하여 선물시장의 인수도 메커니즘을 이용하는 것은 스퀴즈이다.

개념 짚어 보기

투기거래의 유형

- **코너(corner)** : 시장조작을 의도하는 사람이 인위적인 공급부족현상을 야기하기 위하여 현물시장에서 다량의 현물포지션을 보유함과 동시에 선물시장에서도 다량의 매입포지션을 보유하는 것을 말한다(현물시장과 선물시장 모두 이용).
- **스퀴즈(squeeze)** : 선물시장에서의 시장조작 행위 또는 시장조작을 의도하는 사람이 특정 선물가격을 내재가치로부터 왜곡하기 위해 선물시장의 실물인수도 구조를 이용하는 것을 말한다.

투기거래자의 유형

- **스캘퍼(scalper)** : 초단위로 매매차익을 실현하고자 하는 투기거래자
- **데이트레이더(day trader)** : 일중 가격차이를 이용하여 매매차익을 실현하고자 하는 투기거래자
- **포지션트레이더(position trader)** : 몇 주간, 몇 개월 동안의 장기간의 가격차이를 이용하여 포지션을 유지하는 투기거래자

[개념 확인 문제 정답] 01 ①   02 ①   **[실전 확인 문제 정답]** ④

40 상품선물의 거래전략 – 스프레드거래(1)

개념 확인 문제

01 상품선물의 스프레드거래는 둘 이상의 대상상품 중에서 상대적으로 가격이 낮다고 판단되는 결제월의 선물을 매입하고 동시에 가격이 높다고 판단되는 결제월의 선물을 매도하여 서로 ( ) 방향으로 포지션을 설정하는 전략이다.

① 같은   ② 반대되는

02 스프레드거래는 하나의 결제월을 매입(매도)하고 동시에 다른 하나의 결제월을 매도(매입)하므로 선물만을 매입하거나 매도하는 거래보다 위험도가 ( ).

① 높다   ② 낮다

실전 확인 문제

▶ 다음과 같은 조건에서 5월 1일 현재 금선물의 스프레드는 얼마인가?

날짜	현물가격	6월물 선물가격	8월물 선물가격	스프레드
5월 1일	26,500	26,900	27,200	?

① −400   ② +300
③   300   ④   700

정답해설 결제월 간 스프레드는 원월물과 근월물의 가격차이를 말한다.

개념 짚어 보기

스프레드거래

• 개별 선물가격의 상승 또는 하락에 대한 예상보다는 밀접한 가격관계를 보이는 2개 선물의 가격차이(스프레드)가 확대 또는 축소될지에 대한 예상에 근거하여 저평가된 선물 매수포지션을, 고평가된 선물 매도포지션을 취하는 것을 말한다.
• 선물스프레드거래는 시세변동이 예상되더라도 투기거래를 행할 정도의 위험을 감수하지 않으려는 투자자들이 한정된 위험만을 감수하고 시세차익을 얻고자 할 때 이용한다.

스프레드포지션 구축과 손익구조의 예시

구분	가격	이론스프레드가 3P일 경우	이론스프레드가 1P일 경우
근월물	100P	고평가된 근월물 매도	저평가된 근월물 매수
원월물	102P	저평가된 원월물 매수	고평가된 원월물 매도
스프레드	2P 원월물−근월물	스프레드 매수포지션 스프레드 확대 시 이익발생	스프레드 매도포지션 스프레드 축소 시 이익발생

[**개념 확인 문제** 정답] 01 ② 02 ② [**실전 확인 문제** 정답] ②

41 상품선물의 거래전략 – 스프레드거래(2)

개념 확인 문제

▶ 결제월 간 스프레드거래에서 널리 사용되는 유형의 거래에는 강세스프레드전략과 약세스프레드 전략이 있는데 (   )전략은 만기가 가까운 근월물을 매수하고 만기가 먼 원월물을 매도하는 스프레드거래전략이다.

① 강세스프레드   ② 약세스프레드

실전 확인 문제

▶ 서로 상이한 선물계약을 동시에 매매하여 스프레드 시세차익을 얻으려는 거래는?

① 상품 간 스프레드   ② 상품 내 스프레드
③ 종목 내 스프레드   ④ 시장 간 스프레드

정답해설 동일한 선물계약 중에서 결제월을 달리한 거래가 상품 내 스프레드거래라면, 상품 간 스프레드는 서로 상이한 선물계약을 동시에 매매하여 스프레드 시세차익을 얻으려는 거래이다. 상품 간 스프레드는 각기 상이한 선물계 약을 대상으로 하는 거래이기 때문에 각각의 선물계약에 미치는 다양한 변수로 인하여 상품 내 스프레드에 비 해 변동폭이 훨씬 크다.

개념 짚어 보기

스프레드거래의 유형
- **시장 간 스프레드거래** : 어느 한 거래소에서 특정 결제월의 선물을 매입(매도)하고 동시에 다른 거래소에서 동일 품목, 동일 결제월의 선물을 매도(매입)하는 거래
- **결제월 간 스프레드거래(상품 내 스프레드거래)** : 동일한 상품에 대하여 어느 한 결제월의 선물을 매입(매도)하고 동시에 다른 결제월의 선물을 매도(매입)하는 거래
- **상품 간 스프레드거래** : 동일한 결제월의 거래대상이 다른 두 상품에 대하여 어느 한 상품을 매입(매도)하고 다른 상품을 매도(매입)하여 두 상품 간의 상대적인 가격변동을 이용하는 스프레드거래

스프레드 트레이딩
- 가격이 상승추세에 있는 경우에는 가까운 선물이 더 급하게 상승하고 먼 선물은 덜 급하게 상승하므로 가격이 상승하는 쪽에서 이익이 나도록 하고 상승이 덜한 쪽에서 손실이 나도록 스프레드 트레이딩을 하면 손실보다 이익을 더 크게 하여 순익이 발생한다.
- 가격이 하향추세에 있는 경우에는 가까운 선물의 가격이 먼 선물보다 더 급속히 하락하는 것이 일반적이므로 가격이 더 하락한 가까운 선물에서 이익이 나도록 하고 가격이 덜 하락하는 먼 선물에서는 손실이 나도록 스프레드 트레이딩을 하면 순익이 발생한다.

[**개념 확인 문제** 정답] ①   [**실전 확인 문제** 정답] ①

핵심플러스

OX 문제

01 조직화된 시장에서 거래되고 계약조건이 정형화·표준화되어 있는 파생상품을 장외 파생상품이라 하며, 그 외의 파생상품을 장내 파생상품이라 한다. (　　)

02 합성형 파생상품에는 선물과 옵션을 결합한 선물옵션, 스왑과 옵션을 결합한 스왑션 등이 있다. (　　)

03 장내파생상품의 특징에는 비표준 계약, 거래소에 의한 채무이행, 청산기관의 존재, 결제안정화제도 (일일정산, 증거금제도) 등이 있다. (　　)

04 선도 및 선물은 미래의 일정시점에 기초자산을 매수 또는 매도하겠다는 계약을 체결하고, 현재의 시점에서 기초자산의 인도와 결제가 이루어지는 거래를 말한다. (　　)

05 일반적으로 선물시장에서 현물과 같은 포지션을 취함으로써 현물가격의 변동 리스크를 없애고자 하는 거래를 헤지거래라 한다. (　　)

06 무이표채권은 순수할인채라고도 하며, 액면가에서 할인하여 거래되는 채권으로, 이자를 지불하지 않으므로 자신의 투자기간을 채권의 만기에 일치시키는 투자자들에게는 재투자의 위험이 없는 채권을 말한다. (　　)

07 공공사업으로 인하여 재정지출이 재정수입보다 많아 재정적자가 발생할 때, 정부가 이를 보전하기 위해 헌법과 예산회계법에 의거하여 국회의 의결을 얻은 후 발행하는 채권을 국채라 한다. (　　)

08 단기금리의 상승이 예상될 경우 유로달러선물 등 단기금리선물을 매수하고, 단기금리의 하락이 예상될 경우 유로달러선물 등 단기금리선물을 매도한다. (　　)

09 채권시장의 강세가 예상될 때 펀드매니저는 보유하고 있는 채권 포트폴리오의 듀레이션을 증가시킴으로써 금리하락에 따른 이익을 볼 수 있고, 채권시장의 약세가 예상될 때는 채권 포트폴리오의 듀레이션을 감소시킴으로써 금리상승에 따른 손실을 줄일 수 있다. (　　)

해설

01 조직화된 시장에서 거래되고 계약조건이 정형화·표준화되어 있는 파생상품을 장내 파생상품이라 하며, 선도, 스왑, 장외 옵션 등 그 외의 파생상품을 장외 파생상품이라 한다.

03 장내 파생상품은 비표준 계약이 아닌, 표준화된 계약이 특징이다.

04 선도 및 선물은 현 시점에서 기초자산을 미리 매수 또는 매도하겠다는 계약을 체결하고, 미래의 일정시점에 기초자산의 인도와 결제가 이루어지는 거래를 말한다.

05 헤지거래는 일반적으로 선물시장에서 현물과 다른 포지션을 취함으로써 현물가격의 변동 리크스를 없애고자 하는 거래를 말한다.

08 단기금리의 상승이 예상될 경우 유로달러선물 등 단기금리선물을 매도하고, 단기금리의 하락이 예상될 경우 유로달러선물 등 단기금리선물을 매수한다.

[정답] 01 ✕　02 ○　03 ✕　04 ✕　05 ✕　06 ○　07 ○　08 ✕　09 ○

핵심플러스

OX 문제

10 헤지하려 하는 현물과 유사한 가격변동을 보이는 자산을 기초자산으로 하는 금리파생상품을 이용하여 헤지하는 것을 직접헤지라 한다. (   )

11 장기간에 걸친 금리 리스크에 기업이 노출된 경우, 각 결제월의 단기금리선물을 동일 수량만큼 매수하거나 매도하여 전체적으로 균형화하는 헤지기법을 스트립헤지라 한다. (   )

12 헤지대상물량 전체에 해당하는 최근월물을 모두 매수하거나 매도한 뒤, 만기가 될 때 해당 기간의 경과분만큼 제한 나머지를 그 다음의 최근월물로 치환하는 헤지기법을 스택헤지 또는 스택 앤 롤링헤지라 한다. (   )

13 수익률곡선 스티프닝전략은 장기물의 수익률 상승폭이 단기물의 수익률 상승폭보다 커서 수익률곡선이 스티프닝해질 것으로 예상하는 경우 장기물을 매수하고 단기물을 매도하는 전략을 말한다. (   )

14 선물환거래는 외환의 즉각적인 인도를 조건으로 하는 거래로, 일반적으로 거래일로부터 2영업일 후인 현물일을 결제일로 하는 외환거래를 말한다. (   )

15 외환스왑은 현물환과 선물환을 반대방향으로 동시에 매수 및 매도하는 외환거래의 형태로서 주로 이자교환이 없는 단기간의 스왑거래로, 이종통화로 표시된 원리금을 모두 교환하는 통화스왑과는 구분된다. (   )

16 선물환은 선도계약으로서 장외시장에서 개별 거래자의 필요에 맞추어 거래조건이 결정될 수 있지만, 통화선물은 선물계약으로서 조직화된 거래소에서 표준화된 거래조건에 따라 집중적으로 거래된다. (   )

17 매도헤지는 미래에 매도해야 할 통화가 있을 경우 해당 통화의 가치가 하락할 가능성에 대비하여 선물환 또는 통화선물을 매도하는 거래로, 해당 통화로 대금을 결제해야 하는 수입상이나 외환채무자 등에 의하여 활용된다. (   )

- -

해설

10 헤지하려 하는 현물과 유사한 가격변동을 보이는 자산을 기초자산으로 하는 금리파생상품을 이용하여 헤지하는 것은 교차헤지라 하며, 직접헤지는 현물을 기초자산으로 하는 금리파생상품이 존재할 때 해당 파생상품을 이용하여 헤지하는 것을 말한다.

13 수익률곡선 스티프닝전략은 장기물을 매도하고 단기물을 매수하는 전략을 말하며, 수익률곡선 플래트닝전략은 단기물의 수익률 상승폭이 장기물의 수익률 상승폭보다 커서 수익률곡선이 플래트닝해질 것으로 예상하는 경우 장기물을 매수하고 단기물을 매도하는 전략이다.

14 선물환거래는 현물일 이후를 결제일로 하는 외환거래이며, 일반적으로 거래일로부터 2영업일 후인 현물일을 결제일로 하는 외환거래는 현물환거래이다.

17 매도헤지는 해당 통화로 대금을 받을 수출상이나 외환채권자 등에 의하여 활용되며, 해당 통화로 대금을 결제해야 하는 수입상이나 외환채무자 등에 의하여 활용되는 것은 매수헤지로서, 매수헤지는 장래 매수해야 할 통화의 가치가 상승하여 손실이 생길 가능성에 대비하여 선물환 또는 통화선물을 매수하는 거래를 말한다.

[정답] 10 ✕ 11 ○ 12 ○ 13 ✕ 14 ✕ 15 ○ 16 ○ 17 ✕

2장 옵션

콜옵션에 대한 설명으로 옳지 않은 것은?

① 일반적으로 만기에서의 콜옵션의 가치는 단순히 내재가치와 같고, 미국식 옵션이나 유럽식 옵션 간의 차이도 없어진다.

② 콜옵션은 기초자산의 현재 시장가격이 행사가격보다 크면 클수록 옵션의 가격이 높아진다.

③ 시간가치란 옵션의 현재가격과 내재가치와의 차이를 말한다.

④ 다른 조건이 동일하고 행사가격만 다른 두 콜옵션 중에서는 행사가격이 높은 콜옵션의 가치가 더 높다.

정답해설 다른 조건이 동일하다면 행사가격이 낮은 콜옵션의 가치가 더 높다.

오답해설 ① 옵션의 시간가치는 만기일까지의 잔존일수에 대상물의 가격변동에 대한 희망에서 나온 것이므로 만기일에 가까워질수록 시간가치는 줄어들게 되고 따라서 만기일이 되면 시간가치는 0이 되고 내재가치만 남게 된다.
② 콜옵션은 기초자산가격이 행사가격보다 큰 경우를 내가격옵션이라 하며 기초자산의 현재 시장가격보다 낮은 행사가격으로 매수할 권리의 행사가 가능하여 옵션의 가격이 높아지고 권리행사 시 큰 이익을 얻을 수 있다.
③ 옵션의 시간가치는 옵션가격과 내재가치의 차이로서 옵션이 즉각 실행되는 경우보다 만기에 유리하게 될 수 있는 가능성에 대해 옵션판매자에게 보상하는 성격을 갖고 있다.

대표 유형 문제 알아 보기

콜옵션의 수익구조

- **콜옵션 매수(long call)** : 시장가격이 상승할 경우 이익은 무한대가 되지만 하락할 경우 콜옵션 권리행사를 포기함으로써 프리미엄만큼 한정된 손실을 보게 된다.
- **콜옵션 매도(short call)** : 콜옵션 매수자와는 대칭적인 손익구조를 갖게 되며 시장가격이 하락할 경우 프리미엄만큼의 이익이 확보되지만 상승할 경우는 손실이 무한대가 된다.
- 콜옵션 행사 시 실제이익=(시장가격−행사가격)−프리미엄

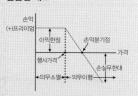

풋옵션의 수익구조

- **풋옵션 매수(long call)** : 시장가격이 하락할 경우 이익이 무한대가 되지만 상승할 경우 풋옵션 행사를 포기함으로써 프리미엄만큼 한정된 손실을 보게 된다.
- **풋옵션 매도(short call)** : 권리행사 시 행사가격으로 기본주식을 매수해야 할 의무가 있으므로, 시장가격이 하락하면 하락할수록 손실이 커지게 된다.
- 풋옵션 행사 시 실제이익=(행사가격−시장가격)−프리미엄

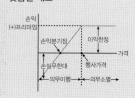

[**대표 유형 문제 정답**] ④

1 옵션의 이해(1)

개념 확인 문제

01 옵션은 ( )에 따라 콜옵션과 풋옵션, 권리행사기간에 따라 미국식 옵션과 유럽식 옵션, 이행보증에 따라 장내옵션과 장외옵션, 프리미엄납부에 따라 증권식 옵션과 선물식 옵션 등으로 구분할 수 있다.

① 거래대상   ② 매수 · 매도 권리

02 옵션은 기초자산을 일정한 가격으로 살 수 있는 권리 또는 팔 수 있는 권리를 매매하는 것으로 매수자는 매도자에게 ( )을 지불하고 권리를 매입하고, 매도자는 행사가격에 기초자산을 사거나 팔아야 할 ( )가 주어진다.

① 기초자산, 권리   ② 프리미엄, 의무

실전 확인 문제

▶ 옵션에 대한 설명으로 옳은 것은?

① 풋옵션 매수자는 만기일에 기초자산을 매수할 의무가 있다.
② 콜옵션 매도자는 만기일에 기초자산을 매수할 권리를 가진다.
③ 옵션은 팔 권리인 콜옵션과 살 권리인 풋옵션으로 구분할 수 있다.
④ 만기 이전에 조기행사할 수 있는 옵션을 미국식 옵션이라고 한다.

정답해설   ① 풋옵션 매수자는 만기일에 기초자산을 매도할 권리가 있다.
② 콜옵션 매도자는 만기일에 기초자산을 매도할 의무를 갖는다.
③ 옵션은 팔 권리인 풋옵션과 살 권리인 콜옵션으로 구분된다.

개념 짚어 보기

옵션의 의의

• **기초자산의 행사** : 특정 자산을 약정가격에 살 수 있는 권리인 콜옵션을 매수한 사람은 시장에서의 해당 자산가격이 약정가격보다 높게 형성되는 경우 그 권리를 행사함으로써 시장가격보다 낮은(사전에 정한) 가격으로 해당 자산을 살 수 있다.
• **권리행사 포기선택권** : 옵션매수자는 자신에게 유리한 경우에만 그 권리를 행사하여 이익을 누리고, 그렇지 않은 경우(권리행사가 오히려 불리한 경우)에는 권리행사를 포기하는 선택권을 갖게 된다.
• **프리미엄 수취** : 옵션매도자는 옵션매수자의 권리행사에 응해야 할 의무를 지는 대신 옵션매수자로부터 프리미엄을 수취한다.

권리행사기간에 따른 옵션의 종류

미국식 옵션(american option)	유럽식 옵션(european option)
• 옵션 만기일 이전에 언제든지 옵션행사	• 옵션 만기일에만 옵션행사
• 옵션행사기회가 많아 옵션 가격이 비쌈 • 국내선물옵션	• KOSPI200옵션, 개별주식옵션, 미국달러옵션

[개념 확인 문제 **정답**] 01 ② 02 ②   [실전 확인 문제 **정답**] ④

2 옵션의 이해(2)

개념 확인 문제

01 콜옵션 매수와 콜옵션 매도의 경우 (   ) 손익구조를 갖는다.

① 비대칭적   ② 대칭적

02 옵션에 대한 프리미엄은 만기일 이전까지 남아있는 시간이 감소함에 따라 (   )하며, 만일 옵션이 만기일 이전에 행사되거나 청산되지 않으면 지불된 프리미엄은 (   )된다.

① 하락, 소멸   ② 상승, 이월

실전 확인 문제

▶ 옵션의 특징에 대한 설명으로 옳지 않은 것은?

① 대칭적인 손익구조
② 권리와 의무의 분리
③ 옵션매수자가 매도자에게 프리미엄 지급
④ 옵션매수자에게 손실위험은 제한적이면서 큰 이익기회 제공

정답해설 옵션은 유리하면 행사하고 불리하면 행사하지 않는 권리가 존재하며, 옵션매수자는 매도자에게 옵션가격(프리미엄)을 지급한다. 최대손실은 옵션가격(프리미엄), 최대이익은 무한대이며, 비대칭적인 손익구조를 가진다.

개념 짚어 보기

옵션의 특징
• **선택권** : 가격이 계약된 가격보다 유리할 때는 계약을 이행하지만, 가격이 불리할 때는 계약을 포기할 수 있어 가격상황에 따라 계약을 이행할지, 파기할지 선택할 수 있는 권리를 가진다.
• **손실위험은 제한적이면서 큰 이익기회를 제공** : 만기 시 현물가격이 오를수록 수익은 커지지만, 만기 시 현물가격이 행사가격 이하로 내려가도 그 손실을 부담할 필요가 없다. 즉, 기초자산의 가격이 일정수준 이상으로 상승하면 수익증가가 얼마든지 가능하지만, 가격이 하락하는 경우에는 손실이 프리미엄수준으로 제한된다.
• **권리와 의무의 분리** : 옵션의 매수자는 권리만 가지고 의무는 없는데 비해 옵션의 매도자는 의무만 있고 권리는 없다. 즉 옵션거래에서는 매수자에게는 권리가, 매도자에게는 의무가 주어진다.
• **비대칭의 손익구조** : 콜옵션매수의 경우 기초자산의 가격이 오르면 이익이 나지만, 가격이 하락하더라도 프리미엄 이상의 손실은 없어 가격상승 시와 가격하락 시의 손익구조가 비대칭적이다.

옵션거래의 유용성
• 다양한 투자수단 제공
• 저렴한 투자수단 제공(적은 투자비용으로 큰 레버리지 효과)
• 가격변동위험 관리수단 제공

[개념 확인 문제 정답] 01 ①   02 ①   **[실전 확인 문제 정답]** ①

3 선물거래와 옵션거래

개념 확인 문제

▶ (   )는 매수자와 매도자 모두 계약이행의 의무를 가지며 매수자와 매도자 모두에게 위탁증거금이 부과되고 양자 모두 일일정산을 한다. (   )는 매수자가 권리를, 매도자는 의무를 가지고 위탁증거금이 매도자에게만 부과되고 매도자만 일일정산을 한다.

① 선물거래, 옵션거래   ② 옵션거래, 선물거래

실전 확인 문제

▶ 옵션거래와 선물거래의 차이에 대한 설명으로 옳지 않은 것은?

	구분	옵션거래	선물거래
①	권리와 의무	매수자는 권리를 가지며 매도자는 의무를 가짐	매수자와 매도자 모두 권리와 의무를 가짐
②	거래의 대가	계약대가를 지불할 필요가 없음	매수자가 매도자에게 권리에 대한 대가 지불
③	위탁증거금	매수자는 없으며 매도자에게만 부과	매수자와 매도자 모두에게 부과
④	일일정산	매수자는 필요 없으며 매도자만 일일정산함	매수자와 매도자 모두 일일정산함

정답해설 옵션거래의 경우 매수자가 매도자에게 권리에 대한 대가, 즉 옵션 프리미엄을 지급하여야 하고, 선물거래의 경우 계약대가를 지불할 필요가 없다.

개념 짚어 보기

옵션거래와 선물거래의 차이점

• 옵션거래는 매수자가 권리를, 매도자는 의무를 가지지만 선물거래는 매수자와 매도자 모두 계약이행의 의무를 가진다.
• 옵션거래는 그 대가로서 매수자가 매도자에게 권리에 대한 옵션 프리미엄을 지급하지만, 선물거래는 계약대가를 지불할 필요가 없다(계약 당시의 기대이익이 같아 계약의 가치가 '0'이 됨).
• 옵션거래에는 위탁증거금이 매도자에게만 부과되나 선물거래의 경우 매수자와 매도자 모두에게 위탁증거금이 부과된다.
• 옵션거래에서는 매도자만 일일정산을 하지만 선물거래에서는 양자 모두가 해야 한다.

[**개념 확인 문제** 정답] ①   [**실전 확인 문제** 정답] ②

4 옵션의 기초개념

개념 확인 문제

01 콜옵션에서 기초자산의 현재가격이 행사가격보다 높은 경우 (   )이 되고, 풋옵션의 경우 행사가격보다 낮은 경우 (   )이 된다.

① 외가격옵션, 외가격옵션 ② 내가격옵션, 내가격옵션

02 옵션거래에서 기초자산에 대하여 사전에 정한 매수가격(콜옵션의 경우) 또는 매도가격(풋옵션의 경우)으로 옵션매입자가 권리를 행사하는 데 있어서 기준이 되는 가격을 (   )이라 한다.

① 행사가격 ② 옵션가격

03 해당 옵션의 매입자가 이익을 누리게 되면 상대방인 옵션매도자는 손해를 보게 되고, 일방적으로 불리한 상황에 처하게 되므로 옵션매입자로부터 권리부여에 대한 대가를 요구하게 되는데 이를 (   )이라고 한다.

① 프리미엄 ② 행사가격

실전 확인 문제

▶ 옵션 행사가격에 대한 설명으로 옳지 않은 것은?

① 당장 행사했을 때 이익이 생기는 옵션을 내가격옵션이라 한다.
② 행사가격과 대상물의 현재가격이 동일한 경우를 등가격옵션이라 한다.
③ 콜옵션에서 대상물의 현재가격이 행사가격보다 높은 경우를 내가격옵션이라 한다.
④ 풋옵션에서 대상물의 현재가격이 행사가격보다 낮은 경우를 외가격옵션이라 한다.

정답해설 외가격옵션
• 콜옵션에서 대상물의 현재가격이 행사가격보다 낮은 경우
• 풋옵션에서 대상물의 현재가격이 행사가격보다 높은 경우

개념 짚어 보기

내가격 · 등가격 · 외가격옵션

구분	콜옵션	풋옵션
내가격옵션(ITM : In The Money)	행사가격<기초자산가격	행사가격>기초자산가격
등가격옵션(ATM : At The Money)	행사가격=기초자산가격	행사가격=기초자산가격
외가격옵션(OTM : Out of The Money)	행사가격>기초자산가격	행사가격<기초자산가격

행사가격(exercise price or strike price)
• 콜옵션매입자 : 기초자산의 가격이 행사가격 이상으로 상승 시 권리행사
• 풋옵션매입자 : 기초자산의 가격이 행사가격 이하로 하락 시 권리행사

[**개념 확인 문제** 정답] 01 ② 02 ① 03 ① [**실전 확인 문제** 정답] ④

5 옵션의 가격결정

개념 확인 문제

01 해당 옵션을 당장 행사해서 얻을 수 있는 가치를 (   )라 하며 옵션가격이 향후보다 유리하게 진행될 가능성에 대한 기대치를 (   )라 한다.

① 시간가치, 내재가치   ② 내재가치, 시간가치

02 시간가치는 기초자산의 시장가격과 행사가격이 비슷할수록, 만기가 (   ) 남아있을수록 크다.

① 많이   ② 적게

실전 확인 문제

▶ 옵션의 시간가치에 대한 설명이 옳지 않은 것은?

① 옵션의 만기에 가까워질수록 시간가치는 작아진다.

② 콜옵션의 시간가치는 '프리미엄－(기초자산가격－권리행사가격)'이다.

③ 내가격(ITM)옵션의 시간가치는 대상자산가격과 비례적으로 증가한다.

④ 일반적으로 옵션이 등가격 상태일 때 시간가치가 최대이고 등가격에서 멀어질수록 체감한다.

정답해설 내가격옵션의 내재가치는 대상자산가격과 비례적으로 증가하나 시간가치는 대상자산가격이 증가할수록 점차 감소한다.

개념 짚어 보기

내재가치와 시간가치

• **내재가치(행사가치, 본질가치)** : 옵션의 행사가격과 기초자산 시장가격의 차이를 말하며 음(－)의 값을 가질 수 없으므로 최소 0보다 크거나 같다고 본다.
  – 콜옵션의 내재가치＝기초자산의 가격－행사가격 (≥ 0)
  – 풋옵션의 내재가치＝행사가격－기초자산의 가격 (≥ 0)
  – 등가격옵션과 외가격옵션의 내재가치＝0

• **시간가치** : 현재 옵션의 가격 중 내재가치를 초과하는 부분, 즉 만기일까지 시장 가격이 옵션매입자에게 유리하게 변동할 가능성에 대한 가치이다.
  – 콜옵션의 시간가치＝프리미엄－(기초자산가격－행사가격) (≥ 0)
  – 풋옵션의 시간가치＝프리미엄－(행사가격－기초자산가격) (≥ 0)

콜옵션의 가격구성

옵션가격의 결정요인의 영향

구분	현물가격	행사가격	잔존기간	변동성	이자율
콜옵션	양(+)	음(－)	양(+)	양(+)	양(+)
풋옵션	음(－)	양(+)	양(+)	양(+)	음(－)

*(+)는 같은 방향으로의 움직임, (－)는 반대 방향으로의 움직임을 나타냄

[**개념 확인 문제 정답**] 01 ② 02 ①   [**실전 확인 문제 정답**] ③

6 주식관련 옵션거래

개념 확인 문제

01 매수자는 매도자에게 대가(옵션가격 또는 프리미엄)를 지급하고 권리를 취득하며, 매수자는 권리를 취득한 만큼 자신에게 불리한 경우 권리를 포기할 수 (   ).

① 있다   ② 없다

02 KOSPI200지수옵션은 KOSPI200지수를 기초자산으로 하는 유럽형 옵션으로, 승수는 1계약당 (   )이다.

① 5만 원   ② 25만 원

실전 확인 문제

▶ **주가지수옵션에 대한 설명으로 옳지 않은 것은?**

① KOSPI200주가지수옵션은 유럽형 옵션이다.

② 3년국채선물옵션은 현물옵션이고, KOSPI200지수옵션은 선물옵션이다.

③ 주가지수선물 콜옵션은 약정한 행사가격으로 주가지수선물계약에 매수포지션을 취할 수 있는 권리이다.

④ 주가지수선물 풋옵션은 약정한 행사가격으로 주가지수선물계약에 매도포지션을 취할 수 있는 권리이다.

정답해설 3년국채선물옵션은 선물옵션이고, KOSPI200지수옵션은 현물옵션이다.

개념 짚어 보기

주식관련 옵션거래

주식관련 옵션거래는 주식시장에서 매매되고 있는 전체 주식 또는 일부 주식의 가격수준을 나타내는 주가지수를 대상으로 하는 옵션거래를 말한다.

주식관련 옵션거래의 기능

다양한 투자수단의 제공, 주식포트폴리오의 위험관리, 높은 레버리지 효과

주식관련 옵션의 유형

• 현물옵션 : 일반적으로 기초자산(주식현물 또는 주가지수)을 미래 만기에 인수도할 수 있는 권리를 매매하는 옵션
• 선물옵션 : 만기에 약정된 가격(행사가격)으로 기초자산인 선물을 거래할 수 있는 권리
  – 주가지수선물 콜옵션 : 최초 약정한 행사가격으로 주가지수선물계약에 매수포지션을 취할 수 있는 권리
  – 주가지수선물 풋옵션 : 최초 약정한 행사가격으로 주가지수선물계약에 매도포지션을 취할 수 있는 권리

[개념 확인 문제 정답] 01 ① 02 ② **[실전 확인 문제 정답]** ②

7 주식관련 옵션의 가격결정모형 – 블랙 & 숄즈 모형

개념 확인 문제

▶ 블랙 & 숄즈 모형은 미국의 **Fisher Black**과 **Myron Scholes**교수가 개발하여 **1973년** 발표한 세계 최초의 체계적인 옵션가격결정모형으로써 기초자산의 가격, (　　　), 행사가격, 잔존일수, 금리 등 입수하기 쉬운 다섯 가지 종류의 데이터로부터 옵션이론을 도출하여 거래의 확대에 크게 기여했으며, 블랙 & 숄즈 모형에 의해 계산되는 옵션의 가격은 크게 내재가치와 시간가치 두 부분으로 세분화된다.

① 변동성　　　　　　　　　　　　　　　② VaR

실전 확인 문제

▶ 블랙 & 숄즈 모형의 기본가정으로 옳은 것은?

① 미국형 옵션 유형을 적용한다.
② 기초자산의 거래가 불연속적으로 이루어진다.
③ 옵션 잔존기간 동안 이자율은 일정하게 변동된다.
④ 기초자산의 1일 가격변동치는 로그정규분포를 따른다.

정답해설　① 유럽형 옵션 유형을 적용한다.
　　　　　　② 기초자산의 거래가 연속적으로 이루어진다.
　　　　　　③ 옵션의 잔존기간 동안 이자율은 변동하지 않는다.

개념 짚어 보기

블랙 & 숄즈 모형의 기본가정
• 주식가격의 수익률은 고정된 기대수익률과 표준편차를 갖는 로그정규분포(log−normal distribution)를 따른다. → 수익률은 정규분포를, 주식가격은 로그정규분포(주식가격은 마이너스가 나올 수 없으므로)를 따름
• 시장은 거래비용, 세금 및 공매에 대한 제약이 없는 완전자본시장이며 모든 자산은 무한한 분할이 가능하다.
• 무위험 차익거래가 존재하지 않는다(미래의 수입이 동일한 2개의 자산이 있다면 이들 2개의 자산의 현재가격도 동일해야함 → 시장은 균형이고 매우 효율적).
• 만기일까지 무위험이자율과 기초자산의 변동성은 변하지 않는다.
• 옵션의 만기까지 기초자산의 배당이 없다(우리나라 주가지수옵션은 유럽형이므로 블랙 & 숄즈 모형의 가정과 일치).
• 기초자산의 거래는 연속적으로 이루어진다.

블랙 & 숄즈 모형

$$c = S_0 N(d_1) - X e^{-r\tau} N(d_2)$$

• S : 기초자산의 현재가격	• X : 행사가격으로 고정된 값	• τ : 만기까지 잔존기간($T-t$)
• $N(d_1)$: 표준정규분포의 확률	• $N(d_2)$: 표준정규분포의 확률($-\infty$부터 d까지의 누적확률)	
• c : 콜옵션의 가격	• r : 무위험수익률	

[개념 확인 문제 정답] ①　　[실전 확인 문제 정답] ④

8 주식관련 옵션의 가격결정모형 – 이항모형

개념 확인 문제

01 이항모형에서 옵션의 가치는 투자자들의 위험선호도에 (   ) 결정된다.

① 따라   ② 관계없이

02 이항모형에서 투자자들이 리스크중립적이라 간주할 경우 주식가격 상승확률과 리스크중립적 확률은 (   ).

① 같다   ② 차이가 난다

실전 확인 문제

▶ 이항분포 옵션가격결정모형에 대한 설명으로 옳지 않은 것은?

① 기초자산의 가격은 상승과 하락 두 가지만 나타낸다.
② 옵션가격은 투자자의 위험에 대한 태도와는 무관하게 결정된다.
③ 기초자산의 가격이 상승할 확률이 높아지면 콜옵션의 가격은 상승하는 형태를 보인다.
④ 이항모형은 주가의 현재가치, 상승 시의 가치, 하락 시의 가치를 바탕으로 옵션의 가치를 산정한다.

정답해설 옵션의 가격은 기초자산가격의 상승 또는 하락할 확률과 무관하게 결정된다.

개념 짚어 보기

이항모형의 기본가정
• 주식가격은 이항분포 생성과정을 따른다.
• 주식가격은 상승 또는 하락이 반복해서 나타난다.
• 주가상승배수 > 1＋무위험수익률, 주가하락배수 < 1＋무위험수익률 → 관계가 성립되지 않을 경우 무위험차익거래 기회가 존재
• 주식보유에 따른 배당지급, 거래비용, 세금 등이 없다.

이항모형

$$c = \frac{pc_u + (1-p)c_d}{r}$$

$$p = \frac{r-d}{u-d}, \ 1-p = \frac{u-r}{u-d}$$

• c : 콜옵션가격   • p : 리스크중립적 확률   • r : 무위험수익률
• c_u : 주가상승 시 콜옵션가격   • c_d : 주가하락 시 콜옵션가격
• u : 주식가격 상승배수   • d : 주식가격 하락배수

[**개념 확인 문제 정답**] 01 ②   02 ①   [**실전 확인 문제 정답**] ③

9 풋-콜 패리티(1)

개념 확인 문제

01 풋-콜 패리티란 ( ), ( )이 동일한 풋옵션과 콜옵션 가격 사이에 일정한 등가관계가 성립하는 것을 나타낸다.

① 기초자산가격, 변동성　　　　　　　　② 만기, 행사가격

02 풋-콜 패리티 등가식을 통해 ( )의 가치가 ( )의 가치보다 커야함을 알 수 있다.

① 콜옵션, 풋옵션　　　　　　　　　　② 풋옵션, 콜옵션

실전 확인 문제

▶ 풋-콜 패리티에 대한 설명으로 옳은 것은?

① 만기가 다른 상품 간에도 풋-콜 패리티가 성립한다.

② 동일한 상품에 대해 만기와 행사가격이 같은 등가격 풋옵션과 콜옵션의 가격은 항상 같다.

③ 동일한 상품에 대해 만기와 행사가격이 같은 등가격 풋옵션과 콜옵션 사이에는 일정한 관계가 있다.

④ 동일한 상품에 대해 만기와 행사가격이 같은 등가격 풋옵션과 콜옵션 사이에는 평행한 식이 성립한다.

정답해설 풋-콜 패리티는 동일한 기초자산에 대한 옵션으로서 만기와 행가가격이 같은 콜옵션과 풋옵션의 가격 사이에는 등가관계가 존재함을 나타낸다. 단, 등가격 콜옵션의 경우 등가격 풋옵션보다 크다.

개념 짚어 보기

풋-콜 패리티 도출 과정

주식 1주를 매입하고, 이를 기초로 하는 풋을 매입, 콜을 발행하는 경우의 포트폴리오의 현재가치와 만기 시 수익은 다음과 같다.

무위험포트폴리오 구성	만기 시의 수익	
	$S < X$	$S > X$
기초자산 매입(S) 만기가 t이고, 행사가격이 X인 콜옵션 매도(−C) 만기가 t이고, 행사가격이 X인 풋옵션 매수(P) S+P−C → 포트폴리오의 현재가치	S	S
	0	−(S−X)
	X−S	0
	X	**X**

현재시점에서 구성한 포트폴리오가 무위험포트폴리오가 되려면 만기시점에서의 가치인 $(S+P-C)e^{-rt}$가 만기에서의 수익인 X와 동일해야 한다. 즉, $(S+P-C)e^{-rt}=X$가 된다.

① $P=C-S+Xe^{-rt}$ → 풋-콜 등가식

② ATM 옵션의 경우 $S=X$이므로, ①을 정리하여 대입하면, $C-P=S-Se^{-rt}$

따라서, ATM 옵션의 경우 $r\neq0$이면, $C>P$

10 풋-콜 패리티(2)

개념 확인 문제

▶ 풋-콜 패리티가 성립하지 않으면 (   )가 발생하게 되어 균형가격으로 되돌아오게 된다.

① 차익거래기회   ② 헤지거래

실전 확인 문제

▶ 풋-콜 패리티를 이용하여 풋옵션 매수 시 합성할 수 있는 대상자산의 조합이 바르게 된 것은?

① 콜옵션매도, 풋옵션매수, −현금

② 콜옵션매수, 풋옵션매도, 현금보유

③ 콜옵션매수, 기초자산매도, 현금보유

④ 풋옵션매수, 기초자산매수, −현금

정답해설 $C+e^{-rt}X=P+S$의 항등식에서 이를 변형하면, $P=C-S+Xe^{-rt}$가 된다.

개념 짚어 보기

풋-콜 패리티(put call parity)

같은 기초자산에 대해 발행된 옵션으로서 만기와 행사가격이 같은 콜옵션과 풋옵션의 가격 사이에는 일정한 관계식이 성립되는데 이를 풋-콜 패리티라고 한다. 이에 따르면 주식과 옵션을 적절히 결합하여 위험이 전혀 없는 무위험포트폴리오를 구성할 수 있는데, 이 무위험포트폴리오의 수익률은 시장이 균형상태에 있다면 무위험이자율과 같아야 하며 만일 그렇지 않다면 차익거래가 발생하여 다시 균형상태를 유지하게 되고, 옵션가격은 정상적인 가격을 찾게 된다. 풋-콜 패리티를 이용하여 콜옵션과 기초자산으로 풋옵션을 복제할 수 있다.

$$P=C-S+e^{-rt}X$$

- C : 콜옵션가격
- S : 기초자산가격
- X : 행사가격
- P : 풋옵션가격
- t : 만기
- r : 무위험수익률

풋-콜 패리티의 변형식

풋-콜 패리티는 특정 행사가격과 기초자산의 콜옵션의 가치를 동일한 행사가격과 만기일이 같은 풋옵션의 가치로부터 추론할 수 있다는 것을 의미한다.

- 콜옵션매수 : $C=P-S+Xe^{-rt}$
- 풋옵션매수 : $P=C+S-Xe^{-rt}$
- 기초자산매수 : $S=C-P+Xe^{-rt}$
- 기초자산매도 : $-S=-C+P-Xe^{-rt}$

[**개념 확인 문제** 정답] ①   [**실전 확인 문제** 정답] ③

11 옵션민감도 분석

개념 확인 문제

01 기초자산의 가격변화에 대한 옵션의 가격변화를 나타내는 것을 (   )라 하며, 이자율 변화에 따른 옵션값의 변화는 (   )라 한다.

① 감마(Γ), 세타(θ) ② 델타(Δ), 로(ρ)

02 베가는 옵션의 가격이 기초자산의 변동성에 대해 얼마나 민감한가를 나타내는 지표로, 옵션의 베가는 변동성의 1% 변화에 따른 옵션가격의 변화를 나타낸다. 베가는 항상 양(＋)의 값을 가지며 (   )에서 가장 크다.

① ATM ② OTM

03 옵션가격과 기초자산가격 간 곡선의 한 시점에서의 기울기를 나타내는 것은 (   ), 옵션가격과 기초자산가격간 곡선의 기울기 변화속도를 나타내는 것은 (   )이다.

① 델타(Δ), 감마(Γ) ② 델타(Δ), 베가(Λ)

실전 확인 문제

▶ 옵션의 민감도에 대한 설명으로 옳지 않은 것은?

① 잔존기간이 길수록 베가는 낮아진다.
② 델타는 헤지비율을 결정하는 데 사용하며 델타의 역수이다.
③ 세타는 가치의 손실을 의미하므로 통상 음(－)의 숫자로 표시한다.
④ 감마와 기초자산가격 간의 관계는 등가격일 때 가장 높은 반면, 외가격과 내가격으로 갈수록 낮아진다.

정답해설 베가와 잔존기간의 관계는 잔존기간이 많이 남아 있을수록 주가의 변동 가능성이 높아지며, 잔존기간이 적게 남아 있을수록 변동폭 역시 예측 가능한 범위 내로 좁혀진다. 즉, 잔존기간이 길수록 베가는 높아지고, 짧을수록 낮아진다.

개념 짚어 보기

옵션민감도 분석

델타(Δ)	감마(Γ)	세타(θ)	베가(Λ)	로(ρ)
옵션가격의 변화 / 기초자산가격의 변화	델타의 변화 / 기초자산가격의 변화	옵션가격의 변화 / 옵션잔존만기의 변화	옵션가격의 변화 / 주식가격 변동성의 변화	옵션가격의 변화 / 금리의 변화
• 0<콜델타<1 • −1<풋델타<0	• 근월물 Γ>원월물 Γ • ATM에서 최댓값	• 근월물 θ>원월물 θ • ATM에서 최댓값	• 근월물 Λ<원월물 Λ • ATM에서 최댓값	• ITM>ATM>OTM • 비탄력적

12 옵션민감도지표의 응용(1)

개념 확인 문제

01 옵션민감도에서 세타와 감마는 항상 (　　　) 부호를 갖는다.

① 상반된 ② 같은

02 세타는 콜옵션과 풋옵션 모두 (　　　)에서 (＋)부호를 갖는다.

① 매도포지션 ② 매수포지션

실전 확인 문제

▶ 델타가 0.5인 콜옵션 매도 20계약과 델타가 0.4인 풋옵션 매도 10계약을 보유하고 있는 옵션 포트폴리오를 중립시키기 위한 매매의 방법으로 옳지 않은 것은? (단, 감마는 무시)

① 델타 0.4인 풋옵션 매도를 15계약 추가로 매수한다.
② 델타 0.4인 풋옵션을 신규로 25계약 매수한다.
③ 델타 0.5인 콜옵션 매도 12계약을 청산한다.
④ 델타 0.5인 콜옵션을 신규로 12계약 매수한다.

정답해설 델타의 민감도는 콜매수(＋), 콜매도(－), 풋매수(－), 풋매도(＋)이며 해당 포트폴리오의 델타값은 $(-0.5 \times 20) + (0.4 \times 10) = -6$을 중립시키면 된다.
② 델타 0.4인 풋옵션을 신규로 25계약 매수 시 포지션 델타는 $(-0.5 \times 20) + (0.4 \times 10) + (-0.4 \times 25) = -16$
① 델타 0.4인 풋옵션 매도를 15계약 추가로 매수 시 포지션 델타는 $(-0.5 \times 20) + (0.4 \times 25) = 0$
③ 델타 0.5인 콜옵션 매도를 12계약 청산 시 포지션 델타는 $(-0.5 \times 8) + (0.4 \times 10) = 0$
④ 델타 0.5인 콜옵션을 신규로 12계약 매수 시 포지션 델타는 $(-0.5 \times 20) + (0.4 \times 10) + (0.5 \times 12) = 0$

개념 짚어 보기

옵션민감도 분석

구분		델타	감마	세타	베가	로
옵션기준물	매입	＋	0	0	0	0
	매도	－	0	0	0	0
콜옵션	매입	＋	＋	－	＋	＋
	매도	－	－	＋	－	－
풋옵션	매입	－	＋	－	＋	－
	매도	＋	－	＋	－	＋

13 옵션민감도지표의 응용(2)

개념 확인 문제

01 ( )는 옵션이 ITM으로 종료될 확률을 나타내준다.

① 옵션감마 ② 옵션델타

02 감마의 절댓값이 ( ) 경우 옵션가격의 변화분은 커진다.

① 클 ② 작을

실전 확인 문제

▶ 시장상황의 변화가 옵션가치에 미치는 영향을 설명한 것으로 옳지 않은 것은?

① 기초자산의 변동성이 증가할 경우 옵션가치가 가장 큰 폭으로 변화하는 것은 등가격옵션이고 변화율이 가장 큰 것은 외가격옵션이다.

② 등가격옵션의 델타값은 대략 0.5 또는 −0.5 정도이다.

③ 변동성이 증가할 경우 두 옵션의 델타값이 동일한 경우 장기옵션이 단기옵션보다 가격이 크게 변화한다.

④ 변동성이 증가할 경우 콜옵션의 델타는 0으로 풋옵션 델타는 −1로 수렴하게 된다.

정답해설 변동성이 증가할 경우 콜옵션의 델타는 1로, 풋옵션의 델타는 0으로 수렴한다.

개념 짚어 보기

옵션포지션과 시장상황

구분		유리한 상황		기대효과	효율적 포지션
델타	+	기초자산가격의 방향성	기초자산가격이 상승하면 유리	주가지수의 상승을 기대	콜매수, 풋매도
	−		기초자산가격이 하락하면 유리	주가지수의 하락을 기대	콜매도, 풋매수
감마	+	기초자산가격의 변화속도, 곡률	기초자산가격이 크게 변하면 유리	주가지수 방향과 상관없이 급변을 기대	콜매수, 풋매수
	−		기초자산가격이 천천히 변하면 유리	주가지수 방향과 상관없이 횡보를 기대	콜매도, 풋매도
세타	+	시간가치	잔존기간이 짧을수록 유리	만기가 빨리 오기를 기대(매도자)	콜매도, 풋매도
	−		잔존기간이 길수록 유리	만기가 천천히 오기를 기대(매수자)	콜매수, 풋매수
베가	+	변동성	기초자산가격의 변동성이 클수록 유리	변동성이 크기를 기대	콜매도, 풋매수
	−		기초자산가격의 변동성이 작을수록 유리	변동성이 작기를 기대	콜매도, 풋매도
로	+	이자율	이자율 상승 시 유리	−	−
	−		이자율 하락 시 유리		

14 주식관련 옵션의 거래전략 – 방향성거래(투기거래)

개념 확인 문제

01 기초자산의 가격이 상승할 것이라고 예상되는 경우에는 (　　　)전략을 이용할 수 있다.

① 수직적 강세 콜 스프레드　　　　　　② 수직적 약세 콜 스프레드

02 지수하락이 예상되는 경우에는 (　　　)전략, (　　　)전략을 이용할 수 있다.

① 콜옵션매수, 풋옵션매도　　　　　　② 콜옵션매도, 풋옵션매수

실전 확인 문제

▶ 투자자는 주가지수 상승을 예상하고 있다. 이익과 손실을 제한하고자 할 때 적절한 전략은?

> ㉠ 스트래들 매수　　　　　　　　　㉡ 스트랭글 매수
> ㉢ 수직적 강세 콜 스프레드　　　　　㉣ 수직적 강세 풋 스프레드

① ㉠, ㉡　　　　　　　　　　② ㉠, ㉢
③ ㉡, ㉣　　　　　　　　　　④ ㉢, ㉣

정답해설 4가지 모두 상승예상 시 투자전략이지만 스트래들 매수와 스트랭글 매수는 이익이 무제한이다.

개념 짚어 보기

기초자산가격에 따른 옵션 투자전략

상승예상 → 강세전략		
기본전략	이익	손실
콜매수	무제한	제한
풋매도	제한	무제한
수직적 강세 콜 스프레드	제한	제한
수직적 강세 풋 스프레드	제한	제한

하락예상 → 약세전략		
기본전략	이익	손실
풋매수	무제한	제한
콜매도	제한	무제한
수직적 약세 콜 스프레드	제한	제한
수직적 약세 풋 스프레드	제한	제한

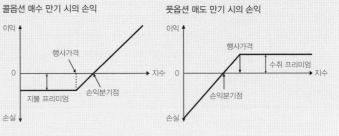

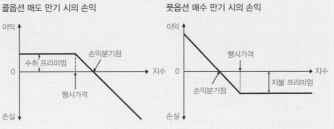

15 주식관련 옵션의 거래전략 – 변동성거래(1)

개념 확인 문제

01 변동성이 약하다고 예상될 때는 스트래들 (　　　) 또는 스트랭글 (　　　) 등이 유효한 전략이다.

① 매도, 매수 　　　　　　　　　　　② 매도, 매도

02 (　　　)는 변동성 및 방향성을 예측하는 것으로 주가가 크게 변동할 것으로 예상할 때 사용하는데 행사가격이 가장 높은 옵션과 가장 낮은 옵션을 매수하고 중간 행사가격을 가진 옵션 2개를 매도하여 구성하는데 콜 또는 풋 중 하나만을 이용한다.

① 콘도 　　　　　　　　　　　　　② 버터플라이

실전 확인 문제

▶ **변동성거래의 특징에 대한 설명으로 옳지 않은 것은?**

① 일반적으로 버터플라이전략은 세 가지 행사가격의 옵션을 활용한다.
② 변동성거래를 하는 투자자는 기초자산가격의 변화에 관심을 갖는다.
③ 변동성거래는 변동성의 증가 또는 변동성의 감소를 기대하는 투자전략이다.
④ 스트래들 매도와 스트랭글 매도는 장기간 유지할 수 있는 투자전략으로는 부적합하다.

정답해설 변동성거래를 하는 투자자는 기초자산가격의 변화보다는 기초자산가격의 변동성에 관심을 갖게 된다.

개념 짚어 보기

기초자산가격의 변동성에 따른 옵션 투자전략

증가예상 → 강세전략		
기본전략	이익	손실
스트래들 매수	무제한	제한
스트랭글 매수	무제한	제한
버터플라이 매도	제한	제한
콘도 매도	제한	제한

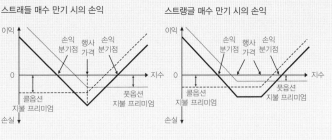

하락예상 → 약세전략		
기본전략	이익	손실
스트래들 매도	제한	무제한
스트랭글 매도	제한	무제한
버터플라이 매수	제한	제한
콘도 매수	제한	제한

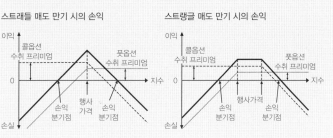

16 주식관련 옵션의 거래전략 – 변동성거래(2)

개념 확인 문제

01 스트립(strip)과 스트랩(strap)은 스트래들 전략의 일종으로 구입단위만을 변화시킨 전략이다. 만일 주가가 크게 오를 것으로 전망되면 (   )전략이 유리하다.

① 스트립   ② 스트랩

02 스트립은 (   )보다 (   )를 많이 하여 하락장에 높은 이익을 기대한다.

① 콜매수, 풋매수   ② 풋매수, 콜매수

실전 확인 문제

▶ 콤비네이션전략에 대한 설명이 옳지 않은 것은?

① 스트립은 주가하락 시 스트래들보다 큰 이익을 얻을 수 있다.

② 스트랩은 주가상승 시 스트래들보다 큰 이익을 얻을 수 있다.

③ 스트립은 행사가격이 다른 1단위 콜옵션과 2단위 풋옵션을 매수하는 것을 말한다.

④ 스트랩은 행사가격이 동일한 2단위 콜옵션과 1단위 풋옵션을 매수하는 것을 말한다.

정답해설 스트립은 만기일과 행사가격이 같은 콜 1단위와 풋 2단위를 조합하는 것을 말하며 기초자산의 가격이 불안정한 상황에서 매입자가 기초자산의 가격이 하락할 것으로 예상하는 경우에 활용되는 옵션결합 형태이다.

개념 짚어 보기

방향성과 변동성예측 매매전략의 합성

- **스트립 매수** : 주식가격의 변동성을 예측하여 지수하락의 가능성에 중점을 둔 거래전략으로 스트래들 매수포지션과 구성면에서는 유사하나 동일한 행사가격이 2개인 풋옵션과 하나의 콜옵션을 매수한다는 점이 다르다.
- **스트랩 매수** : 주식가격의 변동성을 예측하여 지수상승의 가능성에 중점을 둔 거래전략으로, 동일한 행사가격의 2개의 콜옵션과 하나의 풋옵션을 매수하는 구성을 가진다.

스트랩 매수	스트랩 매도	스트립 매수	스트립 매도

- **비율 스프레드** : 가격변동성이 높은 시점에서 향후 주가의 흐름을 어느 정도 확신할 수 있는 경우에 사용하는 방법이다.
  - 콜 비율 스프레드 : 낮은 행사가격(X_1) 콜옵션 매수＋높은 행사가격(X_2) 콜옵션 n배 매도
  - 풋 비율 스프레드 : 높은 행사가격(X_2) 풋옵션 매수＋낮은 행사가격(X_1) 풋옵션 n배 매도

17 주식관련 옵션의 거래전략 – 헤지거래(1)

개념 확인 문제

01 보호적 풋은 (　　) 매수포지션과 동일한 수익구조를 가진다. 주가가 하락할 때 기초자산의 가격하락위험을 모두 헤징할 수 있으며 수익 가능성을 무한하게 유지하면서 손실 가능성은 제한할 수 있어 포트폴리오 보험의 기본유형으로도 활용된다.

　　① 풋옵션　　　　　　　　　　　　　② 콜옵션

02 보호적 풋 전략은 옵션프리미엄을 (　　) 헤지거래로 옵션의 기준물의 매입 포지션과 동시에 풋옵션을 매입하는 전략이다. 약세시장에서 옵션 기준물의 가격 하락위험으로부터 보호받으면서 강세시장에서 가격 상승의 혜택을 누릴 수 있어 포트폴리오 보험과 비슷한 효과를 얻을 수 있다.

　　① 지불하는　　　　　　　　　　　　② 수취하는

실전 확인 문제

▶ **보호적 풋옵션(protective put) 전략에 대한 설명으로 옳지 않은 것은?**

　　① 주가가 하락할 경우에는 손실회피 효과가 있다.

　　② 강세시장에서 주식매수에 따른 이익확대 효과가 있다.

　　③ 풋옵션 매수 시와 같은 그래프(성과도)의 형태를 갖는다.

　　④ 주가가 하락할수록 손실은 제한되며, 주가가 상승할수록 이익이 확대된다.

정답해설　보호적 풋옵션 전략은 콜옵션 매수와 동일한 손익구조, 즉 성과도를 복제하려는 전략이다. 주가가 하락할 경우에 손실이 제한되어 손실회피 효과가 극대화되며, 강세시장에서는 주식매수에 따른 이익의 확대효과가 있다.

개념 짚어 보기

보호적 풋옵션(protective put) 매수

- 주식 포트폴리오를 보유하고 있는 투자자가 향후에 시장이 하락할 위험이 있는 경우에 주가지수 풋옵션을 매수하여 시장하락상황에서 발생하는 손실을 회피하기 위한 방법이다.
- 주가가 손익분기점보다 높은 경우에 이익이 발생하고 주가가 상승할수록 이익은 증가한다. 반면에 주가가 손익분기점보다 낮은 경우는 손실이 발생하는데 주가가 행사가격 이하로 떨어지면 손실이 최대가 된다. 이때의 최대 손실은 '이미 지불한 프리미엄'으로 제한된다.

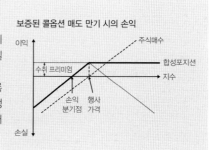

보증된 콜옵션 매도 만기 시의 손익

[**개념 확인 문제 정답**] 01 ②　02 ①　[**실전 확인 문제 정답**] ③

18 주식관련 옵션의 거래전략 – 헤지거래(2)

개념 확인 문제

01 ( )은/는 기초자산의 가격이 오르더라도 크게 오르기 어렵거나 내리더라도 소폭 하락으로 그칠 가능성이 높을 때 풋옵션을 매수하는 대신에 콜옵션을 매도하여 프리미엄을 받음으로써 합성 풋 매도포지션의 손익구조를 얻는다. 이러한 방식은 굳이 합성콜을 만들기 위해 풋옵션 매수 프리미엄을 지출할 필요가 없어 기초자산가격의 변동성이 크지 않을 것으로 예상될 때 헤지비용을 절약할 수 있는 위험관리방법이다.

① 콘도   ② 커버드 콜

02 커버드 콜은 옵션기준물을 보유한 상태에서 콜옵션 매도(시세의 움직임이 크지 않을 경우 특히 장세의 약 보합세를 예상할 때 유용한 투자전략)를 의미하며 ( )와 동일한 포지션을 형성한다.

① 풋옵션 매도   ② 풋옵션 매수

실전 확인 문제

▶ 보증된 콜옵션(covered call) 전략에 대한 설명으로 옳지 않은 것은?

① 보호적 풋 전략보다 완벽한 헤지가 가능하다.

② 기초자산인 주식을 매수하고 콜옵션을 매도하는 전략이다.

③ 주식을 현물보유했을 때 생길 수 있는 주가하락의 위험을 방어하는 전략이다.

④ 보유하는 동안 주가의 움직임이 크게 나타날 것을 예상할 때 사용되는 전략이다.

정답해설 커버드 콜은 주가상승 시에 이익을 한정하는 대신 폭락 시에는 매우 위험할 수 있으므로 주식을 보유하는 기간 동안 주가의 움직임이 크지 않을 것으로 예상할 때 사용되는 전략이다.

개념 짚어 보기

보증된 콜옵션(covered call) 매도

• 주식시장이 횡보국면을 지속하는 경우 주식 포트폴리오의 가치는 거의 변화가 없지만 콜옵션 매도 시 받은 프리미엄의 시간가치 감소로 인한 수익확보가 가능해 옵션 매도 프리미엄만큼 운용수익률의 향상을 기대할 수 있다.

• 주식 포트폴리오와 콜옵션 매도포지션으로 구성되며 풋옵션 매도포지션과 동일한 포지션 구조(최고수익률이 제한적)를 가진다.
 - 주가상승 시 : 콜옵션 매도의 손실 → 수익 상쇄(주가상승)
 - 주가하락 시 : 콜옵션 매도 프리미엄만큼 손익분기점 하향조정 → 손실(주가하락)

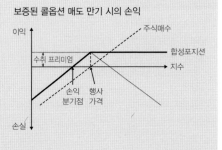

보증된 콜옵션 매도 만기 시의 손익

19 주식관련 옵션의 거래전략 – 스프레드거래(1)

개념 확인 문제

01 수직적 강세 콜옵션 스프레드는 향후 주가가 (　　　)를 보일 것으로 예상되나 확신이 서지 않는 경우 사용하는 전략으로, 행사가격이 (　　　) 옵션을 발행하고 행사가격이 (　　　) 옵션을 매입하는 전략이다. 주가상승 시에 이익을 보되 이익과 손실이 모두 제한적인 상하방 경직적 손익구조를 보인다.

① 강세, 높은, 낮은

② 약세, 낮은, 높은

02 수직적 강세 풋옵션 스프레드는 행사가격에 (　　　)하므로 초기에 (　　　)이 생긴다.

① 비례, 현금유입

② 반비례, 현금유출

실전 확인 문제

▶ KOSPI200 지수옵션에서 행사가격이 230인 콜옵션을 프리미엄 3.0에 매수하고, 행사가격이 235인 콜옵션을 프리미엄 1.0에 매도하였다. 이때의 투자전략에 대한 설명으로 옳지 않은 것은?

① 만기 시 손익분기점은 232포인트이다.

② 최대이익은 2포인트, 최대손실은 3포인트이다.

③ 수직적 강세 스프레드 전략이며 손익은 한정되어 있다.

④ 강세시장에서 이익을 보는 전략이다.

정답해설 • 최대이익＝행사가격차－프리미엄차＝(235p－230p)－(3p－1p)＝3포인트
• 최대손실＝프리미엄차＝(3p－1p)＝2포인트

개념 짚어 보기

수직적 강세 콜옵션 스프레드 만기 시의 손익

수직적 강세 콜옵션 스프레드
• 포지션 구성 : 콜(X_1) 매수＋콜(X_2) 매도 ($X_1 < X_2$)
• 만기 시의 손익분기점 : 낮은 권리행사가격＋프리미엄차 → 지불
• 최대이익 : (행사가격차－프리미엄차)만큼의 이익이 발생(제한적)
• 최대손실 : 프리미엄차 만큼의 손실이 발생(제한적)

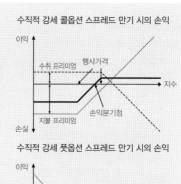

수직적 강세 풋옵션 스프레드
• 포지션 구성 : 풋(X_1) 매수＋풋(X_2) 매도 ($X_1 < X_2$)
• 만기 시의 손익분기점 : 높은 권리행사가격－프리미엄차 → 수취
• 최대이익 : 프리미엄차만큼의 이익이 발생(제한적)
• 최대손실 : (행사가격차－프리미엄차)만큼의 손실이 발생(제한적)

수직적 강세 풋옵션 스프레드 만기 시의 손익

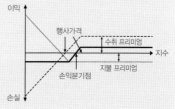

20 주식관련 옵션의 거래전략 – 스프레드거래(2)

개념 확인 문제

01 수직적 약세 스프레드 전략은 기초자산의 가격이 (　　　)할 것으로 예상되는 경우에 이용하는데 콜 또는 풋의 권리행사가격이 (　　) 것을 매수하고 (　　) 것을 매도하는 것을 가리킨다. 가격 (　　) 시 얻을 수 있는 이익은 한정되지만 가격(　　) 시에는 옵션을 매도하여 얻은 프리미엄 만큼 손실을 경감시킬 수 있다.

　① 상승, 낮은, 높은, 상승, 하락　　　　　② 하락, 높은, 낮은, 하락, 상승

02 수직적 약세 콜옵션 스프레드 전략은 프리미엄을 (　　)한다.

　① 수취　　　　　　　　　　　　　　② 지불

실전 확인 문제

▶ KOSPI200 지수옵션에서 행사가격이 205인 콜옵션을 프리미엄 5.0에 1계약 매도하고, 행사가격이 210인 콜옵션을 프리미엄 1.0에 1계약 매수하였다. 이때의 투자전략에 대한 설명으로 옳지 않은 것은?

　① 만기 시 손익분기점은 209포인트이다.

　② 최대이익은 4포인트, 최대손실은 4포인트이다.

　③ 수직적 약세 스프레드 전략이며 손익은 한정되어 있다.

　④ 약세시장에서 이익을 보는 전략이다.

정답해설 이 전략의 손익분기점은 209포인트이며, KOSPI200지수가 205포인트 이하에서는 200만 원의 이익이, 210포 인트 이상에서는 50만 원의 손실이 발생하는 수직적 약세 스프레드 전략이다.

개념 짚어 보기

수직적 약세 콜옵션 스프레드
- 포지션 구성 : 콜(X_1) 매도＋콜(X_2) 매수 ($X_1 < X_2$)
- 만기 시의 손익분기점 : 낮은 권리행사가격＋프리미엄차 → 수취
- 최대이익 : 프리미엄 차만큼의 이익이 발생(제한적)
- 최대손실 : (행사가격차－프리미엄 차) 만큼의 손실 발생(제한적)

수직적 약세 풋옵션 스프레드
- 포지션 구성 : 풋(X_1) 매도＋풋(X_2) 매수 ($X_1 < X_2$)
- 만기 시의 손익분기점 : 높은 권리행사가격－프리미엄차
- 최대이익 : (행사가격차－프리미엄 차) 만큼의 이익이 발생(제한적)
- 최대손실 : 프리미엄 차만큼의 손실 발생(제한적)

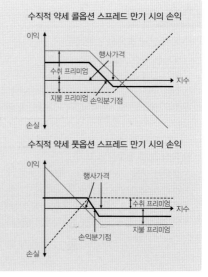

수직적 약세 콜옵션 스프레드 만기 시의 손익

수직적 약세 풋옵션 스프레드 만기 시의 손익

21 주식관련 옵션의 거래전략 – 스프레드거래(3)

개념 확인 문제

▶ 버터플라이 스프레드 전략 중 (   )는 변동성 감소 예상 시 행사가격이 낮은 콜과 높은 콜은 매수하고 중간 콜은 매도하여 포지션을 구성하는 전략이다.

① 버터플라이 매도   ② 버터플라이 매수

실전 확인 문제

▶ 버터플라이 스프레드 전략에 대한 설명으로 옳지 않은 것은?

① 버터플라이 스프레드 전략은 기초자산이 상승할 경우 손실이 제한된다.

② 버터플라이 스프레드는 만기일은 같으나 권리행사가격이 서로 다른 3개의 옵션을 이용한다.

③ 버터플라이 스프레드 전략은 시장가격의 변동성은 불분명하나 방향성의 축소가 예상될 때 사용하는 전략이다.

④ 버터플라이 매수는 권리행사가격이 가장 높은 옵션과 가장 낮은 옵션을 각각 1단위씩 매수하고 그 중간에 있는 옵션을 2단위 매도하는 것을 말한다.

정답해설 버터플라이 스프레드 전략은 시장가격의 방향성은 불분명하나 변동성의 축소가 예상될 때 사용하는 전략이다.

개념 짚어 보기 ▶

버터플라이 매도

• 포지션 구성 : 콜 · 풋(X_1) 매도＋콜 · 풋(X_2) 매수×2＋콜 · 풋(X_3) 매도
• 손익분기점 : 지수하락 시에는 낮은 행사가격(X_1)＋프리미엄 차액, 지수상승 시에는 높은 행사가격(X_3) － 프리미엄 차액
• 최대이익 : 프리미엄 차액 → 기초자산가격이 낮은 행사가격(X_1) 이하 또는 높은 행사가격(X_3) 이상일 때
• 최대손실 : 행사가격 차액(X_2-X_1 또는 X_3-X_2) － 프리미엄 차액

버터플라이 매수

• 포지션 구성 : 콜 · 풋(X_1) 매수＋콜 · 풋(X_2) 매수×2＋콜 · 풋(X_3) 매수
• 손익분기점 : 지수하락 시에는 낮은 행사가격(X_1)＋프리미엄 차액, 지수상승 시에는 높은 행사가격(X_3) － 프리미엄 차액
• 최대이익 : 행사가격 차액($X_2 － X_1$ 또는 $X_3 － X_2$) － 프리미엄 차액
• 최대손실 : 프리미엄 차액 → 기초자산가격이 낮은 행사가격(X_1) 이하 또는 높은 행사가격(X_3) 이상일 때

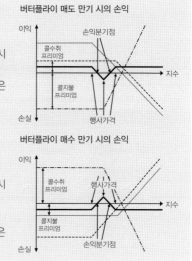

[**개념 확인 문제** 정답] ②   [**실전 확인 문제** 정답] ③

22 주식관련 옵션의 거래전략 – 합성전략

개념 확인 문제

▶ 선물매수와 풋옵션매수를 결합하면 (　　)와 동일한 손익구조를 가지는 (　　)포지션이 되고, 이 전략은 향후 시장이 큰 폭으로 상승할 것이라고 예상할 경우 사용하게 된다.

① 풋매수, 합성 풋매수　　　　　　　　② 콜매수, 합성 콜매수

실전 확인 문제

▶ 합성포지션의 구성방법으로 옳지 않은 것은?

① 합성 풋매도＝콜매도＋기초자산 매수　　② 합성 기초자산 매도＝콜매도＋풋매수

③ 합성 콜매수＝콜매수＋기초자산 매수　　④ 합성 콜매도＝풋매도＋기초자산 매도

정답해설　합성 콜매수의 합성포지션은 풋매수＋기초자산 매수이다.

개념 짚어 보기

합성포지션

• **기준물 합성** : 같은 행사가격과 만기를 가진 콜옵션과 풋옵션을 결합하면 기준물과 동일한 포지션(합성선물)을 얻을 수 있다. 기준물의 매도포지션은 그 기준물에 대한 콜옵션을 매도하고 행사가격과 만기가 같은 풋옵션을 매입하여 합성할 수 있다. 기준물의 매수포지션은 그 기준물에 대한 콜옵션을 매수하고 행사가격과 만기가 같은 풋옵션을 매도하여 합성할 수 있다.

• **합성옵션** : 기초자산과 어느 한 옵션을 결합하면 다른 종류의 옵션을 합성할 수 있다. 즉, 기초자산과 콜옵션을 결합하면 풋옵션을 합성할 수 있으며, 기초자산과 풋옵션을 결합하면 콜옵션을 합성해 낼 수 있다.

합성포지션 구성방법

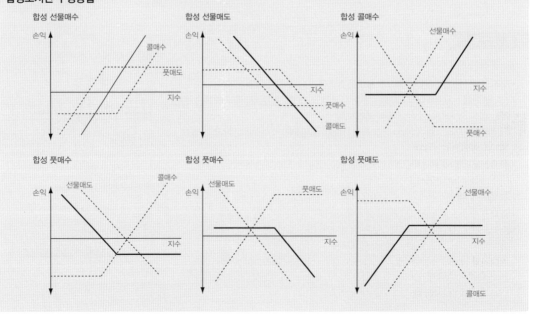

23 주식관련 옵션의 거래전략 – 차익거래(1)

개념 확인 문제

01 (   )은 콜옵션이 풋옵션에 비해 상대적으로 고평가되어 있는 경우 이용되는 차익거래로 고평가된 콜을 매도하고 저평가된 풋을 매수하는 방법으로 합성선물과 (   )을 이용하는 전략이다.

① 리버설, 합성선물   ② 컨버전, 선물

02 컨버전이 발생할 수 있는 상황은 풋–콜 패리티가 일시적으로 (   )을 이룬 시점이다.

① 균형   ② 불균형

실전 확인 문제

▶ 컨버전에 대한 설명으로 옳지 않은 것은?

① 콜옵션과 풋옵션의 행사가격 및 만기는 동일해야 한다.

② 콜옵션이 고평가되어 있는 경우에 적용할 수 있는 차익거래이다.

③ 콜옵션을 매도하고 동시에 풋옵션을 매수함으로써 합성 선물매도를 만든다.

④ 만기 시 가격차익은 [(콜옵션가격−풋옵션가격−행사가격)+선물가격]이다.

정답해설 만기 시 가격차익=(콜옵션가격−풋옵션가격+행사가격)−선물가격

개념 짚어 보기

풋–콜 패리티를 이용한 차익거래

풋–콜 패리티를 이용하여 합성선물을 만들어 낼 수 있는데 이때 합성선물가격과 선물가격을 비교하여 차익거래를 할 수 있다. C−P+X=S=F에서 합성선물가격(C−P+X)과 선물가격(F)을 비교하여 합성선물가격이 선물가격보다 큰 경우 컨버전, 작은 경우 리버설이라 한다(C : 콜옵션, P : 풋옵션, X : 행사가격, S : 현물가치, F : 선물가치).

• 컨버전 : C−P+X > F → 합성선물 매도(−)이므로 −C+P−X, 현물 혹은 선물을 매수(+)하므로 +F
  – 콜매도, 풋매수, 선물매수 : 콜이 고평가, 풋과 선물은 저평가, 합성선물이 선물보다 고평가
  – 최종손익 : (콜 풋+행사가격)−선물가격

• 리버설 : −C−P+X < F → 합성선물 매수(+)이므로 +C−P+X, 현물 혹은 선물을 매도(−)하므로 −F
  – 콜매수, 풋매도, 선물매도 : 콜이 저평가, 풋과 선물은 고평가, 합성선물이 선물보다 저평가
  – 최종손익 : (풋−콜−행사가격)+선물가격

[개념 확인 문제 정답] 01 ②   02 ②   **[실전 확인 문제 정답]** ④

24 주식관련 옵션의 거래전략 – 차익거래(2)

개념 확인 문제

▶ 행사가격 100인 콜옵션의 현재가격이 3P, 풋옵션의 현재가격이 2P이고, 선물가격이 102일 경우 합성선물매수가격은 (　　　)이며, 이는 합성선물의 (　　　)를 의미한다. 이 경우 합성선물 매수를 하고 선물매도를 하는 리버설을 구축하면 지수변동과 상관없이 무위험수익을 획득할 수 있다.

① 101P, 저평가

② 103P, 고평가

실전 확인 문제

▶ 차익거래인 리버설에 대한 설명으로 옳지 않은 것은?

① 콜옵션이 풋옵션에 비해 상대적으로 고평가된 상태에서 적용할 수 있다.

② 고평가된 풋옵션을 매도하고 상대적으로 저평가된 콜옵션을 매입한다.

③ 풋옵션이 풋-콜 패리티에 비추어 볼 때 상대적으로 고평가된 상황에서 적용할 수 있다.

④ 컨버전과 마찬가지로 주식가격의 등락과 관계없이 항상 일정한 수익을 확보할 수 있다.

정답해설 콜옵션이 풋옵션에 비해 상대적으로 고평가되어 있는 상태에서 적용할 수 있는 옵션 차익거래는 컨버전이다. 리버설은 풋옵션이 콜옵션에 비해 상대적으로 고평가되어 있는 상태에서 적용할 수 있는 옵션 차익거래 전략이다.

개념 짚어 보기

컨버전과 리버설

• **컨버전(conversion)** : 풋옵션에 비하여 콜옵션이 상대적으로 고평가되었거나 풋옵션이 콜옵션에 비하여 저평가되었을 경우 콜옵션을 매도하고 풋옵션을 매입하여 균형가격에 도달할 때 그 차이를 수익으로 얻는 전략이다.

• **리버설(reversal)** : 컨버전과 반대의 차익거래 방법으로 리버스 컨버전이라고도 한다. 풋옵션이 콜옵션보다 고평가된 상태에서 풋옵션을 매도하고 합성 풋매입포지션을 구성하는 것이다. 이를 위하여 선물매도계약과 함께 콜옵션을 매입하는 동시에 그와 동일한 행사가격의 풋옵션을 매도하는 것이다.

손익구조

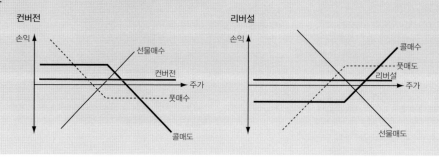

25 주식관련 옵션의 거래전략 – 차익거래(3)

개념 확인 문제

▶ (   )는 셀링 박스라고도 불리는데 매매당시 매수, 매도하는 옵션가격의 총합이 플러스로 나타나므로 포지션 개설 시 현금이 필요하지 않다. 반대로 (   )는 초기포지션 구축 시 현금의 순지출이 일어난다.

① 데빗 박스, 크레디트 박스　　　　　　　② 크레디트 박스, 데빗 박스

실전 확인 문제

▶ 박스거래에 대한 설명으로 옳지 않은 것은?

① 박스거래는 옵션포지션만을 이용한 차익거래이다.

② 옵션가격에서 발생하는 불균형을 이익으로 남기고자 하는 차익거래방법으로 크레디트 박스와 데빗 박스로 구분된다.

③ 데빗 박스는 거래 당시 매도·매수하는 옵션가격의 총합이 음(−)으로 나타나므로 포지션 개설 시 현금이 필요하다.

④ 크레디트 박스는 선물옵션거래방법인 합성선물 매입포지션에 이용된 행사가격이 선물옵션거래방법인 합성선물 매도포지션에 이용된 행사가격보다 낮은 경우를 말한다.

정답해설 선물옵션거래방법인 합성선물 매입포지션에 이용된 행사가격이 선물옵션거래방법인 합성선물 매도포지션에 이용된 행사가격보다 높은 경우를 말한다.

개념 짚어 보기

크레디트 박스
- 셀링 박스(박스 매도)라고도 하며 합성기준물 매입포지션(콜옵션 매수, 풋옵션 매도)에 이용된 행사가격이 합성기준물 매도포지션(콜옵션 매도, 풋옵션 매수)에 이용된 행사가격보다 높은 경우를 말하며 초기에 수입이 발생한다.
- **구성방법** : 높은 행사가격의 합성선물 매수(콜옵션 매수＋풋옵션 매도)＋낮은 행사가격의 합성선물 매도(콜옵션 매도＋풋옵션 매수)
- **만기 시 이익** : 프리미엄차−행사가격차

데빗 박스
- 박스 매수라고도 하며 합성선물 매수포지션에 이용된 행사가격이 합성선물 매도포지션에 이용된 행사가격보다 낮은 경우를 말하며 초기에 박스 포지션 개설 시 비용이 발생한다.
- **구성방법** : 낮은 행사가격의 합성선물 매수(콜옵션 매수＋풋옵션 매도)＋높은 행사가격의 합성선물 매도(콜옵션 매도＋풋옵션 매수)
- **만기 시 이익** : 행사가격차−프리미엄차

[**개념 확인 문제** 정답] ②　　[**실전 확인 문제** 정답] ④

26 금리옵션의 이해

개념 확인 문제

▶ 금리옵션은 옵션의 손익이 금리수준에 의해 결정되는 옵션이다. 즉, 일정금리 이상으로 이자율이 변동하는 경우에 그 변동부분에 대한 일정금리와의 차이에 대해 수취할 수 있는 권리를 매매하는 거래가 금리옵션이며 이때 일정금리는 (   )이 된다.

① 프리미엄   ② 행사가격

실전 확인 문제

▶ 금리옵션에 대한 설명으로 옳지 않은 것은?

① 현재 우리나라에는 상장된 금리옵션상품이 없다.

② 선물 콜옵션을 매입한 투자자가 콜옵션을 행사하면 선물 매수포지션을 취하게 된다.

③ 선물 풋옵션을 매수한 투자자가 풋옵션을 행사하면 선물 매수포지션을 취하게 된다.

④ 기초자산이 현물 또는 선물인지 여부에 따라 현물옵션 또는 선물옵션으로 분류한다.

정답해설 선물 풋옵션을 매수한 투자자가 풋옵션을 행사하면 선물 매도포지션을 취하게 된다.

개념 짚어 보기

금리옵션의 구분

금리옵션은 기초자산이 현물(채권) 또는 선물이냐에 따라 현물옵션(cash option)과 선물옵션(option on futures)으로 구분하며 채권의 만기에 따라 다시 단기금리옵션과 장기금리옵션으로 구분한다. 현물옵션과 선물옵션은 중요한 차이점이 있다. 현물옵션은 권리가 행사되면 거래자는 포지션의 전액을 지불해야 하지만 선물옵션의 경우에는 옵션의 행사가격과 기초자산의 시장가격의 차액만을 지불한다. 단기금리옵션은 대부분이 선물옵션이다.

• **현물(채권)옵션** : 현물채권을 기초자산으로 하는 옵션으로 권리행사 시 현물채권을 매수(매도)하게 된다.

• **선물옵션** : 금리선물을 기초자산으로 하는 옵션으로 금리선물 콜옵션의 매수자가 옵션을 행사하면 선물매수포지션, 풋옵션의 매수자가 옵션을 행사하면 선물매도포지션이 된다.

일반적인 투자전략

• 단기이자율이 상승할 것으로 예상되는 투자자는 유로달러선물 풋옵션을 매수하여 투자할 수 있고, 단기이자율이 하락할 것으로 예상되는 투자자는 유로달러선물 콜옵션을 매수하여 투자할 수 있다.

• 장기이자율이 상승할 것으로 예상되면 T−bond나 T−note에 대한 선물풋옵션을 매수하고, 장기이자율이 하락할 것으로 예상되면 T−bond나 T−note에 대한 선물콜옵션을 매수하는 전략이 유효하다.

[개념 확인 문제 정답] ②   [실전 확인 문제 정답] ③

27 해외금리옵션

개념 확인 문제

01 유로달러옵션은 (　　　) 옵션으로 선물계약을 기초자산으로 한다. 유로달러선물 콜옵션에서 옵션매수자는 옵션행사 시 미리 정한 행사가격으로 유로달러선물을 매수, 유로달러선물 풋옵션에서 옵션매수자는 옵션행사 시 미리 정한 행사가격으로 유로달러선물을 매도한다.

① 미국형 　　　　　　　　　　　　　　② 유럽형

02 (　　　　)는 1982년 미국 장기국채선물을 거래대상으로 하는 장기국채선물옵션을 최초로 상장하였고, 그 후 10년 만기 T−note선물과 5년 만기 T−note선물에 대한 옵션을 상장하였다.

① 뉴욕상업거래소(NYMEX) 　　　　　② 시카고상품거래소(CBOT)

실전 확인 문제

▶ 유로달러선물 옵션거래에 대한 설명으로 옳지 않은 것은?

① 금리선물가격의 상승 시 투자자는 콜옵션을 매입해야 한다.

② 유로달러 현물이 아닌 선물계약을 기초자산으로 한다.

③ 유로달러선물 가격이 95일 때 행사가격이 96인 유로달러 콜옵션은 외가격옵션이다.

④ 달러표시 LIBOR 차입금이 있을 때에는 이 차입금에 대한 헤지로서 유로달러선물 풋옵션을 매입하면 된다.

정답해설 금리상승은 콜옵션을 매입한 투자자에게 호재로 프리미엄이 상승한 옵션을 비싼 가격에 매도하면 된다.

개념 짚어 보기

유로달러선물옵션

• 미국형 옵션으로 최종거래일까지 영업일에는 항상 행사가 가능하다.

• 최종거래일까지 행사되지 않은 채 내가격 상태로 끝나면 옵션은 최종거래일에 자동적으로 행사되며, 최종거래일은 유로달러선물의 최종거래일과 동일하다.

• 옵션행사를 할 경우 미리 정한 행사가격으로 선물계약을 보유하게 되며, 이 선물포지션은 행사 다음날부터 일일정산 대상이 된다. 또한, 언제든지 반대매매를 통하여 청산할 수 있다.

T−bond옵션

• 선물옵션 매수자는 옵션만기일 전에 옵션을 행사할 수 있고, 미국국채선물옵션의 가격은 기초자산 액면금액의 1/64%까지 표시된다.

• 콜옵션이 행사될 경우 : 시카고상품거래소의 청산소에서는 콜옵션 매수자의 계좌에는 T−bond선물을 행사가격에 매수한 것으로 기록하고, 콜옵션 매도자의 계좌에는 T−bond선물을 행사가격에 매도한 것으로 기록한다.

• 풋옵션이 행사될 경우 : 풋옵션 매수자는 T−bond선물을 행사가격에 매도한 것으로 기록하고, 풋옵션 매도자는 T−bond선물을 행사가격에 매수한 것으로 기록한다.

28 장외금리옵션의 이해

01 차입자가 미래의 금리변화에 따른 위험을 회피하고자 하는 경우 일련의 선도금리계약과 동일한 효과를 주는 (　　　)을 이용하면 되고, 미래의 금리상승 위험을 회피하고 금리하락 이익을 얻고 자 하는 경우 일련의 금리옵션계약과 동일한 효과를 주는 (　　　)을/를 이용하면 된다.

① 장외금리옵션, 금리 캡　　　　　　　　② 금리 캡, 금리 칼라

02 금리변동의 상·하한을 제한하는 옵션상품은 (　　　)라 하며, 기준금리가 일정수준 이하 로 떨어질 경우 하한금리와 시장금리와의 차이를 보전하거나 보전 받게 되는 장외옵션상품은 (　　　)이/라 한다.

① 금리 칼라, 금리 플로어　　　　　　　　② 금리 플로어, 금리 스왑

▶ **장외금리옵션에 관한 설명으로 옳지 않은 것은?**

① 금리하락 위험 노출자는 금리 플로어 매수전략이 필요하다.

② 낮은 행사금리의 금리 플로어 매도와 높은 행사금리의 금리 캡 매수가 동시에 이루어지는 것을 금리 칼라라고 한다.

③ 금리 캡거래는 금리가 일정 이상 상승 시 금리 캡 매도자는 금리 캡 매수자에게 초과 상승분 (금리)을 지급하기로 하는 거래이다.

④ 금리 플로어거래는 금리가 일정 이하 하락 시 금리 플로어 매수자는 금리 플로어 매도자에게 초과 하락분(금리)을 지급하기로 하는 거래이다.

정답해설 금리 플로어거래는 금리가 일정 이하 하락 시 플로어 매도자가 플로어 매수자에게 초과 하락분을 지급하기로 하는 거래이다.

금리 캡(cap)

차입자는 금리 캡을 매입함으로써 원하는 기간 동안 금리인상 위험으로부터 보호를 받으면서도 금리하락에 따른 혜택을 누릴 수 있다. 각 결제월에 캡 매도자가 캡 매수자에게 지불하는 금액은 기준금리와 행사금리의 차이에 일정액의 명목원금을 곱한 금액이 되는데 기준금리가 행사금리보다 낮을 경우에는 아무런 지급이 없다.

금리 플로어(floor)

플로어 매수자는 원하는 기간 동안 금리하락 위험을 회피하면서 금리상승에 따른 혜택을 누릴 수 있다. 기준금리가 최고금리보다 높으면 아무런 지급도 발생하지 않는다.

금리 칼라(collar)

금리 캡과 금리 플로어가 결합된 형태로 금리 칼라를 매도하는 것은 금리 캡을 매도하고 금리 플로어를 매수하는 것과 같다. 캡과 플로어의 행사금리가 서로 근접하게 되면, 금리 칼라는 점점 좁아지게 되며, 캡과 플로어의 행사금리가 동일한 금리 칼라는 금리스왑의 매수포지션과 동일하게 된다.

[개념 확인 문제 정답] 01 ① 02 ①　[실전 확인 문제 정답] ④

29 금리옵션의 거래전략 – 위험관리

개념 확인 문제

01 금리상승에 대한 위험관리는 금리선물에 대한 (   )를 통하여 관리한다.

① 풋옵션 매수   ② 콜옵션 매수

02 금리하락에 대한 위험관리는 금리선물에 대한 (   )를 통하여 관리한다.

① 플로어 매수   ② 캡 매수 후 플로어 매도

실전 확인 문제

▶ **옵션이 채권 포트폴리오의 볼록성에 미치는 효과로 볼 수 없는 것은?**

① 채권을 보유하고 콜옵션을 매도하면 볼록성이 감소한다.

② 금리변동성이 감소할 것으로 예상될 때는 옵션을 매수하여 포트폴리오의 볼록성을 낮춘다.

③ 풋옵션의 매수는 보호적 풋(protective put) 또는 포트폴리오 보험(portfolio insurance)이라고 할 수 있다.

④ 금리하락 시 포트폴리오의 수익률이 상승하고 포트폴리오의 볼록성에 의한 추가적인 수익률 상승이 발생한다.

정답해설 향후 금리의 변동성이 감소할 것으로 예상되면 옵션을 매도함으로써 포트폴리오의 볼록성을 낮추고, 금리변동성이 증가할 것으로 예상되면 옵션을 매수하여 포트폴리오의 볼록성을 높이는 전략을 택해야 한다.

개념 짚어 보기

금리위험관리

유형	위험 특징	위험 노출	위험관리전략
금리상승 위험	변동금리부채가 있는 금융기관이나 기업이 캡을 매수하고 금리의 상한을 설정하여 금리상승의 위험을 제거하고 금리가 하락하는 위험을 보존하고자 할 경우에 활용	• 장래 자금조달(채권발행계획) • 채권 등 고정금리자산 • 변동금리부채	캡 매수, 캡 매수 후 플로어 매도, 채권 풋옵션 매수, 채권 콜옵션 매도, 채권 풋옵션 매수 후 채권 콜옵션 매도
금리하락 위험	변동금리자산이 있는 금융기관이나 기업이 금리플로어를 매수하고 금리의 하한을 설정하여 금리하락의 위험을 제거하고 금리가 상승하는 위험을 보존하고자 할 경우에 활용	• 장래 투자 또는 대출 계획 • 장기고정금리부채 • 변동금리자산	플로어 매수, 채권 콜옵션 매수, 채권 콜옵션 매수 후 채권 풋옵션 매도

30 금리옵션의 거래전략 – 차익거래

개념 확인 문제

▶ 금리옵션을 이용한 차익거래 중 컨버전 전략은 (   )이다.

① 선물매수-합성선물 매도   ② 선물매도-합성선물 매도

실전 확인 문제

01 합성콜옵션가격이 1.20이고, 실제로 시장에서 거래되는 콜옵션가격은 1.50이다. 이때 차익거래를 위하여 취해야 할 포지션은?

① 콜매도, 풋매입, 주가지수선물 매입

② 콜매도, 풋매도, 주가지수선물 매입

③ 콜매입, 풋매도, 주가지수선물 매도

④ 콜매입, 풋매입, 주가지수선물 매도

정답해설 합성콜옵션가격(1.20) < 콜옵션가격(1.50)
합성콜매입(선물매입＋풋매입)＋콜매도

02 투자자 A가 KOSPI200 옵션시장에서 결제월과 권리행사 가격이 같은 콜옵션은 매수하고 풋옵션은 매도하였다. 동시에 A가 KOSPI200 선물시장에서 매도포지션을 취했을 때, A의 전략으로 가장 적절한 것은?

① 컨버전   ② 리버설

③ 콘도 매수   ④ 버터플라이 매수

정답해설 리버설＝합성선물 매입(콜매입＋풋매도)＋KOSPI선물매도

개념 짚어 보기

컨버전과 리버설

옵션으로 만든 합성선물가격과 선물가격과의 상대적인 가격차이를 이용하여 수행하는 차익거래를 말한다.

• **컨버전** : 상대적으로 선물가격이 저평가되어 있을 때 선물을 매수하고 합성선물을 매도(콜옵션 매도＋풋옵션 매수)하는 전략

• **리버설** : 선물가격이 고평가되어 있을 때 선물을 매도하고 합성선물을 매수(콜옵션 매수＋풋옵션 매도)하는 전략

[**개념 확인 문제 정답**] ①   [**실전 확인 문제 정답**] 01 ① 02 ②

31 통화옵션의 이해

개념 확인 문제

▶ 통화옵션이란 특정 시점에 특정 통화를 (   )으로 매수하거나 매도할 수 있는 권리를 갖는 계약이다.

① 행사가격   ② 이론가격

실전 확인 문제

▶ 통화옵션에 대한 설명으로 옳지 않은 것은?

① 미국달러옵션은 미국식 옵션이므로 만기일 이전에 언제라도 권리행사가 가능하다.

② 통화옵션거래는 선물환이나 통화선물과 마찬가지로 환위험헤지를 위한 수단으로 사용한다.

③ 우리나라에서는 1999년 4월 23일 미국달러옵션이 한국거래소에 상장되었으나 거래는 거의 이루어지지 않고 있다.

④ 옵션은 신규상장 시 행사가격의 수를 등가격옵션은 1개, 외가격 및 내가격옵션은 각각 3개씩 총 7개를 상장하도록 되어 있다.

정답해설 미국달러옵션은 유럽식 옵션으로 만기일에만 권리행사가 가능하다.

개념 짚어 보기

우리나라의 미국달러옵션

대상기초물	미국 달러(USD)	행사유형	유럽식
계약단위	US $10,000	호가가격단위	0.10원
결제월주기	분기월 중 2개와 그 밖의 월 중 2개	호가가격단위당 금액	1,000원(USD 10,000 × 0.10원)
최종결제일	최종거래일의 다음날	최종거래일 (만기일도 동일)	결제월 세 번째 월요일(휴장일인 경우 직전 거래일로 앞당김)
포지션 한도	거래소가 필요하다고 판단하는 경우 설정	상장결제월수	6개월 이내의 4개 결제월
옵션매수 대금수수	거래일의 익일 영업일	거래시간	• 월~금 : 09 : 00 ~ 15 : 45(점심시간 없이 연속거래) • 최종거래일 : 09 : 00 ~ 15 : 30
권리행사에 따른 결제방식	• 권리행사에 따른 결제는 현금결제로 이루어짐 • 옵션행사 및 배정결과에 따라 옵션매수자와 매도자가 미국 달러화 및 원화 대금을 수수함		
행사가격의 수 및 간격	• 신규결제월 상장 시 각 결제월별 ITM 3개, ATM 1개, OTM 3개(가격변동에 따라 추가 설정) • 권리행사가격 간격은 10원		
신규시리즈 상장방법	권리행사가격의 추가설정은 당일 현물환율(Value Tom)종가가 변동할 경우 등가격옵션을 기준으로 외가격 및 내가격옵션이 3개 이상 존재하도록 익일 새로운 권리행사가격을 추가로 상장함		

[개념 확인 문제 정답] ①   [실전 확인 문제 정답] ①

32 통화옵션의 가격결정원리(1)

개념 확인 문제

01 통화옵션의 가치를 구하기 위하여 사용되는 모형으로 가장 많이 사용되는 것은 주식옵션의 가격 결정모형을 통화옵션에 적용하도록 수정한 모형인 (   )모형이다.

① 블랙-숄즈   ② 가먼 & 콜하겐

02 유럽형 통화옵션에 대해 통화옵션의 기초자산인 외국 통화를 배당이 알려진 주식으로 간주하고, 주식 보유자가 배당수익률을 받는 것처럼 외국 통화 보유자가 그 통화의 이자율을 받는다고 보고 통화옵션 가격결정모형을 도출한 것이므로, 블랙-숄즈 모형과 가먼 & 콜하겐 모형에 의한 가치 계산 결과는 (   )하다.

① 상이   ② 동일

실전 확인 문제

▶ 가먼 & 콜하겐 모형을 이용하여 통화옵션의 가격을 구할 경우 현재시점에서 주어지지 않고 반드시 추정해야 할 옵션가격 결정요인은?

① 자국이자율   ② 변동성
③ 외국이자율   ④ 현물환율

정답해설 현물환율의 변동성은 현재부터 만기까지의 변동성을 의미하는 것으로 이론적으로 계산되는 수치가 아니므로 추정하여 산입하여야 한다.

개념 짚어 보기

가먼 & 콜하겐(Garman-Kohlhagen) 모형

• 통화옵션의 가격결정에는 주식옵션의 가격결정모형인 블랙 & 숄즈 모형을 통화옵션에 적합하게 수정한 가먼 & 콜하겐 모형이 가장 많이 사용된다.
• 가먼 & 콜하겐 모형은 주가 S 대신 외국통화의 연속복리 무위험이자율(r_f)로 할인된 현물환율 $Se^{-r_f t}$을 공식에 입력한 점만이 블랙 & 숄즈 모형과 다르다. 현물 외국통화를 보유하는 경우 r_f만큼의 이자수입이 발생하기 때문에 변형한 것으로 동일한 기초자산에 대한 콜옵션과 풋옵션이 서로 대칭적이어서 어느 한 통화의 콜옵션은 상대통화의 풋옵션이 된다.
• 한국거래소의 달러옵션은 단순한 형태의 달러콜옵션과 달러풋옵션이 상장되어 있으므로 수치해석적으로 접근하기보다는 가먼 & 콜하겐 모형을 이용하면 정확하고 용이한 계산이 가능하다.

$$c=Se^{-r_f t}N(d_1)-Xe^{-rt}N(d_2)$$
$$p=Xe^{-rt}N(-d_2)-Se^{-r_f t}N(-d_1)$$

• S : 현물환율
• r_f : 외국통화의 연속복리무위험이자율
• $N(d_1)$: 표준정규분포의 확률
• X : 행사가격으로 고정된 값
• s : 만기까지의 잔존기간($T-t$)
• $N(d_2)$: 표준정규분포의 확률($-\infty$부터 d까지의 누적확률)

[개념 확인 문제 정답] 01 ② 02 ②   [실전 확인 문제 정답] ④

33 통화옵션의 가격결정원리(2)

개념 확인 문제

▶ 행사가격이 X인 (　　　)을 매수하고 이 행사가격과 만기가 동일한 (　　　)을 매도하는 것은 동일한 만기의 선물환에 매수포지션을 취한 것과 같다. 반면 행사가격이 X인 (　　　)을 매도하고 이 행사가격과 만기가 동일한 (　　　)을 매수하는 것은 동일한 만기의 선물환에 매도포지션을 취한 것과 같다.

① 콜옵션, 풋옵션, 콜옵션, 풋옵션　　　　　② 풋옵션, 콜옵션, 풋옵션, 콜옵션

실전 확인 문제

▶ 통화옵션을 이용한 합성선물환에 대한 설명으로 옳지 않은 것은?

① $C - P = S - Xe^{-rt}$로 통화옵션에 대한 콜옵션과 풋옵션의 프리미엄 차이에 관한 풋-콜 패리티 등식이 성립된다.

② 행사가격이 X인 콜옵션을 매입하고 이 행사가격과 만기가 동일한 풋옵션을 매도하게 되면 동일한 만기의 선물환 매도포지션을 취한 것과 같다.

③ 통화옵션을 이용한 합성선물환을 통해 외국통화 1단위를 매입하는 경우 콜옵션 프리미엄을 지급하게 되고 풋옵션 프리미엄은 수취하게 된다.

④ 풋-콜 패리티를 이용하면 유럽형 옵션에 대해 콜옵션의 가격과 선물환율을 이용하여 풋옵션의 가격을 계산할 수 있다.

정답해설　행사가격이 X인 콜옵션을 매입하고 이 행사가격과 만기가 동일한 풋옵션을 매도하게 되면 동일한 만기의 선물환 매입포지션을 취한 것과 같은 손익결과를 가져온다.

개념 짚어 보기

풋-콜 패리티 관계식의 특징

• 합성된 선물환계약에서 선물환율의 균형이 실제 선물환율보다 높다면 풋옵션을 매수하고 콜옵션을 매도함으로써 합성 선물환을 매도하고, 실제 선물환을 매수하면 차익거래에 따른 이익을 얻게 된다.
• 합성된 선물환계약에서 선물환율의 균형이 실제 선물환율보다 낮다면 풋옵션을 매도하고 콜옵션을 매수함으로써 합성 선물환을 매수하고, 실제 선물환을 매도하면 차익거래에 따른 이익을 얻게 된다.

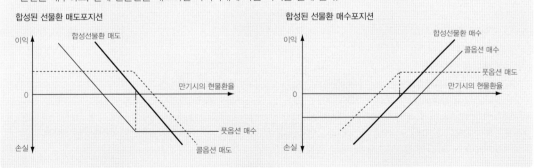

[개념 확인 문제 **정답**] ①　　[실전 확인 문제 **정답**] ②

34 통화옵션에 의한 환위험 헤지(1)

개념 확인 문제

01 원화금리가 달러금리보다 (　　　) 달러선물가격이 달러현물가격보다 큰 양(+)의 베이시스가 발생하는데, 만기가 가까워짐에 따라 베이시스의 크기는 감소한다. 따라서 선물가격은 현물가격에 비해 상대적인 증가폭이 적거나 상대적인 하락폭이 커지게 된다.

① 높으면　　　　　　　　　　　　　　　② 낮으면

02 양(+)의 베이시스 상태에서 (　　　)에서는 선물포지션의 이익이 현물포지션의 손실보다 작거나 선물포지션의 손실이 현물포지션의 이익보다 커지므로 헤지손실이 발생하게 된다. (　　　)에서는 선물포지션의 이익이 현물포지션의 손실보다 크거나 선물포지션의 손실이 현물포지션의 이익보다 작으므로 헤지이익이 발생하게 된다.

① 매입헤지, 매도헤지　　　　　　　　　② 매도헤지, 매입헤지

실전 확인 문제

▶ 통화선물을 이용한 환위험 헤지의 베이시스에 대한 설명으로 옳지 않은 것은?

① 베이시스는 현물가격에서 선물가격을 차감한 값이다.
② 원화금리가 달러금리보다 높으면 양(+)의 베이시스가 발생한다.
③ 음(-)의 베이시스일 경우 매수헤지하면 헤지이익이 발생하게 된다.
④ 양(+)의 베이시스에서 (선물매도+현물매수)를 취하면 헤지이익이 발생하게 된다.

정답해설 금융선물의 경우는 베이시스를 선물가격에서 현물가격을 차감한 값으로 정의하고 사용하는 경우가 대부분이다.

개념 짚어 보기

콜옵션에 따른 매수헤지

- 최대손실을 일정범위 내에서 통제하는 환위험관리기법으로 환율이 상승하면 손실이 발생하지만 손해의 최대치는 최대손실폭에 한정된다.
- 행사가격(1,100원)과 현물가격이 같은 ATM옵션을 매수한다고 가정하면, 콜옵션 매수에 따른 만기시점의 환율변화에 대한 이익은 3개월 후 현물환율이 1,100원 이하로 떨어질 경우 지급한 옵션 프리미엄 전액이 손실되지만 환율이 1,110원 이상으로 상승하는 경우에는 이익이 발생한다.

풋옵션에 따른 매수헤지

- 풋옵션 매수에 따른 만기시점의 환율변화에 대한 손익은 3개월 후 현물환율이 현재 수준인 1,100원을 유지할 경우 달러당 10원의 손실이 발생하지만 환율이 1,100원 이하로 떨어지는 경우에도 현물에서의 손실이 풋옵션에서의 이익과 서로 상쇄되어 전체 손실은 10원으로 고정된다.
- 원-달러 환율이 1,110원 이상으로 상승하게 되면 옵션에서의 손실은 옵션 프리미엄 10원으로 고정되지만, 현물포지션에서의 이익이 증가하므로 전체적으로는 이익을 얻을 수 있다.

[개념 확인 문제 정답] 01 ① 02 ①　　[실전 확인 문제 정답] ①

35 통화옵션에 의한 환위험 헤지(2)

개념 확인 문제

01 미국으로 수출하는 기업이 원−달러 리스크를 헤징하려면 (　　　)을 매수해야 한다.

① 달러 콜옵션 　　　　　　　　　　② 달러 풋옵션

02 원−달러 현물환율이 1,300원일 때 행사가격이 1,290원인 달러 콜옵션은 (　　　)이다.

① 내가격옵션 　　　　　　　　　　② 외가격옵션

03 원화가 달러에 대하여 강세가 될 것이라고 전망되면 (　　　)을 매수한다.

① 달러 콜옵션 　　　　　　　　　　② 달러 풋옵션

04 일본에서 원료를 수입하는 미국기업이 수입대금을 엔화로 결제할 경우 엔−달러 위험을 헤지하기 위해서는 (　　　)을 매수해야 한다.

① 달러 콜옵션 　　　　　　　　　　② 달러 풋옵션

실전 확인 문제

▶ H기업은 미국의 C은행에게 향후 6개월 후 100만 달러의 원리금을 지급해야 한다. H기업이 취해야 할 원−달러 통화옵션을 통한 환위험 헤지전략은?

① 달러 풋옵션 100계약을 매도한다. 　　② 달러 콜옵션 100계약을 매도한다.
③ 달러 풋옵션 100계약을 매수한다. 　　④ 달러 콜옵션 100계약을 매수한다.

정답해설 H기업은 원−달러 환율상승으로 갚아야 할 원화금액이 늘어나 입을 손실을 헤지하기 위해 원−달러 콜옵션을 매수하는 전략을 구사해야 한다. 풋옵션을 매도하는 매도헤지는 매수헤지에 비해 위험이 크기 때문에 주로 콜옵션이나 풋옵션을 매수하는 헤지전략이 이용된다.

개념 짚어 보기 ◀

통화옵션의 베이시스와 헤지손익

구분	매입헤지(선물매입＋현물매도)	매도헤지(선물매도＋현물매입)
양의 베이시스 (선물가격 > 현물가격)	헤지손실	헤지이익
음의 베이시스 (선물가격 < 현물가격)	헤지이익	헤지손실

36 이색옵션 활용을 통한 환위험 관리

개념 확인 문제

01 표준적인 옵션의 경우 만기일 당일의 기초자산의 가격과 이미 정해져 있는 행사가격을 기준으로 현금흐름이 발생하는데 반해, (   )에서는 일정기간 동안의 기초자산의 평균가격이 만기일의 기초자산가격을 대신하거나 또는 행사가격을 대신하게 된다.

① 룩백옵션   ② 아시안옵션

02 (   )은 기초물의 가격이 일정수준에 도달하면 그 효력이 소멸 또는 개시되는 옵션으로 기초물의 가격이 일정수준에 도달할 때 효력이 소멸되는 옵션을 knock out option이라 하고, 효력이 개시되는 옵션을 knock in option이라 한다.

① 배리어옵션   ② 룩백옵션

실전 확인 문제

▶ 어느 기업이 앞으로 1년 동안 매월 일정한 액수의 달러를 외국에 지불해야 한다면 기간 동안의 환율변동에 대한 가장 적절한 헤지전략은?

① 1년 만기 원−달러 콜옵션 매도   ② 1년 만기 원−달러 풋옵션 매입
③ 1년 만기 평균환율 콜옵션 매입   ④ 1년 만기 평균환율 풋옵션 매입

정답해설 아시안옵션을 사용한다. 아시안옵션은 비슷한 송류의 거래가 일정 기간 동안 빈번하게 일어날 때 발생하는 가격 변동위험을 헤지하는 데 적합하다. 문제에서는 1년간 평균환율을 일정 수준 이하로 보장하는 평균환율 콜옵션을 매입하는 것이 가장 적절하다.

개념 짚어 보기

중첩옵션(복합옵션)
- 옵션 자체를 기초자산으로 하는 옵션으로, 기초옵션의 프리미엄은 중첩옵션의 행사가격이 된다. 헤지의 필요 여부가 불확실한 상황에서 적은 비용으로 위험을 관리하는 수단으로 이용된다.
- 콜옵션에 대한 콜옵션(call on call), 콜옵션에 대한 풋옵션(put on call), 풋옵션에 대한 콜옵션(call on put), 풋옵션에 대한 풋옵션(put on put)으로 나뉘며, 행사가격과 만기가 각각 두 개씩 있다.

아시안옵션
- 옵션의 이득이 만기일의 기초자산가격에 의해 결정되지 않고 일정기간 동안의 기초자산가격의 평균값에 의해 손익이 결정되는 옵션이다.
- 평균가옵션 : 일정기간 동안의 기초자산의 평균가격과 행사가격의 차이에 의해 손익이 결정되는 옵션
- 평균행사가옵션 : 일정기간 동안의 평균가격이 만기일의 행사가격을 대신하는 옵션

룩백옵션
만기일 이전에 형성된 기초물의 가격 중 옵션보유자에게 가장 유리한 가격을 행사가격으로 선택할 수 있는 옵션

[개념 확인 문제 정답] 01 ② 02 ①   **[실전 확인 문제 정답]** ③

37 상품옵션의 이해

개념 확인 문제

01 옵션이란 곡물이나 일반상품 등의 특정 대상물을 장래의 지정된 날 또는 그 이전에 (사전에 정한) 일정한 가격으로 사거나 팔 수 있는 권리를 말한다. 옵션거래는 이러한 살 수 있는 권리(콜옵션, call option) 또는 팔 수 있는 권리(풋옵션, put option)를 사고파는 거래이다.

① ×   ② ○

02 상품선물옵션의 가격결정에 가장 일반적으로 사용되는 모형은 블랙 & 숄즈 모형(Black & Scholes Model)을 변형시킨 블랙 모형(Black Model)으로 블랙 & 숄즈 모형에서 기초자산의 현물가격을 (   )으로 대체한다는 차이점이 있다.

① 선도가격   ② 행사가격

실전 확인 문제

▶ 상품옵션에 대한 설명으로 옳지 않은 것은?

① 우리나라에는 상품옵션이 없다.
② 상품옵션 가격결정은 일반적으로 블랙이 제시한 모형을 사용한다.
③ 풋옵션을 매입하는 전략은 선물가격이 행사가격과 지불한 프리미엄의 합계 이상으로 상승할 경우에 이익을 볼 수 있다.
④ 옵션의 경우 권리행사보다는 반대매매의 경우가 더 불리한데, 권리행사의 경우 내재가치만을 얻게 되고 계약이 소멸된다는 점이 있기 때문이다.

정답해설 옵션을 행사할 경우 추가적인 수수료 발생으로 권리행사보다는 반대매매가 더 유리하다.

개념 짚어 보기

상품옵션거래
옵션거래는 현물을 기초대상으로 하는 현물옵션과 선물계약을 기초자산으로 하는 선물옵션으로 나뉜다.

블랙 모형에 따른 프리미엄(선물콜옵션가격)

$$c = e^{-r\tau}[FN(d_1) - XN(d_2)]$$

• F : 선물가격   • X : 행사가격
• r : 이자율   • τ : 만기까지 잔존기간

38 상품옵션의 거래전략(1)

개념 확인 문제

01 옵션을 매도하지 않고 행사하는 경우는 옵션의 내재가치만을 얻게 될 뿐 남아 있는 시간가치는 버려지기 때문에 (   )가 유리하다.

① 매수헤지   ② 매도헤지

02 선물매도에서는 매수자 및 매도자 각각 증거금을 납입해야 하나, 풋옵션 매수의 경우 (   )는 증거금을 납부하지 않고 (   )만 증거금을 납부해야 한다.

① 옵션매수자, 옵션매도자   ② 옵션매도자, 옵션매수자

실전 확인 문제

▶ **상품선물 풋옵션을 이용한 매도헤지에 대한 설명으로 옳지 않은 것은?**

① 가격이 하락하는 경우 풋옵션을 행사하는 것보다 풋옵션을 매도하는 것이 유리하다.

② 하한가격을 설정하여 가격하락의 위험을 제거하고 가격상승의 위험을 보존할 수 있다.

③ 상품선물 풋옵션은 행사가격에 선물계약을 매도할 권리를 갖는 것이므로 풋옵션을 매수하여 최저매도가격(하한가격)을 설정할 수 있다.

④ 가격이 하락하여 풋옵션을 행사하는 경우 순매도가격은 (현물매도가격－선물거래이익＋풋옵션 프리미엄)으로 결정된다.

정답해설 가격이 하락하여 풋옵션을 행사하는 경우 순매도가격은 (현물매도가격＋선물거래이익－풋옵션 프리미엄)으로 결정된다.

개념 짚어 보기

매도헤지(short hedge)
손실을 일정수준으로 제한하기 위하여 풋옵션을 매입하는 것은 매도헤지의 가장 기초적인 방법이다(현물가격하락에 대비한 풋매입). 풋옵션 매입자는 최저매도가격(하한가격)을 설정하여 가격하락 시 손실을 최소화하고 가격상승 시 높은 가격에 매도할 수 있게 된다.

선물매도헤지와 풋옵션매수헤지의 비교
선물매도는 매수자와 매도자 각각 마진콜이 가능하나 풋옵션매수는 옵션매수자는 마진콜을 당하지 않는 반면 옵션매도자는 마진콜이 가능하다. 또한 선물매도는 중개수수료, 증거금에 대한 이자기회비용이 포지션 설정에 따른 비용이나, 풋옵션 매수는 옵션매수에 따른 비용은 중개수수료와 옵션 프리미엄이다. 선물매도는 매도포지션 설정 후 가격상승 시 그에 따른 이익실현은 불가하나 풋옵션매수자는 선물가격이 행사가격과 지불한 프리미엄의 합계 이상으로 상승할 경우 가격상승에 따른 혜택을 볼 수 있다.

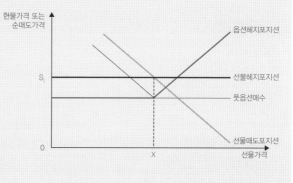

39 상품옵션의 거래전략(2)

개념 확인 문제

▶ 옵션을 이용한 헤지는 항상 최상의 결과를 보장하지는 않지만 가격이 크게 상승하거나 하락하는 경우 최악의 결과를 반영하지도 않는다. 하지만 옵션을 이용한 매수헤지 포지션에서 선물가격이 행사가격과 비슷하게 머물러 있게 될 경우에는 (   )의 결과를 얻게 된다.

① 최상   ② 최악

실전 확인 문제

▶ 상품선물과 상품선물옵션을 이용한 헤지에 대한 비교가 잘못된 것은?

① 상품선물 콜옵션을 이용한 매수헤지 후 상품가격의 하락 시 순매수가격은 현물매수가격에 콜옵션 프리미엄을 더하여 결정된다.
② 상품선물을 이용한 매수헤지는 매수가격수준을 고정시키는 반면, 상품선물 풋옵션매수는 최저매도가격을 설정할 수 있다.
③ 상품선물과 상품선물옵션은 매수자와 매도자 모두 증거금 납부의 의무가 있다.
④ 상품선물을 이용한 매도헤지는 가격이 상승할 경우에 이익의 기회가 없으나, 상품선물 풋옵션 매수 후 선물가격이 행사가격과 프리미엄의 합계 이상으로 상승하면 가격상승에 따른 이익기회를 갖게 된다.

정답해설 상품선물의 경우 매수자와 매도자 모두 증거금을 납부하나, 상품선물옵션의 경우는 매도자만 증거금을 납부한다.

개념 짚어 보기

매수헤지(long hedge)
특정 상품의 가격상승위험에 대비하여 콜옵션을 매수함으로써 그 위험을 헤지하려는 것을 일컫는다(현물가격상승에 대비한 콜매수). 매수헤지 시 콜옵션의 매수자는 행사가격에 선물계약을 매수할 권리를 가지며 그에 대한 대가로 프리미엄을 콜옵션 매도자에게 지불해야 한다. 콜옵션의 매수자는 상한가격을 설정하여 가격상승 시 손실을 최소화하고, 가격하락 시 낮은 가격에 매수할 수 있게 된다. 예상최고매수가격은 (콜옵션 행사가격＋예상베이시스＋콜옵션 프리미엄)으로 계산된다.

선물매수헤지와 콜옵션매수헤지의 비교
콜옵션의 매수자는 콜옵션을 매수함으로써 미리 정해진 행사가격에 선물계약을 매수할 권리를 가지는데 그 융통성에 대한 대가로 콜옵션의 매도자에게 프리미엄을 지불해야 한다. 즉, 콜옵션매수자는 상한가격을 설정하여 가격이 상승할 경우 가격상승 시 보호받고, 가격하락 시 낮은 가격에 매수할 기회를 갖게 된다.

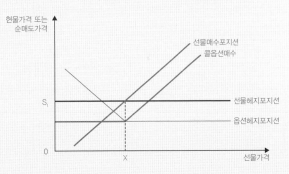

핵심플러스

OX 문제

01 옵션거래에서는 선물거래에서와 마찬가지로 권리와 의무를 동시에 포함한다. (   )

02 옵션가격에 영향을 주는 요인으로는 행사가격, 이론베이시스, 기초자산가격 등이 있다. (   )

03 다른 조건은 같고 행사가격만 다른 두 풋옵션 중에서는 행사가격이 높은 풋옵션이 가치가 더 높다. (   )

04 콜옵션의 경우 행사가격이 기초자산의 현재 시장가격보다 높을수록 기초자산의 현재 시장가격보다 낮은 행사가격으로 매수할 수 있기 때문에 옵션의 가격이 높아진다. (   )

05 기초자산 가격의 변동성이 클수록 옵션의 가치는 하락한다. (   )

06 잔존만기가 긴 옵션의 델타는 주식가격이 변함에 따라 완만하게 변하고, 잔존만기가 짧은 옵션의 델타는 주식가격이 매우 급하게 변한다. (   )

07 옵션의 세타는 등가격일 때 가장 크고 내가격이나 외가격으로 갈수록 작아진다. (   )

08 옵션의 베가는 주식가격 변동성의 변화에 따른 옵션가격의 변화율을 나타낸다. (   )

09 수직적 스프레드 전략은 행사가격은 같지만 만기가 다른 콜옵션 또는 풋옵션을 동시에 매수/매도하는 전략을 말한다. (   )

10 시간 스프레드는 다른 조건이 일정하다면 근월물의 시간가치 감소폭이 원월물의 시간가치 감소폭보다 크기 때문에 근월물의 만기시점에 이르렀을 때 전자의 가치 감소에 따른 이익이 후자의 가치 감소에 따른 손실보다 커서 이익을 얻게 된다는 점을 이용한다. (   )

11 스트래들 매수는 주가가 크게 변동할 것으로 예상될 경우의 전략으로, 동일 만기와 동일 행사가격의 콜옵션과 풋옵션을 동시에 매수하는 거래를 말한다. (   )

해설

01 옵션거래에서는 권리와 의무가 분리되어, 매수자에게는 권리만 있고 매도자에게는 의무만 있다.

02 옵션가격에 영향을 주는 요인에는 행사가격, 기초자산가격, 기초자산가격의 변동성, 옵션만기일까지의 잔존기간, 이자율 등이 있으며, 이론베이시스는 해당하지 않는다.

04 콜옵션의 경우 기초자산의 현재 시장가격이 행사가격보다 높을수록 기초자산의 현재 시장가격보다 낮은 행사가격으로 매수할 수 있기 때문에 옵션의 가격이 높아지며, 풋옵션의 경우 행사가격이 기초자산의 현재 시장가격보다 높을수록 높은 가격에 매도할 수 있기 때문에 옵션의 가격이 높아진다.

05 옵션의 손실은 지불한 옵션가격에 한정되지만 이익은 무한히 얻을 수 있는 특징을 지니고 있기 때문에, 기초자산 가격의 변동성이 클수록 만기 이전에 이익을 볼 가능성이 커져 옵션의 가치는 상승한다.

09 수직적 스프레드 전략은 만기는 같지만 행사가격이 다른 콜옵션 또는 풋옵션을 동시에 매수/매도하는 전략을 말하며, 행사가격은 같지만 만기가 다른 콜옵션 또는 풋옵션을 동시에 매수/매도하는 전략은 수평적 스프레드 전략이라 한다.

[정답] 01 × 02 × 03 ○ 04 × 05 × 06 ○ 07 ○ 08 ○ 09 × 10 ○ 11 ○

핵심플러스

OX 문제

12 스트랭글 매수는 주가의 변동성이 증가할 가능성이 높을 경우의 전략으로, 높은 행사가격의 풋옵션과 낮은 행사가격의 콜옵션을 같은 수량만큼 매수하는 거래를 말한다. (　　)

13 크레디트 박스는 기초자산의 합성매수포지션(콜옵션 매수＋풋옵션 매도)에 이용된 행사가격이 합성매도포지션(콜옵션 매도＋풋옵션 매수)에 이용된 행사가격보다 낮은 경우의 박스 거래를 말한다. (　　)

14 선물풋옵션을 매수한 투자자가 옵션을 행사하면 선물에 매수포지션을 취하게 되며 선물가격과 행사가격의 차이를 받는다. (　　)

15 국채 선물옵션의 가격결정모형 중 유럽형 모형인 Black 모형은 미국형 모형인 Whaley 모형에 비해 더 정확한 값을 얻을 수 있다는 장점이 있지만 계산속도가 느리다는 단점이 있다. (　　)

16 콜옵션의 조기행사는 시간가치를 포기하는 것이기 때문에 배당금을 지급하지 않는 주식에 대한 옵션의 경우 옵션을 매매하는 것이 옵션을 행사하는 것에 비해 더 이익이다. (　　)

17 금리스왑과 옵션을 결합한 상품인 스왑션은 미래 일정시점에 금리스왑계약을 체결할 수 있는 옵션으로, 옵션의 만기일은 스왑션을 행사하여 금리스왑계약을 체결할 수 있는 시점이며, 금리스왑에 적용되는 고정금리가 행사가격이 된다. (　　)

18 풋－콜－선물 패리티란 같은 채권선물에 대하여 행사가격이 동일한 콜옵션과 풋옵션이 거래될 때 콜옵션가격, 풋옵션가격, 채권선물가격 간에 성립하는 이론적 관계를 말한다. (　　)

19 일반적으로 무위험 이자율수준은 옵션 행사가격의 현재가치에 영향을 미치기 때문에 통화옵션의 가격결정요인으로 고려된다. (　　)

20 풋옵션을 매수하는 경우 풋옵션 매수자는 권리에 대한 대가로 풋옵션 매도자에게 프리미엄을 먼저 지불하여야 하며, 옵션을 보유하고 있는 동안 증거금계정을 유지하여야 한다. (　　)

- -

해설

12 스트랭글 매수는 낮은 행사가격의 풋옵션과 높은 행사가격의 콜옵션을 같은 수량만큼 매수하는 거래를 말한다.

13 크레디트 박스는 합성매수포지션에 이용된 행사가격이 합성매도포지션에 이용된 행사가격보다 높은 경우의 박스 거래를 말하며, 합성매수포지션에 이용된 행사가격이 합성매도포지션에 이용된 행사가격보다 낮은 경우의 박스 거래는 데빗 박스라 한다.

14 선물풋옵션을 매수한 투자자가 옵션을 행사하면 선물에 매도포지션을 취하게 되며, 행사가격과 선물가격의 차이를 받는다. 반면, 선물콜옵션을 매수한 투자자가 옵션을 행사하면 선물에 매수포지션을 취하게 되며, 선물가격과 행사가격의 차이를 받는다.

15 Whaley 모형이 Black 모형에 비해 더 정확한 값을 얻을 수 있다는 장점이 있지만 수치해석 방법을 사용하기 때문에 계산속도가 느리다는 단점이 있다.

20 풋옵션 매도자는 증거금을 납부하여야 하지만, 풋옵션 매수자는 선물거래와 달리 증거금을 납부할 필요가 없으므로 증거금계정을 유지하지 않아도 된다.

[**정답**] 12 × 13 × 14 × 15 × 16 ○ 17 ○ 18 ○ 19 ○ 20 ×

Certified Derivatives Investment Advisor

파생상품투자권유자문인력 대표유형+실전문제

2과목

파생상품 Ⅱ

1장 스왑

스왑스프레드의 변동요인에 대한 설명이 옳지 않은 것은?

① 장래 금리하락이 예상될 때는 스왑스프레드가 확대되는 경향이 있다.

② 미국 재무부 채권의 금리수준에 따라 스왑스프레드가 변동된다.

③ major 스왑은행의 포지션 상태에 따라 영향을 받는다.

④ 유로시장에서 신용위험이 증가하면 스왑스프레드가 확대된다.

정답해설 금리변동에 대한 예상에 따라 스왑스프레드가 변동하는데, 장래 금리상승이 예상될 때는 차입자의 금리고정화 수요가 증가하고 이에 따라 스왑스프레드가 확대되는 경향이 있다. 반대로 금리하락이 예상될 때는 투자기관의 금리고정화 수요가 증가하여 스왑스프레드가 축소되는 경향이 있다.

오답해설 ② 미국 재무부 채권금리가 높은 상태에 있을 때에는 자금운용기관의 자산스왑이 증가하여 스왑스프레드가 축소되고, 금리가 낮은 상태에서는 장기차입자의 금리고정화 수요가 증가하여 스왑스프레드가 확대된다.
③ 스왑딜러의 고정금리 지급(수취) 스왑포지션이 많으면, 헤지를 위하여 고정금리 수취(지급)스왑을 하게 되므로 스왑스프레드가 축소(확대)된다.
④ 유로시장에서 신용위험이 증가하면 유로달러 금리와 미국 재무부 채권금리 간 차이가 확대되고 이에 따라 스왑스프레드가 확대된다.

대표 유형 문제 알아 보기

스왑스프레드의 변동요인(결정요인)

- **신용위험** : 은행의 신용위험 ↑ → 신용스프레드 ↑ → 스왑금리(은행 간 거래금리) ↑ → 스왑스프레드 ↑
- **금리변동에 대한 예상** : 금리가 낮은 수준에서는 고정금리 지급자가 되어 자금 조달비용을 낮추고자 하는 수요로 인하여 스왑 스프레드가 상승하는 경향이 있다. 한편 금리가 높은 수준에서는 고정금리 수취자가 되어 운용수익률을 높이려는 수요가 많아 스프레드가 하락하는 경향이 있다.
- **미국 재무부 채권의 금리수준** : 미국 재무부 채권금리가 높은 상태에 있을 때에는 자금운용기관의 자산스왑이 증가하여 스왑스프레드가 축소되고, 금리가 낮은 상태에서는 장기차입자의 금리고정화 수요가 증가하여 스왑스프레드가 확대된다.
- **스왑은행의 포지션 상태** : 스왑딜러의 고정금리 지급(수취) 스왑포지션이 많으면, 헤지를 위해 고정금리 수취(지급)스왑을 하게 되므로 스왑스프레드가 축소(확대)된다.
- **이자율기간구조** : 통상적으로 경기와 수익률곡선은 경기상승 시 가파른 수익률곡선을, 경기하락 시 완만한 수익률곡선을 나타내는 정(+)의 관계를 갖는다. 수익률곡선이 가파를수록 고정금리 수취자의 수요가 증가한다. 즉, 가파른 수익률곡선은 경기의 상승을 의미하여 스왑스프레드가 축소된다(가파른 수익률곡선 → 경기 ↑ → 위험 ↓ → 위험 프리미엄 ↓→ 스왑스프레드 ↓).
- **국채발행** : 국채발행 ↑ → 국채수익률 ↑ → 스왑스프레드 ↓

[대표 유형 문제 정답] ①

1 스왑의 이해

개념 확인 문제

▶ 스왑은 계약조건에 따라 일정시점의 자금교환을 통해서 이루어지는 금융기법으로, 사전에 정해진 가격, 기간에 둘 이상의 당사자가 보다 유리하게 자금을 조달하기 위해 일련의 (　　　)을 다른 (　　　)과 교환하는 것이다. 스왑거래는 장래의 자산·부채거래이며 일정장소가 있는 거래소에서의 거래가 아닌 일종의 선도거래에 속한다.

① 현금흐름, 현금흐름　　　　　　　　　② 수익률, 수익률

개념 확인 문제

▶ 스왑에 대한 설명으로 옳지 않은 것은?

① 스왑거래에서 발생하는 현금흐름의 교환은 초기교환, 이표교환, 만기교환으로 구분된다.
② 스왑은 미리 정해진 방식에 따라 미래의 여러 시점에 걸쳐 일련의 현금흐름을 교환하기로 거래당사자 간에 하는 계약이다.
③ 선물계약이 만기가 하루인 선도계약을 시계열상으로 결합한 것이라면, 스왑은 현물거래와 선도계약 혹은 만기가 서로 다른 선도계약들의 포트폴리오라고 볼 수 있다.
④ 스왑은 원칙적으로 들어오는 현금흐름의 현재가치와 나가는 현금흐름의 현재가치가 큰 차이가 날 경우에만 거래의 의미가 있으며 스왑거래는 크게 상품스왑과 금융스왑으로 구분된다.

정답해설　스왑은 둘 이상의 당사자 간에 교환되는 현금흐름의 현재가치가 같을 때 거래의 의미가 있다.

개념 짚어 보기

스왑의 구조

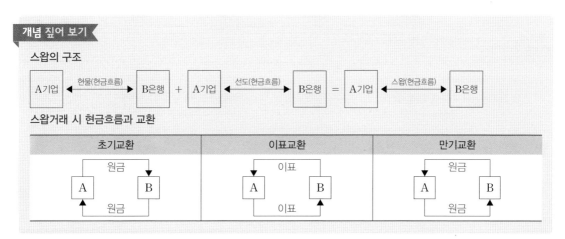

스왑거래 시 현금흐름과 교환

초기교환	이표교환	만기교환
원금 / 원금 (A ↔ B)	이표 / 이표 (A ↔ B)	원금 / 원금 (A ↔ B)

2 스왑거래의 생성과정

개념 확인 문제

▶ 스왑거래는 1970년대에 생겨나 발전하였던 parallel loan이나 back-to-back loan에서
 그 기원을 찾아볼 수 있다. 둘의 가장 큰 차이점은 채무불이행 시 나타나는데 (   )는 자기의
 채무액과 상계할 권한을 가지는 반면 (   )에서는 상계가 인정되지 않고 대출계약 간 쌍방담
 보도 인정되지 않는다.

① back-to-back loan, parallel loan   ② parallel loan, back-to-back loan

실전 확인 문제

▶ **parallel loan과 back-to-back loan에 대한 설명으로 옳지 않은 것은?**

① parallel loan은 상대방이 채무를 불이행한 경우 자신의 채무 역시 정지된다.

② 통화스왑의 원초적 형태로 볼 수 있는 것은 parallel loan, back-to-back loan이다.

③ parallel loan은 상대방 국가에 자회사를 갖고 있는 A와 B기업이 서로 상대방 자회사에게
  자국통화로 대출해주는 방식이다.

④ parallel loan과 back-to-back loan은 모두 파생상품이 아니라 loan 계약으로 실제
  대출계약서가 작성되므로 부외거래가 아니다.

정답해설 parallel loan은 실제로 2개의 서로 다른 대출계약이므로 상내방이 채무를 불이행한 경우에노 사신의 재무는
정지되는 것이 아니다. 따라서 통상 이 신용위험을 경감시키기 위하여 계약서상에 상대방이 계약에서 정한 금액
을 지급하지 않을 경우 본인도 지급해야 할 금액을 지급하지 않게 하는 상계조항(set off clause)을 삽입한다.

개념 짚어 보기

parallel loan(상호대출)
다른 나라에 위치한 독립적인 두 기업이 각각 자회사 지원 등을 위하여 현지통화를 상호차입하고 만기에 미리 합의한 차입통
화를 서로 반환하는 형태의 거래를 뜻한다. 자본이동에 대한 규제가 있거나 앞으로 예상되는 경우, 주로 환위험을 피하려 할
때 이루어진다. 대출금액은 현물환율을 기준으로 결정되며 일반적으로 증권회사를 중개로 거래가 성립된다. 기업 간 대출계
약은 별개로 이루어진다.

back-to-back loan(국제상호직접대출)
parallel loan과 유사하나 모회사가 자금을 융자받아 자회사에 대출해 준다는 점에서 차이가 있다. 모기업 당사자 간의 상호
대출약정을 체결하는 단일계약(single agreement)으로 성립되는데 대출당사자가 각각의 모기업이므로 set off risk 회피
에 도움이 된다. parallel loan과 마찬가지로 실제 대출계약서가 작성되므로 부외거래가 아니다.

[개념 확인 문제 정답] ①   [실전 확인 문제 정답] ①

3 스왑포지션

개념 확인 문제

01 스왑거래에서는 다양한 관행에 따라 지급이자가 계산되는데 스왑계약에서 가장 중요한 변수로 작용하는 것은 (   )금리이며, 스왑금리 또는 스왑가격이라고 한다.

① 변동   ② 고정

02 스왑거래에서는 교환되는 이자의 성격에 따라 **long swap** 포지션, **short swap** 포지션, **payer** 스왑, **receiver** 스왑으로 스왑포지션을 구분하는데 변동금리를 수취하고 반대급부로 고정금리를 지급하는 포지션을 (   ) 포지션이라고 한다.

① long swap   ② short swap

03 고정금리 수취 및 변동금리를 지급하는 포지션은 (   )포지션이며, 변동금리를 수취하고 고정금리를 지급하는 포지션은 (   ) 스왑이다.

① short swap, payer   ② long swap, receiver

실전 확인 문제

▶ 스왑거래에 대한 설명으로 옳지 않은 것은?

① 스왑가격이란 스왑거래에서 특정 변동금리와 교환되는 고정금리를 말한다.
② LIBOR금리는 주요 통화의 스왑거래 시 변동금리 지표로 가장 많이 사용된다.
③ 스왑거래에서 교환되는 이자 혹은 쿠폰교환의 성격에 따라 스왑포지션을 구분한다.
④ 통화스왑에서는 원금이 상호 교환되는 것이 아니라 이자계산에만 사용된다.

정답해설 이자율스왑거래에서는 원금이 상호 교환되는 것이 아니라 이자계산에만 사용된다. 원금이 단순히 이자를 계산하는 데만 사용되므로 명목원금이라고도 한다. 일반적으로 통화스왑에서는 거래당사자 간에 거래시작 시 원금과 이자를 동시에 교환한다. 이는 이자율스왑과 달리 초기원금과 만기원금 교환이 발생한다.

개념 짚어 보기

교환이자에 따른 스왑포지션 구분
• long swap 포지션 : 변동금리 수취, 고정금리 지급 포지션 → 금리상승 시 유리
• short swap 포지션 : 고정금리 수취, 변동금리 지급 포지션 → 금리하락 시 유리
• payer 스왑 : 변동금리 수취, 고정금리 지급 포지션
• receiver 스왑 : 고정금리 수취, 변동금리 지급 포지션

[개념 확인 문제 정답] 01 ② 02 ① 03 ①   **[실전 확인 문제 정답]** ④

4 스왑거래의 생성이유

개념 확인 문제

▶ 스왑거래는 유동성이 (   )때문에 새로운 스왑을 체결하고자 할 때 스왑딜러를 통하여 원하는 구조의 스왑을 체결하기가 (   ). 또한 스왑거래는 금리 및 환율변동의 위험을 (   )에 헤지할 수 있다.

· ① 높기, 편리하다, 장기간   ② 낮기, 어렵다, 단기간

실전 확인 문제

▶ 스왑거래에 대한 설명으로 옳지 않은 것은?

① 스왑거래는 원하는 구조의 스왑체결이 편리하다.
② 비교우위는 기업자금 흐름의 특성상 일반화시킬 수 없는 매우 개별적인 사항이다.
③ 스왑거래의 활성화로 인하여 전 세계적으로 각종 시장이 통합되는 효과가 있다.
④ 스왑거래의 생성이유는 비교우위에 따르며 비교우위는 시장의 효율성에 따라 창출된다.

정답해설 시장의 비효율성으로 인하여 비교우위가 창출되며 이로 인하여 스왑거래가 발생하게 된다.

개념 짚어 보기

스왑거래의 이론적 배경

· 비교우위이론(comparative advantage theory) : 가장 널리 받아들여지고 있는 이론으로 거래당사자 간 차이를 이용하려는 경제적 동기가 스왑의 원천이라는 이론이다.
· 정보비대칭이론(information asymmetry theory) : 정보비대칭에 의한 의사소통의 불완전성과 경영진의 무능력이 차익거래(스왑)의 기회를 제공한다는 이론이다.
· 만기구조 조정이론(maturity structure adjustment theory) : 가장 유리한 만기의 부채로 자금을 조달하고 스왑을 이용하여 자신이 원하는 만기로 변경한다는 이론이다.

스왑거래의 목적과 기능

· 목적 : 서로 다른 시장에서의 비교우위를 활용하여 차입비용을 절감, 거래당사자들의 부족한 부분을 보완, 금리 및 환율변동 위험의 효율적 헤지, 각국의 조세, 금융, 외환규제 회피 및 유리한 지원제도 활용 등을 목적으로 한다.
· 기능 : 자금의 조달과 운용면에서 금융기관은 조달비용이 가장 저렴한 장소에서 자금을 조달하고 수익률이 가장 높은 장소에서 투자함으로써, 대내적으로 금융시장 간 연계성을 강화하고 대외적으로는 전 세계의 금융시장을 통합시키는 기능을 한다. 또한 금융자산가격의 변동성 확대로 인한 금리 및 환위험을 관리하는 측면에서 기존의 자산 또는 부채를 시기적절하게 관리함으로써 잠재적 손실을 피하거나 투자 이익을 확정함으로써 효율성 재고의 기능을 한다.

[개념 확인 문제 정답] ①   [실전 확인 문제 정답] ④

5 스왑거래의 기본적 형태

개념 확인 문제

▶ 스왑거래는 크게 금리스왑(이자율스왑)과 통화스왑의 두 가지 유형으로 구분된다. (　　)은 두 거래당사자가 자신이 가지고 있는 자산이나 부채의 금리조건을 상호교환하기로 하는 계약이다. (　　)은 두 거래당사자가 가지고 있는 자산이나 부채를 다른 통화의 자산이나 부채로 전환하면서 금리조건까지도 상호교환할 수 있는 계약이다.

① 통화스왑, 금리스왑　　　　　　　　② 금리스왑, 통화스왑

실전 확인 문제

▶ 스왑의 기본구조에 대한 설명으로 옳지 않은 것은?

① 금리스왑은 원금의 교환을 수반하지 않는 부외거래이다.
② 통화스왑의 만기원금교환 방향과 이자교환 방향은 서로 다른 방향이다.
③ 금리스왑은 동일 통화에 있어서 서로 다른 종류의 금리를 교환하는 거래이다.
④ 독립적인 장기고정금리 채무자와 장기변동금리 채무자가 원래의 채무와는 별개로 각각의 이자지급액에 상당하는 금액을 교환하여 실질적인 채무를 교환하는 것이다.

정답해설 통화스왑의 초기원금교환과 이자교환의 방향이 서로 다른 방향이며, 만기원금교환과 이자교환은 서로 동일한 방향이다.

개념 짚어 보기

금리스왑과 통화스왑의 형태

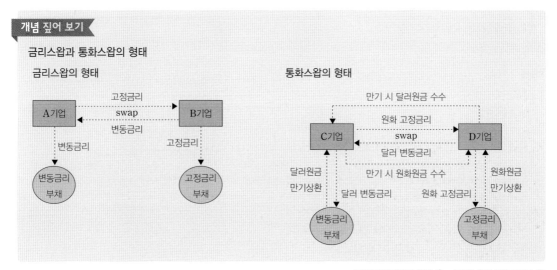

6 스왑거래의 적용금리

개념 확인 문제

▶ 고정금리는 스왑계약의 만기까지 일정하게 적용되는 금리를 말하며, 변동금리는 스왑기간 동안 주기적으로 변동하여 결정되는 금리이다. 일반적으로 금리스왑거래에서 고정금리와 변동금리의 교환 시에는 변동금리의 기준금리로 (   )가 사용된다.

① LIBOR　　　　　　　　　　　　② 채권금리

실전 확인 문제

▶ 스왑거래에서 사용되는 변동금리에 대한 설명으로 옳지 않은 것은?

① 반드시 LIBOR를 사용한다.
② LIBOR에 스프레드를 더하여 결정될 수 있다.
③ 미국 달러의 경우 act/360 기준이 사용된다.
④ 6월물 LIBOR를 사용하면 6개월마다 결제하여야 한다.

정답해설 스왑거래에 사용되는 변동금리는 거래당사자들의 합의에 따라 LIBOR 외에 기타 변동금리(CP rate, T−bill rate) 등을 사용할 수 있다.

개념 짚어 보기

고정금리(fixed rate)
스왑계약에서 가장 중요한 변수로, 보통 스왑가격 혹은 swap rate라고 한다. 고정금리 이자지급조건은 일반적으로 해당 통화의 국내채권시장 관행을 따르지만, 수요자의 요구에 의하여 결정되므로 매우 복잡하고 다양한 방법들이 사용될 수 있다.

변동금리(floating index)
금리스왑의 변동금리로는 미 달러화를 비롯한 주요 통화들의 경우 일반적으로 만기 6개월의 LIBOR가 사용되나 때때로 3개월 LIBOR가 사용되기도 한다. 우리나라 원화의 경우는 3개월 만기의 양도성정기예금(CD) 유통수익률을 변동금리의 기준금리로 사용한다. 6개월 LIBOR가 사용될 경우 변동금리 이자 지급 또한 매 6개월마다 이루어지며, 3개월 LIBOR가 사용되면 이자도 매 3개월마다 지급된다.

금리계산 기준
- annual bond basis : 고정금리 유로본드에 적용되는 이자계산방식으로 1년을 360일(12개월×30일)로 계산하며, coupon 지급일의 휴일 여부와 관계없이 매년 일정한 금액의 쿠폰을 1회 지급하는 기준을 말한다.
- annual money market basis : 통상 LIBOR나 SIBOR 등의 명칭으로 금리가 고시되는 단기 자금시장(money market)인 cash market과 동일한 기준으로 이자금액을 계산한다. 이자지급 일수계산 시 경과일수/360 기준으로 계산되며, 일반적으로 act/360으로 표시된다.
- act/act : 1년의 날수가 윤년인 경우에는 366일이 될 수 있다.
- act/365 : 윤년인 경우에도 1년은 365일로 고정되어 있다.
- act/360 : 1년을 360일로 보고 있다.

[**개념 확인 문제** 정답] ①　　[**실전 확인 문제** 정답] ①

7 스왑가격의 고시 및 결정

개념 확인 문제

▶ A기업은 은행과 고정금리 지불 스왑거래를 하려 한다. P은행은 고정금리를 4.11−4.03%로, S은행은 4.07−4.04%로 호가하였다면 A기업은 (   )은행과 스왑거래를 하는 것이 유리하다.

① P   ② S

실전 확인 문제

▶ 2년 만기 swap spread(act/365 s.a.)가 T+35−32로 고시되었다. 이에 대한 설명이 옳지 않은 것은?

① 스왑 bid rate＝미 재무부 채권 bid 수익률＋스왑 bid spread

② 미달러화의 경우 미국 재무부 채권수익률이 스왑금리의 기준이 된다.

③ 0.35%를 스왑 offer spread, 0.32%는 스왑 bid spread라고 한다.

④ 스왑 offer rate는 잔존만기 2년짜리 재무부 채권수익률에 0.35%를 더한 것이다.

정답해설 스왑 bid rate＝미 재무부 채권 offer 수익률＋스왑 bid spread
스왑 offer rate＝미 재무부 채권 bid 수익률＋스왑 offer spread

개념 짚어 보기

스왑금리의 결정
• offer rate : 스왑딜러가 수취(receive)하고자 하는 고정금리 → 고객입장에서 지급이자율
• bid rate : 스왑딜러가 지급(pay)하고자 하는 고정금리 → 고객입장에서 수취이자율

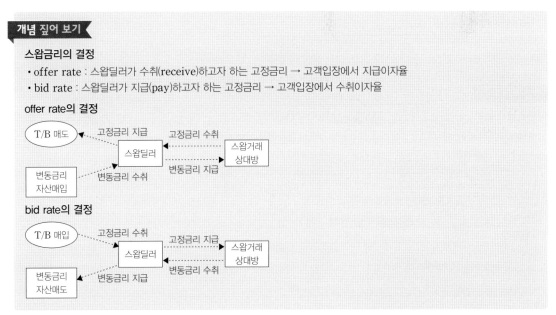

8 선도금리계약

개념 확인 문제

▶ 계약당사자 간에 정해진 명목원금에 대한 명목상의 대출에 대하여 미래 특정기간 동안 적용될 선도금리를 현시점에서 미리 확정하는 계약을 (   )이라 한다.

① 선도금리계약   ② plain vanilla swap

실전 확인 문제

▶ 선도금리계약에 대한 설명으로 옳지 않은 것은?

① FRA는 원금이 이동되지 않기 때문에 보증금 적립이 필요 없고 신용위험은 이자차액으로 한정된다.

② 미래의 일정시점으로부터 일정만기일까지의 기간 동안 적용될 이자율을 계약시점에서 고정시키는 것을 말한다.

③ '6 month against 9 months'로 표시된 선도금리계약은 6개월 후에 시작되는 3개월 간의 계약기간을 의미한다.

④ FRA는 금리변동의 예상을 통한 투기의 목적으로도 이용할 수 있는데 금리상승을 예상하면 FRA를 매도하고 금리하락을 예상하면 FRA를 매입한다.

정답해설 FRA는 금리변동의 예상을 통한 투기의 목적으로도 이용할 수 있는데 금리상승을 예상하면 FRA를 매입하고 금리하락을 예상하면 FRA를 매도한다.

개념 짚어 보기

선도금리계약(FRA : Forward Rate Agreement)

계약당사자 간에 정해진 명목원금에 대한 명목상의 대출에 대하여 미래에 적용할 금리를 현시점에서 미리 약정하는 계약

• **매수자** : 금리상승 시 매도자로부터 실세금리와 약정금리의 차이만큼 수취
• **매도자** : 금리하락 시 매수자로부터 약정금리와 실세금리의 차이만큼 수취
  – 자금차입자 : FRA 매수를 통하여 차입금리 고정
  – 자금운용자 : FRA 매도를 통하여 운용금리 고정

시장금리변화에 따른 FRA와 금리스왑의 손익변화

구분	고정금리 지불(FRA 매입)	고정금리 수취(FRA 매도)
시장금리상승	유리(+)	불리(−)
시장금리하락	불리(−)	유리(+)

[개념 확인 문제 정답] ①   [실전 확인 문제 정답] ④

9 스왑거래의 참여자

개념 확인 문제

▶ 과거의 스왑시장은 은행이 양 거래상대방을 연결해주는 중개인으로써의 역할이 전부였지만 (   )의 등장으로 은행 스스로 스왑거래자의 한쪽 상대방의 역할을 수행하게 되었다. 즉, 고객이 원하는 조건의 거래상대방을 찾기 어려운 경우 은행이 고객에 대한 신용위험과 시장가격 변동위험을 감당하면서 적절한 상대방이 나타날 때까지 은행 스스로 거래상대방이 되어 주는 것이다.

① swap warehouse　　　　　　　　② matched swap

실전 확인 문제

▶ 스왑시장에서의 참여자에 대한 설명으로 옳지 않은 것은?

① 스왑거래의 참여자는 웨어하우스 은행, 중개기관, 최종이용자 등으로 구분된다.
② 스왑시장의 시장조성자 역할을 수행하는 것을 주로 자금공여자, 차입자 등이다.
③ 웨어하우스 은행은 자체포지션의 운용을 통하여 스왑시장을 이끌어가는 금융기관을 말한다.
④ 자체포지션 없이 고객 간 거래의 중개를 통하여 시장의 활성화에 기여하고 있는 기관을 중개기관이라 한다.

정답해설 스왑시장에서 시장조성자의 역할을 수행하는 것은 웨어하우스 은행이다.

개념 짚어 보기

스왑시장의 참여자(counter party)

• 웨어하우스 은행(warehouse bank) : 초기에 금융기관들은 서로 요구조건이 일치하는 기업들을 찾아 스왑거래 조건의 협상과정에서 양쪽 모두를 지원해주는 브로커의 역할을 수행하였으나, 이후 스왑상품을 직접 사고파는 딜러로서의 역할을 병행하며 스스로 스왑의 거래상대방이 됨으로써 시장에 유동성을 제공하였다. 스왑시장에서 은행들이 딜러로서의 역할을 하면서부터 스왑의 거래규모는 비약적으로 증가하기 시작하였는데, 딜러시장이 활성화됨에 따라 이른바 웨어하우스 은행(warehouse bank)이라는 개념이 등장하게 되었다. 웨어하우스 은행은 스왑시장의 시장조성자(market maker) 역할을 수행하며 자체포지션 운용을 통하여 스왑시장을 이끌어가는 대형은행으로서 원화스왑시장의 경우 산업은행이 이에 해당한다.

• 중개기관(broker company) : warehouse bank와 users bank 또는 users bank들을 연결해주는 중개기관으로, 본인의 계정(book)은 보유하지 않고, 즉 자체포지션 없이 단지 거래의 중개만을 해줌으로써 시장 활성화에 기여한다.

• 최종이용자(users) : 스왑시장의 최종이용자로서, 자체포지션의 관리를 목적으로 상호직접적인 거래와 중개기관과의 중개거래를 통하여 시장에 참여하는 기관으로서, 차입자, 자금공여자, 자산−부채관리자 등이 주요 수요자이다. 특히 기업들은 현재 스왑시장에서 최종수요자의 역할을 수행하고 있는데, 기업의 국제화, 자금조달의 다양화, 금융시장의 구조화 등으로 인하여 기업들의 스왑에 대한 수요는 더욱 확대되고 있다.

10 스왑거래의 주요 용어

개념 확인 문제

01 스왑거래에 사용되는 날짜표현 중 effective date는 스왑거래의 이자계산일로, 국제금융시장에서는 일반적으로 trade date 이후 (   )로 하고 있다.

① 2영업일 후   ② 3영업일 후

02 reset date는 (   ) 이자계산에 사용되는 (   )를 선택하는 날이다.

① 고정금리   ② 변동금리

실전 확인 문제

▶ 스왑거래에서 사용하는 용어에 대한 설명으로 옳지 않은 것은?

① reset date는 이자계산에 사용되는 고정금리를 선택하는 날이다.

② 스왑거래에서 이자계산이 시작되는 날을 effective date라 한다.

③ trade date는 스왑계약을 체결하는 날로 거래일을 말한다.

④ payment date는 스왑결제일로서 이자지급일 혹은 원금교환일을 말한다.

정답해설 reset date(변동금리 재설정일)는 변동금리 이자계산에 사용되는 변동금리를 선택하는 날이다.

개념 짚어 보기

스왑거래에 사용되는 날짜표시
- trade date(결제일) : 스왑계약을 체결하는 날
- effective date(효력발생일) : 스왑거래의 이자계산이 시작되는 날(국제금융시장에서는 통상 trade date 이후 2영업일 후가 되지만 따로 정할 수 있음 → spot date)
- notional date : 계약종료일
- payment date(결제일) : 스왑거래에서 자금결제가 발생하는 날로 이자지급일 혹은 원금교환일
- reset date(변동금리 재설정일) : 변동금리 이자계산에 사용되는 변동금리를 선택하는 날

11 금리스왑의 이해

개념 확인 문제

▶ 금리스왑은 일반적으로 통화, 원금 및 만기가 동일한 부채구조를 가지고 있는 두 거래자가 변동금리를 고정금리로 또는 고정금리를 변동금리로 각자 전환하는 형식을 취한다. 금리스왑거래는 계약당사자 간에 (   )만을 교환하며 (   )의 교환은 하지 않는다. 따라서 일반채권 투자에 비하여 자금부담과 신용위험이 (   ).

① 이자지급, 원금, 낮다   ② 원금, 이자지급, 높다

실전 확인 문제

▶ 금리스왑에 대한 설명으로 옳지 않은 것은?

① 금리스왑에서는 원금이 상호교환되지 않는다.
② 금리스왑에서 변동금리로는 주로 LIBOR가 사용된다.
③ 금리스왑은 고정금리와 고정금리, 변동금리와 변동금리 간 상호교환 거래이다.
④ 금리스왑계약은 고정금리조건의 차입금과 변동금리조건의 차입금을 각각 부담하고 있는 거래당사자들이 미래 금리에 대하여 서로 다른 예측을 하고 있을 때 성립된다.

정답해설 금리스왑은 두 거래당사자가 미래의 일정한 계약기간 동안 동일 통화의 일정한 명목원금에 대해 서로 다른 이자기준에 따라 정해지는 이자지급을 주기적으로 교환하는 것, 즉 변동금리와 고정금리를 서로 교환하는 거래이다.

개념 짚어 보기

금리스왑(IRS : Interest Rate Swap)
• 양 거래당사자 간의 계약 : 두 거래당사자가 각각 상대방보다 유리한 변동금리 또는 고정금리조건으로 자금을 조달할 수 있는 상대적인 비교우위에 있을 때 각자 유리한 시장에서 자금을 차입하여 각자의 차입금리 지급의무를 상호 간에 교환함으로써 이루어진다.
• 주기적인 이자 지급 약정 : 각 거래당사자는 상대방에게 미래의 일정기간마다 특정시점에 명목원금에 대하여 동일한 통화로 표시된 이자의 지급을 약정한다.
• 한쪽 당사자는 스왑계약시점에 미리 약정된 고정금리에 기초한 이자를 지급하는 고정금리 지급자이며, 다른 한쪽 당사자는 특정 변동금리지표를 기준으로 스왑기간 중 일정기간마다 재조정되는 변동금리이자를 지급하는 변동금리 지급자이다.
• 금리스왑에서 원금은 서로 교환하지 않고 단지 이자만을 교환한다.

금리스왑의 목적
• 금융기관 : 수신자금과 운용자금 간의 금리변동위험을 헤지한다. 즉 자산의 만기(듀레이션)가 부채의 만기(듀레이션)보다 크면 변동금리를 수취하고 고정금리를 지급하며, 자산 만기가 부채 만기보다 작으면 변동금리를 지급하고 고정금리를 수취한다.
• 차입자 : 고정금리와 변동금리 간의 자금조달 금리차이를 이용하여 차입비용의 절감을 꾀한다.
• 전문투자자 : 고정금리와 변동금리를 예상하여 투기적 이익을 얻는다. 예를 들면 금리상승 예상 시에는 변동금리를 수취하고 고정금리를 지급하며 금리하락 예상 시에는 변동금리를 지급하고 고정금리를 수취하여 이익을 얻는 것이다.

[개념 확인 문제 정답] ①   **[실전 확인 문제 정답]** ③

12 금리스왑의 종류(1)

개념 확인 문제

▶ 정형화된 스왑(generic swap)은 plain vanilla swap으로 부르기도 하며 스왑거래의 양 당사자가 동일한 명목원금에 대해 (   )를 일정기간 동안 동일한 통화로 교환하기로 약정한 계약으로, 변동금리는 매 기간초일에 확정하여 매 기간말일에 고정금리와 교환하되 실제로는 상호 지급분의 차액만을 교환하게 된다.

① 고정금리와 변동금리   ② 변동금리와 변동금리

실전 확인 문제

▶ 표준형 스왑(generic swap, plain vanilla swap)의 조건으로 옳지 않은 것은?

① 스왑계약의 원금(명목원금)은 계약기간 내에 일정하게 고정된다.
② 스왑계약의 효력은 effective date부터 발생하며, 만기일에 종료된다.
③ 변동금리는 런던시장의 3개월 또는 6개월 미달러 LIBOR로 하고 가산금리가 붙지 않는다.
④ 고정금리 조건은 만기까지 동일하게 적용되며, 해당 통화표시 장기채권시장의 관행을 따른다.

정답해설 스왑계약의 효력은 spot date(거래 2영업일 후)부터 발생한다.

개념 짚어 보기

정형화된 스왑의 조건
고정된 명목원금, 고정금리와 변동금리의 교환, 동일한 통화, 스왑만기까지 일정한 고정금리, 마진이 없는 변동금리, 일정한 이자지급주기, spot 계약개시일, 옵션 등 특수한 조기청산 조항 없음

정형화된 스왑과 비정형 스왑의 비교

구분	정형화된 스왑	비정형 스왑
명목원금	일정한 명목원금	명목원금의 감소 → amortizing swap
		명목원금의 증가 → accreting swap
		명목원금의 증가 후 감소 → roller−coaster swap
교환금리	고정금리와 변동금리	변동금리와 변동금리 → basis swap
고정금리의 변화	일정한 고정금리	고정금리가 단계별 증가 또는 감소 → step−up/step−down swap
		기준금리 대비 스프레드가 고정 → spread lock swap
마진 여부	변동금리(flat)	변동금리 ± margin
이자지급주기	일정한 주기의 지급	이자지급의 이연 → zero coupon swap
계약개시일	spot	계약개시일이 거래 후 시간이 지난 경우 → forward swap

[개념 확인 문제 정답] ①   [실전 확인 문제 정답] ②

13 금리스왑의 종류(2)

개념 확인 문제

01 (   )이란 변동금리와 변동금리를 서로 교환하는 거래이다.

① 선도스왑   ② 베이시스 스왑

02 계약일이 2013년 1월 27일, 이자기산일이 2013년 2월 27일이고 만기가 2016년 1월 27일인 3개월마다 CD금리와 고정금리를 교환하는 스왑은 (   )에 해당한다.

① 선도스왑(forward swap)   ② 제로쿠폰 스왑(zero coupon swap)

실전 확인 문제

▶ 비표준형 스왑(non generic swap)에 대한 설명으로 옳지 않은 것은?

① 선도스왑은 이자계산이 spot date 이후 특정일부터 시작된다.

② 제로쿠폰 스왑은 금리스왑과 유사하나 고정금리 지급이 만기에 일시지급된다는 점이 다르다.

③ 특정 사업을 계속하는 동안 사업이 진행될수록 필요자금이 점점 증가하는 경우에 적합한 것은 원금증가형 스왑이다.

④ 수익률곡선이 우하향하는 상황에서는 step-up swap을 함으로써 변동금리 지급, 고정금리 수취 스왑계약자의 현금흐름을 조정할 수 있다.

정답해설 수익률곡선이 우하향하는 상황에서는 step-down swap을 해야 한다.

개념 짚어 보기

비정형 스왑

- 원금변동형 스왑 : 명목원금의 규모가 고정되어 있지 않고 기간경과에 따라 사전에 미리 약정한 방식에 의해 변화하는 형태의 스왑으로 원금증가형 스왑, 원금감소형 스왑 및 원금증감형 스왑 등이 있다.
- 베이시스 스왑(basis swap) : 변동금리와 변동금리를 교환하는 스왑계약(서로 상이한 기준의 변동금리 또는 만기가 서로 다른 변동금리를 교환하는 형태)이다.
- 선도스왑(forward swap) : 계약일과 이자기산일(effective date)의 시간차가 보통 2영업일 이상인 스왑을 통칭한다. 표준형 스왑과는 달리 spot date 이후 특정일부터 이자계산이 시작되기 때문에 다양한 활용이 가능하다.
- LIBOR in-arrear스왑 : 이자계산기간 종료일의 2영업일 전에 결정되는 변동금리를 기준으로 변동금리 이자가 결정되는 스왑으로, in-arrear reset 스왑이라고도 한다.
- 스왑션(swaption) : 스왑에 대한 옵션거래의 일종으로, 계약기간 동안 금리가 계약 시 정한 수준 이상(이하)으로 상승(하락)하는 경우 고정금리부로 스왑할 수 있는 권한을 주는 계약을 말한다. 고정금리를 지급하는 스왑을 할 수 있는 권리는 payer swaption이라 하고, 고정금리를 수취하는 스왑을 할 수 있는 권리를 receiver's swaption이라 한다.

14 금리스왑의 가격고시

개념 확인 문제

▶ 스왑 (   )는 스왑딜러가 고객에게 고정금리 수취(receiver swap) 스왑을 할 때 적용하는 금리로 고객의 입장에서는 payer swap이다.

① bid rate   ② offer rate

실전 확인 문제

▶ 스왑금리에 대한 설명이 옳지 않은 것은?

① 스왑딜러는 bid, offer의 차를 수익의 원천으로 삼는다.

② pay rate 또는 bid rate는 변동금리를 받는 대신에 지불하고자 하는 고정금리이다.

③ 스왑금리는 미국 재무부 채권수익률에 기간별 스왑 spread를 더한 금액으로 표시된다.

④ 미국 재무부 채권수익률에 고시된 3년짜리 스왑금리가 T+40−37일 경우, 0.40%를 스왑 bid spread, 0.37%는 스왑 offer spread라고 한다.

정답해설 미국 재무부 채권수익률에 고시 3년짜리 스왑을 금리가 T+40−37일 경우, 0.40%는 스왑 offer spread, 0.37%는 스왑 bid spread라고 한다. 스왑 offer rate가 잔존만기 3년짜리 미국 재무부 채권수익률에 0.40%를 더한 것이며, 스왑 bid rate는 같은 기간 미국 재무부 채권수익률에 0.37%를 더한 것이다.

개념 짚어 보기

금리스왑의 가격고시방법

스왑가격은 실제 거래할 최종금리를 직접 계산하여 고시하는 총액가격방식(all−in prices)으로 제시되기도 하고 재무부증권(T−bill)을 기준으로 스프레드(spread)를 더한 스왑스프레드 방식으로 제시되기도 한다. 은행 간 스왑시장에서는 스왑스프레드 방식이, 은행과 고객 사이의 거래에서는 총액가격방식이 많이 이용되나 어떤 방식으로 고시되건 실제 거래가격은 동일하다.

금리스왑의 가격고시 예

- 고객입장에서 만기 5년의 금리스왑 거래를 통해 고정금리를 지급(변동금리 수취)하고자 하는 경우 → T+67.0bp 또는 4.898% 지급
- 고객이 5년간 고정금리를 수취(변동금리 지급)할 수 있는 금리스왑의 가격 → T+64.0bp 또는 4.854% 지급

기간	T+spread	all−in
2년	T+41.50−38.50	3.212%−3.151%
3년	C+73.53−70.53	4.231%−4.186%
4년	C+77.96−74.96	4.681%−4.635%
5년	T+67.00−64.00	4.898%−4.854%
7년	C+77.25−74.25	5.445%−5.409%

[개념 확인 문제 정답] ②   [실전 확인 문제 정답] ④

15 국내 원화 금리스왑 시장

개념 확인 문제

01 달러화 LIBOR는 이자계산 시작일의 (   )영업일 전에 결정되는 LIBOR를 사용하며, 원화 CD는 이자계산 시작일의 (   )영업일 전의 CD금리를 사용한다.

① 1, 2

② 2, 1

02 원화 금리스왑의 이자계산방법은 고정금리, 변동금리 모두 (   )가 적용된다.

① act/360

② act/365

실전 확인 문제

▶ 우리나라 원화 금리스왑의 시장상황을 나타내고 있는 것으로 부적절한 것은?

① 국내 단기자금시장의 유동성이 풍부하지 못해 CD금리가 비현실적이다.

② repo시장이 존재하지 않으며 장기 국고채 선물거래의 유동성이 부족하다.

③ inverse FRN의 발행이 많아져 음(−)의 스왑스프레드가 지속되게 한 주요 원인이 되었다.

④ 오랫동안 비정상적인 음(−)의 스왑스프레드를 보이며 스왑 수익률곡선의 역전이 지속되고 있다.

정답해설 dual index FRN의 발행이 많아져 스왑스프레드가 축소되자 스왑뱅크들은 손실이 확대되었다. 스왑뱅크들이 손실을 견디지 못하고 포지션 청산을 시작하자 음(−)의 스왑스프레드는 추가적으로 확대되었다.

개념 짚어 보기

원화 금리스왑의 특징

스왑금리는 은행 간 거래금리이므로 무위험채권인 국채수익률보다 높은 것이 일반적인 현상이나 우리나라 금리스왑시장에서는 고정금리 수취와 지급 수요 간 불균형이 계속되어 스왑금리가 국고채수익률보다 낮은 현상이 장기간 지속되고 있다. 이는 주로 국내은행의 변동금리부 주택담보대출 확대 등으로 고정금리 수취 스왑수요는 꾸준한 반면 금융기관 간 RP거래 부진 등으로 고정금리 지급 스왑수요는 크지 않기 때문으로 해석할 수 있다.

국내은행의 고정금리 수취 스왑 수요발생 흐름도

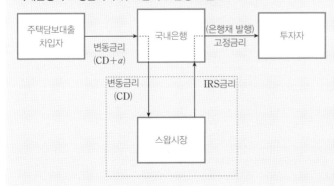

16 금리스왑의 헤지

개념 확인 문제

▶ (   )은/는 금리스왑의 가치변화를 측정하여 이와 동일한 가치변화를 갖는 거래금액을 계산하는 것을 말한다.

① 헤지비율   ② 가치

실전 확인 문제

▶ 금리스왑의 금리위험 헤지전략으로 볼 수 없는 것은?

① 채권(국채)을 이용하여 헤지하면 된다.

② 반대방향의 이자율스왑 거래를 체결하면 된다.

③ receiver 스왑은 국채선물 매도를 통해, payer 스왑은 국채선물 매수를 통해 헤지가 가능하다.

④ receiver 스왑은 시리즈의 FRA를 매도하고, payer 스왑은 시리즈의 FRA의 매수를 통해 헤지한다.

정답해설 FRA를 이용한 헤지방법으로, 이자율스왑은 시리즈의 FRA와 동일하므로, FRA를 매수하면 금리가 상승할 때 이익이 발생하고, FRA를 매도하면 금리가 하락할 때 이익이 발생한다. receiver 스왑은 시리즈의 FRA를 매수하고, payer 스왑은 시리즈의 FRA의 매도를 통해 헤지한다.

개념 짚어 보기

금리스왑의 헤지
거래한 금리스왑거래의 평가손익과 반대방향으로 움직이는 거래를 하면 시장위험의 중립화, 즉 헤징이 가능하다. 금리가 하락하면 금리위험에 노출되어 금리손실이 발생하게 되고 이 경우에는 이익이 발생하는 거래가 필요하다.

이익이 발생되는 헤지거래의 방법
• **국채를 이용한 헤지** : 고정금리를 수취하는 스왑의 경우 국채를 매도
• **반대방향의 금리스왑거래의 체결** : 고정금리 지급 스왑거래-고정금리 수취 스왑거래
• **선물/유로선물을 이용한 헤지**
 − 고정금리 수취스왑 → 국채선물 매도/유로달러선물 스트립 매도
 − 고정금리 지급스왑 → 국채선물 매수/유로달러선물 스트립 매수
• **FRA를 이용한 헤지**
 − 고정금리 수취스왑 → 시리즈의 FRA 매수
 − 고정금리 지급스왑 → 시리즈의 FRA 매도

[개념 확인 문제 정답] ①   [실전 확인 문제 정답] ④

17 금리스왑의 활용

개념 확인 문제

▶ A기업은 고정금리시장에서 3%, 변동금리시장에서는 LIBOR, B기업은 고정금리시장에서 4.5%, 변동금리시장에서 LIBOR+0.2%로 자금을 차입할 수 있다. 이때 A기업은 (   ), B기업은 (   )에서 비교우위를 지닌다.

① 고정금리시장, 변동금리시장   ② 변동금리시장, 고정금리시장

실전 확인 문제

▶ A기업과 B기업의 자금조달 조건이 다음과 같을 때 비교우위를 이용한 각 기업의 손익에 대한 설명으로 옳지 않은 것은?

구분	A기업	B기업
고정금리시장	5%	6%
변동금리시장	LIBOR+0.3%	LIBOR+0.5%

① A기업과 B기업이 금리스왑을 하면 각각 0.25%의 이익을 보게 된다.

② B기업은 스왑거래 없이 고정금리로 차입했을 때보다 0.4% 절약할 수 있다.

③ A기업은 고정금리시장에서 B기업은 변동금리시장에서 비교우위에 있다.

④ 변동금리로 차입한 B기업은 변동금리 리스크를 스왑에 의해 제거하고 고정금리비용만 남게 되며, A기업은 고정금리로 차입하지만 스왑을 통해 고정금리비용이 제거되고 변동금리비용만 남게 된다.

정답해설 고정금리차(6%−5%)−변동금리차(LIBOR+0.5%−LIBOR+0.3%)=1%−0.2%=0.8% → 두 기업이 동일한 스왑효과를 갖기 위해서는 0.4%씩 이익을 보아야 함
  • A기업=고정금리에 비교우위 → 고정금리로 외부에서 차입한 후 B에게 약정된 고정금리 수취, 변동금리 지급
      =5.1%(B에게 받는 고정금리)−LIBOR(B에게 주는 변동금리)−5%(자금차입 시 시장에게 주는 고정금리)
      =LIBOR−0.1% → 변동금리로 자금을 차입한 효과, 0.4% 절약
  • B기업=변동금리에 비교우위 → 변동금리로 외부에서 차입한 후 A에게 약정된 변동금리 수취, 고정금리 지급
      =LIBOR(A에게 받는 변동금리)−5.1%(A에게 주는 고정금리)−LIBOR+0.5(자금차입 시 시장에게 주는 변동금리)=−5.6% → 고정금리로 자금을 차입한 효과, 0.4% 절약

개념 짚어 보기

금리스왑의 거래동기 및 활용
• 유리한 차입조건의 달성(자본 조달 비용의 감소 효과)
• 자산 및 부채에 적용되는 금리의 불일치로 인한 리스크 제거

[**개념 확인 문제** 정답] ①   [**실전 확인 문제** 정답] ①

18 통화스왑의 이해

개념 확인 문제

01 통화스왑은 두 거래당사자가 일정한 계약기간 동안 서로 ( ) 통화의 일정한 원금에 대한 이자를 주기적으로 서로 교환하고, 계약만기 시 원금을 서로 교환하기로 하는 계약을 말한다.

① 같은   ② 다른

02 통화스왑은 환율변동에 따른 위험을 줄이려고 하는 사람이나 기업들이 주로 체결하며 환율변동위험을 회피하는데 따르는 비용이 수반된다. 이를 위험비용으로 하며 이 금리는 위험이 ( ) 일수록 비싸다. 일반적으로 원화는 달러보다 위험이 높은 편이므로, ( )를 가진 쪽이 금리를 더 부담하게 된다.

① 작은 쪽, 달러   ② 큰 쪽, 원화

실전 확인 문제

▶ 통화스왑 거래의 특징으로 볼 수 없는 것은?

① 초기원금과 만기원금 교환에 적용되는 환율이 동일하다.
② 금리스왑과 달리 초기원금과 만기원금의 교환이 발생한다.
③ 통화스왑 거래를 통해 금리위험은 여전하나 환율변동위험은 관리할 수 있다.
④ 초기원금 교환통화의 방향과 이자 교환방향은 반대방향이고, 만기원금 교환통화의 방향과 이자 교환방향은 동일한 방향이다.

정답해설 통화스왑 거래를 통해 환율변동 위험과 금리위험(달러 LIBOR)을 동시에 헤지할 수 있다.

개념 짚어 보기

통화스왑의 개념
• 거래당사자 간에 서로 다른 통화로 표시된 원금을 교환하고 일정기간 동안 계약시점에 미리 정한 조건으로 원금에 대한 이자를 교환한 후, 만기 시 계약시점에 미리 약정한 환율로 원금을 재교환하는 거래이다.
• 교환하는 금리종류에 따라 고정금리 대 고정금리, 고정금리 대 변동금리, 변동금리 대 변동금리의 거래가 가능하다.

통화스왑 거래의 특징
• 서로 다른 통화에 대한 원금과 이자를 교환하는 스왑거래
• 초기원금과 만기원금의 교환 발생(통화스왑에서는 원칙적으로 차액결제 불가능)
• 만기원금 교환의 적용환율은 만기환율과 관계없이 거래시점의 환율이 동일하게 적용됨
• 이자교환방향은 초기원금 교환통화의 방향과 반대방향, 만기원금 교환통화의 방향과는 동일한 방향

[개념 확인 문제 정답] 01 ②   02 ②   **[실전 확인 문제 정답]** ③

19 우리나라의 통화스왑시장

개념 확인 문제

▶ **pay** 통화스왑 수요는 국내에서 달러 유동성의 (   )을 가져오는 수요와 동일하며, **receive** 통화스왑 수요는 국내에서 달러 유동성의 (   )을 가져오는 수요와 동일하다.

① 유출, 유입   ② 유입, 유출

실전 확인 문제

▶ 우리나라의 통화스왑시장에 대한 설명으로 옳지 않은 것은?

① 원화−원화 통화스왑과 유로−원화 통화스왑거래는 스왑딜러 간에 직접 고시한다.

② 통화스왑을 이용한 재정거래가 증가하면 통화스왑의 베이시스 스프레드는 축소된다.

③ 국내 자금시장에서 달러의 유동성이 확대되면, 통화스왑의 음(−)의 베이시스는 축소된다.

④ KTB index 스왑거래는 외국계 은행의 국고채 투자와 원화 고정금리 pay 통화스왑의 재정거래 수요에서 발생한 통화스왑의 일종이다.

정답해설 원화−원화 통화스왑과 유로−원화 통화스왑거래는 스왑딜러 간에 직접 고시하는 것이 아니라 딜러와 수요자 간의 직접 협의에 의해서 거래된다. 따라서 이런 통화스왑거래의 요청이 있으면, 스왑딜러는 달러−원 통화스왑시장과 달러−엔 통화스왑시장 혹은 유로−달러 통화스왑의 교차거래를 통해 가격을 제시하고 헤지하게 된다.

개념 짚어 보기

국내 달러−원 통화스왑 시장

• 통화스왑 시장의 성장배경으로는 외환위기의 극복, 경기회복에 따른 신용도 개선 등 국내 경제상황이 좋아지면서 외국자본의 국내 투자가 확대되었고, 상대적으로 높은 국내 금리가 달러를 유입시키는 데 기여함을 꼽을 수 있다.

• 환위험과 금리위험을 달러−원 통화스왑을 통해 헤지하게 되면서 안정적인 스프레드 수익이 가능해졌다.

KTB index 통화스왑 거래

• 외국계 은행이 제공하는 통화스왑의 일종으로 외국계 은행의 국고채 투자와 원화 고정금리 pay 통화스왑의 재정거래 수요와 기관투자자의 해외투자에 따른 자산스왑 수요(원화 고정금리 receive 통화스왑)가 만나 발생하였다.

• 국고채 부도 또는 지급거절 등의 신용사건이 발생할 경우, 시장에서 거래한 통화스왑은 국고채 부도와 무관하게 만기까지 계속되나, KTB index 통화스왑은 국고채 부도 시 조기청산 할 수 있고, 국고채의 손실을 KTB index 통화스왑의 청산 금액에 추가하여 보험사에게 청구할 수 있다.

[개념 확인 문제 정답] ②   [실전 확인 문제 정답] ①

20 통화스왑의 기본유형과 활용

개념 확인 문제

▶ 통화스왑은 크게 세 종류로 구분할 수 있는데 currency swap은 이종통화 간 고정금리와 (   )를
교환하는 거래이며, cross currency coupon swap은 이종통화 간 고정금리와 (   )를 교환하는
거래이고, cross currency basis swap은 이종통화 간 (   )와 변동금리의 이자지급을 교환하는
거래이다.

① 고정금리, 변동금리, 변동금리　　　　　　② 변동금리, 고정금리, 고정금리

실전 확인 문제

▶ A기업과 B기업의 자금조달 조건이 다음과 같고 스왑딜러가 1년 LIBOR 간의 통화스왑 매수－
매도호가를 각각 6.1－6.3%로 고시할 때 비교우위를 이용하여 통화스왑으로부터 얻을 수 있는
두 기업의 이익은?

구분	고정금리시장	변동금리시장
A기업	Euro 5.5%	USD LIBOR
B기업	Euro 6.6%	USD LIBOR+0.2%

① A기업 0.2%, B기업 0.1%　　　　　② A기업 0.6%, B기업 0.3%
③ A기업 0.8%, B기업 0.2%　　　　　④ A기업 1.1%, B기업 0.2%

정답해설　A기업은 고정금리시장에서, B기업은 변동금리시장에서 비교우위를 지닌다.

구분	고정금리시장	변동금리시장	스왑		비용 절감
			지급	수취	
A기업	Euro 5.5%	USD LIBOR	USD LIBOR	Euro 6.1%	0.6%
B기업	Euro 6.6%	USD LIBOR+0.2%	Euro 6.3%	USD LIBOR+0.2%	0.3%
차이	1.1%	0.2%	–	–	–

개념 짚어 보기

통화스왑의 이용

• **비교우위에 의한 유리한 조건의 자금차입** : 비교우위에 있는 통화를 차입하고 통화스왑을 통하여 원하는 통화의 차입형태
로 전환함으로써 차입비용을 절감할 수 있다.
• **장기 외화부채의 환리스크 관리** : 만기가 긴 외화부채를 보유하고 있는 경우 일정시점마다 보유 외화부채의 자국통화 환산
이 필요하다. 이때 자국통화가 평가절하되고 외화부채가 평가절상된 경우 환율변화로 인한 평가손실이 불가피해지는데 이
경우 실제 현금흐름을 수반하지는 않지만 기업의 경상거래 손익에 영향을 미치기 때문에 통화스왑을 통하여 원화부채로
전환하면 부채상환 시까지 환율변화로 인한 평가손실의 부담을 줄일 수 있다.
• **자산·부채관리** : 통화스왑을 이용하여 자산, 부채의 환율변동 리스크와 금리위험을 효율적으로 관리할 수 있다.

[개념 확인 문제 정답] ①　　[실전 확인 문제 정답] ②

21 통화스왑의 가격고시

개념 확인 문제

▶ 시장에서는 주로 고정금리부 원화와 변동금리부 외화를 교환하게 되는데 변동금리로는 만기 6개월 LIBOR가 이용된다. 통화스왑시장에서의 (　　　)는 스왑시장 조성은행(market maker)이 고객으로부터 달러화를 받고 원화를 줄 때 받고자 하는 원화고정금리를 의미하며, (　　　)는 스왑시장 조성은행이 원화를 받고 달러화를 줄 때 지급하고자 하는 원화고정금리를 의미한다.

① offer rate, bid rate　　　　　　　　② bid rate, offer rate

실전 확인 문제

▶ 다음과 같이 통화스왑 금리가 고시되었을 때 베이시스 통화스왑 offer와 베이시스 통화스왑 bid 금리는?

기간	KRW/q.a act/365	USD/KRW act/365 s.a.	USD/KRW basis
	금리스왑	통화스왑	베이시스 통화스왑
3년	4.60－4.57	3.95－3.89	

① 0.65－0.68　　　　　　　　　　② －0.65－ －0.68

③ 0.62－0.71　　　　　　　　　　④ －0.62－ －0.71

정답해설　• 베이시스 통화스왑 offer＝통화스왑 offer－금리스왑 bid
　　　　　　　　　＝3.95－4.57
　　　　　　　　　＝－0.62
　　　　　• 베이시스 통화스왑 bid＝통화스왑 bid－금리스왑 offer
　　　　　　　　　＝3.89－4.60
　　　　　　　　　＝－0.71

개념 짚어 보기

통화스왑과 베이시스 통화스왑
통화스왑시장에서는 금리스왑과 같이 변동금리와 교환되는 고정금리의 절대금리를 고시하는 방법과 두 통화의 변동금리의 베이시스 형식으로 고시하는 방법(베이시스 통화스왑)이 있다.
• bid rate : 스왑딜러가 USD의 변동금리를 수취하는 대신 지급(pay)하려는 이종통화의 고정금리
• offer rate : 스왑딜러가 USD의 변동금리를 지급하고 이와 교환하여 수취(receive)하고자 하는 이종통화의 고정금리
통화스왑 베이시스 스프레드가 발생하는 원인
• 각 통화국 은행 등의 달러화 차입시장에서의 신용도 차이로 인해 발생
• 통화스왑 시장에서의 수요와 공급 요인으로 인해 발생

[개념 확인 문제 정답] ①　　[실전 확인 문제 정답] ④

22 스왑가격산정의 기초

개념 확인 문제

▶ 장래의 현금흐름에 대한 현재가치를 구하기 위해서는 주어진 기간에 해당되는 적정 수익률을 이용하여 할인해야 하는데, 시장에서는 특정 만기의 상품만이 거래되고 특정 만기의 수익률만이 고시되기 때문에, 기타의 기간에 대한 금리를 구하기 위해서는 주어진 두 기간의 금리를 이용하여 그 사이의 기간에 대한 금리를 기간 비례에 따라 계산할 수 있는데 이를 (   )이라 한다.

① 보간법   ② 수익률곡선타기전략

실전 확인 문제

▶ 스왑가격산정 시 기초가 되는 개념에 대한 설명으로 옳지 않은 것은?

① 채권은 투자기간에 따라 기대되는 수익률이 다른 수익률의 기간구조를 가지고 있다.

② 할인계수는 순할인채 수익률과는 쉽게 전환될 수 있으며 소수형태의 숫자로 표시된다.

③ 시장에서는 순할인채 수익률이 따로 고시되지 않으므로, 시장에서 고시되는 채권의 만기수익률로부터 순할인채 수익률을 환산하여야 한다.

④ 수익률의 보간법에는 linear, cubic spline, long linear의 여러 방법이 있는데, 사례에 따라 특정한 보간법을 선별하여 사용하여야 한다.

정답해설 어떤 방법을 사용하느냐에 따라 순할인채 수익률과 할인계수 값이 달라진다. 시장에 존재하지 않는 이자율을 추징하는 작업이므로 어느 정도의 이론적인 정확성이 있다고 할 수 있지만, 반드시 특정 보간법이 사용되어야 한다고는 할 수 없다.

개념 짚어 보기

스왑가격의 주요 용어

• 만기수익률(yield to maturity) : 채권의 현재가격과 동채권으로부터 기대되는 미래의 모든 현금흐름의 현재가치를 동일하게 하는 할인율

• 수익률곡선(yield curve) : 각 기간별 수익률을 각 만기에 대응하여 그린 그래프

• 순할인채 수익률(zero coupon rate) : 만기까지 이자지급이 전혀 없는 현금흐름에 대한 수익률

• 할인계수(discount factor) : 미래 특정시점에서 발행하는 현금흐름의 현재가치 → $FV = PV \times (1+r)^t$

• 수익률의 보간법(interpolation) : 스왑에서는 거래되는 각 만기별로 시장정보의 한계가 있기 때문에, 최적의 수익률곡선을 산출하는 데 어려움이 있다. 이러한 상황에서 만기가 존재하지 않는 구간의 스왑을 구하게 되는데, 주어진 두 기간의 금리를 이용하여 그 사이의 기간에 대한 금리를 기간 비례에 의해 계산하는 방법을 보간법이라 한다. 보간법에는 선형보간법, 3차스플라인 보간법, 로그선형보간법 등 여러 가지 방법이 있으나 일반적으로 선형보간법이 많이 사용된다.

[개념 확인 문제 정답] ①   [실전 확인 문제 정답] ④

23 스왑가격의 개념과 산정절차

개념 확인 문제

01 스왑가격산정은 시장에서 거래되는 특정 표준만기의 스왑금리를 바탕으로 (　　　)을/를 구하는 것이다.

　① 시장에서 고시되어 거래되는 스왑금리　　　② 비정형 스왑의 가격

02 스왑가격산정은 '순할인채 수익률과 할인계수 산출 → 스왑거래의 수취하는 현금흐름과 지급하는 현금흐름 파악 → 각 현금흐름 발생일의 할인계수 산정 → (　　　) → 현금흐름의 순현재가치 산정'의 절차로 이루어진다.

　① 각 현금흐름의 현재가치 산정　　　② 보간법을 통한 금리 추론

실전 확인 문제

▶ 스왑가격을 산정하기 위한 사항으로 옳지 않은 것은?

　① 스왑가격산정은 지급 현금흐름과 수취 현금흐름을 현재가치화 하는 작업이다.
　② 수익률곡선, 순할인채 수익률 등은 스왑가격산정과 관련하여 알아야 할 사항이다.
　③ 변동금리 이자의 경우 현금흐름을 구하고 현금흐름이 발생하는 시점의 할인율을 구한다.
　④ 미래의 모든 현금흐름과 모든 시점의 할인율을 구한 후에는, 이를 현재가치화하고 순현재가치를 구하면 된다.

정답해설 현금흐름이 확정되어 있는 경우에는 문제가 되지 않지만, 변동금리 이자와 같이 미확정 현금흐름의 경우에는 미래에 확정될 금리를 추정하는 것이 필요하다. 먼저 기간별 할인율을 알아야만 현금흐름을 추정할 수 있다.

개념 짚어 보기 ◀

스왑가격산정(pricing)
여러 관련 금융시장의 가격을 기초로 작성된 각 만기별 수익률곡선 및 할인계수를 이용하여 교환하고자 하는 두 가지 거래에서 발생할 미래 모든 현금흐름을 확정하고 현재가치로 환산하여 그 순현재가치를 비교하는 과정
• 시장에서 거래되는 스왑금리를 바탕으로 비정형 스왑의 가격을 산정하는 것
• 이미 체결된 스왑거래나 스왑포트폴리오(스왑 book)를 평가하는 것
• 이미 체결된 스왑을 중도에 청산할 경우 그 정산할 금액을 계산하는 것

스왑 평가의 단계(두 현금흐름의 현재가치 비교)
• 현금흐름 유입의 현재가치 계산 : 각각의 현금수입을 순할인채 수익률로 할인
• 현금흐름 유출의 현재가치 계산 : 각각의 현금지출을 순할인채 수익률로 할인
• 현금흐름 유입과 현금흐름 유출의 순현재가치 비교

[**개념 확인 문제** 정답] 01 ②　02 ①　[**실전 확인 문제** 정답] ③

24 원화 구조화스왑

개념 확인 문제

01 inverse FRN은 변동금리지표인 CD금리가 상승하면 (   ) 쿠폰을 지급하고, CD금리가 하락하면 (   ) 쿠폰을 지급하는 형태를 갖는다.

① 낮은, 높은   ② 높은, 낮은

02 구조화스왑은 고정금리와 (   )이 교환되거나 혹은 변동금리와 (   )이 교환되는 (   ) 금리스왑의 일종이다.

① 구조화쿠폰, 구조화쿠폰, 비정형   ② 구조화채권, 구조화채권, 표준형

실전 확인 문제

▶ **구조화채권에 대한 설명으로 옳지 않은 것은?**

① 투자자의 요구사항을 수용하여 맞춤형 상품을 만들 수 있다.

② inverse FRN은 금리시장에 미치는 영향이 callable note보다는 작다.

③ 구조화채권은 시장위험과 신용위험이 혼재되어 있지만 이를 분리할 수 있다.

④ callable note는 가장 간단한 형태의 구조화채권으로 발행자가 만기 이전에 조기상환할 수 있는 채권이다.

정답해설 inverse FRN은 델타헤지에서 거의 2배기 레버리지된 상품으로, inverse FRN의 발행이 금리시장에 미치는 영향은 callable note보다 크다.

개념 짚어 보기

구조화채권(structured notes)

파생금융상품이 내재된 채권 또는 이자 및 만기가 시장금리, 주가지수, 환율 등 특정지표에 연계되어 결정되는 채권으로 연계된 지표가 금리인 경우 금리연계 구조화채권으로 지칭한다. 구조화채권은 투자수단뿐만 아니라 금리스왑의 위험관리 수단으로도 사용된다.

주요 금리연계 구조화채권의 금리조건

구분	금리조건
역변동금리채 (inverse FRN)	고정금리-시장금리 → 시장금리 상승 시 발행자에게 유리
이중지표변동채 (dual FRN)	(장기시장금리-단기시장금리)+고정금리 → 장단기금리차 축소 시 발행자에게 유리
range accrual note	시장금리가 일정 범위 내에 있을 경우 높은 이자를 지급하고 동범위를 벗어나면 낮은 이자를 지급

25 구조화상품

개념 확인 문제

▶ 구조화상품은 (   )에 따라 이색옵션으로 구성되어 있는지 내재된 옵션이 단순한 옵션으로 구성되어 있는지로 구분할 수 있으며, (   )에 따라 구조화채권, ELD, 구조화 파생상품펀드와 같은 구조화 예금 등으로 구분할 수 있다.

① 거래형태, 내재된 파생상품의 유형   ② 내재된 파생상품의 유형, 거래형태

실전 확인 문제

▶ 구조화상품에 관한 내용으로 옳지 않은 것은?

① 구조화상품 자체는 장내에서 거래되는 것이 아니라 양 당사자의 계약에 의해 거래된다.

② 시장위험과 신용위험이 혼재되어 있고 이를 분리할 수 있다.

③ 주식 · 채권 · 금리 · 통화 · 원자재 등의 기초자산에 기반을 두고 선물 · 스왑 · 옵션 등의 각종 파생상품이 결합되어 만들어진 새로운 형태의 금융상품으로, 구조화채권이라고도 한다.

④ 기업 또는 금융기관의 구조화채권 발행단계에서 수요자는 공급자가 설계한 구조화채권을 발행받게 된다.

정답해설 공급자는 구조화채권을 발행하는 기업이나 금융기관, 수요자는 구조화채권을 투자하는 투자자가 해당된다. 채권발행 시 기업 또는 금융기관의 구조화채권 발행단계에서 특정 투자자의 요구사항을 반영하여 구조화채권을 발행하므로 투자자가 원하고 투자자의 요구사항을 수용한 맞춤형 상품을 만들 수 있다.

개념 짚어 보기

구조화상품의 특성
• 시장위험과 신용위험을 동시에 가지지만 분리 가능하다.
• 투자자의 요구사항을 수용한 맞춤형 상품이 가능하다.
• 구조화채권 그 자체로 위험관리수단, 투자자들의 수익률 향상 수단, 발행자의 자금조달 수단, 각종 규제 회피수단으로 활용할 수 있다.

[개념 확인 문제 정답] ② [실전 확인 문제 정답] ④

핵심플러스

OX 문제

01 스왑계약 시 원금이 점차 증가하는 형태의 경우를 accreting swap, 점차 감소하는 형태의 경우를 amortizing swap, 두 가지 형태를 복합적으로 포함하고 있는 경우를 roller-coaster swap이라 한다. (   )

02 스왑금리 또는 스왑가격이라고 하는 변동금리는 스왑거래 시 가장 중요한 변수이다. (   )

03 최소 1년 이상의 장기간의 거래인 스왑거래에서, 스왑금리는 장기 고정금리이기 때문에 만기가 동일한 채권의 수익률을 기준으로 결정된다. (   )

04 유로시장의 신용위험이 증가하면 유로달러 금리와 treasury 금리의 차이가 커지고 이에 따라 스왑 스프레드도 확대된다. (   )

05 장래에 금리상승이 예상되는 경우 투자기관의 금리고정화 수요가 증가하여 스왑 스프레드가 축소되는 경향이 있다. (   )

06 역사적으로 미국 재무부 채권금리가 높은 상태일 경우 장기차입자의 금리 고정화 수요가 증가하여 스왑 스프레드는 확대된다. (   )

07 스왑은 기업 및 금융기관의 금리리스크 노출을 통제하는 수단이기 때문에 기업과 금융기관들이 선호하며, 새로운 스왑을 체결하고자 할 때 유동성이 높기 때문에 스왑딜러를 통하여 원하는 구조의 스왑을 체결하기에 편리하다. (   )

08 스왑 가격산정의 절차는 먼저 각 현금흐름의 현재가치를 구하여 현금흐름의 순 현재가치를 구하고, 수취하는 현금흐름과 지급하는 현금흐름을 파악한 후, 각 현금흐름 발생일의 할인계수를 각각 구하고, 시장 수익률곡선을 이용하여 순할인채 수익률과 할인계수를 구하는 것이다. (   )

해설

02 변동금리는 시장상황에 따라 변동하는 것이므로 스왑거래 시 가장 중요한 변수는 스왑기간 중 지급하거나 수취하게 될 고정금리의 수준이며, 이 고정금리를 스왑금리 또는 스왑가격이라 한다.

05 장래에 금리상승이 예상되는 경우 차입자의 금리고정화 수요가 증가하여 스왑 스프레드가 확대되는 경향이 있으며, 금리하락이 예상되는 경우에 투자기관의 금리고정화 수요가 증가하여 스왑 스프레드가 축소되는 경향이 있다.

06 미국 재무부 채권금리가 고금리 상태일 경우 자금운용기관의 자산스왑이 증가하여 스왑 스프레드는 축소되며, 저금리 상태일 경우 장기차입자의 금리 고정화 수요가 증가하여 스왑 스프레드는 확대된다.

08 스왑 가격산정의 절차는 시장 수익률곡선을 이용하여 순할인채 수익률과 할인계수를 구하고, 수취하는 현금흐름과 지급하는 현금흐름을 파악한 후, 각 현금흐름 발생일의 할인계수를 각각 구하고, 각 현금흐름의 현재가치를 구하여 현금흐름의 순 현재가치를 구하는 것이다.

[정답] 01 ○ 02 × 03 ○ 04 ○ 05 × 06 × 07 ○ 08 ×

핵 심 플 러 스

OX 문제

09 시장리스크를 중립화하는 것을 헤징이라 하며, 시장리스크의 중립화는 거래한 이자율스왑거래의 평가손익과 동일한 방향으로 움직이는 거래를 하면 가능하다. (　　)

10 베이시스 스왑은 선물시장에서의 베이시스 거래를 이용한 스왑으로, 변동금리 채무 간의 교환을 말한다. (　　)

11 수익률곡선이 우하향하는 상황에서는 step－up 스왑을 함으로써 변동금리 지급, 고정금리 수취 스왑계약자의 현금흐름을 조정할 수 있다. (　　)

12 주식, 채권, 금리, 통화, 원자재, 신용 등의 기초자산들에 기반을 두고 선도, 선물, 스왑, 옵션 등의 각종 파생상품이 결합되어 만들어진 새로운 형태의 금융상품을 총칭하여 구조화상품이라 한다. (　　)

13 외환스왑거래는 두 거래당사자가 거래방향은 동일하지만 거래금액이 서로 다른 두 개의 외환거래를 동시에 실행하는 외환거래를 말한다. (　　)

14 국내의 달러/원 통화스왑 시장은 거래상대방에 대한 신용도 차이와 유동성 부족에 의하여 시장의 왜곡현상이 발생하고 장기화되는 것이 가장 기본적인 특징이다. (　　)

15 국내에서 달러 유동성의 유출을 가져오는 수요와, 원화 고정금리 receive 통화스왑의 수요는 동일하다. (　　)

16 KTB index 통화스왑 거래는 국내 은행의 국고채 투자와 원화 고정금리 pay 통화스왑의 재정거래 수요와 기관투자자의 해외투자에 따른 자산스왑 수요가 만나 발생한, 국내 은행이 제공하는 통화스왑의 일종이다. (　　)

17 통화스왑과 외환스왑 거래는 만기 시 교환되는 원금에 대한 적용환율이 같다. (　　)

18 구조화채권은 위험관리수단뿐만 아니라, 투자수단, 자금조달수단으로도 사용된다. (　　)

해설

09 시장리스크를 중립화하려면 거래한 이자율스왑 거래의 평가손익과 반대방향으로 움직이는 거래를 해야 한다.

10 베이시스 스왑은 변동금리와 변동금리를 서로 교환하는 거래를 말한다.

11 수익률곡선이 우하향하는 상황에서는 step－down 스왑을 해야 한다.

13 두 거래당사자가 거래금액은 동일하지만 거래방향이 서로 상반되는 두 개의 외환거래를 동시에 실행하는 외환거래를 외환스왑거래라 한다.

16 KTB index 통화스왑 거래는 외국계 은행의 국고채 투자와 원화 고정금리 pay 통화스왑의 재정거래 수요와 기관투자자의 해외투자에 따른 자산스왑 수요가 만나 발생한, 외국계 은행이 제공하는 통화스왑의 일종이다.

17 외환스왑 거래와 달리 통화스왑 거래의 만기 원금교환은 현물환율(계약초기의 환율)로 이루어진다.

[정답] 09 × 10 × 11 × 12 ○ 13 × 14 ○ 15 ○ 16 × 17 × 18 ○

대표 유형 문제

신용디폴트스왑 프리미엄에 대한 설명으로 옳지 않은 것은?

① 스왑계약의 만기가 길어질수록 비싸다.

② 보장매도자의 신용등급이 높을수록 싸다.

③ 준거자산의 기대 회수율이 높을수록 싸다.

④ 준거자산의 채무불이행확률이 높을수록 비싸다.

정답해설 보장매도자의 신용등급이 높을수록 비싸다. 보장매도자의 신용등급이 높다는 것은 신용위험으로부터 보다 안전함을 의미하므로 수수료가 높을 것이다.

오답해설 준거자산의 신용과 거래상대방(보장매도자) 신용 간의 상관관계가 낮을수록 비싸다. 양자 간에 상관관계가 높으면 준거자산이 채무불이행에 처했을 때 거래상대방도 채무불이행에 처할 가능성이 높기 때문에 보장매입자 입장에서는 CDS를 통해 신용위험을 헤지하려는 목적을 달성할 수가 없게 되기 때문이다.

대표 유형 문제 알아 보기

신용디폴트스왑 거래와 프리미엄

프리미엄은 거래의 만기가 길어질수록, 기초자산의 신용등급이 낮을수록 높아지게 된다. 또한 보장매도자의 신용등급이 높을수록 프리미엄이 높아지게 된다. 예를 들면 신용등급이 A인 기초자산의 신용위험을 전가시키려는 보장매입자의 입장에서는 신용등급이 BB인 보장매도자와 계약을 맺는 것은 큰 의미가 없다. 왜냐하면 보장매도자인 거래상대방이 먼저 채무불이행 상태에 빠지면 계약을 이행할 수 없기 때문이다.

신용디폴트스왑의 거래구조

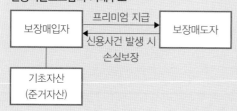

[대표 유형 문제 정답] ②

1 장외파생상품의 이해

개념 확인 문제

01 장내파생상품은 거래소에서 공개경매 또는 전자경매에 의하여 거래를 하며 (   )을 그 대상으로 한다. 장외파생상품은 사적이고 개별적인 흥정에 의해 거래하게 되며 (   )을 그 대상으로 한다.

① 선도 · 선물, 선물 · 스왑　　　　　　　② 선물 · 옵션, 선도 · 옵션 · 스왑

02 (   )은 반대거래로 포지션의 청산이 용이한 반면, (   )은 포지션을 청산하는 데 많은 비용이 든다.

① 장내파생상품, 장외파생상품　　　　　　② 장외파생상품, 장내파생상품

실전 확인 문제

▶ 장외파생상품에 대한 설명으로 옳지 않은 것은?

① 전체 장외파생상품시장에서 스왑의 비중이 가장 크다.

② 장소의 제약이 없고, 거래에 관한 강제적인 규정이 없다.

③ 거래상대방을 서로 모르며, 가격형성이 비교적 불투명하다.

④ 거래자들의 다양한 욕구를 충족시켜 장내파생상품보다 훨씬 광범위하게 사용되고 있다.

정답해설 장외파생상품은 사적이고 개별적인 흥정에 의한 거래이므로 거래상대방을 반드시 알아야 한다.

개념 짚어 보기

장외파생상품(OTC derivatives)

거래소 밖에서 거래당사자 사이에 자유롭게 체결되는 파생상품을 장외파생상품이라고 하며 장외파생상품시장에서는 표준화된 계약이 아닌 양 거래당사자의 필요에 적합한 다양한 상품을 맞춤식으로 거래할 수 있으나, 거래상대방이 계약을 이행하지 않아 예기치 않은 손실을 입는 경우가 발생하기도 하기 때문에 위험관리가 필요하다.

파생금융상품 장내거래와 장외거래 비교

구분	장내거래	장외거래
거래조건	거래단위, 결제조건 등이 표준화	거래당사자가 협의하여 결정
거래장소	거래소	대부분 딜러나 브로커를 통해 전화 등으로 계약 체결
거래참가자	거래소 회원만 거래, 기타 참가자는 회원의 중개로 거래	제한 없음
계약상대방	거래소	상대편 거래당사자
결제	일일정산하며 대부분 만기 전 반대거래를 통해 차액만 정산	대부분 만기에 현물을 인수도
증거금	거래소에 증거금 예치	딜러나 브로커가 고객별 신용한도를 설정하거나 담보금 예치를 요구

2 장외파생상품의 경제적 기능

개념 확인 문제

01 장외파생상품의 경제적 기능으로는 위험관리수단, 새로운 투자수단, 자금조달수단, (   ) 등을 들 수 있다.

① 신 금융상품의 제공   ② 가격예시

02 장외파생상품은 상품 자체로 (   )수단이 될 수 있어 고객의 욕구에 맞는 맞춤형 상품을 제공할 수 있으며, 금리상승이 예상될 경우 이자율스왑을 체결하면 이익을 얻을 수 있다.

① 위험관리   ② 투자

실전 확인 문제

▶ 장외파생상품의 경제적 기능으로 볼 수 없는 것은?

① 고객맞춤형 위험–손익 구조를 갖는 상품을 설계하여 제공할 수 있다.
② 일반기업 및 금융기관들의 개별수요에 적합한 효율적 투자상품으로 활용될 수 있다.
③ 장외파생상품은 장내파생상품과는 상이한 위험관리 구조로 불완전한 헤지 수단이다.
④ 채권의 옵션 등의 조건을 첨가하여 자금공여자의 필요를 충족시킬 수 있는 상품제공이 가능하다.

정답해설 장외파생상품을 통한 위험관리는 장내파생상품과 동일한 경제적 기능을 가지고 있다. 장내파생상품의 경우 불완전한 헤지를 할 수밖에 없지만, 장외파생상품을 이용하면 투자자의 투자기간과 원하는 헤지규모에 의해 보유 기초자산의 가격변동리스크를 정확히 헤지할 수 있는 상품 제공이 가능해진다.

개념 짚어 보기

장외파생상품의 경제적 기능

• **자금조달수단** : 장외파생상품은 주로 채권발행에 내재되어 거래되고 채권투자자는 장외파생상품을 활용하여 좋은 조건에 자금조달이 가능하다.
• **새로운 투자수단** : 장외파생상품은 하나의 투자상품으로서 기능할 수 있다. 주식에 직접 투자하지 않더라도, 주식의 수익률을 수취하고 자금조달비용에 해당하는 금리를 거래상대방에게 지불하는 스왑계약을 맺는다면 그와 동일한 손익 효과를 얻는다.
• **위험관리수단** : 기초자산의 가격변동위험을 헤지할 수 있는 상품 제공이 가능해지고, 투자자는 자신의 위험도에 따라 손실과 투자수익률을 제어할 수 있다.
• **고객 투자성향에 적합한 금융상품 제공** : 장외파생상품은 기업이나 각 금융기관의 특성에 적합한 맞춤형 금융상품을 제공하는 것이 가능하다.

[**개념 확인 문제 정답**] 01 ① 02 ② [**실전 확인 문제 정답**] ③

3 장외파생상품의 거래위험

개념 확인 문제

▶ 외환거래나 스왑거래는 교환을 전제로 하며, 거래일방 중 한쪽이 지급을 하지 않았을 때 지급액 전체에 대한 위험이 존재하는데 이를 (   )이라 한다.

① 신용위험   ② 결제위험

실전 확인 문제

▶ 장외파생상품의 거래위험에 대한 설명으로 옳지 않은 것은?

① 유동성위험은 시장유동성위험과 자금조달유동성위험으로 구분할 수 있다.
② 시장위험이란 가격변동성과는 무관한 금리, 주가, 환율 등 기초자산의 불리한 변화로 인한 손실을 말한다.
③ 장외파생상품과 관련한 위험은 일반적으로 시장위험, 신용위험, 결제위험, 유동성위험, 운영위험, 법률위험의 6가지로 분류된다.
④ 법률위험이란 거래상대방이 거래를 할 수 있는 법적인 또는 규제상의 자격이나 지위가 없어 거래 자체가 원천적으로 무효화됨에 따라 발생하는 위험이다.

정답해설 시장위험이란 가격변동성을 의미하며, 금리, 주가, 환율 등 기초자산의 불리한 변화로 손실을 초래할 위험을 말한다.

개념 짚어 보기

장외파생상품의 거래위험
- **시장위험** : 기초자산가격의 불리한 변화로 인하여 손실을 초래할 수 있는 위험을 말한다(가격변동위험).
- **유동성위험** : 계약에 의해 지급기일에 지급할 수 있는 현금성 자산을 확보하지 못하여 부도에 이를 수 있는 위험이다. 시장에서 거래량이 부족하여 정상적인 가격으로 거래할 수 없는 시장유동성위험과 비정상적인 시장상황의 변동으로 자금을 적기에 확보할 수 없거나 자금확보에 불필요한 비용이 발생할 수 있는 자금조달유동성위험이 있다.
- **신용위험** : 거래상대방 또는 채권의 발행기관이 신용도 하락이나 경영난에 처하거나 또는 그에 상응하는 상황에 직면하여 계약상의 의무를 이행할 수 없거나 고의적으로 의무를 이행하지 않을 경우 금액의 손실을 입을 수 있는 위험을 말한다.
- **결제위험** : 어느 한쪽의 거래상대가 지급하지 않았을 때 지급액 전체에 대한 위험이 존재하는 것을 말한다.
- **운영위험** : 자금운용 과정에서 나타날 수 있는 내부적인 위험으로, 부적절한 관리시스템, 시스템 마비 또는 중단, 시장과 괴리된 모형의 이용, 자금이체의 지연, 직원의 각종 실수, 거액자금의 방치, 고의적 사기, 회계처리방식의 오류, 각종 범죄행위와 연계 등이 있다.
- **법률위험** : 거래상대방의 법적인 자격과 지위가 보장되지 않음으로써 발생할 수 있는 위험으로, 계약서류를 제대로 점검하지 않아 일방적으로 불리한 계약을 체결하여 특정사안이 발생할 경우 보호받을 수 없는 위험(대고객 위험고지의무 불이행 등)을 의미한다.

[**개념 확인 문제 정답**] ②   [**실전 확인 문제 정답**] ②

4 장외파생상품과 금융공학

개념 확인 문제

▶ (   )은 일반적으로 새로운 금융상품 또는 그 취급절차를 창조하거나 기존의 금융상품 또는 그 취급절차를 혁신하는 것을 말한다.

① 금융공학   ② 빌딩 블록

실전 확인 문제

▶ 금융공학을 이용하여 새로운 파생상품을 개발하는 데 사용될 수 있는 기본적인 세 가지 블록에 해당하는 것은?

① 선물계약, 옵션, 스왑
② 선도계약, 옵션, 스왑
③ 선물계약, 옵션, 스왑션
④ 주가지수선물, 주가지수옵션, 이자율스왑

정답해설 금융공학을 빌딩 블록의 개념으로 보아 금융공학을 particle finance라고 하는데, 빌딩 블록은 기본이 되는 블록의 성격에 따라 선도계약 형태의 블록, 옵션 형태의 블록, 스왑 형태의 블록으로 구분할 수 있다.

개념 짚어 보기

금융공학(financial engineering)

• 배경 : 금융공학이란 사전적으로 수학적·공학적 분석도구를 이용하여 금융시장을 분석하는 것이다. 금융공학의 효시는 1970년대 초 Fischer Black과 Myron Scholes가 파생금융상품의 가치를 계산하는 블랙 & 숄즈 방정식을 발견한 때부터라 할 수 있다. 이후 이 논문은 주요 금융시장에서 이를 활용한 옵션의 가치평가가 이루어질 정도로 파급 효과가 컸으며 노벨상의 영광을 안겨 주었다. 이에 따라 많은 수학자와 물리학자들은 금융계로 진출하였고 금융상품에 대한 정교한 수학적 분석이 점차 확산되었다.

• 정의 : 금융수단의 결합과 분해 혹은 변형과 같은 작업을 하기 위하여 공학적인 개념과 접근법으로 금융상품을 분석하는 것. 즉 장외파생상품의 설계, 가격의 결정, 헤지방법의 개발 등을 연구하는 분야로 비표준적인 현금의 흐름을 갖는 금융상품을 만들어내는 과정으로 정의된다.

파생상품의 빌딩 블록(building block)

금융공학은 파생상품의 세 가지 블록을 이용하여 마치 건물의 블록을 쌓아가듯 고객의 니즈(needs)에 맞게 금리·수수료·부가서비스 등을 자유롭게 조합하여 새로운 상품을 만드는 데 활용된다.

• **선도계약 형태** : 미래의 가격을 고정시키는 역할을 해주는 파생상품
• **옵션 형태** : 미래 특정 시점에 금융상품을 특정 가격에 사거나 파는 권리를 매매하는 계약
• **스왑 형태** : 향후 발생하는 일정한 현금흐름을 상호 교환하는 계약

[**개념 확인 문제 정답**] ①   [**실전 확인 문제 정답**] ②

5 장외옵션 – 경로의존형 옵션(1)

개념 확인 문제

▶ 경로의존형 옵션(path dependent option)은 기초자산의 가격이 옵션계약기간 동안 어떤 가격경로를 통해 움직여왔는지에 따라 (   )이 결정되는 옵션이다.

① 행사가격 ② 만기 시 결제금액

실전 확인 문제

▶ 장애옵션(barrier option)에 대한 설명으로 옳지 않은 것은?

① 장애옵션은 경로의존형 옵션에 속한다.
② 장애옵션의 프리미엄은 표준옵션보다 저렴하다.
③ 촉발가격이 계약 시의 기초자산가격과 같아질 경우 옵션은 무효가 된다.
④ 표준옵션＝녹아웃옵션＋녹인옵션 등식이 성립하므로 녹아웃옵션과 녹인옵션의 가격을 둘다 계산할 필요가 없다.

정답해설 촉발가격이 계약시의 기초자산가격보다 높을 때, 즉 기초자산가격이 이 촉발가격 이상으로 오르면 옵션은 무효가 된다(up－and－out). 또는 촉발가격이 계약시의 기초자산가격보다 낮을 때, 즉 기초자산가격이 촉발가격 이하로 하락하면 옵션은 무효가 된다(down－and－out).

개념 짚어 보기

장애옵션(경계옵션)
• 개념 : 옵션계약의 행사가격, 만기일 조합에 대한 변형 이외에도 옵션계약기간 동안 기초자산가격이 일정한 가격에 도달한 적이 있을 경우에는 옵션이 소멸되거나 혹은 비로소 옵션이 발효되는 옵션이다.
• 촉발가격 : 옵션계약 시 지정되는 일정한 가격으로 장애옵션은 기초자산가격이 촉발가격을 건드리면 옵션이 소멸되는 녹아웃옵션(knock－out option)과 촉발가격을 건드리면 옵션이 발효되는 녹인옵션(knock－in option)의 두 가지가 있다.

촉발가격설정에 따른 장애옵션 구분
• 부분장애옵션 : 옵션계약기간을 몇 개의 소구간으로 나누어 장애를 차별적으로 적용한다. 예를 들어 옵션계약기간은 1개월로 하고, 처음 2주 동안만 장애옵션의 조건을 적용하고 그 외에는 적용하지 않는 옵션이다.
• 외부장애옵션 : 장애옵션 중에서 촉발의 조건을 대상자산이 아닌 다른 것으로 정해 놓은 경우이다. 예를 들면 금리가 5% 이상이 되면 통화옵션이 무효화되는 것처럼 통화옵션에 대하여 환율이 아닌 금리에 대한 촉발가격을 설정하는 것이다.
• 다중장애옵션 : 촉발가격을 여러 개 지정하는 것으로, 예를 들어 NIKKEI225지수가 상하위 촉발가격을 건드리면 유효 또는 무효가 되도록 장애를 설정하는 것이다.
• 곡률경계옵션 : 촉발가격을 일정한 수준으로 정하지 않고 촉발가격 수준을 시간과 대상물가격의 함수가 되도록 하는 것이다.

[**개념 확인 문제** 정답] ②   [**실전 확인 문제** 정답] ③

6 장외옵션 – 경로의존형 옵션(2)

개념 확인 문제

▶ (   )는 일정기간 동안의 기초자산가격을 평균하여 활용한다는 측면에서는 평균환율과 유사하지만, 이 평균가격이 행사가격으로 설정되어 옵션의 이득이 만기일의 행사가격과 자산가격의 차이로 결정되는 것이 아니라 옵션기간 동안의 평균가격과 행사가격의 차이에 의하여 결정되는 것을 말한다.

① 아시안옵션   ② 래칫옵션

실전 확인 문제

▶ 일정기간 동안 환율의 최댓값을 기준으로 수익구조를 결정하는 옵션은?

① 룩백옵션   ② 샤우트옵션
③ 아시안옵션   ④ 클리켓옵션

정답해설 룩백옵션은 보유자에게 옵션계약기간 동안 유리한 기초자산가격을 행사가격으로 사용할 수 있도록 하는 경로의존형 옵션이다.

개념 짚어 보기

평균옵션(average option)
옵션의 행사가격이 특정시점이 아닌 일정기간 동안의 기초자산의 산술 또는 기하평균으로 결정되는 옵션으로, 아시안옵션, 평균가격옵션이라고도 한다. 룩백옵션과 마찬가지로 행사가격이 사후에 결정된다는 점에서 유럽식 옵션의 성격을 띠고 있다.
• 평균을 산출하는 기간은 일 또는 월 단위로 자유롭게 정할 수 있으며 그 기간이 반드시 만기일과 일치할 필요가 없다.
• fixed strike 옵션 : 옵션가격이 실현된 평균가격과 계약체결 시 정해진 행사가액과의 차액 또는 0 중에서 큰 금액으로 결정한다.
• float rate 옵션 : 만기 시의 현물가격과 평균가격과의 차액 또는 0 중에서 큰 금액으로 결정되며, 평균이라는 개념이 기초자산의 가격변동성을 완충시키는 작용을 하기 때문에 전통적인 옵션에 비하여 비용이 저렴하다는 것이 장점이다.

룩백옵션(lookback option)
보유자에게 옵션계약기간 동안 가장 유리한 기초자산가격을 행사가격으로 선택할 수 있도록 하는 경로의존형 옵션이다. 래더옵션과 유사하나 미리 행사가격이 정해지지 않는다.
• 콜옵션의 경우 보유자는 만기일 이전에 실현된 기초자산의 가격 중 가장 낮은 가격으로 매입할 수 있으며, 풋옵션의 경우에는 옵션기간 중 실현된 가장 높은 가격으로 매도할 수 있다.
• 가격이 비싼 것이 단점이지만 미국식 옵션의 경우 발생할 수 있는 행사오류와 유럽식 옵션의 경우 만기에만 권리를 행사함으로써 발생할 수 있는 최적유동성의 실현 불가능성을 만회할 수 있다.

[**개념 확인 문제** 정답] ①   [**실전 확인 문제** 정답] ①

7 장외옵션 – 경로의존형 옵션(3)

개념 확인 문제

01 ( )에서는 행사가격이 사전에 정해진 기간마다 재확정되고, 래더옵션에서는 사전에 정해진 래더를 뚫으면서 재확정된다. 이에 비하여 ( )은 아무 때나 옵션보유자가 가장 유리하다고 생각되는 시점에 선언함으로써 행사가격이 변경되고 정산도 이루어진다.

① 룩백옵션, 클리켓옵션 ② 클리켓옵션, 샤우트옵션

02 초기 행사가격이 50인 샤우트 콜옵션이 있다고 가정한다. 만약 5일째 기초자산이 53일 때 샤우트하고, 만기에 기초자산가격이 58까지 올랐다면 총 수익은 ( )이다.

① 5 ② 8

실전 확인 문제

▶ 만기가 8일이고 행사가격이 121인 샤우트 콜옵션의 보유자가 5일째 샤우트를 한다면 만기수익은? (기초자산가격 : 5일째 125, 8일째 121)

① 0 ② 1
③ 4 ④ 8

정답해설 샤우트 콜옵션 현재의 이익은 125 − 121 = 4로 확정되고, 만기인 8일째는 외가격이므로 수익이 없다.

개념 짚어 보기

래더옵션(ladder option)
• 룩백옵션과 비슷하지만 미리 설정한 일련의 가격수준에 어디까지 도달했는가를 행사가격으로 하여 수익구조가 결정되는 옵션
• 수정래더(미리 정해진 행사가격) : 콜옵션(도달한 래더값 중 가장 높은값 − 행사가만큼 수익)
• 스탭록래더(다중래더 수준에서 가격변동 시마다 행사가 변경 − 오르락 내리락이 가장 이익)

클리켓옵션(cliquet option)
초기에 정해둔 행사가격이 있지만, 일정시점이 되면 그 시점의 시장가격이 새로운 행사가격이 되도록 하는 옵션
• 행사가격이 재확정될 때마다 그 시점에서의 옵션의 내재가치가 실현된 것으로 하여 차액지급이 보장됨
• 기초자산가격이 하락했다가 상승할 때 유리

샤우트옵션(shout option)
옵션의 보유자가 기초자산가격의 움직임을 관찰하다가 가장 유리한 가격에 도달했을 때, 그 가격을 새로운 행사가격이라고 선언하여 행사가격을 결정함

[개념 확인 문제 정답] 01 ② 02 ② **[실전 확인 문제 정답]** ③

8 장외옵션 – 첨점수익구조형 옵션

개념 확인 문제

01 (   )은 만기시점에서 기초자산가격의 내가격 여부를 판별하는 것이 아니라 만기까지 한 번이라도 내가격 상태였으면 약정한 금액을 지급하는 옵션이다.

① 디지털배리어옵션   ② 후불옵션

02 (   )은 옵션이 내가격으로 끝났을 때에만 프리미엄을 지불하는 것으로 조건부 프리미엄옵션(contingent premium option)이라고도 불린다.

① 디지털옵션   ② 후불옵션

실전 확인 문제

▶ 첨점수익구조형 옵션에 대한 설명으로 옳지 않은 것은?

① 후불옵션의 프리미엄은 후불이므로 만기 시 결정된다.
② 후불옵션의 매수자는 옵션이 내가격으로 끝났을 때에만 프리미엄을 지불한다.
③ 디지털배리어옵션은 만기까지 한번이라도 내가격 상태였으면 약정한 금액을 지급한다.
④ 디지털옵션의 손익구조는 옵션이 만기일에 내가격 상태이면 약정한 금액을 지급하고 그렇지 않으면 0이 된다.

정답해설 후불옵션의 프리미엄은 지급이 후불일 뿐, 프리미엄의 설성은 계약제결 시 이루어진다.

개념 짚어 보기

첨점수익구조형 옵션(singular payoff option)
옵션의 수익구조에 일정한 불연속점(점프)이 나타난다.
• **후불옵션(pay later option)** : 조건부 프리미엄 옵션(contingent premium options)이라고도 하며 옵션행사시만 프리미엄을 지불한다. 옵션매수자는 옵션이 내가격으로 끝났을 때에만 프리미엄을 지불하며 프리미엄보다 내재가치가 적더라도 반드시 행사해야 하고, 프리미엄만큼의 내재가치가 만들어질 때까지 첨점수익이 발생한다.
• **디지털옵션(digital or binary option)** : 손익구조는 옵션이 만기일에 내가격 상태이면 사전에 약정한 금액만큼 지급하고 그렇지 않으면 0이 된다. 만기일에 얼마만큼 내가격 상태에 있는가는 의미가 없고, 내가격 상태의 여부만이 중요하다.
• **디지털배리어옵션(digital barrier option)** : 디지털옵션에 장애옵션이 내재되어 있는 원터치옵션으로, 만기까지 한 번이라도 내가격 상태였으면 약정한 금액을 지급하는 방식이다. 약정한 금액을 내가격 상태가 되는 즉시 지급하는 방식과 만기에 지급하는 방식으로 나뉜다.

9 장외옵션 – 시간의존형 옵션

개념 확인 문제

01 (   )은 미국식 옵션과 유럽식 옵션의 중간형태로 특정 일자 중에서 한번만 행사가 가능하다.

① 버뮤다옵션 　　　　　　　　　　　　　② 스탭록래더옵션

02 (   )은 만기일에 기초자산이 얼마가 되든지 기초자산과 행사가격이 같은 등가격옵션을 받게 된다.

① 디지털옵션 　　　　　　　　　　　　　② 행사가격결정유예옵션

실전 확인 문제

▶ **시간의존형 옵션에 대한 설명으로 옳지 않은 것은?**

① 시간에 민감하거나 종속적인 옵션을 말한다.

② 행사가격결정유예옵션은 미리 특정시점에서 당일 기초자산가격과 같도록 행사가격이 설정된 옵션을 말한다.

③ 선택옵션은 만기일 이전 미래의 특정시점에서 콜 · 풋옵션 여부를 선택할 수 있는 권리를 가진 옵션을 말한다.

④ 미리 정한 특정일자 중에서 한 번만 권리행사가 가능한 경우를 버뮤다옵션이라 하며 미국식 옵션이라고도 한다.

정답해설　버뮤다옵션은 미국식 옵션과 유럽식 옵션의 혼합형이라고 할 수 있다.

개념 짚어 보기

시간의존형 옵션(time dependent option)

시간에 종속적인 옵션으로서, 미국식 · 유럽식 이외의 구분을 말한다.

• **버뮤다옵션(bermuda option)** : 옵션의 잔존만기 중에서 미리 정한 특정 날짜 중 한 번 권리행사가 가능한 옵션으로 만기일에만 권리행사가 가능한 유럽식 옵션과 만기일 이전에도 언제든지 권리행사가 가능한 미국식 옵션을 절충한 옵션이다.

• **선택옵션(chooser option)** : 옵션매수자가 만기일 전 어느 시점에서 옵션을 콜옵션으로 할 것인지 아니면 풋옵션으로 할 것인지를 선택할 수 있는 옵션으로 스트래들과 비슷한 면이 많으나 비용면에서 유리함을 지닌다.

• **행사가격결정유예옵션(delayed option)** : 옵션매수자가 미래 특정시점에서 당일의 기초자산가격과 같도록 행사가격이 설정된 또 다른 옵션을 취득하는 권리를 갖게 되는 옵션으로, 미래시점에서 옵션이 꼭 매수 가능하다고 볼 수 없는 경우에 사용한다. 매수자는 만기일에 기초자산이 얼마가 되든지 그 기초자산과 행사가격이 같게 매긴 등가격옵션을 갖게 된다.

10 장외옵션 – 다중변수의존형 옵션

개념 확인 문제

▶ 다중변수의존형 옵션은 두 개 이상 기초자산의 가격변동과 (   )에 따라 결정되는 파생상품이다.

① 수익구조   ② 가격의 상관관계

실전 확인 문제

▶ 수출업자가 달러나 위안, 유로에 대하여 원화의 가치가 상승하는 것을 피하고자 달러화나 위안화, 유로화에 대한 각각의 풋옵션을 매입하였다. 이와 다른 또 하나의 방법이 될 수 있는 것은?

① 세 통화로 구성된 피라미드옵션을 매입한다.

② 세 통화로 구성된 포트폴리오옵션을 매입한다.

③ 세 통화로 구성된 바스켓에 대한 옵션을 매입한다.

④ 세 통화를 기초자산으로 한 레인보우옵션을 매입한다.

정답해설 다른 하나는 달러, 위안화, 유로화로 구성된 바스켓에 대한 옵션을 매입하는 것이다. 이 세 통화가 완전한 상관관계를 가지지 않는 한, 바스켓가치의 변동성은 개별통화에 대한 변동성보다 작을 것이므로 바스켓옵션은 각각의 통화에 대한 개별옵션가치의 합계보다는 저렴하다.

개념 짚어 보기

다중변수의존형옵션(multi-factor dependent option)
- **레인보우옵션(rainbow option)** : 둘 또는 그 이상의 기초자산 중 실적이 가장 좋은 것의 손익구조에 따라 가치가 결정된다. 같은 종류의 기초자산을 여럿 포함하고 있는데, 이때 여러 개의 주가지수 중 가장 좋은 실적을 매입자가 취하게 된다.
- **스프레드옵션(spread opion)** : 두 기초자산가격 차이에 의해 수익이 결정되며, 자산의 가격수준이 아니라 기초자산가격의 차이가 옵션의 기초자산이 된다.
- **피라미드옵션(pyramid option)** : 각 기초자산의 가치와 해당 행사가격 간의 차이의 절댓값을 더한 값과 특정 행사가격 간의 차이를 구하여 계산한다. 기초자산가격이 떨어지거나 올라 각각의 주식에 대해 미리 정한 행사가격으로부터 멀어질수록 수익의 크기는 커진다.
- **콴토옵션(quanto option)** : 수량조절옵션(quantity adjusted options)의 약어로, 수익은 하나의 기초자산가격에 의해서 결정되지만 위험에 노출된 정도나 크기는 다른 자산의 가격에 의해서 결정된다. 어느 한 통화로 표시된 기초자산에 대한 옵션의 수익이 다른 통화로 표시되는 경우가 많다.
- **바스켓옵션(basket option)** : 레인보우옵션의 한 변형으로 특정한 자산들로 구성된 그룹의 총가치에 근거하여 수익이 계산되는 옵션이다. 포트폴리오이론을 응용한 것으로 주로 외환시장에서 많이 사용되며 기준통화에 대하여 여러 통화로 구성된 통화의 묶음을 대상물로 한 옵션이다.

[**개념 확인 문제 정답**] ②   [**실전 확인 문제 정답**] ③

11 장외옵션 – 레버리지형 옵션과 중첩옵션

개념 확인 문제

01 (　　　)은 옵션의 기초자산이 또 하나의 옵션으로 기능하는 옵션으로 콜옵션을 기초자산으로 한다.

① 중첩옵션　　　　　　　　　　　② 다중행사가격옵션

02 레버리지형 옵션은 옵션의 손익구조에 (　　　) 또는 제곱 형태의 지급식이 포함되어 있는 구조로 승수형과 인버스플로터 등으로 구분할 수 있다.

① 더하기　　　　　　　　　　　　② 곱하기

실전 확인 문제

▶ 중첩옵션에 대한 설명으로 옳지 않은 것은?

① 중첩옵션은 두 개의 만기와 행사가격이 존재한다.
② 중첩옵션은 기초옵션을 직접 매입하는 것보다 비용부담이 크다.
③ 중첩옵션의 기초자산은 기초옵션이라 불리는 다른 옵션이다.
④ 중첩옵션은 콜옵션에 대한 콜옵션, 풋옵션에 대한 콜옵션, 콜옵션에 대한 풋옵션, 풋옵션에 대한 풋옵션의 형태를 갖는다.

정답해설　중첩옵션은 기초옵션을 직접 매입하는 것보다 비용이 적게 든다.

개념 짚어 보기

레버리지형 옵션
- 승수형
  - 곱하기 형태 : 상수를 곱한 값이 기초자산의 자리에 대입되는 경우
  - 제곱 형태 : 기초자산가격의 제곱에 해당하는 수치가 기초자산의 자리에 대입되는 경우
- 인버스플로터
  - 수익구조가 기초자산가격 변화와 역으로 작용함
  - 금리하락 시 고정금리의 가치는 매우 커지는데 인버스플로터의 경우 금리하락 시 쿠폰이 오히려 커지게 되고, 금리하락 시 금리를 더 지급하여 그 가치가 고정금리채권보다 훨씬 커지게 됨

중첩옵션
- 보유자에게 기초옵션의 매입 권리 부여 : 콜옵션에 대한 콜옵션, 풋옵션에 대한 콜옵션
- 보유자에게 기초옵션의 매도 권리 부여 : 콜옵션에 대한 풋옵션, 풋옵션에 대한 풋옵션

[**개념 확인 문제 정답**] 01 ①　02 ②　[**실전 확인 문제 정답**] ②

12 선물환(Fx forward)

개념 확인 문제

▶ 외화를 대가로 수출하는 기업인 경우 외화선물환 (   )를 통하여 환위험을 헤지할 수 있으며, 반대로 외화를 대가로 수입하는 기업인 경우 외화선물환 (   )를 통하여 환위험의 헤지가 가능하다.

① 매도거래, 매입거래　　　　　　　　　　② 매입거래, 매도거래

실전 확인 문제

▶ 선물환을 이용한 기업의 환위험 관리에 대한 설명으로 옳지 않은 것은?

① 수출하는 기업은 외환선물환 매도거래를 통해 환위험을 헤지할 수 있다.
② 선물환을 이용하여 외환의 수취시점과 지급시점의 불일치를 해소할 수 있다.
③ 기업의 사업계획을 수립하고 수익성을 분석하는 지표환율로 활용할 수 있다.
④ 현물환 결제일 이후의 특정일에 미리 정한 환율로 외환거래를 하기로 약정하는 계약이다.

정답해설　외환의 수취, 지급시점의 불일치 해소는 외환스왑(FX swap)을 이용한다.

개념 짚어 보기

선물환거래

계약일로부터 일정기간(통상 2영업일) 경과 후 미래의 특정일에 외환의 인수도와 결제가 이루어지는 거래를 말한다. 현재시점에서 약정한 가격으로 미래시점에 결제하게 되므로 선물환계약을 체결하면 약정된 결제일까지 매매 쌍방의 결제가 이연된다는 점에서 현물환거래와 구별된다.

선물환거래의 구분

• 단순선물환(outright forward)거래 : 일방적인 선물환 매입 또는 매도거래만 발생하는 거래
　– 일반선물환거래 : 만기시점에 실물의 인수도가 일어나는 거래 → 만기 시 당초 약정한 환율에 따라 특정 통화를 인도 또는 인수
　– 차액결제선물환거래(NDF : Non Deliverable Forward) : 만기시점에 실물의 인수도 없이 차액만을 정산하는 거래
• 외환스왑(swap forward)거래 : 선물환거래가 스왑거래의 일부분으로서 일어나는 거래

선물환의 거래동기

• 환위험 관리 : 주로 수출입 기업들이 경상거래에 따른 환위험을 헤지하기 위하여 이용한다. 장래 결제일에 적용할 환율을 거래 당일에 확정시킴으로써 유리한 환율변동으로 인한 기회이익을 포기하는 대신 불리한 환율변동으로부터 초래될 환위험을 회피하기 위한 것이다.
• 금리차익 획득 : 선물환율의 스왑레이트가 양 통화 간 금리차이와 괴리될 경우 금리차익거래를 통해 환위험 없이 이익을 획득할 수 있다.
• 투기적 목적 : 장래 환율에 대한 예측을 바탕으로 환율이 상승할 것으로 예상될 경우 선물환 매입계약을 체결한 후 만기시점에 예상대로 환율이 상승하면 현물환시장에서 더 높은 가격으로 매도함으로써 거래차익을 획득한다. 반대로 환율이 하락할 것으로 예상될 경우 선물환 매도계약을 체결한 후 만기시점에 예상대로 환율이 하락하면 현물환시장에서 더 낮은 가격으로 매입함으로써 거래차익을 얻을 수 있다. 단, 예상대로 환율이 상승하지 않고 하락할 경우에는 손실을 입을 수도 있다.

[**개념 확인 문제** 정답] ①　　[**실전 확인 문제** 정답] ②

13 외환스왑(Fx swap)

개념 확인 문제

▶ 외환스왑거래는 주로 (   )조달 및 환위험 헤지수단으로 이용되며, 스왑기간 중 해당통화에 대하여 이자를 교환하지 않고 만기시점에 양 통화 간 금리차이를 반영한 환율(계약시점의 선물환율)로 원금을 재교환한다.

① 2년 이상의 장기자금　　　　　　　　② 1년 이하의 단기자금

실전 확인 문제

▶ 외환스왑(Fx swap)에 대한 설명으로 옳지 않은 것은?

① 스왑기간이 장기이고 주기적으로 이자교환이 발생한다.
② 기업은 외환스왑거래를 통해 만기도래하는 선물환거래의 만기일을 조정할 수 있다.
③ 현물환 거래에 해당하는 초기 원금교환과 선물환거래에 해당하는 만기원금교환이 발생한다.
④ 동일한 거래상대방과 동일 금액의 두 외환거래를 거래방향을 반대로 하여 체결하는 한 쌍의 외환거래이다.

정답해설　외환스왑은 주로 만기가 단기이며 외환시장에서 주로 이용된다. 통화스왑은 스왑기간이 장기이고 주기적으로 이자교환이 발생한다는 점에서 외환스왑과는 구별된다.

개념 짚어 보기

외환스왑거래

거래 쌍방이 현재의 환율에 따라 서로 다른 통화를 교환하고 일정기간 후 최초 계약시점에서 정한 선물환율에 따라 원금을 재교환하는 거래를 말한다. 즉 외환스왑거래는 동일한 거래상대방이 현물환과 선물환(spot-forward swap) 또는 만기가 서로 다른 선물환과 선물환(forward-forward swap) 등을 서로 반대방향으로 동시에 매매하는 거래이다. 외환스왑거래에 있어 매입 · 매도는 원일물(far date)거래를 기준으로 구분되는데, 예를 들면 외환스왑 매입은 근일물을 매도하고 원일물을 매입하는 sell & buy swap 거래를 말한다. 반대로 외환스왑 매도는 근일물을 매입하고 원일물을 매도하는 buy & sell swap 거래를 의미한다.

외환스왑거래의 과정 사례

A은행이 B은행과 현물환율 1,200원, 1개월 선물환율 1,203원에 1백만 달러를 sell & buy의 외환스왑거래를 체결하였다.

• 거래시점에 A은행은 B은행에 1백만 달러를 지급하는 대가로 12억 원(1,200원×1,000,000달러)을 수취
• 만기시점에 A은행은 B은행으로부터 1백만 달러를 돌려 받고 원화 12억 3백만 원(1,203×1,000,000달러)을 상환함으로써 거래 종결
• 결과 : A은행은 단기적으로 부족한 원화유동성 확보, B은행은 외화유동성을 각각 확보 가능

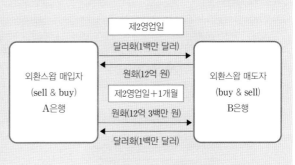

14 통화옵션(Fx option)

개념 확인 문제

▶ 통화옵션거래에서 (   )는 기초자산가격(현물환율)이 행사가격을 상회하면 권리를 행사하고 하회할 경우에는 지불한 프리미엄만큼의 손실을 보고 권리를 포기한다. 이와 달리 (   )는 기초자산가격(현물환율)이 행사가격을 하회하면 권리를 행사하고 상회할 경우에는 권리를 포기함으로써 지불한 프리미엄만큼의 손실을 부담하게 된다.

① 콜옵션 매입자, 풋옵션 매입자　　　　　② 풋옵션 매입자, 콜옵션 매입자

실전 확인 문제

▶ 통화옵션(Fx option)을 이용한 기업의 환위험 관리의 위험성을 지적한 것이 아닌 것은?

① 기업이 원하는 다양한 형태의 위험과 손익구조로 선택적인 헤지가 불가능하다.
② 이색 통화옵션 상품은 무한대의 손실위험을 갖고 있는 옵션매도 거래에 대한 위험을 간과하고 있다.
③ 취소가능 타깃 선물환(cancelable target forward)은 환율상승에 대해 선택적인 위험을 갖게 된다.
④ 키코 선물환(KIKO forward)은 환율이 하한과 상한 사이에서 변동한다면 기업에게 유리한 상품이지만, 궁극적으로는 얻을 수 있는 이익에 비하여 손실의 위험성이 훨씬 크다.

정답해설　통화옵션을 이용한 환위험 관리는 기업이 원하는 다양한 형태의 위험과 손익구조로 선택적인 헤지가 가능하다는 장점을 가지고 있다.

개념 짚어 보기

통화옵션거래
미래의 특정시점(만기일 또는 만기 이전)에 특정통화(기초자산)를 미리 약정한 가격(행사가격)으로 사거나(call option) 팔 수 있는 권리(put option)를 매매하는 거래를 말한다. 통화옵션거래 시 통화옵션 매입자는 대상통화를 매매할 수 있는 권리를 사는 대가로 통화옵션 매도자에게 프리미엄(옵션가격)을 지급하고 이후 환율변동에 따라 자유롭게 옵션을 행사하거나 또는 행사하지 않을(권리를 포기할) 수 있다. 반면 옵션 매도자는 옵션 매입자가 권리를 행사할 경우 반드시 계약을 이행해야 하는 의무를 부담한다.

통화옵션거래의 장점
선물환거래와 달리 시장환율이 옵션 매입자에게 유리한 경우에만 옵션을 선택적으로 행사할 수 있기 때문에 옵션 매입자의 손실은 프리미엄에 국한되는 반면 이익은 환율변동에 따라 무제한적이라는 비대칭적인 손익구조를 가지고 있다. 아울러 선물환이나 통화선물에 비해 거래비용이 적게 들고, 여러 가지 옵션상품 등을 합성하여 고객의 헤지수요에 맞는 다양한 형태의 상품개발이 가능하다는 장점이 있다.

[개념 확인 문제 정답] ①　**[실전 확인 문제 정답]** ①

15 비정형 통화옵션(1)

개념 확인 문제

▶ (　　　)는 콜옵션과 풋옵션 계약 금액이 동일한 금액인데 비해 (　　　)는 수출업체들의 경우 자신이 매입하는 풋옵션 금액보다 자신이 매도하는 콜옵션 금액을 두 배로 늘린 점이 다르다.

① 레인지 선물환, 타깃 선물환　　　　　　② 타깃 선물환, 레인지 선물환

실전 확인 문제

▶ 비정형 통화옵션에 대한 설명으로 옳지 않은 것은?

① 여러 파생상품을 합성하거나 일반 파생상품의 거래조건을 변형한 통화옵션 거래를 말한다.
② 주로 수출기업들이 환헤지 목적으로 활용하는 레인지 선물환, 타깃 선물환, 키코 선물환 등이 있다.
③ 레인지 선물환은 동일만기, 동일금액의 콜옵션과 풋옵션을 같은 행사가격으로 동시에 매입 · 매도하는 거래이다.
④ 타깃 선물환은 동일만기, 동일행사가격의 콜옵션과 풋옵션을 동시에 반대방향으로 매입 · 매도하는 거래이다.

정답해설 레인지 선물환은 동일만기, 동일금액의 콜옵션과 풋옵션을 다른 행사가격으로 동시에 매입 · 매도하는 거래를 말하며 옵션거래기업은 매도옵션과 매입옵션의 프리미엄이 상쇄되어 옵션프리미엄의 지급부담을 줄이는 한편 시장환율이 풋옵션 및 콜옵션 행사환율을 벗어나더라도 환위험손익을 일정범위로 제한할 수 있다.

개념 짚어 보기

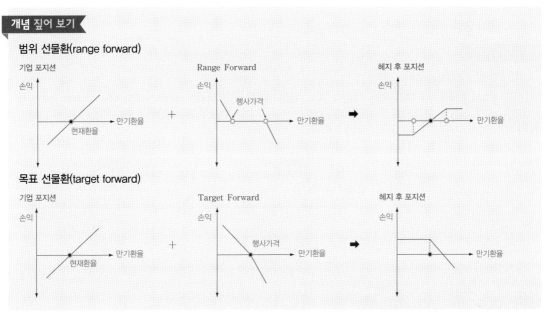

16 비정형 통화옵션(2)

개념 확인 문제

▶ 시장환율이 KI 수준에 도달하지 않는 한 행사환율보다 높은 시장환율로 수출대금을 매도할 수 있으나, 시장환율이 KI 환율을 상회하면 (　　　)이 발효되고 환율상승세가 지속될 경우 기업은 옵션만기 시 수출대금의 2배 이상을 시장환율보다 (　　　) 행사환율로 매도해야 한다.

① 풋옵션, 높은　　　　　　　　　　　　② 콜옵션, 낮은

실전 확인 문제

▶ **KIKO에 대한 설명으로 옳지 않은 것은?**

① 환율변동의 위험을 피하기 위한 환헤지 상품이다.

② 만기 때 실제 환율이 약정범위에서 움직이면 기업이 이득을 보는 계약이다.

③ 환율이 상한 이상으로 오르면 계약이 무효화되어 환손실을 감수하여야 한다.

④ KIKO는 구매자인 기업과 판매자인 은행이 사고팔 권리를 각각 갖는 외환 파생상품이다.

정답해설 KIKO는 약정환율과 변동의 상한(knock-in) 및 하한(knock-out)을 정해놓고 환율이 일정한 구간 안에서 변동한다면 약정환율을 적용받는 대신 하한 이하로 떨어지면 계약을 무효로 하고, 상한 이상으로 올라가면 약정 액의 1~2배를 약정환율에 매도하는 방식이다. 결국 상품을 판 측은 하한 미만으로 환율이 떨어지더라도 계약 해지로 손실이 한정되는 반면 상품을 산 기업의 손실은 무한대가 된다.

개념 짚어 보기

키코 선물환(KIKO forward)

타깃 선물환에 환율이 특정 barrier에 도달하는 경우 옵션이 소멸(KO : Knock-out)되거나 발효(KI : Knock-in)되는 조건을 부가한 상품이다. 수출기업의 경우 옵션기간 중 환율이 KO barrier 이하로 하락하면 풋옵션매입이 소멸되고 환율이 KI barrier 이상으로 상승하면 콜옵션(매도)이 발효되는 구조로 거래한다.

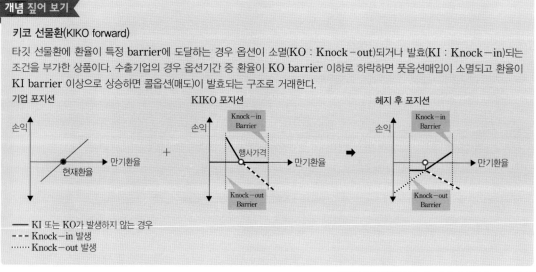

— KI 또는 KO가 발생하지 않는 경우
- - - Knock-in 발생
······ Knock-out 발생

17 신용파생상품의 이해

개념 확인 문제

▶ 신용파생상품을 거래하기 위해서는 신용위험이 실제 발생하였는지를 나타내는 (   )의 종류 및 내용을 정하고 발생시점을 정의하는 것이 가장 중요하다.

① 신용포트폴리오   ② 신용사건

실전 확인 문제

▶ 신용파생상품에 대한 설명으로 옳지 않은 것은?

① 신용파생상품 중 가장 대표적이며 기본적인 거래는 신용디폴트스왑(CDS)이다.

② 최근에는 신용파생지수(CDS index)를 거래소에 상장하여 표준화된 거래를 시도하고 있다.

③ 채권이나 대출 등 신용위험이 내재된 부채에서 신용위험만을 분리하여 거래당사자 간에 이전하는 금융계약이다.

④ 신용파생상품은 신용위험의 매매를 본질로 하므로 금융위기 발생 시 투자회사의 큰 손실을 초래할 수 있어 외국환거래규정에서 모든 신용파생상품거래를 한국은행 허가사항으로 규정하고 있다.

정답해설 2006년 1월부터 기업의 대외경제활동을 지원하고 동북아 금융허브 육성을 뒷받침하기 위해 외국환거래규정을 개정하여 외국환은행에 한해 보고사항으로 변경하였으며, 이후 2009년 2월 자본시장법이 시행되면서 금융투자상품에 신용파생상품을 포함하였다.

개념 짚어 보기

신용파생상품(credit derivatives)

• 개념 : 차입자 또는 발행자의 신용에 따라 가치가 변동하는 기초자산(underlying asset)의 신용위험(credit risk)을 분리하여 이를 다른 거래상대방에게 이전하고 그 대가로 프리미엄(수수료)을 지급하는 금융상품을 말한다.

• 일반적으로 금융자산은 금리, 환율 등 가격변수의 변동에 따라 그 가치가 변화하는 시장위험과 차입자의 부도, 신용등급 하락 등에 따라 자산가치가 변화하는 신용위험을 가지고 있는데 시장위험은 선물, 스왑, 옵션 등을 통하여 대처할 수 있으며 신용위험은 신용파생상품을 통하여 헤지할 수 있다.

• 유용성 : 신용위험에 대한 새로운 투자기회를 제공하며 신용위험의 가격발견 기능이 제고될 수 있고 금융기관의 입장에서 효율적인 신용위험 관리수단이 된다.

시장위험과 신용위험의 비교

• 시장위험(market risk) : 금리, 환율 등 가격변수의 변동에 따른 자산가치 하락 위험 → 헤지수단은 파생금융상품

• 신용위험(credit risk) : 차입자 또는 발행자의 부도, 신용등급 하락 등에 따른 자산가치 하락 위험 → 헤지수단은 신용파생상품

[**개념 확인 문제** 정답] ②   [**실전 확인 문제** 정답] ④

18 주요 신용파생상품 – 신용디폴트스왑

개념 확인 문제

▶ 신용디폴트스왑의 프리미엄은 기초자산의 신용위험에 대한 가격을 수취화한 것으로 연율로 표시된다. 동 프리미엄이 상승할 경우 기초자산의 신용위험이 (　　　)함을 의미하며, 반대로 하락할 경우 신용위험이 (　　　)함을 의미한다.

① 감소, 증가　　　　　　　　　　　　② 증가, 감소

실전 확인 문제

▶ 신용디폴트스왑(CDS)에 대한 설명으로 옳은 것은?

① 장내에서 거래되는 파생상품이다.

② CDS의 보장매도자는 준거기업에 대한 신용위험을 이전하는 대신 보장매입자의 신용위험을 인수하게 된다.

③ CDS는 위험을 커버하기 위한 일종의 보험 성격을 지닌 상품으로 보험료에 해당하는 CDS 프리미엄을 지불해야 한다.

④ CDS프리미엄은 거래의 만기가 길어질수록, 기초자산의 신용등급이 낮을수록, 보장매도자의 신용등급이 높을수록 낮아지게 된다.

정답해설 ① 장외거래상품이다.
② 보상매입자는 준거기업에 대한 신용위험을 이전하는 대신 보장매도자의 신용위험을 인수하게 된다.
④ CDS프리미엄은 거래의 만기가 길어질수록, 기초자산의 신용등급이 낮을수록, 보장매도자의 신용등급이 높을수록 높아지게 된다.

개념 짚어 보기 〉

신용디폴트스왑(CDS : Credit Default Swap)

• 모든 신용파생상품의 근간을 이루는 상품으로서 지급보증과 유사한 성격을 갖는다. 보장매입자는 보장매도자에게 정기적으로 일정한 프리미엄을 지급하고 그 대신 계약기간 동안 기초자산에 신용사건이 발생할 경우 보장매도자로부터 손실액 또는 사전에 합의한 일정금액을 보상받거나 문제가 된 채권을 넘기고 채권금을 받기도 한다. 만약 기초자산에 신용사건이 발생하지 않으면 보장매입자는 프리미엄만 지급하게 되고 일반적으로 신용사건이 발생하게 되면 실물인도 또는 현금결제에 의하여 신용파산스왑이 정산된다.

• 계약조건이 실물인도를 요구하는 경우라면 보장매입자는 기초자산을 보장매도자에게 인도하고 기초자산의 액면가를 받는다. 현금결제를 하는 경우라면 기초자산의 명목원금과 평균시장가격과의 차이가 정산금액이 되며 이때 기초자산의 평균시장가격은 신용사건이 발생한 후 일정한 기간이 지난 시점에서 평가 대리인들이 문제가 된 채권 호가의 조사 또는 입찰을 통해 계산하게 된다.

[**개념 확인 문제 정답**] ② 　 [**실전 확인 문제 정답**] ③

19 주요 신용파생상품 – 총수익스왑(1)

개념 확인 문제

▶ 총수익스왑에서 액면가가 100억 원인 채권을 기초자산으로 한 스왑의 계약기간 동안 채권가격이 10% 상승하였다면 (   )는 10억 원을 지급하여야 하며, 반대로 채권가격이 10% 하락하였다면 (   )가 10억 원을 지급하게 된다.

① 보장매입자, 보장매도자   ② 보장매도자, 보장매입자

실전 확인 문제

▶ 총수익스왑에 대한 설명으로 옳지 않은 것은?

① TRS는 신용위험은 이전하지 않고 시장위험만을 이전한다는 점에서 CDS와 차이점이 있다.

② 기초자산에서 발생하는 모든 현금흐름을 이전하기 때문에 현금흐름 측면에서 기초자산을 매각하는 것과 동일하다.

③ 자금조달 비용이 낮은 우량한 금융기관의 입장에서는 기준채권을 매각하는 효과를 거두면서 동시에 높은 수익을 얻을 수 있다.

④ TRS 수취자는 자금을 조달하지도 않고 기준채권을 매입하지도 않았는데 마치 자금을 조달하여 기준채권을 매입한 것과 동일한 효과를 거둘 수 있다.

정답해설 CDS와 달리 TRS는 신용위험뿐만 아니라 시장위험까지도 동시에 이전한다. TRS에서는 TRS 지급자가 기준자산을 법적으로 소유한다. TRS 수취자는 TRS 지급자의 상대방을 의미하며 기준자산을 소유하지 않으면서 현금흐름의 혜택을 누린다. 따라서 TRS에서 기준자산은 TRS 지급자의 재무상태표(구 대차대조표)에 유지된다. 또한, CDS는 신용사건이 발생하는 경우에만 기초자산에서 발생하는 손실의 결제가 일어나는 반면, TRS는 신용사건이 발생하지 않는 평상시에도 기초자산의 시장가치를 반영한 현금흐름이 발생한다. 따라서 CDS와 달리 TRS는 신용위험뿐만 아니라 시장위험까지도 동시에 이전한다.

개념 짚어 보기

총수익스왑(TRS : Total Return Swap)

보장매입자가 기초자산 보유에 따라 발생하는 이자, 자본수익 등 총수익을 보장매도자에게 지급하는 대가로 약정이자(통상 LIBOR+스프레드)를 수취하는 거래를 말한다. 총수익스왑거래를 통해 보장매입자는 기초자산으로부터 발생하는 모든 현금흐름을 상대방에게 이전하기 때문에 기초자산의 가격변동에 따른 위험이 없으며 해당 자산을 매각하여 단기로 자금을 운용하는 것과 동일한 효과를, 보장매도자는 자기자금의 부담 없이 수익을 획득하는 효과를 가진다. 채무불이행 등의 신용위험만을 전가하는 신용파산스왑과는 달리 기초자산의 신용위험뿐만 아니라 금리 및 환율변동 등에 따른 시장위험도 이전한다.

20 주요 신용파생상품 – 총수익스왑(2)

개념 확인 문제

▶ 총수익스왑에서는 이표지급일에 보장매입자(TRS 지급자)는 채권 표면이자를 지급하고, 보장매도자(TRS 수취자)는 (   )의 이자를 지급한다. 이후 스왑계약이 종료되는 시점에서는 이자교환뿐 아니라 채권가치의 변동에 따른 자본이득 또는 손실을 스왑계약 당사자 간 정산하여 교환하게 된다. 스왑기간 중 기초자산에서 채무불이행이 발생하면 일반적으로 계약의 명목원금에서 기초자산의 시장가격을 차감한 만큼을 (   )가 부담한다.

① LIBOR, 보장매입자　　　　　　　　　② LIBOR+α, 보장매도자

실전 확인 문제

▶ 총수익스왑의 특징에 관한 설명으로 옳지 않은 것은?

① TRS의 준거자산은 TRS 지급자가 기준자산을 법적으로 소유한다.

② TRS계약이 체결되면 일반적으로 현금흐름과 이에 따른 위험, 투표권 등의 경영권도 모두 TRS 수취자에게 이전된다.

③ TRS계약이 체결되면 TRS 지급자는 준거자산을 매각하지 않고도 그 자산을 사실상 매각한 것과 동일한 효과를 거둘 수 있다.

④ TRS 지급자가 준거자산에서 발생하는 이자, 자본수익(손실)등 모든 총수익(현금흐름)을 TRS 수취사에게 지급하고, TRS 수취자로부터 약정한 수익을 지급받는 계약이다.

정답해설 TRS계약이 체결되면 일반적으로 현금흐름과 이에 따른 위험은 TRS 수취자에게 이전되지만, 투표권 등의 경영권은 이전되지 않는다.

개념 짚어 보기

총수익스왑거래의 사례

외국 A은행 서울지점은 원화채권을 기초자산으로 A은행 싱가포르지점과 다음과 같은 총수익스왑(TRS) 계약을 체결하였으며 A은행 싱가포르지점은 이를 헤지하기 위하여 외국 B은행과 정반대의 총수익스왑 계약을 체결하였다.

- 기간 : 1년(2012년 12월 17일 ~ 2013년 12월 17일)
- 이자교환 : A은행 서울지점은 싱가포르지점에 원화채권이자를 지급하고 LIBOR(1년 만기)+α의 이자를 수취
- 금액 : 2천만 달러
  향후 계약기간 중 신용사건이 발생하면 A은행 서울지점은 A은행 싱가포르지점으로부터 2천만 달러를 수취하고 원화채권(액면 230억 원)을 인도

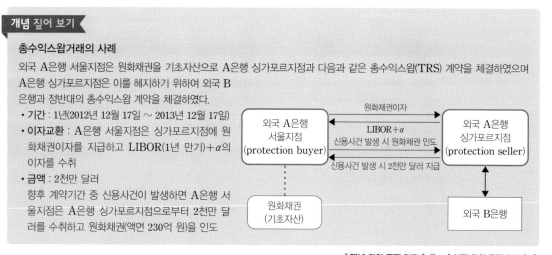

21 주요 신용파생상품 – 신용옵션

개념 확인 문제

01 ( )란 증권이나 대출의 이자율에서 무위험자산을 차감한 수치 또는 두 자산으로부터 얻어지는 수익률 간의 차이다.

① 신용스프레드 ② 신용파생지수

02 신용옵션은 통상 기초자산 발행자의 신용도변화에 따른 ( )에 해당하는 금액만을 정산한다.

① 준거자산의 총수익 ② 스프레드 차이

실전 확인 문제

▶ 신용옵션에 대한 설명으로 옳지 않은 것은?

① 금융시장에서는 기초자산이 신용스프레드인 신용스프레드옵션이 신용옵션 중 가장 많이 활용된다.

② 신용옵션은 전반적인 위험으로부터 신용리스크만을 분리하여 이를 헤지하거나 투자하는 것이 가능하도록 한다.

③ 신용스프레드옵션은 일반 주식옵션과 유사한 형태로 신용스프레드를 일정한 행사가격에 사거나 팔 수 있는 권리를 부여한 계약이다.

④ 신용스프레드옵션에서 옵션매도자는 옵션매입자에게 프리미엄을 지불하고, 매입자는 준거자산의 스프레드가 약정된 일정수준을 넘어설 때 약정된 금액을 옵션매도자에게 지불하여야 한다.

정답해설 신용스프레드옵션에서 옵션매도자는 수수료를 확보하는 대신, 준거자산의 스프레드가 약정된 일정수준을 넘어설 때 약정된 금액을 옵션매입자에게 지불해야 한다.

개념 짚어 보기

신용옵션(CDO : Credit Default Option)
신용위험옵션이라고도 하며 대출채권이나 증권 등 특정 준거자산을 보유하고 있는 계약당사자 일방이 거래상대방에게 일정 수수료를 지급하고 만약 옵션 보유기간 중 약정된 신용사건이 발생하면 약정된 행사금액으로 당해 준거자산을 매입 또는 매도할 수 있는 권리를 취득하는 계약을 말한다.

22 주요 신용파생상품 – 신용연계증권

개념 확인 문제

▶ 신용연계증권의 (   )는 기초자산의 신용상태와 연계된 증권을 발행하고 약정된 방식으로 이자를 지급하며, (   )는 약정이자를 받는 대신 신용사건이 발생하는 경우 기초자산의 손실을 부담하게 된다.

① 보장매입자, 보장매도자

② 보장매도자, 보장매입자

실전 확인 문제

▶ 신용연계증권(CLN)의 특징으로 볼 수 없는 것은?

① CLN은 채권에 TRS, 신용스프레드 상품, CDS 등의 신용파생상품이 가미된 것이다.

② 투자수익은 발행자의 일반채권 수익률에 준거기업에 대한 신용프리미엄이 추가된 수익을 얻을 수 있다.

③ CDS거래는 unfunded 형태의 스왑거래인 반면 CLN은 투자자금이 수반되므로 funded 형태의 거래이다.

④ CLN거래에서 보장매입자는 신용사건 발생 시 보장매도자에게 준거기업의 손실금을 보전받아야 하므로 거래상대방에 대한 위험에 노출되게 된다.

정답해설 CLN의 경우에는 보장매입자인 CLN 발행자는 준거기업의 부도 시 CLN 발행대금에서 손실금을 회수할 수 있으므로 거래상대방에 대한 위험이 제거된다.

개념 짚어 보기

신용연계증권(CLN : Credit Linked Note)
신용연계증권은 보유중인 채권 등의 신용위험을 전가하고자 하는 보장매입자가 기초자산을 근거로 별도의 증권(신용연계증권)을 발행하여 이를 보장매도자에게 매각한 후 신용사건 발생 시에는 신용연계증권을 상환하지 않고 당해 기초자산을 대신 인도하는 거래를 말한다. 이때 보장매도자는 위험부담의 대가로 높은 이자를 수취한다. 통상 기초자산은 1개 또는 2~5개 채권(국내채권 또는 국내외 채권 혼합)으로 구성되며 채권의 수 및 신용등급 등에 따라 투자수익률이 달라진다.

신용연계증권 거래의 특징
보장매도자(CLN 매수자)가 지급하는 신용연계증권 매수대금이 신용사건 발생 시 보장매도자가 부담하게 되는 손실의 담보 역할을 한다. 즉 보장매입자(CLN 매도자)는 신용연계증권 매도대금을 받아 저위험자산(국채 등)을 매입하며 이후 기초자산에 신용사건이 발생하는 경우 보장매입자는 신용연계증권 매수대금에서 기초자산의 손실분을 차감하여 보장매도자에게 돌려주거나, 기초자산을 보장매도자에게 인도한다. 이처럼 신용연계증권은 신용디폴트스왑(CDS)과는 달리 신용연계증권대금이 담보역할을 하고 있어 보장매도자의 신용도는 문제가 되지 않는다.

23 주요 신용파생상품 – 신용파생지수

개념 확인 문제

▶ CDS지수는 일반 금융지수와 달리 지수에 포함되는 개별 CDS 종목이 CDS시장의 변화를 반영하여 주기적으로 변경되며 특정한 만기를 지니는 (   ) 상품이다.

① 단일준거자산   ② 복수준거자산

실전 확인 문제

▶ 신용파생지수(CDS index)에 대한 설명이 옳지 않은 것은?

① CDS index는 어느 정도 표준화된 상품이기 때문에 유동성이 높고 거래비용이 저렴하다.

② 특정기업의 CDS거래가 유동성이 부족하거나, 신용사건이 발생하면 index에서 제외된다.

③ 금융시장에서 거래되는 복수의 CDS가격을 기초로 산출되는 시장지수를 이용한 거래이다.

④ 새로운 index가 출시되더라도 기존 index는 만기까지 지속되고 거래도 계속되므로 유동성이 활발하다.

정답해설 새로운 index가 출시되더라도 기존 index는 만기까지 지속되고 거래도 계속되지만 유동성은 신규 index보다 떨어질 것이다. CDS index는 통상 1년에 2회 구성되는 CDS 종목을 업데이트하여 새로운 시리즈의 index가 출시된다.

개념 짚어 보기

신용파생지수(CDS index : Credit Derivatives index)
금융시장에서 거래되는 복수의 신용스왑 가격을 기초로 산출되는 시장지표를 이용한 거래를 말한다. 신용파생지수거래는 KOSPI200과 같은 주가지수처럼 신용파생지수 자체가 새로운 파생금융거래의 준거자산(기초자산)이 된다.

주요 신용파생지수

지수명	iTraxx	CDX	ABX
관리자	International Index Company	CDS IndexCo	CDS IndexCo
주요구성종목	유럽 및 아시아 기업을 준거기업으로 하는 신용스왑(CDS)	북미기업을 준거기업으로 하는 신용스왑(CDS)	유동화증권(ABS)을 준거자산으로 하는 신용스왑(CDS)
지수산출	CDS가격의 산술평균	CDS가격의 산술평균	CDS가격의 산술평균
신규지수 출시	매년 3월, 9월	매년 3월, 9월	매년 1월, 7월
신용사건	파산, 지급불이행, 채무재조정	파산, 지급불이행	파산, 지급불이행 외에 다양함

[**개념 확인 문제 정답**] ②   [**실전 확인 문제 정답**] ④

24 기타 신용파생상품

개념 확인 문제

▶ FTD CLN은 1개 종목을 기초자산으로 한 CLN보다 (   ) 프리미엄을 받을 수 있다.

① 낮은   ② 높은

실전 확인 문제

▶ 운용전략에 따라 포트폴리오를 적극적으로 대체 가능하며, 운용전략에 따라 개별 준거기업의 기간별 long/short 포지션 등 다양한 포지션을 구성할 수 있는 신용파생상품은?

① 현금흐름 담보부대출채권(Cash CLO)
② 합성담보부대출채권(Synthetic CLO)
③ 정적인 합성 CDO(Static Synthetic CDO)
④ Managed 합성 CDO(Managed Synthetic CDO)

정답해설 Managed 합성 CDO 거래의 주선자는 운용사를 선정하고 투자자들에게는 일반적으로 중간등급 채권을 판매하게 된다. 운용사는 사전에 정해진 가이드라인에 따라 신용 포트폴리오를 구성하며 운용전략에 따라 개별 준거기업의 기간별 long/short 포지션 등 다양한 포지션을 구성할 수 있다.

개념 짚어 보기

최우선부도 연계채권(FTD CLN : First-To-Default Credit Linked Note)
복수의 준거자산을 대상으로 한 상품으로 일반적으로 2개 이상의 준거자산으로 바스켓을 구성하고, 바스켓에 포함된 준거자산 중 첫 번째 신용사건이 발생할 경우, CLN의 원금을 이용하여 신용사건이 발생한 부도채권의 손실금을 보장매도자에게 전가하고 잔여금은 투자자에게 상환하는 방식이다.

신용포트폴리오의 증권화 구조(credit portfolio securitization)
복수의 준거자산을 대상으로 한다는 면에서 신용파생지수와 유사하나, 신용위험을 패키지화한 다음 여러 트랜치로 쪼개어 투자자들에게 매각하는 증권화의 개념으로 개별 신용위험보다 포트폴리오의 신용위험을 대상으로 하며, 위험회피 및 자금조달 측면에서 발행자에 의해 거래가 주도된다.

현금흐름담보부 대출채권(Cash CLO : Cashflow Collateralized Loan Obligation)
자본규제의 부담을 줄이기 위해 상업은행의 대출잔액을 증권화를 통해 부외자산으로 이전하기 위해 발행하는 채권으로 전형적인 신용포트폴리오 증권화 구조와 유사하다.

합성담보부 대출채권(Synthetic CLO : Synthetic Collateralized Loan Obligation)
현금흐름담보부 대출채권의 문제점 중 대출자산 이전의 어려움을 해결한 방법으로 대출포트폴리오의 신용위험을 신용디폴트스왑과 같은 신용파생상품을 통해 SPV로 전가하여, 자본규제의 부담을 줄일 수 있다.

운용 합성 CDO(Managed Synthetic CDO, Managed Synthetic Collateralized Debt Obilization)
신용포트폴리오를 사전에 정해진 가이드라인에 따라 경험 많은 운용사가 적극적으로 대체하는 등 운용하는 합성 CDO를 말한다.

[개념 확인 문제 정답] ②   [실전 확인 문제 정답] ④

25 기초 파생상품 합성 구조화상품

개념 확인 문제

▶ 기초 파생상품을 합성한 구조화 상품의 형태에서 스왑과 스왑을 합성하면 일정 기간이 지난 일정 시점부터 스왑이 발효되기 시작하는데 (   )이/가 대표적이다.

① 선도스왑   ② 파기선도

실전 확인 문제

▶ 옵션과 스왑을 합성한 구조화상품은?

① 선도스왑(forward start swap)   ② 스트래들(straddle)
③ 콜러블 스왑(callable swap)   ④ 파기선도(break forward)

정답해설 기초 파생상품을 합성한 구조화상품
- 스왑과 스왑의 결합 : 선도스왑(forward start swap, deferred start swap)
- 선도와 옵션의 결합 : 파기선도(break forward), 범위선도(range forward), 참여선도(participating forward)
- 옵션과 스왑의 결합 : callable swap, puttable swap, extendable swap, 스왑션(swaption)
- 옵션과 옵션의 결합 : 수직스프레드, 수평스프레드, 대각스프레드, 스트래들(straddle), 스트랭글(strangle), 버터플라이(butterfly), 비율스프레드, 백스프레드

개념 짚어 보기

기초 파생상품 결합형태의 유형
- **스왑과 스왑** : 스왑이 현시점에서 발효되어 일정기간에 따라 현금흐름이 발생하는 것이 아니라 스왑과 스왑을 합성하면 일정기간이 지난 일정시점부터 스왑이 발효되기 시작하는 것으로 선도스왑(forward start swap, deferred start swap)이 대표적
- **옵션과 스왑** : callable swap(금리스왑계약 체결 후 일정기간 경과 후 고정금리 지급자가 기준 스왑포지션을 취소할 수 있는 옵션으로 표준스왑보다 스왑금리가 높음), puttable swap(금리스왑계약 체결 후 일정기간 경과 후 고정금리 영수자가 기준 스왑포지션을 취소할 수 있는 옵션으로 표준스왑보다 스왑금리가 낮음), extendible swap(기간 만료 후 고정금리 지급자가 스왑기간을 일정기간 연장 가능한 형태), swaption(스왑에 대한 옵션거래)
- **옵션과 옵션** : 동일한 대상에 대한 옵션들 중에서 콜옵션과 풋옵션을 적절하게 합성하면 다양한 형태의 손익구조를 만들 수 있다. 수평스프레드(만기일이 다른 옵션들의 결합), 수직스프레드(동일 기초자산에 행사가격만 다른 옵션의 결합), 대각스프레드(만기일과 행사가격이 다른 옵션 간의 결합), 스트랭글(외가격 풋옵션과 외가격 콜옵션을 동시에 매수 또는 매도), 스트래들(동일한 행사가격을 가진 풋옵션과 콜옵션을 동시에 매수 또는 매도)
- **선도와 옵션** : 선도거래와 옵션의 합성은 주로 외환시장에서 사용되는 방법으로 시장이 유리한 방향으로 움직일 경우 수익 기회에도 참여할 수 있도록 하며 장래의 불이익을 헤지할 수 있다. 파기선도(선도계약의 매수자가 환율하락 시 계약을 파기할 수 있는 옵션을 가지고 매수자는 프리미엄을 지급), 범위선도(선도계약의 매도자에게도 환율상승 시 선도거래를 파기할 수 있는 옵션을 부여하여 콜옵션 매수에 드는 비용을 풋옵션 프리미엄 매도에 의한 수입으로 충당할 수 있게 함), 무비용옵션(옵션 매수와 매도의 동시거래를 통해 프리미엄을 0으로 만드는 거래)

[**개념 확인 문제** 정답] ①   [**실전 확인 문제** 정답] ③

26 주가연계 구조화상품

개념 확인 문제

▶ (   )은 개별주식의 가격이나 코스피지수의 변동에 연계되어 투자수익이 결정되는 투자상품이다. 이를 발행한 증권회사는 대체로 대부분의 자금을 국공채 등 우량채권에 투자하여 안정적인 수익을 확보하는 한편 일부 자금을 주식관련 파생상품에 투자하여 초과수익을 추구한다.

① 주가연계파생상품펀드　　　　　　　　② 주가연계증권

실전 확인 문제

▶ 주가연계 구조화상품(equity linked products)에 대한 설명으로 옳지 않은 것은?

① ELD 등 원금보장형 구조화상품은 중도해지를 하더라도 원금이 보장된다.
② ELD는 원금보장형으로 안정성은 우수하나 최대 예상수익률은 상대적으로 낮다.
③ 직접 설계와 운용이 불가능할 경우 해외 투자은행이 발행한 ELS나 이들 투자은행과의 파생상품 거래를 펀드자산에 편입할 수도 있다.
④ ELS는 발행조건에 따라 원금 전체를 장외파생상품에 투자할 수 있어 높은 수익률을 추구할 수 있으나 예상과 달리 시장이 움직였을 경우 100%의 원금손실이 발생할 수도 있다.

정답해설 ELD 등 원금보장형 구조화상품의 특징 중 하나는 원금이 만기 시에만 보장된다는 것이다. 일정부분(프리미엄)으로 옵션을 매입하였기 때문에, 중도해지 시 매입한 옵션을 매도할 경우 초기에 지급한 프리미엄이 나오지 않는다면 원금을 지급할 수 없다.

개념 짚어 보기

주가연계상품 비교

구분	주가연계증권 (ELS : Equity Linked Security)	주가연계펀드 (ELF : Equity Linked Fund)	주가연계예금 (ELD : Equity Linked Deposit)
발행기관	증권회사	자산운용회사	은행
근거법령	자본시장법	자본시장법	은행법
법적형태	유가증권	수익증권	정기예금
만기수익률	주가변동과 연계하여 사전에 제시한 수익률	운용실적에 따른 배당	주가변동과 연계하여 사전에 제시한 수익률
예금보호	없음	없음	보호

[개념 확인 문제 정답] ② 　 [실전 확인 문제 정답] ①

27 장외파생상품과 위험관리

개념 확인 문제

▶ (   )는 재무상태표(구 대차대조표)상의 자산과 부외자산이 주식시장과 금리, 환율, 상품가격의 불리한 움직임으로 발생하는 손실에 대한 위험으로 정의되는 위험이다.

① 시장위험   ② 신용위험

실전 확인 문제

▶ 장외파생상품의 거래 유형 중 거래상대방의 채무불이행으로 인하여 대출금 등 채권의 원리금을 회수하지 못하여 발생할 수 있는 손실가능성은?

① 시장위험   ② 결제위험
③ 신용위험   ④ 운영위험

정답해설 신용위험에 대한 설명으로 흔히 부도 · 법정관리 등 부실여신의 발생으로 금융기관이 손실을 입을 가능성을 나타낸다.

개념 짚어 보기

시장위험과 신용위험

일반적으로 대출, 증권 등 금융자산은 금리, 환율 등 가격변수의 변동에 따라 자산가치가 변화하는 시장위험과 차주의 부도, 신용등급 변동 등에 따라 자산가치가 등락하는 신용위험을 내포하고 있다. 시장위험은 기존에 거래되고 있는 선물환, 스왑, 옵션 등을 통하여 대처할 수 있으며 신용위험은 신용파생상품을 통해 그 위험을 헤지할 수 있다.

- 시장위험(market risk) : 보유자산이나 부채가 금리나 환율, 주가 등의 변동요인으로 인하여 손실을 볼 수 있는 위험을 말한다. 즉, 금리변동위험, 환율변동위험, 유가증권 가격위험인 것이다. 이자율 변동위험, 즉 금리위험이란 미래의 금리변동으로 인하여 은행이 입게 될 이익변동의 가능성을 말한다. 환율 변동위험이란 은행이 bought position의 보유냐 sold position의 보유냐에 따라서 해당 통화의 환율이 변동함으로써 손실이 발생할 위험을 말하며 유가증권 가격변동위험은 은행이 유가증권을 처분해야 하는 경우이다.
- 신용위험(credit risk) : 각종 여신이 부도상태가 되거나, 보유 유가증권의 발행자가 도산하여 그 원리금을 상환받지 못할 경우 은행이 입게 되는 위험이다. 이러한 신용위험은 여신행위 이후의 경제여건악화 또는 그 변동으로 고객이 도산하여 그 대출금을 회수할 수 없는 경우로서 이러한 위험을 회피하기 위해서는 여신심사기능의 강화, 신용조사의 과학화 또는 정확성을 기하여야 하나 정확한 정보에 의해 대출과 유가증권의 포트폴리오를 다양화함으로써 그러한 위험을 줄일 수 있다.

보장매입자와 보장매도자

신용파생상품거래에서 신용위험을 전가하고 수수료(premium)를 지급하는 거래자를 보장매입자(protection buyer), 신용위험을 매수하고 그 대가로 수수료를 수취하는 거래를 보장매도자(protection seller)라고 한다. 보장매입자는 보유채권의 신용위험노출을 해소하고 기존 포트폴리오의 만기구조를 개선할 수 있으며 보장매도자는 수수료 수입을 통하여 수익증대를 도모하거나 투자수단을 다양화할 수 있다.

28 시장위험관리 - VaR의 개념

개념 확인 문제

▶ (   )는 모든 형태의 위험에 적용될 수 있는 일반적 개념으로 파생상품 등 복잡한 구조를 가진 상품의 경우에도 적용될 수 있다는 장점이 있다. 뿐만 아니라 다양한 시장위험들을 비교하고 수익·위험을 기준으로 담당거래자 또는 금융기관의 영업성과를 평가할 수 있으며, 금융상품가격의 결정에 이용될 수 있다.

① ALM   ② VaR

실전 확인 문제

▶ VaR에 대한 설명으로 옳지 않은 것은?

① 신뢰수준이 높을수록 VaR의 크기가 커지게 된다.
② 정상적인 시장여건 하에서 주어진 신뢰수준에서 일정기간 동안에 발생 가능한 최악의 손실을 의미한다.
③ 목표기간 보유자산의 변화량을 측정하는 기간이 되며 일반적으로 목표기간이 길수록 변화량이 증가해 VaR도 증가한다.
④ VaR는 시장위험을 식별하기 위해 자주 사용되는 기법이나 세계적인 표준기법으로는 ALM의 사용을 권고하고 있다.

정답해설 미국의 대형 투자은행이 채권 및 파생금융상품의 단기거래에 수반되는 위험을 효율적으로 관리하기 위해 이를 도입하여 사용한 이래로 이 지표는 급속도로 확산되어 전 세계적인 표준이 되고 있다. 전 세계 은행들의 감독기구라고 할 수 있는 국제결제은행(BIS) 산하의 바젤위원회에서도 1998년 이래로 VaR 개념을 리스크관리의 공식지표 중의 하나로 인정하고 이의 사용을 권고하고 있다.

개념 짚어 보기

VaR(Value at Risk) 도입배경
• 시장위험에 대한 관리방법으로 업계에서 먼저 사용된 것은 주로 자산부채 종합관리(ALM : Asset Liability Management)방식이었다. 이는 듀레이션의 개념을 이용하여 자산과 부채를 통합적으로 관리하는 것으로 주로 예대부분의 금리위험에 대비하는 것이다. 하지만 전 세계적으로 금융시장이 통합, 거래량의 급증, 파생상품의 등장 등으로 금리위험은 물론 다른 시장위험들도 매우 커지게 되어 모든 시장위험을 함께 측정하고 비교할 수 있는 수단에 대한 필요성이 요구되었다. 이러한 요구에 따라 개발된 것이 VaR(Value at Risk)모형이다.
• VaR기법은 모든 위험관리에 적용될 수 있는 융통성을 가지고 있으며, 특히 일일정산을 요하는 트레이딩부문의 시장위험 관리에 매우 적합한 도구라 할 수 있다. 즉 VaR기법은 듀레이션의 개념을 이용해 자산과 부채를 통합적으로 관리하는 기존의 ALM보다 광범위한 위험관리에 이용될 수 있고, 장부상의 회계적 가치에 중심을 두는 ALM과 달리 시장의 동적인 가치중심의 접근법이라 할 수 있다.

[개념 확인 문제 **정답**] ②   [실전 확인 문제 **정답**] ④

29 시장위험관리 – VaR의 측정(1)

개념 확인 문제

▶ (   ) 방법은 VaR를 측정하는 방법 중 모형에 의하여 위험요인의 미래가격을 생성시켜 사용하는 방법으로 시간과 계산비용이 많이 들고 모형위험이 크다는 단점이 있다.

① 몬테카를로 시뮬레이션   ② 역사적 시뮬레이션

실전 확인 문제

▶ VaR를 측정하는 각 방법의 장단점에 대한 설명으로 옳은 것은?

① 역사적 시뮬레이션 방법은 계산이 빠르다는 장점이 있다.
② 반드시 가치평가 모형이 필요하지 않은 것은 몬테카를로 시뮬레이션 방법이다.
③ 분석적 분산–공분산 방법은 역사적 자료에 지나치게 의존한다는 단점을 지닌다.
④ 중심극한정리로 인하여 위험요인이 정규분포를 따르지 않더라도 적용이 가능한 것은 분석적 분산–공분산 방법이다.

정답해설 ① 계산이 빠른 것은 분석적 분산–공분산 방법의 장점이다.
② 가치평가 모형이 반드시 필요하지 않은 것은 분석적 분산–공분산 방법이다.
③ 역사적 자료에 지나치게 의존하는 것은 역사적 시뮬레이션 방법이다.

개념 짚어 보기

VaR의 측정

• **부분가치평가법(local valuation method)** : 시장요인의 변화를 시장전체가 아닌 시장전체에서 도출해낸 부분적인 통계적 모수(변동성, 상관관계)로 가정하는 것으로 포지션 가치와 기초적 시장가격의 관계가 선형적일 때 적용되며 기초적 시장가격 변화와 가격변화에 대한 포지션 가치의 민감도에 기초하여 포지션 가치변화를 계산하는 방법이다. 델타–노말, 델타–감마 방법 등

• **완전가치평가법(full valuation method)** : 포지션 가치와 기초적 시장가격의 관계가 비선형일 때 적용되는 것으로, 시장요인의 변화가 실제의 과거분포 및 미래의 가상된 시나리오에 따라 결정된다고 가정한다. 현재와 미래 서로 다른 수준의 시장가격에 따른 포지션의 가치를 각각 계산하여 그 차이를 잠재적 손익으로 계산한다. 역사적 시뮬레이션, 몬테카를로 시뮬레이션 등

몬테카를로 시뮬레이션

가장 효과적으로 VaR를 계산할 수 있는 방법으로 비선형성, 변동성의 변화, 극단적인 상황 등을 모두 고려할 수 있는 장점이 있으나 계산이 복잡하고 모형위험이 크다는 단점을 지닌다. 옵션가격 공식을 도출할 수 없는 옵션의 가치를 평가하는 데 유용하다.

분석적 분산–공분산

모든 금융자산 및 포트폴리오의 수익률이 정규분포를 따른다고 가정하고 과거자료를 이용하여 분산과 공분산을 추정한 후 이를 통하여 VaR를 구하는 방법이다.

30 시장위험관리 – VaR의 측정(2)

개념 확인 문제

01 하루 기준의 VaR가 10억 원이라면 20일 기준의 VaR는 (　　　)이다.

① 44.72억 원　　　　　　　　　　　② 45.82억 원

02 VaR(1일, 95%)가 10억 원이라면 VaR(25일, 99%)는 (　　　)이다.

① 70.60억 원　　　　　　　　　　　② 71.50억 원

실전 확인 문제

▶ A은행은 1일, 95% 신뢰수준을 기준으로 VaR를 산정하고 있다. 이것을 4일, 99% 신뢰수준의 VaR로 전환하면 얼마가 되는가?

① 약 2배　　　　　　　　　　　② 약 2.8배

③ 약 4배　　　　　　　　　　　④ 약 4.2배

정답해설 N일 VaR＝1일 VaR×$\sqrt{N}$

95% 신뢰수준의 상수는 1.65, 99% 신뢰수준의 상수는 2.33이므로

$$\sqrt{4} \times \frac{2.33}{1.65} = 2.8242$$

개념 짚어 보기

VaR의 개념

· N일 VaR＝1일 VaR×$\sqrt{N}$

· 감독기관 권고 VaR＝VaR(10일, 99%)

$$VaR = V_i \times \sigma \times a \times \sqrt{T}$$

· V_i : 현재보유하고 있는 자산의 가치	· σ : 표준편차
· a : 신뢰수준의 상수	· T : 기간

31 신용위험관리

개념 확인 문제

01 (   )는 특정연도에 있어 부도 등을 포함한 신용등급 전이확률을 확정변수로 보는 반면 (   )는 개별여신이 독립적인 부도확률을 지니는 것으로 가정하고 있어 부도를 분포형태를 띠는 확률적 사건으로 파악한다는 차이가 있다.

① CreditMetrics, CreditRisk+   ② CreditRisk+, CreditMetrics

02 (   )는 개별 등급별로 신용여신에 대해 손실률을 가정하고 있으나, (   )는 개별여신의 손실율 산출의 어려움으로 인해 손실률을 등급화하여 사용하고 있는 점이 큰 차이이다.

① CreditMetrics, CreditRisk+   ② CreditRisk+, CreditMetrics

실전 확인 문제

▶ 신용옵션에 대한 설명으로 옳지 않은 것은?

① CreditMetrics는 신용등급이 하락하면 손실이, 상승하면 이익이 발생한다고 가정한다.

② CreditMetrics는 개별자산이 포트폴리오에 추가될 때 위험 증가분(한계 위험)을 계산할 수 있다.

③ CreditRisk+ 모형은 분석적인 방식을 통해 직접 측정치를 산출하기 때문에 다른 모형보다 시간과 비용이 많이 소요된다.

④ CreditRisk+모형은 여러 가지 신용위험 중에서 차주가 부도가 난 경우에 발생하는 손실만을 신용사건으로 간주한다.

정답해설 CreditRisk+는 다른 모형에 비하여 신용위험 측정에 필요한 입력데이터가 익스포저, 부도확률, 부도확률의 변동성, 회수율 등으로 비교적 간단하며 분석적인 방식을 통해 직접 측정치를 산출하므로, 여타 모형보다 시간과 비용이 크게 절감된다.

개념 짚어 보기

신용위험의 정의

신용위험은 일반적으로 거래상대방의 채무불이행에 따른 가치의 손실 가능성을 말한다. JP 모건의 CreditMetrics는 신용위험을 거래상대방의 파산(default)뿐만 아니라 신용등급(credit rating)의 변화에 따른 가치의 변동으로 정의하였다. 한편 Credit Suisse Financial Products의 CreditRisk+모형은 신용위험을 신용스프레드 위험과 신용파산위험(credit default risk)으로 구분하였는데 전자는 신용스프레드의 변화에 의한 가치손실로 시장위험에 가까우며 후자는 파산에 의한 가치손실로 이것을 신용위험이라고 정의하고 있다.

• 신용등급변동분석모형(CreditMetrics) : 각각의 개별자산에 대해 한계 표준편차와 개별자산의 표준편차를 비교함으로써, 포트폴리오에 특정 자산을 추가할 경우 얻게 되는 포트폴리오 분산화의 유익을 측정할 수 있다.

• 도산발생확률분석모형(CreditRisk+) : 보험업계에서 주로 사용되는 수학, 통계적 분석도구를 금융기관의 신용위험 측정에 적용한 모형으로, 여러 가지 신용위험 중에서 차주의 부도 시 발생하는 손실만을 측정의 대상으로 하는 부도방식(DM : Default Model) 모형이다.

[**개념 확인 문제 정답**] 01 ① 02 ①   [**실전 확인 문제 정답**] ③

32 파생결합증권의 이해

개념 확인 문제

▶ 파생결합증권은 증권발생 시 추가서류인 (   )신고서 규제가 완화되어 발행기간을 단축하고 발행의 편의를 도모할 수 있다. 신고서의 발행예정기간은 신고서의 효력발생일로부터 2개월 ~ 1년 이내이다.

① 증권   ② 일괄

실전 확인 문제

▶ 파생결합증권의 발행 및 투자권유와 관련된 설명으로 옳은 것은?

① 자본시장법상의 증권에 해당하므로 영업행위로 이를 취급하려면 금융투자업에 신고해야 한다.
② 자본시장법의 대표적인 파생결합증권으로는 ELW, ELS/DLS, ETN이 있다.
③ 파생결합증권의 증권신고서는 그 증권이 수리된 날로부터 10일 후에 효력이 발생한다.
④ 파생결합증권에 대한 투자권유 시 수익률을 위해 고객의 투자성향에 맞추어 비슷하거나 조금 높은 수준으로 투자권유하는 것이 바람직하다.

정답해설 ① 파생결합증권의 경우 투자자와 발행자는 채권관계와 채무관계를 가지므로 증권발행을 위해서는 금융투자업의 해당 인가를 받아야 한다. 인가를 받지 않으면 금융투자업을 금지하고 있다(단, 투자자문업 및 투자일임업 제외).
③ 증권이 수리된 날로부터 15일 후에 효력이 발생한다.
④ 파생결합증권에 대한 투자권유 시 고객의 투자성향보다 투자위험도가 높은 금융투자상품을 투자권유해서는 안 된다. 고객의 투자성향에 비해 높은 투자위험도를 보이는 파생결합증권에 투자하고자 하는 경우에는 해당 파생결합증권의 투자위험성을 고지하고 고객의 인지사실을 확인받아야 한다.

개념 짚어 보기

파생결합증권의 투자권유 제한(개인투자자의 경우)
• 투자자가 만 65세 이상, 투자경험 1년 미만 : 원금보장형 파생결합증권만 투자권유 가능
• 투자자가 만 65세 미만, 투자경험 1년 미만 또는 만 65세 이상, 투자경험 1년 이상 3년 미만 : 손실률이 투자원금 20% 이내로 제한되는 파생결합증권만 투자권유 가능

증권신고서
• 파생결합증권의 발행자는 파생결합증권의 모집과 매출 시 모집 또는 매출에 관한 일반사항, 증권의 권리내용, 기초자산에 관한 사항, 투자위험요소 등을 기재한 증권신고서를 작성 · 제출한다.
• 파생결합증권의 증권신고서는 수리된 날로부터 15일 경과 후에 효력이 발생한다.

[**개념 확인 문제** 정답] ②   [**실전 확인 문제** 정답] ②

33 파생결합증권 − ELW(1)

개념 확인 문제

01 ELW(Equity Linked Warrant)는 특정 주식에 대해 사전에 정한 조건으로 거래할 수 있는 권리가 부여된 증권을 말한다. (   )증권이어서 투자에 따른 위험을 줄일 수 있다는 점이 가장 큰 특징이다.

① 기한부
② 권리부

02 증권사가 ELW에 대해 공모를 거쳐 거래소에 상장하면 주식처럼 거래가 이뤄지며, 만기 시 (   )가 권리를 행사하게 된다.

① 최종 보유자
② 최초 구매자

실전 확인 문제

▶ **ELW의 투자방식 및 특징에 대한 설명으로 옳지 않은 것은?**

① 특정 종목의 주가상승이 예상될 경우, 해당 종목의 주식을 모두 사야만 투자수익 및 차익을 올릴 수 있는 증권이다.

② ELW는 투자자가 옵션의 매입만 가능하므로 투자위험은 투자원금에 해당하는 프리미엄에 한정된다.

③ ELW은 레버리지효과로 적은 투자금액으로도 높은 수익률 달성이 가능하다.

④ ELW 시장에서는 투자자의 환금성을 보장할 수 있도록 호가를 의무적으로 제시하는 유동성 공급자(LP) 제도가 운영된다.

정답해설 ELW는 특정 종목의 주가상승이 예상될 경우, 해당 종목의 주식을 모두 사지 않더라도 일부 자금만 투자해 주식으로 바꿀 수 있는 권리만 산 뒤, 차익을 올릴 수 있는 증권이다. ELW의 가격을 결정하는 요인으로는 잔존만기, 금리, 기초자산의 가격, 권리행사가격, 변동성, 배당 등이 있다.

개념 짚어 보기

주식워런트증권(ELW)과 개별주식옵션 비교

구분	주식워런트증권	개별주식옵션
상품특성	파생결합증권	장내파생상품
발행주체	증권거래법상 영업인가 받은 증권사, 일반투자자 및 전문투자자	거래소
유동성 공급	유동성 공급자(LP)가 의무적으로 매도 및 매수호가 제시	시장 수급에 의존
대상종목	KOSPI100 구성종목과 주식 바스켓, KOSPI200 지수	주가지수 포함 10개 종목
만기기간	3개월 이상 3년 이내	결제월 제도에 따라 상이

[**개념 확인 문제 정답**] 01 ② 02 ①   [**실전 확인 문제 정답**] ①

34 파생결합증권 – ELW(2)

개념 확인 문제

▶ ELW의 가격은 내재가치와 시간가치로 구성되는데, (   )는 현재시점에서 옵션 행사 시 ELW가 갖는 가치를 말하며, 콜 ELW의 기초자산가격에서 권리행사부분을 차감한 부분이다.

① 시간가치   ② 내재가치

실전 확인 문제

▶ ELW의 시장구조에 관한 내용으로 옳지 않은 것은?

① ELW를 발행할 때마다 증권신고서를 제출하지 않고도 일괄신고서 추가서류만 제출해도 증권신고의 효력이 발생한다.
② 발행증권사는 영업용순자본비율 300% 이상 유지조건에 미달할 경우에는 해당 증권사가 발행한 ELW는 상장폐지된다.
③ 일반적으로 ELW의 잔존만기가 줄어들게 되면 ELW의 가격은 점차 증가한다.
④ 추가상장 시 잔존권리 행사기간이 1개월 이상 남아있어야 하며, 상장신청일 현재 발행물량의 80% 이상이 시장에 매출되어 있어야 한다.

정답해설 ELW는 잔존만기가 증가할수록 이익실현기회가 늘어나게 되어 가격이 상승하고, 반대로 잔존만기가 감소하면 기초자산가격의 변화가 없더라도 ELW의 가격이 점차 감소한다.

개념 짚어 보기

ELW의 기초자산
• 국내 기초자산 : 주가지수(KOSPI200 지수, KOSTA 지수), KOSPI200 구성종목 중 시가총액, 거래대금을 감안하여 분기별로 선정된 종목, KOSTA 구성종목 중 시가총액 5개 종목 또는 복수종목의 바스켓
• 해외 기초자산 : 일본 NIKKEI225 지수, 홍콩 HSI 지수

ELW의 발행구조

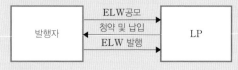

[개념 확인 문제 정답] ②   [실전 확인 문제 정답] ③

35 파생결합증권 – ELS/DLS

개념 확인 문제

01 ELS/DLS는 개별 주가지수의 움직임에 따라 만기 투자수익이 결정되는 유가증권으로, 원금의 손실발생 가능성이 있으며 자금의 운용구조가 굉장히 (   )편이다.

① 단순한   ② 복잡한

02 (   )구조 조기상환 ELS는 중간평가시점에 중간평가 지수가 최초 기준지수에 비해 상승했을 경우 상승폭에 따라 추가수익을 주는 형태이다.

① Step down   ② Jump 유형

실전 확인 문제

▶ 다음 중 ELS/DLS의 상품구조에 대한 설명으로 옳지 않은 것은?

① ELS를 발행하는 증권사의 back–to–back 거래는 거래상대방 신용위험이 높다.

② Reverse Convertible ELS는 풋옵션 매도를 통해 수익을 얻을 수 있으나 원금손실의 가능성이 있다.

③ Bull Spread ELS는 행사가격이 낮은 콜옵션을 매입하고 행사가격이 높은 콜옵션을 매도하는 구조로, 손실과 수익을 일정 수준에서 제한한 형태이다.

④ 예금자보호법 대상이므로 상품구조에 있어서 투자자의 손실 가능성이 적다.

정답해설 파생결합증권(DLS)은 위험이 없는 국채나 정기예금과 달리 가격변동 리스크가 존재해 투자에 유의해야 하며, 예금자보호가 적용되지 않으므로 발생회사의 실적이나 재무구조에 문제점이 없는지 꼼꼼히 살펴봐야 한다.

개념 짚어 보기

주가지수연계증권(ELS : Equity–Linked Securities)
- **상품특징** : 투자원금과 수익이 주가지수 또는 개별주가에 연계되어 결정
- **판매(발행기관)** : 증권회사
- **상품성격** : 유가증권
- **상품구조** : 유러피안구조(Bull Spread, Reverse Convertible), 배리어구조, 조기상환구조, Callable구조, 신종조기상환 구조(Jump유형, Step Down)
- **투자금액 및 투자기간** : 제한없음(개별 펀드별로 정함)
- **기초자산** : 주식, 채권, 환율, 일반상품 등 범위가 넓고 다양함
- **만기수익** : 지수에 따라 사전에 제시한 수익 확정지급
- **예금보호** : 비보호(발행자의 신용이 중요)
- **중도해지** : 불가능(유가증권시장에서 매도, 원금손실 발생 가능)

[**개념 확인 문제 정답**] 01 ② 02 ②   [**실전 확인 문제 정답**] ④

36 파생결합증권 – ETN(1)

개념 확인 문제

▶ ETN은 증권회사가 무담보 신용으로 발행한 상품으로, 실물자산이 없고 자기신용으로 지수수익률을 추구하는 만기가 (   ) 파생결합증권이다.

① 없는   ② 있는

실전 확인 문제

▶ ETN의 시장구조 및 특징에 관한 설명으로 옳은 설명은?

① ETN의 시장발행자는 증권 및 장외 파생상품 매매업 인가를 1년 이상 유지한 금융투자업자 이어야 한다.

② ETN의 경우도 일정 요건에 미달하면 상장폐지 될 수 있으며, 투자금의 손실이 크다.

③ ETN은 만기가 없는 ETF와 달리 만기가 있다.

④ ETN은 ETF와 동일한 추적오차의 위험과 발행회사의 채무불이행 위험을 가진다.

정답해설 ETN은 증권회사가 발행하는 파생결합증권으로서, 1년~20년까지의 만기 동안 이표 없이 사전에 정의된 지수에 연동된 수익을 투자자에게 지급하고 자신의 신용으로 발행하는 선순위무보증채권이다.

① ETN의 시장발행자는 증권 및 장외 파생상품 매매업 인가를 3년 이상 유지한 금융투자업자이어야 한다(자기자본 1조 원 이상, 신용등급 AA-이상, 영업용순자본비율 200% 이상, 최근 3년간 감사의견 적정 충족).

② ETN의 경우도 일정 요건에 미달하면 상장폐지 될 수 있으나, 일반 주식의 상장폐지처럼 투자금 대부분의 손실을 보지는 않는다.

④ ETN은 신탁재산을 별도로 보관하는 ETF와 달리 추적오차의 위험이 적고, 무보증·무담보 일반사채와 동일한 발행자 신용위험이 있다.

개념 짚어 보기

ETN과 ETF 비교

구분	ETN	ETF
법적구분	파생결합증권	집합투자증권
발행자	증권사	자산운용사
발행자 신용위험	있음	없음
만기	1년~20년	없음
기초자산 운용방법	발행자 재량으로 운용	기초지수 100% 추적 운용

[개념 확인 문제 정답] ②   [실전 확인 문제 정답] ③

37 파생결합증권 – ETN(2)

개념 확인 문제

▶ ETN은 거래소에 상장되어 쉽게 매매가 가능한 중수익 중위험 상품으로 (   )으로 수익을 추구하고자 하는 투자자들에게 관심받고 있는 증권상품이다.

① 단기적   ② 장기적

실전 확인 문제

▶ ETN 투자 시 유의사항에 관한 내용으로 옳지 않은 것은?

① 수익률이 고정적이고 원금이 보장되므로 다른 파생결합증권에 비해 투자위험율이 낮은 편이다.

② ETF는 최소 10종목 이상에 기초자산으로 구성돼 있는데 ETN은 5종목 이상으로 구성해야 하기 때문에 조금 더 세분화 된 자산배분이 가능하다.

③ 거래소에서 거래되는 주식과 달리 매도 시 부과되는 증권거래세가 면제된다.

④ 시장의 수요가 높은 종목의 추가 상장이 신속 · 원활하게 이루어지지 않을 경우 가격왜곡 발생 가능성이 있다.

정답해설 ETN은 발행자(발행회사)가 만기에 기초지수의 수익률에 연동하는 수익의 지급을 약속하고 발행하는 파생결합 증권으로 거래소에 상장하여 매매할 수 있는 원금비보장 상품이기 때문에 기초지수 하락에 따른 손실 가능성이 있으므로 투자하기 전 투자위험을 숙지해야 한다.

개념 짚어 보기

ETN(Exchange Traded Note)의 매매제도

- 매매시간 : 정규시장(09 : 00 ~ 15 : 30), 시간외 시장(07 : 30 ~ 08 : 30, 15 : 40 ~ 18 : 00)
- 매매수량단위 및 호가가격단위 : 1증권(신규상장 시 발행증권수는 10만 증권 이상), 5원
- 발행총액 : 최소 200억 원 이상
- 가격제한폭
  - 원칙적으로 ±30%를 적용, 레버리지종목은 배율에 연동
  - 이익금분배 결정시 3일 전까지 신고
- 만기 : 1년 이상 20년 이내
- 기초지수 : 주식을 기초로 하는 경우 동일 종목은 30% 이내, 국채를 기초로 하는 경우 편입종목이 5종목 이상
- 과세제도 : 장내매도 시 증권거래세 비과세. 기초지수가 국내 주식형 ETN일 경우 장내매도 매매차익 비과세, 기타 ETN 으로부터 발생하는 모든 소득은 배당소득세 과세

[**개념 확인 문제** 정답] ②   [**실전 확인 문제** 정답] ①

핵심플러스

OX 문제

01 선도계약은 사전에 정해진 가격으로 미래의 정해진 날짜에 기초자산을 매도 또는 매수할 것을 약속하는 계약으로, 거래소에서 거래되지 않고 계약조건이 표준화되어 있지 않다는 점 때문에 선물과는 구별된다. ( )

02 옵션은 미래의 기초자산가격이 자신에게 불리한 방향으로 움직여도 반드시 행사할 의무가 있는 확정계약이다. ( )

03 금리스왑은 미리 정한 식에 의하여 미래의 여러 시점에서 명목금액에 대한 이자를 서로 교환하기로 합의한 대표적 장외파생상품이다. ( )

04 장외파생상품은 장내파생상품과는 상이한 리스크관리 구조의 불완전한 헤지 수단이다. ( )

05 장외옵션은 시장 참가자 간의 일대일 계약 형태로 자유롭게 거래되는 옵션계약으로, 거래의 형태를 제약하는 거래소가 없기 때문에 고객 요구에 따른 유연한 구조를 가질 수 있다. ( )

06 가격평균의 변동성은 가격 자체의 변동성보다 항상 작기 때문에 변동성이 클수록 가치가 커지는 옵션의 특성상 평균옵션의 프리미엄이 상응하는 표준옵션의 프리미엄보다 작다는 특성으로 인하여, 평균옵션은 외환시장에서 많이 사용된다. ( )

07 장애옵션 중 다운앤아웃 콜옵션은 행사가격보다 높은 수준에 촉발가격을 설정한 것으로, 옵션계약기간 중 현물가격이 촉발가격을 건드리면 옵션이 소멸된다. ( )

08 룩백옵션의 가치는 미국식 옵션의 가치와 동일하거나 훨씬 크며, 현실에서는 룩백옵션의 수익발생 양상과 부합하는 위험에 노출된 경우를 거의 찾아볼 수 없기 때문에 룩백옵션의 실용가능성은 희박하다. ( )

09 래더옵션과 레인보우옵션은 모두 경로의존형 옵션에 속한다. ( )

10 통화 간 금리차이를 환율단위로 환산한 forward point를 two-way 방식으로 표기할 때, forward point의 bid 가격이 offer 가격에 비해 절댓값이 클 경우 forward point는 현물환율에 가산된다. ( )

해설

02 미래의 기초자산가격이 자신에게 불리한 방향으로 움직일 경우 옵션은 반드시 행사할 필요가 없다.

04 장외파생상품을 이용하면 투자자의 투자기간 및 원하는 헤지 규모에 의하여 보유 기초자산의 가격변동리스크를 정확히 헤지할 수 있다.

07 행사가격보다 높은 수준에 촉발가격을 설정하여 옵션계약기간 중 현물가격이 촉발가격을 건드리면 옵션이 소멸되는 장애옵션은 업앤아웃 풋옵션이다.

09 레인보우옵션은 다중변수의존형 옵션에 속한다.

10 forward point의 bid 가격이 offer 가격에 비해 절댓값이 클 경우 forward point는 현물환율에서 차감되며, 절댓값이 작을 경우 forward point는 현물환율에 가산된다.

[정답] 01 ○ 02 × 03 ○ 04 × 05 ○ 06 ○ 07 × 08 ○ 09 × 10 ×

핵심플러스

OX 문제

11 선물환을 이용하여 외환의 수취, 지급시점의 불일치를 해소할 수 있다. ( )

12 기본적인 합성 선물환은 일반 선물환의 가격을 행사가격으로 하는 콜옵션과 풋옵션 거래로 복제되지만, 범위 선물환은 두 옵션의 행사가격이 다른 구조로 구성된다. ( )

13 인핸스드 포워드는 일반 합성 선물환거래에 행사가격이 낮은 외가격 콜옵션을 추가로 매도하여 가격 조건을 개선한 상품이며, 목표 선물환은 일반 합성 선물환 거래에 풋옵션을 추가로 매도하여 가격 조건을 개선한 상품이다. ( )

14 일반 선물환, 범위 선물환, 인핸스드 포워드는 모두 초기 옵션거래비용이 발생한다. ( )

15 목표선물환에 낙아웃 조건을 부여하여 합성선물환 가격 조건을 개선한 상품을 낙아웃 목표선물환이라 한다. ( )

16 CDS 보장매도자는 투자시점에 반드시 원금을 지불해야 하지만, 채권투자자는 신용사건이 발생 시에만 손실금을 지급하면 되므로 원금의 투자 없이 레버리지 효과를 얻을 수 있다. ( )

17 CLN은 발행형태에 따라, CLN 발행자가 보유자산 등을 기초로 하여 준거기업에 대한 CDS가 내재된 CLN을 직접 발행하는 형태와, 특수목적회사를 통해 CLN을 발행하는 경우의 두 가지로 나눌 수 있다. ( )

18 VaR의 측정방법에서 시뮬레이션 방법은 정규분포를 가정하고 공식을 이용하여 비교적 빠르게 계산할 수 있는 방법으로, 분석적 분산－공분산 방법 또는 델타－노말 방법이라고도 한다. ( )

19 ETN은 거래소에 상장되어 쉽게 매매가 가능한 중수익 중위험 상품으로 장기적으로 수익을 추구하고자 하는 투자자들에게 관심받고 있는 증권상품이다. ( )

20 ETF의 상장심사기간은 ETN의 심사기간보다 짧다. ( )

- -

해설

11 외환의 수취, 지급시점의 불일치 해소는 외환스왑을 이용한다.

13 인핸스드 포워드는 일반 합성 선물환거래에 행사가격이 낮은 외가격 풋옵션을 추가로 매도한 상품이며, 목표 선물환은 일반 합성 선물환거래에 콜옵션을 추가로 매도한 상품이다.

14 일반 선물환, 범위 선물환, 인핸스드 포워드는 모두 초기 옵션거래비용이 발생하지 않는다.

16 채권투자자는 투자시점에 반드시 원금을 지불해야 하지만, CDS 보장매도자는 원금의 투자 없이 레버리지 효과를 얻을 수 있다.

18 정규분포를 가정하고 공식을 이용하여 비교적 빠르게 계산할 수 있는 방법은 모형에 의한 접근방법으로, 분석적 분산－공분산 방법 또는 델타－노말 방법이라고도 한다.

20 신속한 상장을 위해 ETN의 심사기간은 15일로 설정하고 있으며, 심사기간이 45일인 ETF보다 빠른 시일 내에 상장이 가능하다.

[정답] 11 × 12 ○ 13 × 14 × 15 ○ 16 × 17 ○ 18 × 19 ○ 20 ×

3과목

리스크관리 및
직무윤리

1장 리스크관리

대표 유형 문제

VaR의 특징에 대한 설명으로 옳지 않은 것은?

① VaR는 손실의 크기를 정확하게 산출해주므로 자본관리가 용이하다.

② VaR의 한계를 보완하기 위한 방법으로는 위기분석, 사후검증 등의 방법이 이용된다.

③ VaR는 하향손실에 초점을 맞추고 있으므로 변동성보다 직관적인 리스크 측정치이다.

④ 보유기간은 상품의 종류와 포지션의 규모, 헤지상품 이용가능성 등에 의해 설정되며 보유기간이 길수록 손실발생확률도 높아져 VaR값도 증가한다.

정답해설 VaR는 손실의 크기를 설명하지 않는다. 예를 들어 1일 VaR가 2.8%이고 손실이 이를 넘을 수 있는 확률이 4.3%일 경우 그 손실이 4.3%의 확률에서 얼마나 발생하는지는 제공해주지 못한다.

오답해설 ② VaR는 비정상적인 상황에서 발생할 수 있는 손실규모를 측정하지 못하므로 역사적인 사건 등을 바탕으로 극단적인 시나리오를 설정하여 예상손실 규모를 추정하는 위기상황분석 방법이 이용되며, 일정기간 동안의 과거자료를 분석하여 실제 또는 가상모형이 가정대로 VaR 수치 내에 있었는지를 검증하는 사후 검증방법을 통해 모형의 유효성을 확인하는 모형의 유효성을 확인한다.

③ VaR는 특정기간에 어떤 신뢰구간에서 일어날 수 있는 손실, 즉 하락 시의 주가 움직임만 보기 때문에 변동성보나 너 직관적이라고 할 수 있다.

④ VaR는 보유기간과 신뢰수준으로 구성되는데 보유기간은 갖고 있는 포지션을 정상적으로 매도하거나 헤지하는데 소요되는 기간이므로 보유기간이 길수록 손실발생확률이 높아지고 VaR값도 증가한다.

대표 유형 문제 알아 보기

VaR(Value at Risk)
- 위험에 대한 구체적인 수치
- 일정 기간 동안 손실가능액에 대한 확률적 수치
- VaR는 개념적으로 매우 간단하며 모든 위험에 대한 적용이 가능하므로 전사적인 위험 측정 및 관리가 가능
- 과거 시계열자료를 바탕으로 산출하기 때문에 미래의 위험을 적절히 예측하지 못할 가능성이 존재
- 일반적으로 수익성이 정규분포를 따른다고 가정하고 있지만 실제 이와 다른 분포일 가능성 존재
- 정상적인 상황에서의 최대손실액을 의미하므로 비정상적 상황에서 발생할 수 있는 손실규모는 제시하지 못함

[대표 유형 문제 정답] ①

1 리스크의 이해

개념 확인 문제

▶ 금융투자회사와 투자자는 리스크를 부담하는 대가로 이익을 얻게 되는데 리스크와 수익률은 (   )를 지닌다.

① 상반관계   ② 무관계

실전 확인 문제

▶ 리스크의 개념에 대한 설명으로 옳지 않은 것은?

① 리스크는 불확실성 자체 또는 불확실성의 결과를 의미한다.

② 리스크는 장래 예상치 못한 손실을 의미하며 통제할 수 없는 변수이다.

③ 리스크는 손해(loss), 손상(injury), 불이익(disadvantage) 등의 가능성이다.

④ 리스크는 기대한 것을 얻지 못할 가능성 또는 기대와 현실 사이의 격차를 말한다.

정답해설 리스크(risk)는 일반적으로 불확실성에의 노출로 정의되는데 불확실성은 금융기관이 통제가능한 변수가 아니지만 노출은 금융기관이 어느 정도 통제를 가할 수 있는 변수이다.

개념 짚어 보기

리스크의 개념

리스크는 투자자산의 가치, 현금흐름, 손익 등의 영업활동 결과가 예상치를 벗어날 가능성으로, 장래 예상하지 못한 손실을 발생시킬 수 있는 불확실성(uncertainty)의 정도를 나타낸다.

리스크와 위험의 차이

흔히 리스크라고 하면 위험(危險)이라는 우리말을 떠올린다. 하지만 위험의 정확한 영어표현은 데인저(danger)이며 리스크는 위험과 다르다. 위험과 리스크 모두 불확실한 상황을 의미하지만 리스크는 관리가 가능하다는 속성이 있기 때문이다. 예를 들어 리스크가 있는 상품 중 하나인 주식에 투자하면 손해를 볼 수 있지만 잘만 관리한다면 수익을 낼 수도 있다. 이게 바로 리스크의 속성이다. 다만 이미 학습했던 용어들에서 전통적으로 위험으로 사용한 용어들(체계적 위험, 무위험이자율, 총위험 등)이 존재하므로 본 장에서는 리스크와 위험을 혼용하기로 한다.

• **리스크** : 기대(expectation)와 달라질 가능성을 말하며, 기대보다 좋아질 가능성과 나빠질 두 가지 가능성 모두를 의미 → 리스크 부담의 대가로 기대수익(return)의 증가라는 보상
• **위험** : 기대보다 더 나빠질 가능성만을 의미 → 위험을 부담함으로써 추가적인 기대수익을 얻는 경우는 거의 없음

리스크관리(risk management)

주어진 리스크한도 내에서, 즉 희소한 자원을 최적으로 배분함으로써 리스크 대비 수익률을 극대화하기 위하여 포트폴리오를 최적화하는 의사결정을 말하며 이를 통해 금융기관의 수익성과 안정성을 동시에 제고 하는 것을 목적으로 한다.

[개념 확인 문제 정답] ① [실전 확인 문제 정답] ②

2 리스크의 종류

개념 확인 문제

▶ 국제결제은행(BIS : Bank for International Settlement)은 시장리스크, 신용리스크, (　　　)를 3대 리스크로 간주하였으며 이를 총위험가중자산으로 보아 BIS 자기자본비율 산정에 이용한다.

① 금리리스크　　　　　　　　　　　　② 운영리스크

실전 확인 문제

▶ 금융투자회사가 직면할 수 있는 리스크와 관련된 설명으로 옳지 않은 것은?

① 신용리스크는 채무자가 채무를 갚지 못하게 되어 발생하는 손실위험이다.
② 운영리스크는 잘못된 내부절차, 인력, 시스템 등에 의하여 발생하는 손실위험이다.
③ 금리, 환율, 주가 변동 등으로 인하여 보유자산 가치가 하락함으로써 입게 되는 손실 가능성을 시장리스크라고 한다.
④ 유동성리스크는 이자율의 불리한 변동에 따라 은행의 순익 또는 자본에 부정적 영향을 줄 수 있는 현재 또는 잠재적 리스크를 의미한다.

정답해설 금리리스크에 대한 설명이며 유동성리스크는 자금운용과 조달기간의 불일치나 예기치 못한 자금유출 등으로 유동성 부족이 발생히여 정상적인 상황보다 높은 금리를 지불하고도 자금 조달이 어려운 경우가 발생할 위험을 의미한다.

개념 짚어 보기

리스크의 종류
- **신용리스크(market risk)** : 거래상대방의 부도, 신용도 하락 등으로 손실이 발생할 위험
- **시장리스크(market risk)** : 금리, 주가, 환율 등의 변동으로 금융기관의 자산에 손실이 발생할 위험
- **금리리스크(interest risk)** : 자산과 부채의 금리변경기일 mismatch로 손실이 발생할 위험
- **유동성리스크(liquidity risk)** : 자산과 부채의 약정만기 mismatch로 손실이 발생할 위험
- **운영리스크(operational risk)** : 부적절하거나 잘못된 내부절차, 인력, 시스템 등으로 손실이 발생할 위험
- **평판리스크(reputational risk)** : 경영부진, 금융사고, 사회적 물의 야기 등으로 손실이 발생할 위험
- **전략리스크(strategic risk)** : 적절한 영업기획, 의사결정, 새로운 환경변화에 적응하지 못하여 발생할 위험
- **법률리스크(legal risk)** : 각종 규제 위반 혹은 규제 개정 등에 의한 인식 부족 등으로 손실이 발생하거나, 부적절한 또는 부정확한 법률 자문 및 서류 작성 등으로 인하여 발생하는 위험

[개념 확인 문제 정답] ② 　　[실전 확인 문제 정답] ④

3 리스크관리 – 내부통제시스템

개념 확인 문제

▶ (   )는 새로 부각되고 있는 개념으로서, 장외파생상품의 포트폴리오에 대한 시장리스크나 수익성을 분석하는 기능 또는 이를 담당하는 리스크관리부서를 말한다.

① back office   ② middle office

실전 확인 문제

▶ 리스크관리위원회의 역할이 아닌 것은?

① 리스크관리시스템 감독   ② 내부통제기구 작동상태 감시
③ 부서별 리스크한도 승인   ④ 리스크보고서 작성 및 개발

정답해설 리스크보고서의 작성 및 개발은 리스크관리부서의 업무이다.

개념 짚어 보기

내부통제(internal control)

BIS나 COSO의 정의에 의하면 내부통제제도는 다음과 같은 세 가지 영역에서 기업이 목표를 달성하는 데 확신(reasonable assurance)을 주기 위하여 이사회, 경영진, 직원 등에 의해 실행되고 있는 지속적인 일련의 내부절차라고 할 수 있다.
- 성과목적의 영역 : 효율적이고 효과적인 업무 운영(operational objective)
- 정보목적의 영역 : 재무정보의 신뢰성(information objective)
- 법규준수목적의 영역 : 법규의 준수(compliance objective)

내부통제시스템 운영체제
- 이사회 : 위험관리전략의 최종적 승인, 리스크관리에 대한 중장기 계획수립 이행정도 점검, 적정성 점검 및 승인, 리스크관리위원회 정책 승인
- 리스크관리위원회(RMC) : 이사회 위임업무 수행, 종합정책 수립 및 관리책임, 회사전체의 리스크한도 설정 및 이사회 승인 획득
- 리스크관리부서 : 리스크 한도 준수 여부 및 감사관련 내용 보고, RMC 정책결정에 필요한 자료와 의견 제시, 리스크 한도 소진 여부 모니터링, 리스크 보고서·시나리오 작성, 리스크척도 예측능력 평가

관련부서의 구분
- 거래담당(front office) : trading부서, 한도 범위 내에서의 거래를 실행 → 일선영업부서, 거래부서, 현업부서
- 리스크관리담당(middle office) : 리스크관리부서(RM)
- 후선담당(back office) : 자금결제, 회계처리, 사후관리 → 지원부서

내부통제시스템 운영체제

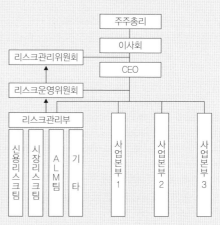

4 금융리스크관리의 교훈과 방향

개념 확인 문제

▶ 베어링은행 닉 리슨(Nick Leeson) 사건의 리스크관리 실패 사례의 주요 원인은 (   )라 할 수 있다.

① 부서별 기능 분리 미비   ② 과거 자료에 대한 지나친 신뢰

실전 확인 문제

▶ 파생상품 투자실패 사례에서 얻을 수 있는 교훈과 거리가 먼 것은?

① 리스크한도를 명확하게 정의할 것
② 시장을 읽을 수 있다고 과신하지 말 것
③ 가치평가의 모형을 전적으로 신뢰할 것
④ 전방부서, 후방부서, 리스크관리부서를 분리시킬 것

정답해설 Chemical Bank나 National Westminster Bank의 사례는 가치평가에 부정확하거나 부적절한 모형을 사용하여 큰 손실을 입었다. 모형을 맹목적으로 신뢰하지 말아야 한다.

개념 짚어 보기

리스크관리 실패 사례와 교훈

• **베어링은행 파산** : 베어링은행 싱가폴 지사의 선물거래 책임자였던 닉 리슨은 자신의 권한을 벗어난 투기적인 불법거래로 인하여 막대한 손실을 기록하였다. 이후 손실을 만회하기 위해 주가상승을 예상하며 주가지수 선물과 옵션에서 거대한 투기적인 포지션을 유지하였으나 예상과 달리 1995년 고베 대지진 여파로 NIKKEI지수가 붕괴하며 13억 달러라는 엄청난 손해를 입고 파산하였다.
  – 영업부서와 후방부서의 업무격리 필요성과 중간관리부서 신설의 필요성 인식
  – 투자한도 위반 및 월권에 대한 감독 소홀(경영진 인식 부족) → 내부관리통제제도와 감독의 중요성 대두
• **메탈게젤샤프트사 파산** : 원유에 대한 장기 현물 공급 계약을 한 후 그 위험을 단기 선물로 헤지하였다가 갱신리스크, 자금조달리스크, 신용리스크로 실패하였다.
  – 과다한 헤징과 선물시장 이해부족
  – 과거 자료에 대한 지나친 신뢰
• **오렌지카운티 파산** : 장기채권에 투자함과 동시에 매입한 장기채를 담보로 Repo시장에서 추가 자금을 단기로 차입하여 다시 장기채에 투자하는 공격적인 운용으로 금리하락 시에는 뛰어난 운용실적을 기록하였다. 하지만 금리가 오르면서 투자자금은 장기채에 묶여있으나 Repo시장에서 빌려온 자금의 만기는 단기였기 때문에 매입한 장기채 가격하락 및 단기금리 상승에 따른 차입비용 급등으로 파산하였다.
  – 듀레이션 갭 관리 미흡
  – 장단기 부채관리 미흡과 급격한 금리상승에 대한 경험부족
  – 높은 레버리지 전략

5 시장리스크 – VaR의 정의

개념 확인 문제

▶ 99% 신뢰수준에서 추정한 VaR가 10억 원 이라면 10억 원보다 더 큰 손실이 발생할 확률은 ( )이다.

① 1%   ② 2.5%

실전 확인 문제

▶ **VaR의 특징에 대한 설명이 옳지 않은 것은?**

① 시가를 반영함으로써 현재의 상태를 정확히 반영한다.
② 통합적 위험수치를 제공하므로 서로 다른 VaR가 계산될 수 없다.
③ 다른 조건이 동일하다면 99% 신뢰수준의 VaR가 95%의 VaR보다 크다.
④ 정상적인 시장여건하에서 주어진 신뢰수준으로 목표기간 동안에 발생할 수 있는 최대손실금 액이다.

정답해설 VaR는 통계처리를 통하여 얻어지는 수치이므로 자료, 가정, 방법론에 따라 동일한 금융자산이나 포트폴리오에 대해 서로 다른 VaR가 계산될 수도 있다.

개념 짚어 보기

VaR(Value at Risk)
• 정상적인 시장에서 주어진 신뢰수준으로 목표기간 동안에 발생할 수 있는 최대손실금액을 의미한다. 만약 향후 N일 이내에 X달러 이상을 손해 보지 않을 것을 신뢰수준 a%에서 확신한다고 했을 때 변수 X가 바로 VaR이다. VaR(95%, 1주일)가 10억 원이라면, 현재 포지션을 유지할 경우 1주일 동안 발생 가능한 손실이 10억 원 이하일 확률이 95%, 10억 원 이상일 확률이 5%라는 의미이다.
• G－30보고서는 리스크관리 측면에서 권고한 지침에서 시장리스크의 측정치로 VaR 접근방법을 사용할 것을 권장하였다. 다양한 통계기법을 사용하여 산출한 VaR값은 시장위험에 대한 포트폴리오의 손실위험을 나타내는 포트폴리오의 시장위험 지표로 사용된다. 또한 VaR값은 시장위험을 감안한 수익성지표를 산출하는 데 사용되기도 한다.
• VaR는 신뢰수준이 높거나 목표기간이 길어질수록 커진다. 바젤위원회는 10일 기준, 99%의 신뢰수준에서 VaR를 측정할 것을 권장한다.
• VaR는 하향손실을 측정하여 보다 구체적으로 위험을 정의할 수 있으며 위험을 금액으로 표현하므로 위험의 합산 및 합산 총위험에 대한 관리가 가능하다.
• N일의 VaR = 1일 VaR $\times \sqrt{N}$

시장리스크 관리방법

구분	개별관리법	통합관리법
개념	리스크를 하나씩 확인하여 개별적으로 관리하는 방법	리스크를 통합하여 잘 분산시켜서 관리하는 방법
사용부서	거래부서(trading office)	중간부서(middle office)
위험측정치	델타, 감마, 베가 등	VaR

[개념 확인 문제 정답] ①   **[실전 확인 문제 정답]** ②

6 시장리스크 – VaR의 추정

개념 확인 문제

▶ (   )은 과거 자료를 이용하여 분산과 공분산을 추정하고 이 값들을 이용하여 VaR를 계산하는 방법으로, 모든 자산의 수익률이 정규분포를 따른다고 가정한다.

① 모수적 방법   ② 비모수적 방법

실전 확인 문제

▶ A기업의 과거 일별수익률 100개의 평균과 표준편차가 각각 0.5%와 1.5%이다. A기업 1주의 가격은 100,000원이고 수익률의 5퍼센타일은 −5.25%라고 가정할 때 비모수적 방법으로 평균기준 VaR를 산출한 값은?

① 5,750원   ② 5,895원

③ 5,940원   ④ 6,150원

정답해설 VaR(mean)=(100,000×1.005)−100,000×(1−0.0525)=5,750원

개념 짚어 보기

VaR를 계산하는 방법
- $Var(mean)$: 기대수익률 또는 평균을 중심으로 하는 VaR(평균기준) 방법 → 통상적으로 많이 사용
- $Var(zero)$: 자산가치가 변동하지 않고 그대로일 때를 기준으로 하는 VaR(절대손실) 방법

VaR의 추정
- 모수적 방법(parametric approach) : 정규분포를 가정하고 공식을 이용하여 σ로부터 VaR를 계산하는 방법으로 모형 기반 접근방법, 분석적 분산·공분산 방법, 델타·노말 방법 등 여러 용어로 불려진다.

$$VaR(mean)=a \times \sigma \times V_0$$
$$VaR(zero)=(a\sigma-\mu) \times V_0$$

- 비모수적 방법(non−parametric approach) : 비모수적 방법의 VaR는 포트폴리오의 미래가치의 확률분포가 특정한 분포를 이룬다고 제한하지 않음으로써 일반적인 모든 분포에 적용할 수 있는 방법이다.

$$VaR(mean)=E(V)-V^*=E(V)-V_{(100-e)percentile}$$
$$VaR(zero)=V_0-V^*=V_0-V_{(100-e)percentile}$$

[**개념 확인 문제** 정답] ①   [**실전 확인 문제** 정답] ①

7 시장리스크 – VaR의 합산과 분해(1)

개념 확인 문제

01 두 자산 간에 완전 부(−)의 관계가 성립하면 분산효과는 가장 (   )이며, 포트폴리오 리스크가 (   ).

① 최대, 작아진다   ② 최소, 커진다

02 A주식에 100억 원을 투자한 포지션의 VaR를 95%의 신뢰수준에서 계산하면 (   )이다. 단, 표준편차는 3%이다.

① 4.95억 원   ② 5.25억 원

실전 확인 문제

▶ Y자산의 개별 VaR는 30억 원, B자산의 개별 VaR는 50억 원이다. 두 자산의 상관계수가 0.5라면 분산효과로 인한 VaR 감소액은 얼마인가?

① 8억 원   ② 10억 원
③ 11억 원   ④ 12억 원

정답해설 $VaR_P = \sqrt{30^2 + 50^2 + 2 \times 0.5 \times 30 \times 50} = 70$억 원
분산효과 $= 30 + 50 - 70 = 10$억 원

개념 짚어 보기

개별자산 i의 VaR와 포트폴리오 VaR

$$VaR_i = a \times V_i \times \sigma_i$$
$$VaR_P = \sqrt{VaR_A{}^2 + VaR_B{}^2 + 2p_{AB} \times VaR_A \times VaR_B}$$

- a : 신뢰수준의 상수   • V_i : 포지션의 가치
- σ : 표준편차(변동성)   • p_{AB} : A와 B자산의 상관계수

개별 VaR와 포트폴리오 VaR 분산효과

$$VaR의 감소액 = VaR_A + VaR_B - VaR_P$$

- 상관계수 1 : 두 자산은 완전 정의 상관관계 → 분산효과 '0' → $VaR_P = VaR_A + VaR_B$ → 위험감소 (×)
- 상관계수 0 : 두 자산은 독립적 → 분산효과 존재 → $VaR_P = \sqrt{VaR_A{}^2 + VaR_B{}^2}$ → 위험감소 (○)
- 상관계수 −1 : 두 자산은 완전 부의 상관관계 → 분산효과 최대 → $VaR_P = |VaR_A + VaR_B|$ → 위험감소 최대

[개념 확인 문제 정답] 01 ①   02 ①   **[실전 확인 문제 정답]** ②

8 시장리스크 – VaR의 합산과 분해(2)

개념 확인 문제

▶ 자산의 공헌 VaR가 0보다 작은 경우는 그 자산으로 인한 포트폴리오 위험 (   )를 의미한다.

  ① 증가   ② 감소

실전 확인 문제

▶ Y중공업 주식의 개별 VaR는 50이고, R해운 주식의 개별 VaR는 100일 경우 상관계수가 0.2 이면 Y중공업 주식의 공헌 VaR는 얼마인가?

  ① 120   ② 37.9

  ③ 28.2   ④ 29.2

정답해설   • 포트폴리오의 $VaR = \sqrt{50^2 + 100^2 + 2 \times 0.2 \times 50 \times 100} = 120$

           • Y자산의 공헌비율 $= \dfrac{50^2 + 0.2 \times 50 \times 100}{120^2} = 0.243055$

           • 공헌 $VaR = 120 \times 0.243055 = 29.1666$

개념 짚어 보기

공헌 VaR

• 전체 포트폴리오 위험에서 각각의 개별자산이 차지하는 위험의 크기이다. 개별주식 공헌 VaR의 합은 포트폴리오 VaR와 같다.

• 공헌 VaR가 음수(−)면 해당 개별자산의 포지션이 추가됨으로 인하여 포트폴리오 위험이 감소한다는 것을 의미한다.

• 공헌 VaR는 포트폴리오 VaR와 공헌비율의 곱으로 계산된다.

$$A\text{자산의 공헌비율} = \frac{VaR_A{}^2 + p_{AB} \times VaR_A \times VaR_B}{VaR_P{}^2}$$

$$B\text{자산의 공헌비율} = \frac{VaR_B{}^2 + p_{AB} \times VaR_A \times VaR_B}{VaR_P{}^2}$$

한계 VaR

특정 자산이 포함된 포트폴리오 VaR에서 특정 자산이 제외된 포트폴리오 VaR 간의 차이를 말하며 포트폴리오 위험을 감소시키기 위하여 제거해야 할 포지션을 결정할 때 이용한다.

$$A\text{주식의 한계 } VaR = VaR_P - VaR_B$$

$$B\text{주식의 한계 } VaR = VaR_P - VaR_A$$

[**개념 확인 문제** 정답] ②   [**실전 확인 문제** 정답] ④

9 시장리스크 – 자산별 VaR 추정(1)

개념 확인 문제

01 A주식의 포트폴리오의 투자금액은 1,000만 원이고, 베타는 1.2, 시장 포트폴리오의 일일변동성은 6%일 경우 95% 신뢰수준에서 A주식의 개별 VaR는 (   )이다.

① 112
② 118.8

02 현재 원－달러 환율이 1,100원이고, 한국기업은 1만 달러를 보유하고 있다. 환율의 일일변동성이 0.75%일 때 95% 신뢰수준에서 한국기업의 외환 VaR는 (   )이다.

① 136,125
② 145,026

실전 확인 문제

▶ 채권의 가격이 10,000원이고 듀레이션이 2.1년이다. 현재 채권수익률은 5%, 수익률 일별 변동의 표준편차가 1%이다. 채권의 95% 신뢰수준에서 9일 VaR를 구하면?

① 840원
② 850원
③ 990원
④ 1,000원

정답해설 $VaR = 1.65 \times 10,000 \times \dfrac{2.1}{(1+0.05)} \times 0.01 \times \sqrt{9} = 990원$

개념 짚어 보기

주식의 VaR

주식 포트폴리오의 VaR를 계산하는 방법은 포트폴리오에 포함된 개별주식의 변동성과 개별주식 간의 상관계수를 모두 이용하는 완전공분산 방법이다.
$VaR = 투자금액 \times 신뢰수준 \times 일일변동성 → 일일변동성 = 시장변동성 \times 베타$

외환자산의 VaR

위험에 노출된 금액이 계산되면 환율이 얼마나 변할 수 있는지를 고려하여 위험에 노출된 금액을 원화로 계산하여 구한다.
$VaR = 투자금액 \times 신뢰수준 \times 일일변동성 → 투자금액은 달러를 원화로 변경한 후 계산$

채권의 VaR

채권가격의 변화율은 수익률의 변화와 리스크측정치의 의미를 가지는 수정듀레이션의 곱으로 계산된다.
$VaR = 투자금액 \times 신뢰수준 \times 채권변동성 → 채권변동성 = 일일변동성 \times 수정듀레이션$

10 시장리스크 – 자산별 VaR 추정(2)

개념 확인 문제

01 기초자산이 미래상사 주식이며 현재주가가 5만 원인 주식의 연간 변동성은 25%(연간 거래일 수 218일로 가정), 콜옵션의 델타는 현재 0.4라고 할 때, 기초자산인 미래상사 주식의 VaR는 ( ), 현재가격이 43,000원인 미래상사 콜옵션의 VaR는 ( )이다(단, 보유기간 1일, 신뢰수준 95%를 가정한다).

① 1,397원, 559원

② 1,425원, 581원

02 옵션은 여러 가지 위험요인들의 비선형함수이므로 옵션가격과 기초자산가격 간의 2차 곡률까지 반영하는 ( ) 방법을 사용하면 VaR의 정확성이 향상된다.

① 델타−감마

② 델타−노말

실전 확인 문제

▶ 옵션의 VaR에 대한 설명으로 옳지 않은 것은?

① 콜옵션 VaR를 계산할 때 기초자산의 표준편차와 델타를 이용할 수도 있다.

② 델타−노말 방법을 적용하면 매입포지션과 발행포지션의 VaR가 다르게 계산된다.

③ 옵션의 VaR를 계산할 때 콜옵션의 가격을 사용하지 않고 기초자산의 가격을 사용할 수 있다.

④ 옵션가격이 여러 가지 요인들의 비선형함수이므로 비선형성도 포함한 델타−감마 방법을 이용하게 된다.

정답해설 실제로 매입포지션과 매도포지션의 위험은 다른데, 델타−노말 방법을 적용하면 각각의 VaR가 동일하게 계산된다.

개념 짚어 보기

옵션의 VaR(델타−노말 VaR)

• 콜옵션 VaR 계산 시 콜옵션의 가격을 사용하지 않고 기초자산의 가격을 사용한다(델타−노말 방법에 의한 방법).

• 매수포지션의 VaR와 매도포지션의 VaR는 동일하다.

• 옵션은 정규분포를 따르지 않는 비선형 파생상품이므로 옵션의 시장리스크를 정확하게 평가하지 못한다는 문제점이 따른다.

$$콜옵션\ VaR = VaR(기초자산\ \Delta주 + 차입) \approx VaR(기초자산\ \Delta주)$$
$$= VaR(기초자산\ 1주) \times \Delta$$

[개념 확인 문제 정답] 01 ① 02 ①　**[실전 확인 문제 정답]** ②

11 시장리스크 – 변동성 추정

개념 확인 문제

▶ 리스크 측정에서 중요한 부분은 바로 변동성의 추정이다. 이러한 변동성 추정방법에서 (   )
은 과거수익률에 동일한 가중치를 부여하여 그 정보를 충실히 반영하지 못한다는 단점이 있다.

① 단순이동평균법   ② EWMA법

실전 확인 문제

▶ 지수가중이동평균법(EWMA)에 대한 설명으로 옳지 않은 것은?

① EWMA법은 계수 델타를 도입하여 변동성을 계산한다.

② EWMA의 소멸계수는 0과 1 사이의 값을 갖고 1에 가까울수록 작은 가중치를 가진다.

③ EWMA법은 최근 수익률의 변화에 보다 많은 가중치를 부여하므로 변동성 군집현상을 적
절히 반영한다.

④ 위험요인이 급격하게 변하는 경우 단순이동평균법에 의한 추정치보다 위험요인의 변화를 빠
르게 반영할 수 있다.

정답해설 EWMA법은 최근의 수익률의 변화에 보다 많은 가중치를 부여하는 모형으로 이를 위하여 소멸계수를 도입하
였다.

개념 짚어 보기

단순이동평균법
일정기간 이동기간을 설정하고 그 기간 동안 단순이동평균치를 구하여 변동성을 추정한다.

지수가중이동평균법(EWMA)
JP 모건의 리스크메트릭스에서 사용하는 방식으로 역사적 변동성을 계산할 때 시장에 충격을 준 과거의 일시적 사건이 변동
성에 영향을 주어 계산 기간 중 계속 영향을 미치는 유령효과를 줄이기 위하여 현재에 가까운 과거가 먼 과거보다 현재에 더
많은 영향을 끼칠 것이라는 전제하에 과거 값보다 현재 값에 더 비중을 두어 계산하는 방법이다. 소멸계수는 0과 1 사이의 값
을 가지며 이 값이 작을수록 변동성이 크다.

$$\sigma_t^2 = \lambda\sigma_{t-1}^2 + (1-\lambda)r_t^2$$

- λ : 소멸계수
- σ_{t-1}^2 : 전기추정분산
- σ_t^2 : 현재추정분산
- r_t^2 : 최근수익률의 제곱

12 시장리스크 – VaR 측정방법(1)

개념 확인 문제

01 (   )는 모든 금융자산 및 포트폴리오의 수익률이 정규분포를 따른다고 가정하고 과거 자료를 이용하여 분산과 공분산을 추정한 후 이를 통하여 VaR를 구하는 방법이다.

① 분석적 분산–공분산 방법   ② 몬테카를로 시뮬레이션법

02 역사적 시뮬레이션은 시장변수들의 과거 변화에 기초하여 실제 가격을 이용하는 완전가치평가방법으로 시뮬레이션을 함으로써 VaR를 계산한다.

① ○   ② ×

실전 확인 문제

▶ 몬테카를로 시뮬레이션 방법에 대한 설명이 옳지 않은 것은?

① 실제 가격을 이용하므로 비선형성을 수용할 수 있는 방법이다.

② 정확한 옵션가격 공식을 도출할 수 없는 옵션의 가치를 평가하는 데 특히 유용하다.

③ 특정한 확률과정을 선택하고 이를 기초로 시뮬레이션을 통해 가격변화과정을 생성하여 VaR를 구한다.

④ 시장가격에 대하여 적합한 확률모형을 찾을 수만 있다면 VaR를 측정하는 데 있어 가장 유용한 방법이다.

정답해설 실제 가격을 이용하여 비선형성을 수용할 수 있는 방법은 역사적 시뮬레이션 방법이며 몬테카를로 시뮬레이션 방법은 일정 확률모형을 선택하여 모든 변수에 대한 가상적인 가격변화를 시뮬레이션 한다.

개념 짚어 보기

VaR 측정방법의 종류

• **역사적 시뮬레이션** : 과거의 자료를 이용하여 현재 포트폴리오의 변동과 비교 계산하는 방법
  – 쉽게 측정이 가능하며 비선형 수익구조를 가진 상품에도 사용
  – 변동성이 임의적으로 증가한 경우 측정치가 부정확함
  – 표본기간의 길이에 지나치게 의존하며 과거자료가 없는 자산에는 추정 불가
• **몬테카를로 방법** : 위험변동 요인을 구한 후 포지션의 가치변동 수치의 확률적 분포를 반복 실험한 통계로부터 구하는 방법
  – 비선형성, 내재변동성의 변화 등을 모두 고려하나 시간과 계산비용이 많이 소요
  – 완전가치평가방법으로 측정
• **델타–노말 분석법** : 민감도를 이용하여 포지션의 가치변동을 추정하는 방법 → 주가는 베타, 채권은 수정듀레이션, 옵션은 델타를 이용
• **스트레스검증법(위기상황분석)** : 미래의 극단적인 상황을 가정하여 급변하는 경우를 측정하는 방법
  – 과거의 데이터가 없어도 가능하나 과학적 계산이 어려우며 리스크의 상관관계를 제대로 표현하지 못함
  – 완전가치평가방법으로 측정

[개념 확인 문제 정답] 01 ① 02 ① **[실전 확인 문제 정답]** ①

13 시장리스크 – VaR 측정방법(2)

개념 확인 문제

01 (　　　)은 위험요인의 분포에 대한 가정을 필요로 하지 않는다.

① 역사적 시뮬레이션　　　　　　　　　② 몬테카를로 시뮬레이션

02 (　　　)은 선형관계를 갖는 금융자산에 대해 이용된다.

① 역사적 시뮬레이션　　　　　　　　　② 델타－노말 방법

03 (　　　)은 시간과 계산비용이 많이 들고 모형위험이 크다는 단점이 있다.

① 분석적 분산－공분산 방법　　　　　② 몬테카를로 시뮬레이션

실전 확인 문제

▶ **VaR 측정방법들을 비교한 것으로 적절하지 못한 것은?**

① 몬테카를로 시뮬레이션 방법은 시간과 비용이 많이 든다.

② 분석적 분산－공분산 방법은 가치평가 모형이 필요하지 않다.

③ 역사적 시뮬레이션 방법은 실제분포의 두터운 꼬리를 반영하지 못한다.

④ 몬테카를로 시뮬레이션 방법은 민감도분석을 하기 쉽다는 장점을 가지고 있다.

정답해설 역사적 시뮬레이션 방법은 두터운 꼬리와 극한 사건들을 고려할 수 있다는 장점을 가지고 있다.

개념 짚어 보기

VaR 측정방법의 비교

구분	완전가치모형	정규분포	민감도/위기분석	옵션평가	기타
분석적 분산－공분산	반드시 필요하지는 않음	요구	불가	못함	분포위험, 속도 최대
몬테카를로 시뮬레이션	요구	필요	가능	탁월	모형위험, 비용 · 시간 최대
역사적 시뮬레이션	요구	불필요	불가		

14 시장리스크 – 위기상황분석과 사후분석

개념 확인 문제

01 위기상황분석의 첫 단계는 시나리오 생성으로 현재 금융자산 또는 포트폴리오 포지션에 (   )의 시나리오를 설정하는 것이다.

① 최고   ② 최악

02 사후검증은 보통 1일 보유기간과 (   ) 신뢰수준을 기준으로 (   )일(1년 기준) 동안 추정한 VaR와 실제의 이익과 손실을 매일 비교하여 실제의 이익과 손실이 VaR를 초과하는 횟수를 기초로 이루어진다.

① 95%, 180   ② 99%, 250

실전 확인 문제

▶ 위기상황분석에 대한 설명으로 옳지 않은 것은?

① VaR 분석의 한계에 대한 대안으로는 사용할 수 없다.

② 시나리오 생성, 포지션가치의 재평가, 결과 요약의 3단계로 진행된다.

③ 주요변수가 극단적으로 변할 수 있는 상황을 미리 시나리오로 설정한다.

④ 생성된 시나리오를 기초로 모든 금융자산의 시가를 계산하여 포지션을 재평가한다.

> **정답해설** 위기상황분석은 정상시장을 가정하고 계산한 VaR가 주요 변수들의 수치가 급격히 변하는 위기상황에서의 위험을 적절하게 반영하지 못한다는 점을 감안한 것으로, 미래의 예상치 못한 상황으로 인하여 포지션에 손실이 날 수 있는 상황을 미리 대비한다는 데 의의가 있으며 VaR 분석을 보완하는 방법으로 이용될 수 있다.

개념 짚어 보기

위기상황분석(stress-test)

변수들 간의 상관관계를 고려한 시나리오를 바탕으로, 주요 변수들의 극단적인 변화가 포트폴리오에 미치는 영향을 시뮬레이션 하는 기법이다. 주요 변수가 극단적으로 변할 수 있는 상황을 미리 시나리오로 설정한 후 이 변화가 포트폴리오의 가치에 미치는 영향을 분석하는 것으로 미래의 예상하지 못한 상황으로 인해 포지션에서 손실이 날 수 있는 상황을 미리 대비해 VaR 분석을 보완하는 방법으로 이용한다.

사후검증(backtesting)

- 일정기간 동안 자료를 축적하여 VaR를 계산하는 모형의 정확성을 검증하는 과정
- 검증의 절차
  - VaR 모형을 이용하여 일정한 간격으로 VaR를 추정
  - 매일의 실제가격을 이용하여 포트폴리오의 이익과 손실을 계산
  - 일정기간 동안의 VaR 추정치와 이익과 손실을 정기적으로 비교
  - 이익과 손실이 VaR 추정치를 초과하는 일수 또는 비율을 계산하여 모형의 적정성 여부 판단

[**개념 확인 문제 정답**] 01 ② 02 ②   [**실전 확인 문제 정답**] ①

15 시장리스크 – VaR 측정 시 고려사항

개념 확인 문제

▶ 신뢰수준은 가격움직임이 일정한 범위 내에서 있을 확률(95%, 97%, 99% 등)을 의미하는데 신뢰수준이 커지면 VaR값은 (   )한다. 목표기간(보유기간)은 보유하고 있는 포지션을 정상적으로 매도하거나 헤지하는데 소요되는 기간(1일, 2일, 10일, 1개월 등)을 의미하며 보유기간이 길수록 VaR값은 (   )한다.

① 증가, 증가   ② 감소, 감소

실전 확인 문제

▶ VaR를 계산하기 위한 신뢰수준과 목표보유기간에 대한 내용으로 적절하지 않은 것은?

① 최소요구자본이 증가하면 금융기관의 건전성은 향상되나 수익성은 악화된다.
② 신뢰수준이 낮으면 VaR 시스템의 정확성 검증을 위한 사후검증의 실시에 오랜 기간이 소요된다.
③ 보유기간이 짧을수록 VaR를 보다 자주 계산해야 하므로 비용이 증가하게 되어 감독비용이 증가한다.
④ 보유기간이 1일 이상인 경우에 1일 수익률을 사용하여 1일 VaR를 계산한 뒤 이를 보유기간으로 변환시킨다.

정답해설 신뢰수준이 높은 경우 VaR 시스템의 정확성을 검증하는 사후검증을 실시하는 데 오랜 기간이 걸린다.

개념 짚어 보기

신뢰수준과 목표기간 선택

• 신뢰수준 : 신뢰수준은 금융거래에서 발생하는 손실이 VaR를 넘지 않을 확률을 의미한다. 신뢰수준이 높을수록 VaR가 크게 계산되어 필요한 최소요구자본 역시 증가한다. 신뢰수준은 금융시스템의 안정성과 최소요구자본이 수익률에 미치는 역효과 간의 상관관계를 반영하여 결정된다.
• 보유기간 : 금융기관이 보유한 금융자산 및 포트폴리오에 대한 정책에 의하여 결정된다. VaR는 주어진 신뢰수준에서 목표보유기간 동안 예상되는 최대의 손실을 뜻하므로 금융기관이 결정하는 보유기간은 포트폴리오의 성격과 VaR의 사용목적에 따라 설정하여야 한다.

VaR의 필요성

기존의 위험측정치(베타, 듀레이션, 감마, 베가 등)는 위험에 대한 수치를 제공하고 있으나, 투자자들의 궁극적인 관심사인 손실가능금액은 제공하지 못하고 있다. 이에 비하여 VaR는 기업의 투자위험으로 이용되는 위험측정치 대신에 분명하고도 이해하기 쉬운 손실가능금액을 제시함은 물론 여러 부서에서 관리하고 있는 기업의 투자위험을 기업 전체적인 입장에서 통합하는 수단이 되고 있다.

VaR 선호 이유(변동성과 비교)

• VaR는 정규분포에 대한 가정을 반드시 필요로 하지 않는다.
• VaR는 하향손실에 초점을 맞추어 계산되므로 변동성보다 직관적이다.
• VaR를 이용하면 목표신용등급을 유지하기 위한 소요자기자본을 계산하기 용이하다.

16 금리리스크 – 재가격갭 분석

개념 확인 문제

▶ 재가격갭(repricing gap)은 금리변화에 따른 (　　　)의 민감도 지표라 할 수 있으며 금리재설정리스크의 규모와 방향을 알려준다.

① 자산 · 부채 시장가치　　　　　　　　　　② 순이자이익

실전 확인 문제

▶ 금융기관의 재무상태표가 다음과 같을 때 재가격갭을 계산하면? (단, 재설정기간은 1년으로 한다.)

자산		부채, 자기자본	
1년 만기 소비대출	70	보통예금(이자율, 0%)	80
2년 만기 소비대출	30	3개월 만기 CD	40
6개월 만기 국채	40	1년 만기 정기예금	30
3년 만기 국채	60	2년 만기 정기예금	30
30년 만기 주택대출 (6개월 변동금리)	40	자기자본	50

① 60　　　　　　　② 70　　　　　　　③ 80　　　　　　　④ 90

정답해설　$GAP = RSA - RSL = 150 - 70 = 80$

개념 짚어 보기

재가격갭 분석

재무상태표에서 자산과 부채항목의 금리리스크를 관리하는 ALM(비거래계정의 리스크관리)의 기법 중 하나이다. 재가격갭이란 향후 일정기간 이내에 금리가 변할 것으로 예상되는 자산과 부채의 장부가격 기준의 차이를 말한다. 금리상승 예상 시 갭을 확대시키고, 금리하락 예상 시 갭을 감소시키는 전략을 취한다.

$$GAP = RSA - RSL$$

- RSA : 금리민감자산
- RSL : 금리민감부채

- 양(+)의 갭 = 금리민감자산의 금액이 클 경우(RSA > RSL) → 금리상승 시 순이자소득 증가
- 음(−)의 갭 = 금리민감부채의 금액이 클 경우(RSA < RSL) → 금리상승 시 순이자소득 감소

재가격갭의 단점

장부가치 기준으로 계산되므로 시장가치효과를 무시하며 부외항목의 현금흐름을 포함하지 못한다. 재설정기간 내에서 자산과 부채의 만기 분포차이와 금리의 변화가 자산과 부채의 시장가치에 미치는 영향을 무시한다.

[개념 확인 문제 정답] ②　　[실전 확인 문제 정답] ③

17 금리리스크 – 듀레이션갭 분석

개념 확인 문제

▶ 자산의 듀레이션이 2년이고 시장가치가 120억 원이며 부채의 시장가치는 100억 원일 경우 순자산을 면역화하기 위한 부채의 듀레이션은 (   )이다.

① 2.4   ② 3.6

실전 확인 문제

▶ A회사의 자산은 현금 80억 원(듀레이션 0), 단기자산 200억 원(듀레이션 0.5년), 장기자산 220억 원(듀레이션 2년), 부채는 예금 30억 원(듀레이션 0), 단기부채 60억 원(듀레이션 1년), 장기부채 150억 원(듀레이션 4년)으로 구성되고 자기자본은 90억 원이다. 이때 금리가 일률적으로 10%에서 11%로 변화한다면 A회사의 자기자본가치는 어떻게 변화하는가?

① 1.09억 원 감소   ② 1.09억 원 증가
③ 2.04억 원 감소   ④ 2.04억 원 증가

정답해설 • $D_A = 0 \times \frac{80}{500} + 0.5 \times \frac{200}{500} + 2 \times \frac{220}{500} = 1.08$년   자산듀레이션 갭 : $500 \times 1.08 = 540$

• $D_L = 0 \times \frac{30}{240} + 1 \times \frac{60}{240} + 4 \times \frac{150}{240} = 2.75$년   부채듀레이션 갭 : $240 \times 2.75 = 660$

• $\triangle E = -\left[1.08 - \frac{240}{500} \times 2.75\right] \times 500 \times \frac{0.01}{(1+0.1)} = 1.09$

개념 짚어 보기

듀레이션갭 분석(DGAP : Duration Gap)

금리변화가 자산 및 부채의 순현재가치에 미치는 영향을 듀레이션이라는 개념을 사용하여 측정하는 기법으로 시장가치효과를 고려함과 동시에 자산과 부채의 실질적인 만기 차이를 고려하는 방법이다. 듀레이션은 이자 및 원금이 지급되는 시점을 동 이자 및 원금의 현재가치로 가중평균한 만기를 뜻한다.

$$\Delta E = -[D_A - x \times D_L] \times A \times \frac{\Delta r}{(1+r)}$$

• D_A : 자산의 듀레이션   • D_L : 부채의 듀레이션
• x : 금융투자회사의 부채구성비율   • A : 금융투자회사의 규모
• $D_A - x \times D_L$: 듀레이션갭   • $\frac{\Delta r}{(1+r)}$: 금리변화의 정도

[개념 확인 문제 정답] ①   [실전 확인 문제 정답] ①

18 신용리스크의 이해

개념 확인 문제

▶ 국제결제은행(BIS)은 신용리스크를 거래상대방이 약정된 조건에 따라 채무를 이행하지 못하여 입는 경제적 손실 가능성으로 정의하며 보통 시장리스크보다 측정기간이 (   ).

① 길다   ② 짧다

실전 확인 문제

▶ 신용리스크와 시장리스크를 비교한 것으로 옳지 않은 것은?

	구분	신용리스크	시장리스크
①	리스크 원천	시장리스크, 채무불이행리스크	시장리스크
②	기간	보통 1년	1일 또는 며칠
③	수익률 분포	대칭분포	비대칭분포
④	법률리스크	큼	거의 없음

정답해설 보통 시장리스크의 수익률 분포는 옵션을 제외하고(비선형 자산) 정규분포를 이루며 신용리스크는 정규분포를 따르지 않는다.

개념 짚어 보기

신용리스크의 의의
거래상대방이 계약조건에 의한 채무를 이행하지 못할 때 발생되는 경제적 손실 가능성을 의미하며 좁은 의미로는 단순한 채무불이행을 의미하지만 넓은 의미로는 신용등급하락리스크를 포함한다. 목표기간을 길게 잡아 보통 1년을 기준으로 측정한다.

신용리스크와 시장리스크의 차이점
• 시장리스크의 경우 동일한 상품의 가격변화 자료를 시장에서 반복적으로 수집할 수 있는데 비해 신용리스크의 경우 동일한 기업의 과거 부도통계 자료가 미비하며 차주 간의 상관관계를 측정하기에는 어려움이 있다.
• 손실분포는 시장리스크의 수익률분포와 달리 비대칭적이고 두터운 꼬리를 갖기 때문에 시장리스크보다 예상외손실의 측정이 쉽지 않다.
• 부도의 발생빈도가 적으나 부도시 손실은 크기 때문에 신용리스크의 손실확률분포는 정규분포를 가정하는 경우 주어진 평균과 표준편차만으로 예상외손실 측정 시 오차가 크게 발생하기 때문에 시뮬레이션을 통하여 손실분포를 산출해야 한다.
• 지급보증, 담보 또는 상계약정 등 다양한 형태의 신용보완(credit enhancement) 조치가 가능하여 상품의 신용리스크 구조가 복잡하다.

19 신용리스크의 측정

개념 확인 문제

▶ (   )은 금융기관의 영업 수행상 불가피한 것이므로 영업비용으로 인식하며 (   )은 발생 가능성은 작지만 일단 발생하면 그 규모가 상당히 커서 금융기관의 입장에서는 자본으로 흡수할 수밖에 없다.

① 예상외손실, 예상손실   ② 예상손실, 예상외손실

실전 확인 문제

▶ 금융기관이 A, B 차주에게 각각 35억 원, 45억 원을 대출하였고 각각의 신용등급에 따른 과거의 부도율, 회수율이 다음과 같다고 할 때, 포트폴리오 기대손실로 옳은 것은?

구분	대출	신용등급	과거 신용등급부도율	과거 회수율
차주 A	35억 원	BBB	0.03	70%
차주 B	45억 원	BB	0.025	55%

① 0.821억 원   ② 1.1억 원
③ 1.102억 원   ④ 1.208억 원

정답해설
- A의 기대손실＝0.03×35억 원×(1−0.7)＝0.315억 원
- B의 기대손실＝0.025×45억 원×(1−0.55)＝0.506억 원
- 포트폴리오 기대손실＝0.315억 원＋0.506억 원＝0.821억 원

개념 짚어 보기

신용리스크 요인(risk factor)
- 익스포저(EAD : Exposure At Default) : 특정 거래상대방이 부도를 발생시킬 경우, 이로 인하여 은행이 입을 수 있는 손실금액
- 채무불이행확률(PD : Probability of Default) : 부도율
- 채무불이행손실률(LGD : Loss Given Default) : 채무불이행으로 회수하지 못하는 손실을 비율로 표시한 것으로 1에서 회수율을 차감하여 구함

신용리스크의 측정

구분	예상손실(EL)	예상외손실(UL)
의미	개별차주의 부도가능성으로 인해 발생할 수 있는 금전적 손실위험	예상치 못한 경기악화 등 거시적 요인으로 발생하는 차주의 부도에 의한 금전적 손실위험
측정 방법	$EL=PD\times EAD\times LGD$	$UL=\alpha\times\sigma\times EAD\times LGD$ • α : 신뢰수준 반영 상수 • σ : 가격변동성 → $\sqrt{부도확률\times(1-부도확률)}$

20 채무불이행확률 추정

개념 확인 문제

01 1년 누적채무불이행률이 2%, 2년 누적채무불이행률이 5%인 경우 2차연도 한계채무불이행률은 (   )이다.

① 0.0306%   ② 0.75%

02 신용평가기관이 신용등급을 부여하고 등급별 채무불이행확률을 분석하는 방법을 (   )라 한다.

① 위험중립가치평가법   ② 보험통계적 방법

실전 확인 문제

▶ 1,200개 기업 중에서 1차연도에 75개, 2차연도에 45개, 3차연도에 99개가 채무불이행되었다고 할 때, 3차연도의 한계채무불이행확률과 3년 생존율은 얼마인가?

① 7%, 62.4%   ② 8%, 87.05%
③ 9%, 90%   ④ 9.16%, 81.75%

정답해설   연도별 한계채무불이행 과정

- 1차연도 한계채무불이행$=\dfrac{75}{1,200}=6.25\%$
- 2차연도 한계채무불이행$=\dfrac{45}{1,125}=4\%$
- 3차연도 한계채무불이행$=\dfrac{99}{1,080}=9.16\%$

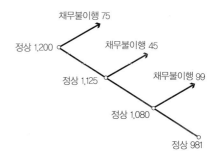

개념 짚어 보기

한계채무불이행확률(marginal default rate)

t년 중에 채무불이행한 기업의 수를 t년 초 기준으로 채무불이행하지 않은 기업의 수로 나누어 구하며 선도채무불이행률 또는 조건부채무불이행률이라 부르기도 한다.

시장가격으로 추정하는 방법

위험중립가치평가법(risk neutral valuation method)으로부터 채무불이행을 추정하는 방법이다.

$$\pi = \frac{1}{LGD} \times \left(1 - \frac{1+r}{1+y}\right)$$

- r : 무위험이자율   - y : 만기수익률   - LGD : 회수율

[개념 확인 문제 정답] 01 ①   02 ②   [실전 확인 문제 정답] ④

21 Z-score모형(부도예측모형)

개념 확인 문제

▶ Z-score모형은 다섯 개의 설명 변수를 이용하는데 그 중 (   )은/는 단기채무상환능력을 반영하는 비율이다.

① 순운전자본 / 총자산   ② 매출액 / 총자산

실전 확인 문제

▶ Z-score모형에 의한 판정결과 판정불가 영역이 1.2 ~ 2.35인 판별값을 도출하였다. 건전기업으로 판명되는 기업의 판별값은?

① 1.01   ② 1.23

③ 2.35   ④ 3.00

정답해설 숫자가 높을수록 건전하므로 판정결과 판정불가 영역을 초과한 값을 가진 기업이 건전기업으로 판명된다.

개념 짚어 보기

Z-score모형

다변량 판별분석(multivariate discriminant analysis)을 이용하여 개발되었는데, 이 분석방법은 그룹 간의 분산(between-group variance)을 최대화하면서 동시에 그룹 내의 분산(within-group variance)을 최소화하는 기법이다. 숫자가 클수록 부도 가능성이 낮다는 것을 의미한다.

$$Z = 1.2X_1 + 1.2X_2 + 3.3X_3 + 0.6X_4 + 1.0X_5$$

비율의 정의와 용도

- 유동성 측정(X_1=순운전자본 / 총자산) : 유동성(liquidity)이란 단기간 내에 정상적인 가격으로 현금화할 수 있는 가능성을 말한다. 순운전자본은 유동자산에서 유동부채를 차감한 금액으로 측정하며 따라서 순운전자본이 양의 값을 갖는다는 것은 유동자산으로 유동부채를 상환할 여유가 있음을 나타낸다.
- 지급능력 측정(X_2=이익잉여금 / 총자산) : 이익잉여금은 기업이 벌어들인 이익 중 주주에게 배당되지 않고 회사에 유보된 이익이다. 이익잉여금이 클수록 기업은 원활하게 채무를 상환할 수 있다.
- 수익성 측정(X_3=EBIT / 총자산) : 영업이익은 기업이 주된 영업활동, 즉 사업구조로 인하여 창출된 성과이다. 영업이익이 많으면 많을수록 채무상환능력이 높다고 볼 수 있다.
- 레버리지 측정(X_4=자기자본의 시장가치 / 총부채의 장부가치) : 부채 대비 시가총액비중이 클수록 외부에서 유상증자 등을 통하여 부채를 원활하게 상환할 수 있다.
- 활동성 측정(X_5=매출액 / 총자산) : 활동성은 경영자가 기업가치를 극대화하기 위하여 자산을 얼마나 활발하게 운용하고 있는가를 측정한다. 자산 대비 매출액이 높을수록 기업의 이익창출여력과 채무상환능력은 커진다.

[개념 확인 문제 정답] ①   [실전 확인 문제 정답] ④

22 신용집중리스크의 측정

개념 확인 문제

▶ A산업에서 개별 차주의 점유율이 각각 0.4, 0.3, 0.2, 0.1이라고 한다. 이때 CR$_a$는 (　　　)이며 시장집중비율이 (　　　)고 할 수 있다.

① 0.7, 높다　　　　　　　　　　　　② 0.49, 낮다

실전 확인 문제

▶ A산업에서 개별 차주의 점유율이 각각 0.6, 0.3, 0.01이라 할 때 A시장의 허핀달지수는?

① 0.46　　　　　　　　　　　　　② 0.78

③ 0.81　　　　　　　　　　　　　④ 0.9

정답해설　$HI = 0.6^2 + 0.3^2 + 0.1^2 = 0.36 + 0.09 + 0.01 = 0.46$

개념 짚어 보기

신용집중리스크(concentration risk)

신용집중리스크는 해당 금융투자회사의 총자산 및 리스크수준과 비교하여 금융투자회사의 건전성을 저해할 정도로 큰 손실을 내포하고 있는 단일(특정차주) 또는 그룹(특정 영역)에 익스포저가 집중됨으로 인해 발생하는 리스크로 정의한다.

집중비율(CR : Concentration Ratio)

상위 k개 차주가 시장 내에서 차지하는 비율(점유도)을 합계한 일종의 누적계수로 완전히 분산된 포트폴리오의 경우 0에 가깝게 계산된다. 집중비율은 계측이 간단하며 설명이 쉬워 현실적으로 가장 많이 활용되나 점유율이 큰 차주와 작은 차주의 가중치를 고려하지 않아 k개의 기업을 정확히 측정하는 것이 관건이며 k의 범위에 따라 시장지배력을 왜곡시킬 수 있다.

허핀달지수(HI : Herfindahl Index)

개별 차주의 점유율의 제곱의 합으로 계산하며, 잘 분산된 포트폴리오의 경우 0에 가깝고, 완전히 집중된 경우 1로 산출되므로 허핀달지수의 하락은 다각화의 심화, 허핀달지수의 상승은 집중화의 심화를 의미한다. 산업 내 모든 차주의 점유율을 포함하기 때문에 기업분포에 대한 많은 정보를 내포하나 산업 내 모든 차주의 점유율을 알고 있어야 계측이 가능하므로 실증적 분석에는 제약이 따르며 산업 간 불균등도를 정확하게 반영할 수 없다.

신용집중리스크의 계산

$$CR_k = \sum_{i=1}^{k} w_i$$

$$HI = \sum_{i=1}^{n} w_i^2$$

・i : 점유율　　　　　　　　　　　・n : 포트폴리오에 포함된 개별 차주의 수

[**개념 확인 문제** 정답] ①　　[**실전 확인 문제** 정답] ①

23 장외파생상품의 신용리스크

개념 확인 문제

▶ 다수 참가자 간에 수많은 거래내역을 상쇄해서 실제 결제할 규모를 축소시키는 것을 (   )이/라 한다.

① 이자율조정   ② 네팅 계약(netting agreements)

실전 확인 문제

▶ 파생상품의 신용위험에 대한 사항으로 적절하지 않은 것은?

① 금리스왑에서 만기가 길수록 등급하락의 가능성이 커지고 따라서 채무불이행확률도 높다.

② 금리스왑의 경우 금리가 하락하면 고정금리 수취자의 채무불이행으로 인하여 중개자인 금융기관의 손실이 따른다.

③ 스왑계약에서는 계약자에게 계약의 순현가는 양(+)이고, 상대방이 채무불이행하여야 채무불이행위험에 실제로 노출된다.

④ 파생금융상품은 위험노출금액이 계약의 액면금액이 아니라 차액인 경우가 많으며, 기초물(underlying) 시장가격의 변동에 따라 변하기 때문에 계약종결일까지 위험노출금액을 측정하기가 쉽지 않다.

정답해설 금리스왑의 경우 금리가 하락하면 고정금리 수취자의 채무불이행으로 인하여 중개자인 금융기관의 이익이 발생하며, 고정금리 지급자의 채무불이행은 금융기관의 손실로 이어진다.

개념 짚어 보기

계약상대방의 신용리스크 감소 방안

• 네팅 계약(netting agreements) : 둘 혹은 그 이상의 거래자 사이에 특정일에 결제해야 할 채권, 채무가 상호 존재하는 경우 이를 상계처리하는 계약을 말한다. 네팅 계약을 적절히 활용할 경우 신용리스크와 결제리스크를 크게 줄일 수 있다(상계란 채무자가 그의 채권자에 대하여 동종의 채권을 가지는 경우에 그 채권과 채무를 대등액에서 소멸시키는 일반적 의사표시를 말함). 기본협약서에는 이미 지급금액의 상계가 가능하도록 되어 위험노출금액은 순지급액으로 제한된다.

• 담보화(collateralization) : 계약에 따라 일정금액에 해당하는 담보가 요구되며 시간이 지나거나 파생상품의 가치가 변화할 경우 담보물의 가치 역시 변하도록 하는 것이다.

• 상대방별 포지션한도 설정 : 거래상대방별로 리스크에 노출되는 금액의 한도를 설정하며 일부 분야에 지나치게 노출되지 않도록 포트폴리오 측면에서 최종적인 검토가 필요하다.

• 계약종료조항(termination provision) : 계약자 중 한쪽이 투자부적격으로 떨어지는 경우 다른 한 쪽이 스왑계약의 현금결제를 요구할 수 있는 권리를 갖도록 규정하였다.

• 이자율조정(스왑금리 재조정) : 계약상대방의 신용리스크를 반영하여 고정금리를 조정한다.

24 장외파생상품의 신용리스크 측정(1)

개념 확인 문제

▶ BIS는 신용리스크에 따른 자본금 계산에 (   )의 요율을 규정하였다.

① 6%   ② 8%

실전 확인 문제

▶ BIS가 규정한 신용리스크의 측정방법으로 옳지 않은 것은?

① 순현가가 0보다 크면 현재노출은 0으로 설정한다.

② 신용위험노출금액은 현재노출금액과 잠재노출금액을 합친 것이다.

③ BIS는 잠재노출금액을 계산하기 위하여 신용환산율을 제시하였다.

④ 신용위험노출금액이 결정되면 이 금액에 상대방별 위험가중치를 곱하여 위험조정자산가치를 산정한다.

정답해설 미래의 금리변화로 서로 교환되는 두 금리의 차액의 가치, 즉 순현가가 0보다 큰 경우 현재노출은 대체비용으로 결정되며, 순현가가 0보다 작은 경우는 외가격에 있는 스왑계약을 채무불이행함으로써 이익을 얻을 수 없기 때문에 현재노출은 0으로 설정된다.

개념 짚어 보기

신용리스크노출금액(CEA : Credit Equivalent Amount)
• 현재노출금액과 잠재노출금액의 합으로 신용위험노출금액을 계산한다.
• 신용위험노출금액에 상대방별 위험가중치를 곱하여 위험가중자산가치를 계산한 후 BIS가 규정한 8%를 적용하여 산정한다.

현재노출과 잠재노출
• 현재노출(CE : Current Exposure) : Max(대체비용, 0)
계약의 현재가치를 의미하는 것으로, 거래상대방이 현시점에 채무불이행하는 경우에 계약을 대체하는 데 필요한 대체비용을 말한다. 계약의 현재가치가 0보다 크면 현재노출은 대체비용으로 결정되고, 계약의 현재가치가 0보다 작으면 채무불이행으로 인해 이익을 얻을 수 없기 때문에 현재노출은 0이 된다.
• 잠재노출(PE : Potential Exposure) : 액면금액×신용환산율
거래상대방이 미래시점에 채무불이행하는 경우의 신용위험을 반영한 것으로 시간이 지남에 따라 스왑의 가치가 0으로부터 멀어지므로 스왑의 잠재노출을 고려해야 한다.

[개념 확인 문제 정답] ②   [실전 확인 문제 정답] ①

25 장외파생상품의 신용리스크 측정(2)

개념 확인 문제

▶ 동일한 계약 상대방과 체결한 계약의 현재가치가 각각 7억 원, 1억 원, −4억 원이다. 상계가 허용되는 경우 순현재노출금액은 (   )이다.

① 1억 원   ② 4억 원

실전 확인 문제

▶ **A금융투자회사가 다음과 같은 포지션을 취하고 네팅이 허용되지 않는 경우 신용위험노출금액은?**

포지션	액면금액	현재시장가치	신용환산율
3년 만기 금리스왑	300억 원	6억 원	0.5%
3년 만기 통화스왑	180억 원	−3억 원	5%

① 9억 원   ② 12.8억 원
③ 14.5억 원   ④ 16.5억 원

정답해설 네팅이 허용되지 않으므로 현재노출은 개별 상품 현재노출의 합이고 잠재노출은 액면금액과 신용환산율의 곱이다.
  • 현재노출＝6＋0＝6억 원
  • 잠재노출＝(300×0.005)＋(180×0.05)＝1.5＋9＝10.5억 원
  • 신용노출금액＝6＋10.5＝16.5억 원

개념 짚어 보기

네팅이 허용되지 않는 신용리스크

• 현재노출 : 개별 상품 현재노출의 합
• 총잠재노출 : 액면금액×신용환산율

네팅이 허용되는 신용리스크(수정안)

기본협약서에 의해 동일 상대방과 계약을 체결하는 경우 상계를 허용

• 순현재노출 : 모든 대체비용의 합
• 순잠재노출 : (0.4×총잠재노출)＋(0.6×NGR×총잠재노출) → NGR(Net to Gross Return)＝순현재가치 / 총현재가치

파생상품 거래의 신용환산율(credit conversion factor)

장외파생상품의 신용노출은 BIS에서 제시한 방법을 사용할 수 있으나 이는 통계적인 방법으로 미래 최대이익의 계산이 쉽지 않다. 따라서 신용환산율을 이용하는데, 사용방법이 간편하지만 현재의 경제 환경을 정확히 고려하지 못한다는 단점을 지닌다.

잔존 만기	금리	외환, 금	주식	귀금속(금 제외)	기타 상품
1년 이하	0.0%	1.0%	6.0%	7.0%	10.0%
1년 초과 ~ 5년 이하	0.5%	5.0%	8.0%	7.0%	12.0%
5년 초과	1.5%	7.5%	10.0%	8.0%	15.0%

[**개념 확인 문제** 정답] ②   [**실전 확인 문제** 정답] ④

26 장외파생상품 자산유형별 노출금액

개념 확인 문제

▶ 금리스왑 고정금리 지급포지션과 수령포지션의 시장가치, 현재노출, 잠재노출에서 고정금리 지급포지션의 경우 이자율이 상승하면 스왑의 가치가 (   )하고, 이자율이 하락하면 스왑의 가치가 (   )하게 된다.

① 상승, 하락 ② 하락, 상승

실전 확인 문제

▶ 자산유형별 신용리스크 노출금액에 대한 설명으로 옳지 않은 것은?

① 채권이나 대출에 대한 신용위험은 액면금액 전체다.
② 보증을 한 경우에는 지급보증의 액면금액 전체에 해당한다.
③ 옵션 매도포지션의 경우에는 현재노출금액이 프리미엄에 국한된다.
④ 고정금리 지급의 금리스왑을 한 경우 현재노출의 패턴은 콜옵션 매입포지션과 유사하다.

정답해설 옵션 매도포지션에서는 프리미엄을 이미 수취하였고 장래 발생할 것은 손실뿐이기 때문에 현재노출과 잠재노출 금액은 모두 0이 된다.

개념 짚어 보기

자산유형별 신용리스크 노출금액
• 채권 · 대출 : 재무상태표상의 액면금액이다.
• 보증 · 신용장 : 취소불가능한 약정으로 현재노출은 액면금액이다.
• 스왑과 선도계약 : 취소불가능한 약정으로, 현재노출과 잠재노출은 가치에 영향을 미치는 위험요인의 움직임에 따라 0부터 무수히 큰 값까지 가질 수 있다.
• 장외옵션 포지션
　– 옵션 매입포지션 : 현재노출과 잠재노출은 위험요인의 움직임에 의해 결정되며, 매입 옵션은 프리미엄 지급 후 음(−)의 가치를 갖지 않아 현재가치는 0보다 작을 수 없다.
　– 옵션 매도포지션 : 프리미엄을 이미 수취하였기 때문에 현재노출과 잠재노출이 전부 0이다.

[개념 확인 문제 정답] ① [실전 확인 문제 정답] ③

27 리스크노출금액의 시간적 변화

개념 확인 문제

▶ 통화스왑은 항상 ( )가 ( )를 지배하여 리스크노출금액이 계속적으로 증가한다.

① 확산효과, 만기효과 ② 만기효과, 확산효과

실전 확인 문제

▶ 리스크노출기간의 시간적 변화에 따른 리스크노출금액에 대한 설명으로 옳지 않은 것은?

① 금리스왑의 경우 리스크노출금액은 대략적으로 만기의 1/3 시점에서 극대화된다.

② 시간이 지남에 따라 장외파생상품의 리스크노출금액이 감소하는 효과를 만기효과라고 한다.

③ 만기일에 접근할수록 남은 지급횟수가 감소하게 되므로 리스크노출금액 역시 감소하게 된다.

④ 처음에는 만기효과가 확산효과를 지배하여 리스크노출금액이 증가하게 되지만 만기일이 가까워질수록 리스크노출금액이 감소하게 된다.

정답해설 처음에는 확산효과가 만기효과를 지배하여 리스크노출금액이 증가하지만 만기일까지 기간이 감소하고 교환해야 하는 현금흐름의 수가 감소함에 따라 만기효과가 확산효과를 지배하여 리스크노출금액은 감소하게 된다.

개념 짚어 보기

리스크노출금액의 시간적 변화

• 금리확산효과(interest rate diffusion effect) : 시간이 지남에 따라 변동금리가 고정금리로부터 멀어지는 경향으로 만기일에 접근할수록 리스크노출금액이 증가 → 변동성 효과(volatility effect)

• 만기효과(maturity effect) : 금리확산효과를 상쇄시키는 효과로 만기일에 접근할수록 남은 지급횟수가 감소하므로 리스크노출금액이 감소 → 상각효과(amortizations effect)

금리스왑과 통화스왑 리스크노출금액의 시간적 변화

• 금리스왑 : 만기일이 N년일 때 리스크는 시간의 제곱근에 비례하여 증가되므로 시장가치를 무시하면 대략적으로 N/3 시점에서 리스크노출금액이 최대가 된다.

• 통화스왑 : 만기일에 원금을 교환해야 하므로 확산효과가 만기효과를 항상 지배하게 되어 리스크노출금액이 계속 증가하게 된다.

금리스왑의 리스크노출금액

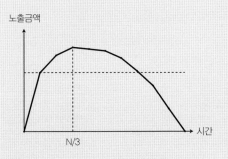

통화스왑의 리스크노출금액

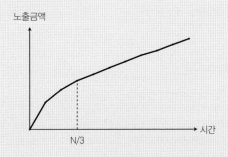

28 운영리스크의 이해

개념 확인 문제

▶ BIS는 운영리스크를 (   ), 인력과 시스템, 또는 외부사건으로 인해 발생하는 손실의 위험으로 정의하고 있다.

① 불합리적인 외부통제   ② 부적절하거나 실패한 내부통제

실전 확인 문제

▶ 운영리스크(operation risk)에 대한 설명이 옳지 않은 것은?

① 전방부서의 운영리스크는 권한과 의사결정에 관련된 리스크이다.

② 운영리스크를 줄이려면 거래직원의 임무와 후선직원의 임무를 분명하게 구분하여야 한다.

③ 운영리스크는 정보시스템이나 내부통제의 결함으로 인하여 예상치 못한 손실이 발생되는 리스크다.

④ 전방부서는 포지션에 대한 평가가 이루어지면 이를 바탕으로 매일 매일 포트폴리오의 손익을 산출하여야 한다.

정답해설 후방부서 및 리스크관리부서는 포지션에 대한 평가가 이루어지면 이를 바탕으로 매일 매일 포트폴리오의 손익을 산출하여야 한다.

개념 짚어 보기

운영리스크(operational risk)
금융회사의 경영과 관련된 잘못된 의사결정이나 부적절한 업무처리 등 내부통제의 결함 또는 고의나 과실에 의한 전산시스템 사고 등으로 예기치 못한 손실을 입을 위험을 의미한다.

영업리스크관리의 수행
• 적절한 내부감사와 내부통제
• 지식과 경험 있는 직원의 확보
• 우선직원의 임무와 거래직원의 임무 구분
• 신속하고 효율적인 거래를 위한 시스템 구축

운영리스크 소요자기자본의 산출
• 표준방법(승인불필요) : 총이익을 기준으로 운영리스크 산출
  – 기초지표법(basic Indicator approach) : 과거 3년간의 총이익의 평균에 15%를 운영리스크로 산출
  – 표준방법(standardised approach) : 8개 사업부문별 총이익의 일정비율(12~18%)의 합을 운영리스크로 산출
• 고급측정법(AMA : Advanced Measurement Approaches) : 자체의 손실자료와 리스크측정시스템을 활용하여 운영리스크 산출(감독당국의 승인 필요)

[개념 확인 문제 정답] ②   [실전 확인 문제 정답] ④

29 기타 리스크의 이해

개념 확인 문제

01 금융기관이 정산일에 마진콜을 받고 지급금액을 확보하지 못하였다면 이는 (   )라 할 수 있다.

① 시장유동성리스크   ② 자금조달유동성리스크

02 개별 금융회사의 파산이나 부도 등의 재무적 위험이 다른 금융회사에까지 영향을 미쳐 마치 도미노처럼 연쇄적으로 다른 금융회사에 영향을 미치는 효과를 (   )라 한다.

① 유동성리스크   ② 시스템리스크

실전 확인 문제

▶ **리스크에 대한 설명이 옳지 않은 것은?**

① 유동성리스크는 자금조달리스크과 시장유동성리스크로 구분할 수 있다.

② 금융기관은 현금유입과 현금유출을 예측하기가 어려우므로 유동성리스크관리가 필요하다.

③ 법률리스크는 금융회사가 규정이나 법령, 내부기준 등을 위반하거나 준수하지 않음으로서 입을 수 있는 경제적 손실을 말한다.

④ 평판리스크는 금융회사에 대한 고객, 거래상대방, 주주 및 규제당국의 부정적 인식에 따라 금융기관의 순이 또는 자본에 부정적 영향을 줄 수 있는 현재 또는 잠재적 리스크를 말한다.

정답해설 법규준수리스크에 대한 설명이며 법률리스크는 각종 규제 위반 혹은 규제 개정 등에 의한 인식 부족 등으로 손실이 발생하거나, 부적절한 또는 부정확한 법률 자문 및 서류 작성 등으로 인하여 발생하는 손실을 말한다.

개념 짚어 보기 ◀

유동성리스크(liquidity risk)

• **자금조달유동성리스크(funding liquidity risk)** : 회사가 자금조달을 제때에 할 수 없어 발생한 유동성리스크를 말한다.

• **시장유동성리스크(market liquidity risk)** : 회사가 보유자산을 현금화하는 과정에서 시장거래량 부족 또는 시장 붕괴 등으로 시장가격 하락에 따른 손실이 불가피하거나 보유자산을 현금화하기 곤란하여 발생하는 유동성리스크를 말한다.

비계량리스크

• **법률리스크(legal risk)** : 신용파생상품은 신상품으로서 법적인 측면에서 충분한 검토가 이루어지지 않아 문제점이 발생할 소지를 안고 있다. 신용파생상품의 거래쌍방은 계약체결 전에 신용파생상품 거래를 관장할 법무당국과 감독당국을 명확히 정해야 하며 신용파생상품계약이 법적으로 하자가 없는지, 조건이나 상황이 명확하게 정의되어 있는지를 확인하여야 한다.

• **평판리스크(reputation risk)** : 사실과 관계없이 금융회사의 영업이나 관행 등에 대한 부정적 이미지로 인하여 고객의 감소, 소송의 발생, 수익의 감소 등이 초래될 잠재적 위험을 의미한다.

[**개념 확인 문제** 정답] 01 ② 02 ② [**실전 확인 문제** 정답] ③

핵심플러스

OX 문제

01 금융투자회사는 주주부가가치를 극대화하기 위하여 미리 정한 리스크한도를 결코 초과하지 않으면서, 여러 재무적인 도구를 이용하여 위험 조정 수익률을 극대화해야 한다. (   )

02 개별 금융투자회사, 금융시장, 결제시스템의 붕괴 등으로 인하여 금융산업 전체에 손실이 발생할 위험을 시장리스크라 한다. (   )

03 리스크를 측정한 후 모니터링하고 개별 리스크를 합산하여 보고할 경우, 계량리스크는 전사적으로 관리되고 매일 리스크한도와 비교되어야 한다. (   )

04 변동성, VaR와 같은 통계학적인 리스크측정치는 합산 및 비교를 할 수 없기 때문에 동일 기준으로 포지션한도를 적용하거나 리스크조정실적을 일관성 있게 계산하는 것이 어렵다. (   )

05 VaR는 정보보고, 자원배분, 포지션한도 설정, 실적평가 등에 이용되며, VaR보다 더 큰 손실이 발생할 확률에 대해서는 정보를 제공하지 못하는 한계가 있다. (   )

06 변동성이 일단 커지면 그 상태가 어느 정도 지속된 후 상대적으로 작은 상태가 뒤따르는데 이러한 패턴을 변동성의 군집 또는 변동성의 시간가변성이라 한다. (   )

07 리스크메트릭스의 방법은 자료로 시장지수의 변동성과 개별주식의 베타만 필요하므로 계산이 간단한 것이 장점이며 분산이 잘된 대규모 포트폴리오에 적절하다. (   )

08 분석적 분산−공분산 방법의 단점에는 리스크를 과소평가할 수 있으며, 민감도분석이 어렵고, 비선형인 옵션의 리스크를 정확히 평가하지 못한다는 점이 있다. (   )

09 역사적 시뮬레이션의 단점에는 정규분포를 가정하고, 오직 1개의 가격변화만이 고려되며, 완전가치평가를 위하여 가치평가 모형이 요구된다는 점이 있다. (   )

10 시장리스크 소요자기자본을 계산하는 방법 중 표준방법은 바젤위원회의 가이드라인에 의하여 주식, 이자율, 외환, 상품가격, 옵션리스크를 측정하여 합산하는 요소합산방식을 말한다. (   )

해설

02 개별 금융투자회사, 금융시장, 결제시스템의 붕괴 등으로 인하여 금융산업 전체에 손실이 발생할 위험은 시스템리스크라 하며, 시장리스크는 금리, 주가, 환율 등 시장요인의 불리한 변동으로 투자자가 기대했던 수익률을 얻지 못하고 손실이 발생할 위험을 말한다.

04 변동성, VaR와 같은 통계적 측정치는 합산 및 비교가 가능하며, 합산 및 비교를 할 수 없다는 문제점이 있는 것은 민감도 측정치이다.

05 VaR는 VaR보다 더 큰 손실이 발생할 확률에 대해서는 정보를 제공하지만 그 손실의 정도가 얼마인지에 대한 정보는 제공할 수 없다는 한계가 있다.

09 역사적 시뮬레이션은 특정 분포를 가정하지 않고 실제의 변동성과 상관관계를 이용한다.

[정답] 01 ○ 02 × 03 ○ 04 × 05 × 06 ○ 07 ○ 08 ○ 09 × 10 ○

핵심플러스

OX 문제

11 부채듀레이션에 비해 자산듀레이션이 너무 커서 듀레이션갭을 줄이고자 할 경우 고정금리를 지급하고 변동금리를 수령하는 금리스왑 포지션을 취하면 효과적이다. (   )

12 신용리스크의 분포는 비대칭적이고 두터운 꼬리를 가지므로 신용리스크는 정규분포를 가정하는 모수적 방법으로 측정하는 것이 바람직하다. (   )

13 채권포트폴리오의 기대손실은 개별채권의 기대손실을 합산하면 계산되지만, 채권포트폴리오의 기대외손실은 포트폴리오의 분산효과 때문에 개별채권 기대외손실의 합보다 작거나 같다. (   )

14 대출에서의 현금흐름은 고정금리와 변동금리의 차이에 의해 결정되지만, 금리스왑에서 교환되는 현금흐름은 금리의 수준에 의해 결정된다. (   )

15 쌍방네팅은 양의 가치를 지니는 금리스왑 포지션의 리스크노출금액을 같은 상대방과의 음의 가치를 지니는 외환포지션으로 감소시키는 것을 말한다. (   )

16 신용리스크 소요자기자본을 산출하는 방법 중 표준방법은 금융투자회사가 자체 추정한 리스크측정요소를 이용하여 위험가중자산을 산출하는 방법을 말한다. (   )

17 위험매입자가 위험매도자로부터 기준자산을 인수하고 액면금액을 현금으로 지불하는 것을 현금결제라 한다. (   )

18 운영리스크에 대한 국제결제은행의 정의에서는 기대하지 않은 손실이 생길 수 있는 운영리스크의 원천으로 인간의 실수, 시스템 실패, 부적절한 절차 및 통제, 외부사건을 꼽는다. (   )

19 거래자가 모두 자산을 매각하기만을 원하고 매입하기를 원하지 않음으로 인하여 시장의 유동성이 전혀 없는 상태를 유동성블랙홀이라 한다. (   )

- -

해설

12 신용리스크를 모수적 방법으로 측정하는 것은 정확성이 떨어지며, 실제분포의 퍼센타일에서 직접 구하는 비모수적 방법으로 신용리스크를 측정하는 것이 바람직하다.

14 대출에서의 현금흐름은 금리의 수준에 의해 결정되며, 금리스왑에서 교환되는 현금흐름은 고정금리와 변동금리의 차이에 의해 결정된다.

15 양의 가치를 지니는 금리스왑 포지션의 리스크노출금액을 같은 상대방과의 음의 가치를 지니는 외환포지션으로 감소시키는 것은 교차상품네팅이며, 쌍방네팅은 특정 상대방의 양의 시장가치를 지니는 계약과 동일한 상대방의 음의 시장가치를 지니는 계약이 서로 상쇄되는 것을 말한다.

16 표준방법은 외부 신용평가기관의 신용등급을 활용하여 위험가중치를 차등화한 방법이며, 금융투자회사가 자체 추정한 리스크측정요소를 이용하여 위험가중자산을 산출하는 방법은 내부등급법이다.

17 위험매입자가 위험매도자로부터 기준자산을 인수하고 액면금액을 현금으로 지불하는 것은 실물인수도결제이며, 현금결제는 기준자산의 공정가격을 산출하여 위험매입자가 위험매도자에게 기준자산의 가치하락금액만큼을 현금으로 지불하는 것을 말한다.

[**정답**] 11 ○ 12 × 13 ○ 14 × 15 × 16 × 17 × 18 ○ 19 ○

대표 유형 문제

파생상품시장에서 거래가 중단되는 경우에 대한 설명이 옳은 것은?

① 현물주식 서킷브레이커는 현물주식이 폭락하거나 폭등할 때 적용된다.

② 주식시장과 선물시장의 서킷브레이커 발동 시 스타지수선물거래는 중단되지 않는다.

③ KOSPI200선물·옵션과 스타지수선물의 경우 서킷브레이커 발동 시 거래는 10분간 중단된다.

④ KOSPI200선물·옵션은 10분 이상 주식시장의 전산시스템 장애발생으로 구성종목 중 50종목 이상 거래를 할 수 없는 경우 거래가 중단된다.

정답해설 스타지수선물의 거래가 중단되는 경우는 코스닥시장과 선물시장의 서킷브레이커가 발동될 때이다.

오답해설 ① 현물주식의 서킷 브레이커는 현물주식이 폭락할 때만 발동되며 폭등할 때는 적용되지 않는다.

③ 서킷브레이커는 주가지수가 전일에 비해 10% 이상 하락한 상태가 1분 이상 지속될 때 모든 주식거래를 20분간 중단시킨다.

④ KOSPI200선물·옵션은 10분 이상 주식시장의 전산시스템 장애발생으로 구성종목 중 100종목 이상 거래를 할 수 없는 경우 거래가 중단된다.

※ 현재 코스닥 스타지수선물은 폐지되고 코스닥150선물로 대체됨

대표 유형 문제 알아 보기

파생상품시장의 거래중단

- **서킷브레이커** : 현물주식과 선물·옵션의 모든 거래를 중단시키는 현물 서킷브레이커와 선물·옵션거래만 중단시키는 선물 서킷 브레이커가 있다. 현물주식의 서킷브레이커는 현물주식이 폭락할 때만 발동되며 폭등할 때는 적용되지 않는다. 선물·옵션 서킷브레이커는 선물가격이 급등하거나 급락할 때 모두 적용된다. 서킷브레이커는 1987년 10월 뉴욕증시의 다우지수가 하루 만에 22%나 폭락하는 검은 월요일(블랙 먼데이)을 경험한 뉴욕증권거래소(NYSE)가 처음 도입했다.

- **사이드카** : 선물시장의 급등락에 따른 현물시장의 혼란을 방지하기 위한 것으로 선물시장에만 발동된다. 사이드카가 발동되면 컴퓨터로 매매주문을 내는 프로그램 매매호가의 효력이 5분간 정지된다. 발동 요건은 가장 많이 거래되는 선물상품 가격이 전일 종가 대비 5% 이상(코스닥시장은 6% 이상) 상승하거나 하락하여 1분 이상 계속될 때다. 5분이 지나면 자동적으로 사이드카는 해제되고 매매는 다시 정상적으로 이루어진다.

[대표 유형 문제 정답] ②

1 투자권유

개념 확인 문제

01 국가와 한국은행은 전문투자자이며, 금융위원회에 신고한 잔고가 (   ) 이상인 법인 또는 잔고 (   ) 이상인 개인도 전문투자자에 해당한다.

① 100억 원, 50억 원　　　　　　　　　② 50억 원, 100억 원

02 파생상품 적격 개인투자자 제도는 개인투자자들이 사전교육이나 모의거래참여 이수 등을 해야 파생상품을 거래할 수 있는 제도이다. 일반 개인투자자의 파생상품교육과정의 이수는 한국금융투자협회가 개설하여 운영하는 파생상품 관련 교육을 (   ) 이상 이수해야 한다.

① 30시간　　　　　　　　　　　② 50시간

실전 확인 문제

▶ 투자권유에 대한 설명으로 옳지 않은 것은?

① 수량, 가격, 매매시기에 한하여 일임이 가능하다.

② 파생상품에 대해서는 투자권유대행인에 의한 투자권유가 금지된다.

③ 투자권유 없이 파생상품을 거래하는 일반투자자의 경우에도 적합성 원칙에 의한 판별을 하여야 한다.

④ 금융투자업자는 파생상품의 투자권유 시 투자목적, 과거 투자경험 등을 고려하여 일반투자자 등급별로 차등화된 투자권유준칙을 마련하여야 한다.

정답해설 종전 증권거래법 및 선물거래법에서는 제한된 일임(수량, 가격, 매매시기에 한함)이 가능하였으나 개정된 자본시장과 금융투자업에 관한 법률에서는 별도의 투자일임계약에 의하지 않은 일임거래는 불법이다.

개념 짚어 보기 ◀

투자권유의 적합성

• **투자권유 대상의 구분**
　– 전문투자자 : 국가, 한국은행, 대통령령으로 정하는 금융기관(은행, 한국중소기업은행, 한국산업은행, 농협중앙회 등), 주권상장법인, 한국자산관리공사, 거래소, 금융감독원, 잔고 100억 원 이상의 법인, 잔고 50억 원 이상이면서 계좌개설기간이 1년 이상 경과한 개인 등
　– 일반투자자 : 전문투자자가 아닌 자, 개인, 일반법인, 주권상장법인 등으로서 전문투자자의 요건에 해당되나 일반투자자로 대우를 받겠다는 의사를 서면으로 표시한 자 등
• **투자권유 시 설명사항** : 투자상품에 대한 개요 · 내용 · 성격 · 구조, 위험의 정도, 계약의 해제 · 해지에 관련된 내용, 수수료 및 기타 특이사항 등
• 일반투자자 대상으로 투자권유를 할 경우, 권유 대상의 과거 투자경험 및 재산상황, 투자목적 등을 파악하고, 일반투자자로 하여금 투자권유의 내용을 이해했다는 사실을 서명, 기명날인, 녹취 등의 방법으로 확인받아야 한다.

[개념 확인 문제 정답] 01 ①　02 ①　**[실전 확인 문제 정답]** ①

2 계좌개설

개념 확인 문제

▶ 계좌개설 시 인감 없이 서명만으로 등록이 (   )하다.

① 가능   ② 불가능

실전 확인 문제

▶ 파생상품 계좌개설에 있어 유의해야 할 사항으로 옳지 않은 것은?

① 국내 파생상품거래는 신용공여가 불가능하다.

② 실명확인은 위탁자 본인을 통하여만 가능하다.

③ 비밀번호는 4~6자리 숫자로 허용불가 비밀번호 여부를 확인하여야 한다.

④ 파생상품거래위험고지서를 위탁자에게 교부하고 그 내용을 충분히 설명한 뒤 구두로 확인한다.

정답해설 위탁자로부터 '파생상품거래위험고지서를 충분히 숙지한 후, 자신의 판단과 책임으로 거래한다'는 취지의 내용을 기재한 파생상품거래위험고지서 교부확인서를 위탁자의 기명날인 또는 서명을 받아 징구하여야 한다.

개념 짚어 보기

계좌개설 과정

• **필요 서류** : 파생상품거래약관, 파생상품계좌개설신청서, 파생상품거래 위험고지서, 전자금융거래신청서, 투자목적기재서, 전자금융거래약관, 위임장, 사용인감신고서, 주문대리인위임장, 거래전문회원 · 비회원 계좌개설신고서, 이체약정신청서, 결제계좌신청서, 은행이체약관, 대용증권이체약관, 적격 개인투자자 제도에 따른 서류(장내파생상품거래확인서, 신규 개인투자자의 경우 사전교육수료확인증과 모의거래이수확인서)

• **실명확인과 서명등록**

모든 금융기관과의 계좌개설 및 입출금 거래 시 가명이나 차명이 아닌 본인의 실지명의로 거래하여야 한다. 등록해둔 서명을 사용하여 거래를 할 경우 인감거래와 동일한 효력을 지닌다. 단, 법인계좌는 서명거래가 불가하다. 서명거래 시 실명확인증표에 의해 반드시 본인임을 확인받아야 한다.

대리인(가족 외)의 계좌개설 시 징구서류	가족이 계좌개설 시 징구서류
• 본인 및 대리인 모두의 실명확인증표 • 본인의 인감증명서 및 법인인감증명 • 위임장	• 가족의 범위 : 본인의 직계존비속 및 배우자 • 대리인 실명확인증표 • 가족확인서류(주민등록등본, 가족관계표 등)

해외파생상품 거래계좌

• **자기계좌** : 금융투자업자가 자기의 명의와 자기의 계산으로 거래하기 위해 개설한 계좌

• **총괄계좌** : 금융투자업자가 자기의 명의와 위탁자의 계산으로 거래하기 위해 개설한 계좌

• **중개계좌** : 위탁자가 금융투자업자의 중개를 통하여 위탁자의 명의와 위탁자의 계산으로 거래하기 위해 개설한 계좌

[**개념 확인 문제** 정답] ①   [**실전 확인 문제** 정답] ④

3 입·출금업무 일반

개념 확인 문제

▶ 입금취소 업무는 당일 중 입금지점에서만 처리할 수 있으며 일부만 취소가 (　　　)하다.

① 가능　　　　　　　　　　　　　　　　② 불가능

실전 확인 문제

▶ 입·출금업무와 관련된 사항에 대한 설명이 옳지 않은 것은?

① 분실계좌 등 사고등록계좌는 출금할 수 없다.

② 출금의 방법으로는 창구출금, 이체출금, 대체출금 등이 있다.

③ 출금취소는 책임자의 확인을 받아 책임자카드를 사용하여 취소처리한다.

④ 입금취소는 당일 중 입금지점에서만 처리할 수 있으며, 차액분은 일부 취소처리가 가능하다.

정답해설　일부 취소는 불가능하며 전부 취소처리하고 정확한 전표를 작성하여 정상처리하여야 한다.

개념 짚어 보기

입·출금 업무 사항

• 현금출납 : 현금의 입금·출금 업무와 이체·대체 업무 등 이에 수반되는 관리업무를 말한다.

• 입금 : 매매를 위한 기초자산을 유지하기 위한 수단으로서, 계좌의 잔고를 증가시키거나 미수 및 추가증거금을 변제하도록 한다.

• 출금 : 고객의 실명을 실명확인증이나 서명 등을 통하여 인증하며 직접 출금을 하는 창구출금, 사전에 약정된 본인 명의의 계좌로 이체하여 출금을 하는 이체출금, 금융투자업자 내 고객계좌 간 대체업무인 대체출금으로 나뉜다.

사고수표와 부도출금

• 은행에서 부도처리했음을 통보해 오는 경우에는 고객에게 부도출금을 통보하되, 고객과의 연락이 불가능한 경우, 먼저 부도처리한 후 연락한다.

• 은행에서 사고수표를 찾아가고 해당 금액을 입금하라고 요청할 때에는 사고수표로 판명되거나 은행에서 사고처리하지 않고 단순히 사고수표와 해당 금액을 교환한다.

• 고객에게 수표를 반환할 경우 부도출금전표 성명란에 기명, 거래인감을 날인하고 그 이면에 사고수표수령이라고 자필로 기재하고 거래인감을 날인한다.

출금할 수 없는 경우

• 인출가능금액보다 많은 금액을 출금할 경우

• 분실계좌 등 출금 불응의 사고가 등록된 경우

• 미수금이 발생되어 있는 계좌의 경우

4 주문의 접수 – 거래시간과 휴장일

개념 확인 문제

▶ 최종거래일이 도래하지 않은 종목의 거래시간은 9시부터 (　　　)까지이다.

① 15시 45분　　　　　　　　　　② 15시 30분

실전 확인 문제

▶ 상품의 거래시간에 대한 설명으로 옳지 않은 것은?

① 최종거래일이 도래한 주식상품은 9시부터 15시 20분까지이다.

② 돈육선물의 거래시간은 10시 15분부터 15시 45분까지이다.

③ 돈육선물의 경우 최종거래일이 도래하여도 거래시간은 변함이 없다.

④ 호가접수시간은 일반적으로 거래시간 개시 30분 전인 8시 30분부터 시작되어 15시 15분에 종료된다.

정답해설 호가접수시간은 거래시간의 개념과는 다르다. 거래시간의 개시 60분 전부터 거래시간의 종료 전까지가 호가접수시간이다(08 : 00 ~ 15 : 30).

개념 짚어 보기

거래시간
- 최종거래일이 도래하지 않은 종목의 거래시간은 선물의 포지션 조정기회를 부여하기 위해 주식시장보다 15분 연장한 09 : 00~15 : 45까지이다(돈육선물은 10 : 15 ~ 15 : 45).
- 최종거래일이 도래한 종목의 거래시간은 주식상품시장의 경우 09 : 00 ~ 15 : 20, 금리 · 통화 · 금상품시장의 경우 09 : 00 ~ 11 : 30, 돈육선물은 10 : 15 ~ 15 : 45, 미국달러옵션시장은 09 : 00 ~ 15 : 30이다.

휴장일
- 관공서의 공휴일에 관한 규정에 따른 공휴일
- 근로자의 날
- 토요일
- 12월 31일(공휴일 또는 토요일인 경우에는 직전의 거래일로 함)
- 기초자산이 주식 또는 주가지수인 경우에는 유가증권시장 또는 코스닥시장의 휴장일
- 돈육선물시장의 경우에는 축산물등급판정소가 돈육 대표가격 관리기준에서 정한 축산부류도매시장 및 축산물공판장의 과반수가 휴장하는 날
- 기초자산이 변동성지수인 경우에는 변동성지수를 산출하는 대상이 되는 옵션시장의 휴장일
- 그 밖에 경제사정의 급격한 변동 또는 급격한 변동이 예상되거나 거래소가 시장관리상 필요하다고 인정하는 날

[개념 확인 문제 정답] ①　**[실전 확인 문제 정답]** ④

5 **주문의 접수 – 주문의 유형 · 조건**

개념 확인 문제

▶ 주문은 투자자가 회원에게 파생상품(선물 · 옵션)거래를 위탁할 때 매도 · 매수할 종목 · 수량 · 가격 등을 표시하는 의사표시를 말하며, 투자자가 제출할 수 있는 주문유형에는 (   ) 여부에 따라 지정가주문, 시장가주문, 조건부지정가주문, 최유리지정가주문이 있다.

① 시장지정   ② 가격지정

실전 확인 문제

▶ 주문유형 및 조건과 방법에 대한 설명으로 옳지 않은 것은?

① 최유리지정가호가는 종목 및 수량은 지정하되 가격은 시장에 도달하는 시점에서 가장 유리하게 거래되는 가격으로 지정되는 주문이다.
② 전량충족조건은 당해 주문의 접수시점에서 주문한 수량의 전부에 대하여 체결할 수 있는 경우에는 거래를 성립시키고 그렇지 않은 경우에는 당해 수량 전부를 취소하는 조건이다.
③ 일부충족조건은 당해 주문의 접수시점에서 주문한 수량 중 체결될 수 있는 수량에 대하여는 거래를 성립시키고 체결되지 않은 수량은 호가잔량으로 남기는 조건이다.
④ 주문의 방법으로는 문서에 의한 방법, 전화 등에 의한 방법, 전자통신에 의한 방법이 있다.

정답해설 일부충족조건은 당해 주문의 접수시점에서 주문한 수량 중 체결될 수 있는 수량에 대하여는 거래를 성립시키고 체결되지 않은 수량은 취소하는 조건이다.

개념 짚어 보기

주문의 유형
• 지정가주문(limit order) : 가격을 지정하는 주문으로서 지정한 가격 또는 그 가격보다 유리한 가격으로 거래를 하고자 하는 주문
• 시장가주문(market order) : 종목 및 수량은 지정하되 가격은 지정하지 않는 주문
• 조건부지정가주문(conditional limit order) : 최종약정가격을 결정하는 때에는 시장가주문으로 전환되는 것을 조건으로 하는 주문
• 최유리지정가주문(best limit order) : 종목 및 수량은 지정하되 가격은 매도의 경우 가장 높은 매수호가의 가격, 매수의 경우 가장 낮은 매도호가의 가격을 지정한 것으로 보아 거래를 하고자 하는 주문

주문의 조건
• 전량충족조건 : 주문전달 즉시 전량 체결되지 않으면 모든 주문이 자동 취소되는 조건
• 일부충족조건 : 주문전달 즉시 체결가능 수량만 체결하고 나머지 주문잔량은 취소되는 조건

[**개념 확인 문제 정답**] ②   [**실전 확인 문제 정답**] ③

6 주문의 접수 - 기준가격

개념 확인 문제

▶ 기준가격은 거래개시일에는 (   )으로 한다. 최초 거래성립일의 다음 거래일 이후에는 전일의 정산가격으로 한다.

① 이론가격   ② 전일의 기준가격

실전 확인 문제

▶ 기준가격에 대한 설명으로 옳지 않은 것은?

① 주식선물조정이론가격이 기준가격이 되는 경우도 있다.

② 거래개시일에는 돈육선물을 제외하고는 이론가격이 기준가격이 된다.

③ 돈육선물거래는 직전 거래일에 공표된 돈육대표가격이 기준가격이 된다.

④ 기세(quotation)는 장이 마감될 때까지 매매거래가 체결되지 않은 호가를 말하며, 이에 따라 최초 거래성립일 이후의 기준가격이 달라지기도 한다.

정답해설 최초 거래성립일 이후에는 전일의 정산가격을 기준가격으로 한다.

개념 짚어 보기

기준가격
- **거래개시일 이후 최초 거래성립**
  - 이론가격이 기준가격이 된다. 단, 주식선물거래에 있어서 배당락 등이 있는 경우에는 주식선물조정이론가격으로 하며 돈육선물거래의 경우에는 직전 거래일에 공표된 돈육대표가격으로 한다.
  - 코스피200변동성지수선물거래의 경우는 전일의 최종 코스피200변동성지수의 수치
- **최초 거래성립일 이후** : 전일의 정산가격으로 한다. 단, 미국달러플렉스선물거래의 경우에는 선물이론가격으로 한다.

[**개념 확인 문제** 정답] ①   [**실전 확인 문제** 정답] ④

7 주문의 접수 – 가격제한제도

개념 확인 문제

▶ 장중가격 급변으로 실시간 가격제한제도를 적용할 경우 (　　　)거래의 경우에는 거래상황 등을
고려하여 기초주권별로 실시간 가격제한의 적용 여부를 별도로 정할 수 있다.

① 주식선물   ② 국채선물

실전 확인 문제

▶ 가격제한제도에 대한 설명으로 옳지 않은 것은?

① 가격제한폭은 거래소가 필요로 인정하는 경우 변경이 가능하다.

② 착오주문의 방지, 시장의 급등락 방지 등을 위해 가격제한폭 설정이 필요하다.

③ 코스피200선물거래, 미국달러선물거래, 10년국채선물거래, 협의거래는 실시간 가격제한이
적용된다.

④ 실시간 가격제한 적용종목은 최근월종목과 근월종목이 해당한다.

정답해설 실시간 가격제한 적용거래는 코스피200선물, 코스피200옵션, 주식선물, 미국달러선물, 유로선물, 3년국채선물,
10년국채선물, 선물스프레스 상품이 해당한다. 협의거래는 적용되지 않는다.

개념 짚어 보기

실시간 가격제한

• 가격변동폭
　– 선물거래 : 선물거래의 기준가격 × 가격변동율
　– 선물스프레드거래 : 선물스프레드거래를 구성하는 종목 중 최근월종목의 기준가격 × 가격변동율
• 미적용되는 경우
　– 야간거래, 협의거래, 기초자산이 정리매매종목인 주식선물거래
　– 시가, 종가, 장중 단일가호가 접수시간과 당일 중 시가형성 전까지
　– 실시간 가격제한제도 미적용 상품은 모든 거래시간 동안 지정가호가만 허용

[**개념 확인 문제** 정답] ①　　[**실전 확인 문제** 정답] ③

8 주문의 접수 – 주문수량의 제한

개념 확인 문제

▶ 순간적으로 많은 주문이 집행되어 장이 교란되거나 착오 등에 의한 오체결 가능성을 미연에 방지하기 위하여 주문수량을 제한하며, 주식선물스프레드거래는 (   )으로 제한된다.

① 5,000계약

② 10,000계약

실전 확인 문제

▶ 주문수량과 미결제약정의 제한에 대한 설명으로 옳지 않은 것은?

① 거래소는 투기적인 선물거래를 자제하기 위하여 미결제약정의 수량을 제한한다.

② 선물은 1,000계약, 주식선물 및 통화선물거래는 5,000계약으로 주문수량이 제한된다.

③ 돈육선물거래는 순미결제약정수량 기준 3,000계약, 금선물 및 미니금선물은 300계약으로 한정된다.

④ 주문수량 이상으로 일시에 주문을 넣을 수는 없지만 주문 수량을 나누어 여러 번 넣는다면 주문이 가능하다.

정답해설 금선물은 순미결제약정수량 300계약, 미니금선물은 3,000계약으로 제한된다.

개념 짚어 보기

주문수량의 한정
- 주식선물 및 통화선물거래를 제외한 모든 선물 : 1,000계약(유동성관리종목 100계약)
- 주식선물거래, 통화선물거래 : 5,000계약(유동성관리종목 500계약)
- 주식선물스프레드거래 : 5,000계약
- 통화선물스프레드거래 : 10,000계약

상품별 미결제약정 보유한도
- 코스피200선물 · 옵션 : 10,000계약(일반투자자의 경우 5,000계약)
- 주식선물 : 기초주권 상장주식수(보통주식총수)에 0.3%를 곱하여 산출된 수치에 거래승수(10)를 나누어 산출된 수량 → 정확한 제한수량은 매년 최초 거래개시일에 홈페이지 등에 공표
- 10년국채선물 : 최근월물과 원월물을 상계한 순미결제약정수량 기준으로 선정한 미결제약정 제한수량 10,000계약
- 돈육선물 : 순미결제약정수량 기준으로 3,000계약(단, 최종거래일이 속한 월에는 최근월종목에 대해 900계약으로 미결제약정의 보유를 추가적으로 제한)
- 금선물 : 순미결제약정수량 기준으로 300계약, 미니금선물은 3,000계약

[**개념 확인 문제** 정답] ①   [**실전 확인 문제** 정답] ③

9 거래중단(1)

개념 확인 문제

▶ 거래소는 시스템의 장애발생 등의 사유 기타 거래상황에 이상이 있거나 그 우려가 있어 거래를 계속하는 것이 곤란하다고 인정하는 경우에는 전부 또는 일부종목의 거래를 중단할 수 있는데 이러한 사유로 거래를 중단하는 것을 (   ) 거래중단이라 한다.

① 임의적   ② 필요적

실전 확인 문제

▶ 파생상품시장의 임의적 거래중단에 해당되는 경우가 아닌 것은?

① 돈육선물의 경우 축산물도매시장의 과반수가 거래를 중단하는 경우
② 10분 이상 거래소 파생상품시스템의 장애발생으로 정상적인 거래를 할 수 없는 경우
③ KOSPI200선물·옵션의 경우 10분 이상 주식시장 전산시스템 장애발생으로 구성종목 중 100종목 이상 거래를 할 수 없는 경우
④ 회원 파생상품시스템의 장애발생으로 정상적인 거래를 할 수 없는 회원이 최근 6개월간 약정 수량의 합계수량이 전체 약정 수량의 50% 이상에 해당하는 경우

정답해설 회원 파생상품시스템의 장애발생으로 정상적인 거래를 할 수 없는 회원이 최근 1년간 약정수량의 합계수량이 전체 약정수량의 75% 이상에 해당하는 경우 해당 상품시장의 거래가 중단된다.

개념 짚어 보기

임의적 거래중단

• 거래시스템에 오류가 발생하거나 기초상품시장의 거래중단 등으로 정상적인 거래가 어렵다고 판단될 경우 해당 상품시장 별 또는 종목별로 거래를 일시 중단하는 것을 말한다. 거래를 지속시키는 것이 위탁자에게 불리한 결과를 초래할 경우의 발생을 방지하기 위한 조치이다.
• 거래소는 거래의 중단 또는 정지 후 그 사유가 해소되거나 시장관리상 필요하다고 인정하는 경우에는 거래를 재개하는데, 재개시의 최초가격은 단일가격에 의한 개별경쟁거래의 방법에 의한다.

임의적 거래중단에 해당되는 경우

• 10분 이상 거래소 파생상품시스템의 장애발생으로 정상적인 거래를 할 수 없는 해당 상품시장의 거래를 중단하는 경우
• 주식선물과 주식옵션거래에서 주식시장 전체의 임시정지, 기초주권의 매매거래 중지 등으로 기초주권의 매매거래가 중단 되는 경우
• 선물스프레드거래에 있어서 선물스프레드 구성종목 중 2종목 이상의 거래가 중단되는 경우
• 돈육선물의 경우 축산물도매시장의 과반수가 거래를 중단하는 경우 등
• 미국달러플렉스선물거래에 있어서 미국달러선물거래가 중단되는 경우

[**개념 확인 문제** 정답] ①   [**실전 확인 문제** 정답] ④

10 거래중단(2)

개념 확인 문제

▶ 서킷브레이커는 1일 (   )만 중단하며, 장종료 (   ) 전에는 발동할 수 없다.

① 1회, 40분   ② 2회, 30분

실전 확인 문제

▶ 필요적 거래중단(CB)에 대한 설명으로 옳지 않은 것은?

① 서킷브레이커는 주가가 급락할 경우 주식거래를 일시정지시켜 시장을 진정시키고 숨을 돌리게 하는 제도라 할 수 있다.

② 서킷브레이커와 사이드카는 미국에서 1987년 10월 19일 하루 동안 주가가 22% 대폭락한 블랙먼데이 이후 뉴욕증권거래소에서 처음 도입되었다.

③ 서킷브레이커는 종합주가지수가 전일 대비 10% 이상 하락하는 상황이 1분간 지속되는 경우 증시에서 주식과 관련된 매매를 20분간 전면 중단하는 제도이다.

④ 사이드카는 코스피 선물과 코스닥 선물가격이 전일 대비 각각 5%와 6% 이상 급변하는 상태가 1분간 지속될 경우, 프로그램 매매를 20분 동안 정지시키는 제도이다.

정답해설 사이드카(side car)는 코스피 선물과 코스닥 선물가격이 전일 대비 각각 5%와 6% 이상 급변하는 상태가 1분간 지속될 경우, 프로그램 매매를 5분 동안 정지시키는 제도이다.

개념 짚어 보기

필요적 거래중단(CB : Circuit Breakers)
갑작스러운 큰 폭의 가격변동으로 인해 거래를 일시중단하는 것이 시장상황 안정에 도움이 될 경우를 상정하여 그 요건을 충족할 경우 자동적으로 거래를 중단시키는 조치를 말한다. 필요적 거래중단 후 재개 시 단일가거래를 위한 10분간 주문 접수 후 합치가격으로 거래를 재개한다.
• **현물주식 CB** : 현물주식과 선물·옵션의 모든 거래를 중단시키며 현물주식이 폭락할 때만 발동되며 폭등할 때는 적용되지 않는다.
• **선물 CB** : 선물·옵션거래만 중단시키며 선물가격이 급등하거나 급락할 때 모두 적용한다.
필요적 거래중단의 예외
• 1일 1회까지 중단하는 것이 원칙이나, KOSPI200 선물·옵션의 경우는 예외로 한다.
• 당일 14시 20분 이후에는 중단하지 않는다.

[개념 확인 문제 정답] ①   [실전 확인 문제 정답] ④

11 거래체결의 원칙과 종류

개념 확인 문제

01 거래당사자 쌍방이 임의로 거래상대방을 선택하고 수량, 가격 등을 사전 협의하여 결정하고 협의된 내용을 거래소에 신청하여 거래를 체결하는 상대거래방식의 거래를 (   )라 한다.

① 개별경쟁거래   ② 협의거래

02 개별경쟁거래는 복수가격에 의한 개별경쟁거래, 단일가격에 의한 경쟁거래가 있으며 (   )의 원칙과 (   )의 원칙, 수량우선의 원칙을 적용하여 매매체결한다.

① 가격우선, 시간우선   ② 협의우선, 거래소우선

실전 확인 문제

▶ **거래의 체결에 대한 설명으로 옳지 않은 것은?**

① 파생상품거래의 계약에 관한 체결방법은 크게 개별경쟁거래와 상대거래인 협의거래로 구분된다.

② 개별경쟁거래 시 동일한 가격에서는 시간우선의 원칙을 적용하여 최근에 도달된 호가를 이전에 도달한 호가에 우선하여 매매체결한다.

③ 협의거래는 예외적으로 당사자 간 사전 협의된 가격이나 수량으로 거래를 체결시키는 상대거래 방식의 제도로 매도자와 매수자 모두 단수인 경우의 거래체결 유형이다.

④ 협의대량거래는 거래당사자가 종목, 가격 및 수량에 관하여 협의하고 그 협의된 내용을 회원을 통해 거래소에 신청하여 선물거래를 체결하는 거래이다.

정답해설 먼저 도달된 호가를 나중에 도달된 호가에 우선하여 매매체결한다.

개념 짚어 보기

개별경쟁거래의 종류

- **단일가거래(단일가격에 의한 개별경쟁매매)** : 일정시간 동안 접수된 다수의 호가에 대하여 매도호가 간의 경합, 매수호가 간의 경합 및 매도호가와 매수호가 간의 경합에 의하여 하나의 가격(단일가격)으로 계약을 체결하는 방법을 말한다. 시가 및 종가를 결정하는 때와 매매거래를 중단한 후 재개시의 최초가격을 결정하는 때에 적용한다.
- **접속거래(복수가격에 의한 개별경쟁매매)** : 매수호가의 가격이 매도호가의 가격 이상(매도호가의 가격이 매수호가의 가격 이하)인 경우에 먼저 접수된 호가의 가격을 약정가격으로 하여 가격우선의 원칙 및 시간우선의 원칙을 적용하여 거래를 체결한다.

협의대량거래(block trade)

기관투자자 등 대량거래자의 거래 편의를 제공하고 대량거래에 따른 시장가격 급변을 방지하기 위한 거래이다. 통화상품 중 미국달러선물의 경우 500계약 이상 15,000계약 이하, 엔선물 및 유로선물의 경우 200계약 이상 15,000계약 이하, 3년국채선물의 경우 500계약 이상 5,000계약 이하에 대해 적용하고 있다.

12 글로벌거래

개념 확인 문제

01 글로벌거래의 기준가격은 익일 정규가격의 기준가격과 ( ) 가격을 적용한다.

① 상이한　　　　　　　　　　　② 동일한

02 글로벌거래 종료 후에는 거래분에 대한 별도의 ( ) 작업을 거치지 않아도 된다.

① 거래증거금의 산출　　　　　　② 일일정산

실전 확인 문제

▶ 글로벌거래에 대한 설명으로 옳지 않은 것은?

① 글로벌거래의 거래시간은 파생상품시장의 정규거래시간 장종료 이후부터 다음 날 장개시 이전까지이다.

② 정규시장 장종료 후 해외시장에서 발생하는 가격변동 방지와 가격변동위험에 대한 헤지수단 제공을 위해 도입된 거래제도이다.

③ 가격제한폭은 정규거래의 2분의 1 수준이며, 거래상품은 정규거래와 동일하다.

④ 정규시장과 동일하게 회원사에 파생상품계좌를 개설해야만 거래 참여가 가능하다.

정답해설 거래상품은 코스피200선물과 미국달러선물만 거래가능하다.
　　① 거래시간은 18 : 00 ~ 다음 날 05 : 00이며, 미국 중부는 03 : 00 ~ 14 : 00, 서머타임기간에는 04 : 00 ~ 15 : 00이다.

개념 짚어 보기

정규거래와 글로벌거래의 비교

구분	정규거래	글로벌거래
거래시간	09 : 00 ~ 15 : 45	18 : 00 ~ 05 : 00
거래상품	거래소에 상장된 상품	코스피200선물, 미국달러선물
거래체결방식	접속거래, 단일가거래	접속거래
호가의 취소 및 정정	• 수량의 전부 및 일부 취소 가능 • 전체 및 일부 수량의 가격정정 가능	• 수량의 전부 취소만 가능 • 전체 수량의 가격 정정 가능

13 증거금 제도

01 한국거래소는 일일정산제도와 증거금 징수를 통하여 파생상품거래 관련 위험을 관리하고 있는데, 납부주체에 따라 고객이 금융투자회사에게 납부하는 (   )과 금융투자회사가 거래소에 납부하는 (   )으로 구분된다.

① 위탁증거금, 거래증거금   ② 기본예탁금, 사전위탁증거금

02 현재 거래증거금은 위탁증거금의 경우 적격기관투자자는 (   ) 제도가, 그 외 일반투자자는 (   ) 제도가 적용되고 있다.

① 사전증거금, 사후증거금   ② 사후증거금, 사전증거금

▶ **거래증거금에 대한 설명으로 옳지 않은 것은?**

① 거래증거금은 주문 시마다 징수한다.

② 거래증거금은 위탁증거금의 2/3 수준으로 징수하고 있다.

③ 거래증거금은 전액을 대용증권이나 외화 또는 외화증권으로 납부할 수 있다.

④ 거래증거금은 산출일의 다음 거래일 12시까지 납부하여야 한다.

정답해설 거래증거금은 주문 시마다 징수하지 않고 장종료 후 증거금 소요액을 산출하여 납부하는 사후증거금 제도가 적용된다.

증거금 제도의 필요성

파생상품거래는 High−risk, High−return 상품으로 손실위험이 크기 때문에 결제이행을 위한 담보가 필요하다. 즉, 선물거래의 경우 계약시점과 결제시점 간의 간격이 장기간이므로 미결제약정을 갖고 있는 투자자로 하여금 선물가격이 자신에게 불리하게 변동될 경우를 대비하기 위해 증거금을 납부하도록 하고 있다. 현재, 거래증거금은 사후증거금 제도가 적용되며, 위탁증거금의 경우 적격기관투자자는 사후증거금 제도가 그 외 일반투자자는 사전증거금 제도가 적용되고 있다.

증거금의 종류

- **납부주체에 따른 구분** : 고객이 금융투자회사에 납부하는 위탁증거금과 금융투자회사가 거래소에 납부하는 거래증거금으로 구분한다.
- **납부시기에 따른 구분** : 주문 제출 전에 납부하는 사전증거금과 거래종료 후에 납부하는 사후증거금으로 구분한다.

[개념 확인 문제 정답] 01 ① 02 ②   **[실전 확인 문제 정답]** ①

14 COMS(Composite Optimized Margin System)

개념 확인 문제

▶ COMS는 보유하고 있는 선물 및 옵션거래의 전체 포트폴리오를 고려하여 (   )으로 평가하는 증거금 체계이며 주가지수, 주식, 채권, 통화, 일반상품 등 기초자산의 특성이 유사한 상품군별로 증거금을 산출 후, 상품군별 증거금을 단순 합산하는 방식으로 구성된다.

① 순이익 방식   ② 순위험 방식

실전 확인 문제

▶ 한국거래소의 증거금제도에 대한 설명으로 옳지 않은 것은?

① 사후위탁증거금은 반드시 사전에 위탁증거금이 있어야만 주문과 체결이 가능하다.

② 거래증거금은 회원의 자산으로 납부하는 것이 원칙이나, 투자중개업자인 회원은 위탁자로부터 납부받은 위탁증거금으로 거래증거금을 납부할 수 있다.

③ 사전위탁증거금액은 신규주문 분에 대한 주문증거금액, 보유하고 있는 미결제약정에 대한 순위험증거금액, 결제예정금액으로 구성되어 있다.

④ COMS는 회원의 각 파생상품계좌를 하나의 포트폴리오로 간주하여 계좌별 총위험을 측정하고 이 위험이 커버할 수 있는 수준으로 증거금을 산출하는 포트폴리오위험기준방식이다.

정답해설 사후위탁증거금은 장종료 시점의 미결제약정에 대하여만 증거금을 부과하므로, 사전에 위탁증거금 없이도 주문 체결이 가능하다.

개념 짚어 보기

COMS(Composite Optimized Margin System)

동일 상품군 내에서 포트폴리오의 일중 발생 가능한 최대 손실을 추정하여 산출하는 체계로, 사전위탁증거금과 사후위탁증거금을 병행하여 운영하는 혼합형 증거금 제도이다.

사전증거금과 사후증거금

• **사전위탁증거금** : 모든 위탁자가 대상(적격투자자 제외)이 되며, 주문이 집행되기 전에 위탁증거금액을 계산하여 사전 납부되지 않으면 주문체결이 불가하다.

| 주문증거금액 (신규주문) | + | 순위험증거금액 | + | 결제예정금액 |

• **사후위탁증거금** : 적격투자자만 대상이 되며, 당일 장종료 시점에서 위탁증거금을 계산하여 익일에 납부하게 된다.

| 순위험증거금액 | + | 결제예정금액 |

[개념 확인 문제 정답] ②   [실전 확인 문제 정답] ①

15 기본예탁금

개념 확인 문제

▶ 기본예탁금은 고객이 파생상품거래를 하기 위하여 금융투자업자에 예탁하여야 하는 최소한의 거래개시 기준금액이다. 따라서 미결제약정이 없는 위탁자는 기본예탁금을 금융투자업자에게 납부한 이후에만 거래가 가능하며 파생상품계좌를 최초로 설정한 위탁자에 대하여는 (　　　)을 적용하여야 한다.

① 1단계 이상   ② 2단계 이상

실전 확인 문제

▶ 기본예탁금제도에 대한 설명으로 옳지 않은 것은?

① 주식상품 및 돈육선물거래에 대하여만 기본예탁금이 적용된다.

② 기본예탁금은 전액 대용증권 또는 외화로 납입이 가능하며, 위탁증거금으로 충당할 수 있다.

③ 기본예탁금제도는 개인투자자가 고위험의 파생상품시장에 무분별하게 참여하는 것을 방지하기 위하여 도입되었다.

④ 기본예탁금은 일일정산에 따른 순이익, 대용증권 매도대금 등 고객이 회원으로부터 받을 예정인 결제대금 등으로는 납부할 수 없다.

정답해설 종전에는 주식상품 및 돈육선물거래에 대하여만 기본예탁금이 적용되었으나 2009년 2월 4일부터는 모든 상품에 기본예탁금 제도가 적용되고 있다.

개념 짚어 보기

기본예탁금

선물·옵션거래에서 미결제약정이 없는 위탁자가 신규주문을 할 경우 파생상품위탁계좌를 개설한 금융투자업자에게 사전에 납부하여야 하는 금액이다. 미결제약정이 없는 위탁자가 주문을 하는 경우 사전에 현금, 대용증권, 외화 등의 방법으로 기본예탁금액 이상을 금융투자업자에게 예탁하여야 한다.

단계별 기본예탁금액

금융투자업자가 고객으로부터 기본예탁금으로 받아야 하는 금액은 단계별 규정된 금액 이내에서 고객의 투자경험 및 신용상태 등을 고려하여 금융투자업자가 고객별로 정하도록 하고 있다. 단, 파생상품계좌를 최초로 설정한 위탁자에 대하여는 2단계를 적용하여야 한다.

구분	기본예탁금액	적용대상	비고
1단계	50만 원 이상 ~ 1,500만 원 미만	건전투자자	—
2단계	1,500만 원 이상 ~ 3,000만 원 미만	일반투자자	최초계좌설정 고객은 2단계 이상 적용
3단계	3,000만 원 이상	관리대상투자자	

[**개념 확인 문제** 정답] ②　　[**실전 확인 문제** 정답] ①

16 위탁증거금

개념 확인 문제

01 위탁증거금은 고객이 주문시점 또는 인출시점에 금융투자업자에게 납부하여야 하는 사전증거금으로 파생상품계좌별로 산출하여야 하며, 동일 위탁자가 다수 계좌를 개설한 경우에는 (　　　) 산출하여 예탁받아야 한다.

① 각 개별계좌별로　　　　　　　　　　② 각 계좌를 통합

02 위탁증거금은 예탁시기에 따라 사전위탁증거금과 사후위탁증거금으로 구분되며 신규거래 시 납부하는 증거금을 개시증거금이라 하고, 미결제약정을 유지하는 데 필요한 최소한의 증거금을 (　　　)이라 한다.

① 현금위탁유지증거금　　　　　　　　② 유지위탁증거금

실전 확인 문제

▶ 각 상품의 거래승수와 위탁증거금률의 연결이 옳지 않은 것은?

	구분	거래승수	위탁증거금률
①	돈육선물	1,000	15.00%
②	금선물	1,000	3.75%
③	엔선물/유로선물	50,000	5.5%
④	미국달러선물	10,000	4.20%

정답해설 엔선물 / 유로선물의 거래승수는 10,000이다. 위탁증거금률은 엔선물은 3.75%, 유로선물은 3.23%이다(KRX 2019. 01. 28. 기준).

개념 짚어 보기

위탁증거금
- 파생상품거래는 거래체결 이후 장래에 그 계약에 따른 의무이행이 이루어지므로 거래당사자는 상대방의 의무불이행 위험에 노출된다. 따라서 이러한 의무불이행을 방지하고, 거래당사자의 장래 계약의 이행을 보장하기 위하여 위탁증거금을 징수한다.
- 회원에 의해 결제이행 능력이 충분하다고 인정되는 자(재무건전성이나 신용상태 등이 양호한 자)에 한하여 거래성립일 익일에 위탁증거금을 지불할 수 있으며 위탁자의 투자목적과 신용상태 등을 고려하여 위탁증거금액의 일반사항(위탁증거금률, 부과방식 등)을 결정할 수 있다.

위탁증거금의 종류
위탁증거금은 예탁시기에 따라 주문제출 시에 예탁받는 사전위탁증거금과 적격기관투자자에 대하여 거래종료 후에 예탁받는 사후위탁증거금으로 구분된다. 또한 신규거래 시 납부하는 증거금을 개시증거금이라 하고, 미결제약정을 유지하는 데 필요한 최소한의 증거금을 유지위탁증거금이라 하며 위탁증거금액 중 현금으로 납부하여야 할 증거금을 현금위탁증거금이라 한다.

[개념 확인 문제 정답] 01 ①　02 ②　[실전 확인 문제 정답] ③

17 위탁증거금 – 사전위탁증거금

개념 확인 문제

▶ 사전위탁증거금은 (　　　), 미결제약정에 대한 순위험증가금, 당일체결순손실상당액, 수수시한 전 순손실금액으로 구성된다. 당일체결순손실액은 당일선물순손실금액과 당일옵션순매수금액의 합으로 산출되며 당일옵션순매수금액은 매수약정금액의 합계에 매도약정금액의 합계를 (　　　) 하여 산출한다.

① 결제순손익, 합산　　　　　　　　　　② 신규위탁증거금, 차감

실전 확인 문제

▶ 신규위탁증거금으로 위탁금액의 100%를 현금으로 납부해야 하는 경우는?

① 옵션거래 매도의 신규주문 시　　　　② 선물거래의 신규주문 시
③ 선물스프레드거래 신규주문 시　　　　④ 옵션거래 매수의 신규주문 시

정답해설 신규 위탁증거금
- 옵션거래 매도의 신규주문 시에는 0(전액 대용 가능하나, 결제불이행 우려 위탁자의 경우 현금증거금 징수 가능)
- 옵션거래 매수의 신규주문 시에는 위탁금액 전액을 현금으로 납부(대용 불가)
- 선물스프레드거래의 신규주문 시에는 0(전액 대용 가능)
- 선물거래의 신규주문 시 위탁금액×현금위탁증거금률

개념 짚어 보기

신규위탁증거금
- 선물거래의 매도·매수주문 시 : 위탁금액×위탁증거금률
- 선물스프레드거래 주문 시 : 위탁수량×스프레드위탁증거금액
- 옵션매수주문 시 : 위탁금액 전액(전액 현금)
- 옵션매도주문 시 : Max (①, ②) → 전액 대용증권 예탁 가능
  ① [주문수량×거래승수×(전일의 대상자산가격±위탁증거금률만큼 가격변동 시 이론가격−옵션위탁증거금기준가격)]
  ② [주문수량×거래승수×(전일의 대상자산가격×위탁증거금률×25%)]

선물·옵션 순위험위탁증거금(미결제약정에 대한 위탁증거금)

미결제약정을 보유한 상태에서 처음 주문을 제출하거나 이미 주문을 제출한 후 다시 주문을 제출하는 경우 증거금은 현재 제출하는 주문에 대한 증거금뿐만 아니라 이미 제출된 주문 중 미체결분에 대한 증거금 및 미결제약정에 대한 증거금도 감안하여 산출한다. 체결분증거금은 주문제출 이전에 보유 중인 미결제약정에 대한 증거금(파생상품거래의 미결제약정에 대하여 발생할 수 있는 최대순위험으로 순위험위탁증거금액과 최소순위험위탁증거금액 중 큰 금액)과 당일체결순손실상당액(당일 선물반대매매 손실에서 반대매매이익을 빼고 옵션순매수대금을 더한 금액)과 수수일전순손실결제금액(전일 결제손실에서 전일 결제이익을 뺀 금액, 당일 수수일이 도래한 수수시한(12시) 전의 결제순손실에 대한 위탁증거금산출 시 적용)으로 구성된다.

[개념 확인 문제 정답] ②　　[실전 확인 문제 정답] ④

18 위탁증거금 – 사후위탁증거금

개념 확인 문제

01 사후위탁증거금액은 미결제약정에 대하여 발생할 수 있는 최대순위험인 순위험증거금액과 수수일전순손실금액을 합계하여 산출하며 할인율은 (   )를 최저율로 하고 100% 이내에서 회원이 정하도록 하고 있다.

① 50%   ② 80%

02 사후위탁증거금액은 순위험증거금액과 (   )으로 구분된다.

① 당일옵션순매수금액   ② 수수일전순손실금액

실전 확인 문제

▶ 사후위탁증거금의 할인계좌에서 할인되지 않는 증거금은?

① 가격변동위탁증거금   ② 최소순위험위탁증거금
③ 옵션가격위탁증거금   ④ 체결선물스프레드위탁증거금

정답해설 최소순위험위탁증거금, 인수도위탁증거금, 최종결제가격 확정 전 위탁증거금은 할인되지 않으며, 옵션가격위탁증거금, 가격변동위탁증거금, 체결선물스프레드위탁증거금과 거래(유지)증거금인 옵션가격거래(유지)증거금, 선물·옵션거래(유지)증거금, 선물스프레드거래(유지)증거금과 현금증거금은 80% 수준으로 할인된다.

개념 짚어 보기

사후위탁증거금액의 구성
• 순위험증거금액 : 보유하고 있는 미결제약정에 부과하며 포트폴리오 결합집단에 대한 총체적인 리스크를 고려하여 산출
• 결제예정금액(장종료 후 수수일전순손실금액) : 수수일이 도래하기 전의 결제금액(일일정산, 옵션대금 등)

사후위탁증거금할인계좌
사후위탁증거금이 적용되는 고객의 계좌 중 차익거래 또는 헤지거래를 하는 계좌(사후위탁증거금 할인계좌)에 대하여는 증거금액을 할인하여 적용한다. 사후위탁증거금액 할인은 고객의 미결제약정에 대하여 산출하는 순위험증거금액 중 옵션가격증거금액, 가격변동증거금액 및 선물스프레드증거금액에 대하여 일정한 할인율을 곱하는 방식으로 할인율은 80%를 최저율로 하고 100%이내에서 회원이 정하도록 하고 있다.

[**개념 확인 문제 정답**] 01 ② 02 ②   [**실전 확인 문제 정답**] ②

19 일일정산

개념 확인 문제

01 일일정산은 (   )을 방지하기 위하여 매 거래일마다 보유하고 있는 미결제약정 및 당일에 체결된 모든 거래를 선물종가로 평가하여 수수하는 것을 말한다. 일일정산 과정은 권리행사의 신고, 미결제약정수량과 정산가격 산출, 정산차금 산출의 과정으로 진행되며 정산차금은 당일차금과 갱신차금을 더한 값이다.

① 투자손실   ② 결제불이행

02 (   )은 당일의 모든 약정가격을 당일 정산가격으로 재평가하는 것을 말하며, 전일 미결제약정을 당일 정산가격으로 재평가하는 것은 (   )이라 한다.

① 당일차금, 갱신차금   ② 갱신차금, 당일차금

실전 확인 문제

▶ 전일의 미결제약정에 대하여 전일의 정산가격과 당일의 정산가격을 비교하여 산출한 손익은?

① 당일차금   ② 갱신차금
③ 정산차금   ④ 최종결제차금

정답해설 • 매수미결제약정＝전일 매수미결제약정수량×(당일 정산가격－전일 정산가격)×거래승수
　　　　　 • 매도미결제약정＝전일 매도미결제약정수량×(전일 정산가격－당일 정산가격)×거래승수

개념 짚어 보기

일일정산

당일 체결된 선물거래의 약정가격 및 전일의 미결제약정의 가격을 당일의 정산가격으로 재평가하고, 그 재평가에 따라 발생하는 차손익을 주고받는 것을 말한다.

구분	일일정산차금					
	당일차금			갱신차금		
산출	• 당일의 모든 약정가격을 당일 정산가격으로 재평가 • (당일 약정가격－당일 정산가격)×당일 약정수량×거래승수			• 전일 미결제약정을 당일 정산가격으로 재평가 • (전일 정산가격－당일 정산가격)×전일 미결제약정수량×거래승수		
수수방법	비교	매도자	매수자	비교	매도자	매수자
	당일 정산가격＝약정가격	－	－	당일 정산가격＝전일 정산가격	－	－
	당일 정산가격 ＞ 약정가격 (가격상승)	손실	이익	당일 정산가격 ＞ 전일 정산가격 (가격상승)	손실	이익
	당일 정산가격 ＜ 약정가격 (가격하락)	이익	손실	당일 정산가격 ＜ 전일 정산가격 (가격하락)	이익	손실

[개념 확인 문제 정답] 01 ② 02 ① [실전 확인 문제 정답] ②

20 결제

개념 확인 문제

▶ 선물거래 고유의 결제방법에는 (   ), 반대매매 및 최종결제가 있으며, 옵션거래 고유의 결제
방법에는 옵션(권리)과 프리미엄(대가)의 수수, 반대매매, 권리행사 및 권리포기가 있다.

① 일일정산   ② 마진콜

실전 확인 문제

▶ 결제에 관한 설명으로 옳지 않은 것은?

① 결제회원이 옵션을 매도할 경우에는 옵션을 권리를 양도하는 데 따른 옵션대금을 거래소로부
터 받는다.

② 선물거래 시 거래가 만료된 종목의 미결제약정은 품목에 정해진 바에 의해 최종결제일에 인
수도결제 및 현금결제를 해야 한다.

③ 10년국채선물은 최종거래일까지 반대매매되지 않고 남은 미결제약정에 대해서는 현금결제한다.

④ 결제금액은 장종료 후 산출하여 예탁현금에 반영하는 것으로서, 정산차금, 최종결제차금, 옵
션대금, 권리행사차금, 인수도차금을 합산한 값에서 미수금을 차감한다.

정답해설 결제금액 산출 시 미수금도 합산하여 산출한다.
결제금액＝미수금±정산차금±최종결제차금±옵션대금⊥권리행사차금⊥인수도차금

개념 짚어 보기

선물거래의 결제
• 선물거래의 이해관계자(위탁자－회원, 결제회원－거래소, 거래전문회원－지정결제회원)는 거래일마다 결제금액을 수수한다.
• 일일정산 : 당일 체결된 선물거래의 체결가격 및 전일 선물종가로 평가되어 있는 미결제약정을 매일의 선물종가로 재평가
하고, 그 재평가에 따라 발생하는 차손익을 매일 수수함으로써 결제금액을 소액화하고 결제사무를 단순화한다.
• 반대매매 : 투자자는 최종거래일 거래종료시점 이전 어느 때라도 당초 매도한 것을 되사거나, 당초 매수한 것을 되파는 것,
즉 반대매매를 통해 보유하고 있는 포지션을 청산할 수 있다.
• 최종결제 : 최종결제방식에는 현금결제방식과 실물인수도결제방식이 있다.

옵션거래의 결제
• 결제회원은 옵션을 매수하는 데 따른 권리취득의 대가인 옵션대금(체결가격×체결수량×거래승수)을 거래소에 지급해야
한다.
• 회원은 권리행사수량을 계좌 및 종목별로 거래소에 신고하여야 하나, 권리행사가격과 권리행사결제 기준가격 간 차이가 일
정한 수치 이상인 이익종목에 대하여는 권리행사를 신고한 것으로 간주한다.

[개념 확인 문제 정답] ①   [실전 확인 문제 정답] ④

21 위탁증거금의 추가예탁(유지위탁증거금)

개념 확인 문제

▶ 유지위탁증거금은 위탁자가 미결제약정을 보유하고 있을 경우 매 거래일 종료시점에 확보하고 있어야 할 일정수준 이상의 증거금을 말하며, 부족액 발생 시 익일 (　　　)까지 응하지 않을 경우 강제로 포지션이 정리된다.

① 12시　　　　　　　　　　　　　　　② 14시 20분

실전 확인 문제

▶ 추가증거금(margin call)에 대한 내용으로 옳지 않은 것은?

① 유지위탁증거금액의 충족 여부 확인은 장종료를 기점으로 매일 2회 산출한다.

② 유지위탁증거금 소요액은 일반적인 위탁증거금보다 낮은 수준으로 설정하고 있다.

③ 사후위탁증거금계좌의 거래가 없거나 반대거래만 있는 경우에는 유지위탁증거금액 충족 여부만을 확인한다.

④ 위탁자의 예탁총액이 유지위탁증거금액 이하로 하회하거나 예탁현금이 유지위탁현금증거금액 이하로 하회할 경우 위탁증거금을 추가로 예탁받아야 한다.

정답해설 유지위탁증거금액의 충족 여부 확인은 장종료시점을 기점으로 매일 1회 산출한다.

개념 짚어 보기

추가증거금(margin call)

미결제약정을 보유한 고객이 이후 거래가 없거나 반대거래만 하는 경우에 최초 미결제약정 설정 시를 기준으로 위탁증거금 납부 후 증거금 충족 여부를 매일 확인하지 않는다면, 예탁총액이 위탁증거금 소요액에 크게 부족하게 되는 거래위험의 초래 가능성이 있다. 따라서 이러한 위험에 대비하기 위하여 매 거래일의 장종료 시마다 일정한 위탁증거금수준의 충족 여부를 확인하여 예탁총액 또는 예탁현금이 부족한 경우 이를 추가예탁받는 것을 위탁증거금의 추가예탁, 즉 마진콜이라 한다.

위탁증거금 추가예탁의 방법

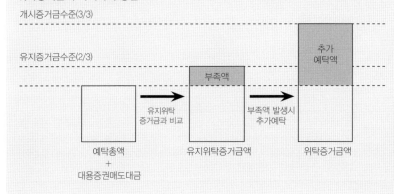

[**개념 확인 문제 정답**] ①　　[**실전 확인 문제 정답**] ①

231

22 대용증권

개념 확인 문제

01 대용증권은 시장에서 환금성이 있는 증권 중에서 지정되고 있으며, 관리종목, 정리매매종목, 상장폐지를 신청하여 거래가 중단된 종목, (   ) 등은 대용증권에서 제외된다.

① 투자위험종목   ② 채무증권과 유사한 수익증권

02 대용증권의 가격은 KRX가 산출하여 공표하며, 상장주권 및 상장지수펀드는 매 거래일마다 산출하고, 상장채권 등은 매주 (   )에 산출한다. 대용가격은 기준시세에 (   )을 곱하여 산출한다.

① 금요일, 사정비율   ② 월요일, 체결수량

실전 확인 문제

▶ 예탁한 유가증권 중 대용가격이 가장 낮은 것은?

① W자동차의 전환사채 20억 원

② H저축은행후순위채권 50억 원

③ KOSPI 구성종목인 P항공주식 10억 원

④ 투자위험종목으로 지정된 Z상사의 주식 70억 원

정답해설   대용가격은 대용증권의 기준시세에 사정비율을 곱하여 산정되나 투자위험종목으로 지정된 대용증권은 그 사유발생일의 다음 날부터 효력이 정지된다.

개념 짚어 보기

대용증권의 종류와 기준시세 및 사정비율

대용증권	산출시기	적용기간	기준시세	사정비율
상장주권	매 거래일	당일	• 장중 : 전일 종가 • 장종료 : 당일 종가 (종가가 없는 경우에는 최근일의 종가)	• 70% • 코스피200 구성종목 : 80%
상장외국주식예탁증서(DR)				
상장지수펀드(ETF)				
상장채권	매주 금요일	익일 ~ 다음 기준일	기준일로부터 과거 5거래일간 일별 종가의 단순산술평균가격	• 채권 : 95% • 주식관련 사채권을 제외한 사채권 : 85% • 주식관련 사채권, ELS, MBS : 80%
주가지수연계증권(ELS)				
상장채권 간주 수익증권 (MBS)			기준일로부터 과거 20거래일간 거래량 가중평균가격	

23 회계관리

개념 확인 문제

01 금융투자업자는 (　　　)로 가결산을 실시하여야 한다.

① 월별　　　　　　　　　　　　　　　② 분기별

02 금융투자업자는 회계처리 시 증권선물위원회의 심의를 거쳐 (　　　)이/가 정하여 고시하는 금융투자업자 회계처리 준칙 및 기업회계 기준을 따라야 한다.

① 금융위원회　　　　　　　　　　　　② 금융감독원장

실전 확인 문제

▶ **금융투자업자의 회계와 관련된 설명으로 옳지 않은 것은?**

① 회계처리방법, 계정과목의 종류와 배열순서 등 금융투자업자의 회계처리에 관한 사항은 금융위원회가 정하여 고시한다.

② 금융투자업자의 재무제표상 계정과목은 금융위원회의 승인 없이는 신설 또는 개정할 수 없다.

③ 금융투자업자의 고유재산과 신탁재산, 위탁자의 재산을 명확히 구분하여 계리하여야 한다.

④ 회계연도는 4월 1일부터 다음해 3월 31일까지의 기간이며, 금융위원회가 정하여 고시하는 경우에는 변경 가능하다.

정답해설 자본시장법상 금융투자업자의 재무제표상 계정과목은 금융감독원장의 승인 없이는 신설 또는 개정하지 못한다.

개념 짚어 보기

금융투자업자의 회계

• 회계연도 : 4월 1일부터 다음해 3월 31일(단, 금융위원회가 정하여 고시하는 경우에는 1월 1일부터 12월 31일)

• 가결산 : 분기별로 가결산을 실시

• 장부

　– 회계 및 재무에 관한 장부 : 10년 이상 기록 및 유지

　– 업무에 관한 장부 : 종류별로 3~10년 이상 동안 기록 및 유지

[**개념 확인 문제 정답**] 01 ②　02 ①　[**실전 확인 문제 정답**] ②

핵심플러스

OX 문제

01 별도의 투자일임계약에 의하지 않아도 투자의 일임은 가능하다. (　　)

02 거래소 회원은 파생상품 계좌설정계약에 관한 서면, 파생상품 거래위험고지서 교부확인서 및 위탁자 관련 사항에 관한 서면을 10년 이상 보관하여야 한다. (　　)

03 거래소 또는 회원의 파생상품시스템에 장애가 있거나, 기초자산의 거래시간이 변경되는 경우, 또는 선물스프레드를 구성하는 선물거래의 거래시간이 변경되는 경우, 거래소는 거래시간을 변경할 수 있다.
(　　)

04 거래개시일 이후 최초 거래성립일의 기준가격은 전일에 기세가 있는 경우 전일의 기준가격으로 한다.
(　　)

05 가격제한폭은 거래소가 시장상황에 이상이 있거나 시장관리상 필요하다고 인정하는 경우 변경 가능하다. (　　)

06 3년국채선물의 협의대량거래의 가격 범위는 협의가 완료된 시간의 5분 전 기간 동안 개별경쟁거래의 방법으로 체결된 가장 높은 가격과 가장 낮은 가격 이내의 가격이다. (　　)

07 위탁자는 파생상품계좌설정계약을 체결한 회원에게 있는 미결제약정을 다른 회원에게 인계할 수 있지만, 거래전문회원의 경우에는 결제위탁계약을 체결한 지정결제회원에게 있는 미결제약정을 다른 지정결제회원에게 인계할 수 없다. (　　)

08 미결제약정이 없는 위탁자로부터 주문을 받는 경우 회원은 사전에 현금, 대용증권, 외화 등의 방법으로 기본예탁금액 이상을 예탁받아야 한다. (　　)

09 파생상품계좌에 있는 예탁총액이 위탁증거금액을 초과하거나 예탁현금이 현금위탁증거금액을 초과하는 경우, 그 초과액에 대해 위탁자는 인출하거나 새로 납부하여야 할 위탁증거금에 충당 가능하다. (　　)

10 사후위탁증거금의 할인계좌에서 가격변동증거금, 선물스프레드증거금, 옵션가격위탁증거금, 최소순위험위탁증거금은 할인되는 항목에 해당한다. (　　)

해설

01 「자본시장과 금융투자업에 관한 법률」에 의하면 별도의 일임계약에 의하지 않은 일임거래는 불법이다.

04 거래개시일 이후 최초 거래성립일의 기준 가격은 전일에 기세가 있는 경우 전일의 기세, 전일에 기세가 없는 경우 전일의 기준가격으로 한다.

06 3년국채선물의 협의대량거래의 가격 범위는 협의가 완료된 시간의 10분 전 기간 동안 개별경쟁거래의 방법으로 체결된 가장 높은 가격과 가장 낮은 가격 이내의 가격이다.

07 거래전문회원의 경우 결제위탁계약을 체결한 지정결제회원에게 있는 미결제약정을 다른 지정결제회원에게 인계할 수 있다.

10 최소순위험위탁증거금은 할인되지 않으며, 나머지는 80% 수준으로 100% 이내에서 회원이 정할 수 있다.

[정답] 01 × 　 02 ○ 　 03 ○ 　 04 × 　 05 ○ 　 06 × 　 07 × 　 08 ○ 　 09 ○ 　 10 ×

핵심플러스

OX 문제

11 일일정산의 업무는 당일의 손익을 정산하는 과정으로 권리행사 신고 → 미결제약정수량 산출 → 정산차금 산출의 과정을 거친다. (   )

12 권리행사는 옵션매수자가 행사가격으로 해당 권리를 행사하는 것으로, 옵션의 행사만기일은 모두 동일하다. (   )

13 예탁현금에서 결제금액을 차감해야 하는 경우 예탁현금이 부족할 경우에는 징수할 수 없다. (   )

14 회원은 위탁증거금을 추가징수하고자 할 경우에는 위탁자에게 지체 없이 통지해야 하며, 징수기한은 부족액 발생일의 다음 날 10시까지이다. (   )

15 대용가격의 산정 시 주식관련 대용증권은 매 영업일, 채권 관련 대용증권은 매주 금요일에 산출한다. (   )

16 회원은 위탁자가 위탁증거금으로 예탁한 대용증권을 해당 위탁자 이외의 자의 거래증거금으로 예탁할 수 없다. (   )

17 위탁자는 위탁증거금에서 현금예탁 필요액을 제외한 금액에 대해 대용증권으로 예탁이 가능하다.
(   )

18 파생상품거래의 회계처리 시 파생상품거래의 계약금액은 외화와 원화 모두 같은 방법으로 처리한다. (   )

19 금융투자업자는 분기 종료 후 45일 이내에 매 분기별로 업무보고서를 금융감독원과 금융투자협회에 제출해야 한다. (   )

20 금융투자업자는 매 영업일마다 영업용순자본비율이 150%에 미달하거나 미달할 우려가 있을 경우 수시로 영업용순자본비율을 보고해야 한다. (   )

해설

12 유럽형 옵션인 KOSPI200옵션, 미국달러옵션, 주식옵션은 최종거래일에만 권리행사가 가능하다.

13 결제금액은 장 종료 후에 산출하여 예탁현금에 반영하는데 예탁현금이 부족하여 미결제금액이 발생한 경우에는 예탁현금을 0으로 줄이고 인출되지 못한 금액만큼 미결제금액을 발생시킨다.

14 위탁증거금의 징수기한은 부족액 발생일의 다음 날 12시까지이다.

18 파생상품거래의 계약금액은 외화로 표시된 경우 원화로 환산하는 것이 원칙이다.

[정답] 11 ○ 12 × 13 × 14 × 15 ○ 16 ○ 17 ○ 18 × 19 ○ 20 ○

3장 직무윤리 · 투자자분쟁예방

대표 유형 문제

준법감시인에 대한 설명 중 틀린 것은?

① 준법감시인은 이사회 및 대표이사의 지휘를 받아 그 업무를 수행한다.

② 회사는 준법감시인이 독립적으로 그 직무를 수행할 수 있도록 해야 하며 적정 임기를 보장해야 한다.

③ 준법감시인은 해당 금융투자업자의 고유재산 운용업무도 겸직한다.

④ 회사는 효율적 준법감시업무를 위해 지원조직을 갖추어 준법감시인의 직무수행을 지원해야 한다.

정답해설 해당 금융투자업자의 고유재산 운용업무는 준법감시인이 담당해서는 안 되는 직무에 해당된다.

대표 유형 문제 알아 보기

준법감시인 제도

- 금융투자업자는 내부통제기준의 준수 여부를 점검하고 내부통제기준을 위반하는 경우 이를 조사하여 감사위원회 또는 감사에게 보고하는 자(준법감시인)를 1인 이상 두어야 한다.
- 준법감시부서의 설치 및 운영(표준내부통제기준 제14조)
  - 회사는 준법감시업무가 효율적으로 수행될 수 있도록 충분한 경험과 능력을 갖춘 적절한 수의 인력으로 구성된 지원조직인 준법감시부서를 갖추어 준법감시인의 직무수행을 지원하여야 한다.
  - 회사는 준법감시업무에 대한 자문기능의 수행을 위하여 준법감시인, 준법감시부서장, 인사담당부서장 및 변호사 등으로 구성된 준법감시위원회를 설치 · 운영할 수 있다.
  - 회사는 IT부문의 효율적인 통제를 위하여 필요하다고 인정되는 경우 준법감시부서 내에 IT분야의 전문지식이 있는 전산요원을 1인 이상 배치하여야 한다.
- 준법감시인의 중립성 보장(자본시장법 제28조)
  - 준법감시인은 선량한 관리자의 주의로 그 직무를 수행하여야 하며, 다음의 업무를 수행하는 직무를 담당할 수 없다.
  - ⅰ) 해당 금융투자업자의 고유재산의 운용업무
  - ⅱ) 해당 금융투자업자가 영위하고 있는 금융투자업 및 그 부수업무
  - ⅲ) 해당 금융투자업자가 제40조에 따라 영위하고 있는 업무
  - 금융투자업자는 준법감시인이 그 직무를 독립적으로 수행할 수 있도록 해야 한다.
  - 금융투자업자의 임직원은 준법감시인이 그 직무를 수행함에 있어서 자료나 정보의 제출을 요구하는 경우 이에 성실히 응하여야 한다.
  - 금융투자업자는 준법감시인이었던 자에 대하여 그 직무수행과 관련된 사유로 부당한 인사상의 불이익을 줄 수 없다.

[대표 유형 문제 정답] ③

대표 유형 문제

주어진 내용이 뜻하는 것을 순서대로 나열한 것은?

- 금융투자업종사자는 고객 등의 최선의 이익을 위하여 충실하게 그 업무를 수행하여야 하고, 자기 또는 제3자의 이익을 고객 등의 이익에 우선하여서는 안 된다.
- 금융투자업종사자는 고객 등의 업무를 수행함에 있어서 그 때마다의 구체적인 상황에서 전문가로서의 주의를 기울여야 한다.

① 충실의무, 주의의무

② 충실의무, 이익상충의 금지

③ 주의의무, 자기거래의 금지

④ 이익상충의 금지, 적합성의 원칙

정답해설   주어진 내용은 직무윤리기준 '신임관계 및 신임의무' 중 가장 핵심을 이루는 충실의무와 주의의무에 대한 내용이다.

대표 유형 문제 알아 보기

고객에 대한 의무

- 기본적 의무
  - 충실의무
  - 주의의무
- 고객과의 이익상충 금지
  - 이익상충의 금지
  - 투자이익 우선의 원칙
  - 자기거래의 금지
- 투자목적 등에 적합하여야 할 의무
  - Know-Your-Customer-Rule
  - 적합성의 원칙
  - 적정성의 원칙
- 설명의무
- 합리적 근거의 제공 및 적정한 표시의무
  - 객관적 근거에 기초하여야 할 의무
  - 사실과 의견의 구분 의무
  - 중요 사실에 대한 정확한 표시의무
  - 투자성과보장 등에 관한 표현의 금지

- 허위 · 과장 · 부실표시의 금지
  - 기대성과 등에 대한 허위표시 금지
  - 업무내용 및 인적사항 등에 대한 부실표시 금지
- 공정한 업무수행을 저해할 우려가 있는 사항에 관한 주지 의무
- 재위임의 금지
- 고객의 합리적 지시에 따를 의무
- 요청하지 않은 투자권유의 금지
- 보고 및 기록의무
  - 처리결과의 보고의무
  - 기록 및 증거유지 의무
- 고객정보 누설 및 부당이용금지
- 부당한 금품수수의 금지
- 모든 고객을 평등하게 취급할 의무
- 고객의 민원 · 고충처리

1 윤리경영과 직무윤리

개념 확인 문제

01 (   )는 공정하고 자유로운 경쟁의 전제조건이 된다.

① 기업윤리   ② 인사관리

02 (   )은 생산자가 특정 재화를 생산할 때, 그 과정에서 생산자를 포함한 사회 전체가 부담하게 되는 비용을 의미한다.

① 생산적 비용   ② 사회적 비용

실전 확인 문제

01 직무윤리가 강조되는 이유로 적절하지 않은 것은?

① 비윤리적인 행동은 더 큰 사회적 비용을 가져온다.
② 기업이 높은 수준의 윤리성을 유지하면 결과적으로 이득이 된다.
③ 직무윤리는 '대리인문제'가 발생했을 때 그것을 해결하는 유용한 수단이 된다.
④ 직무윤리는 자발성 내지 자율성이라는 장점을 지니며 법규의 결함을 보완한다.

정답해설 직무윤리는 '대리인문제'를 사전에 예방하는 유용한 수단이 된다.

02 금융투자산업에서의 직무윤리가 강조되는 이유에 대한 설명 중 틀린 것은?

① 자본시장의 공정성·신뢰성·효율성을 확보하기 위해 필요하다.
② 외부의 부당한 요구로부터 금융투자업종사자를 지켜주는 안전판이 된다.
③ 사회책임투자가 하나의 경향으로 자리잡아가는 데에 따라 성과측정 구축 여부를 평가하기 때문이다.
④ 실물의 사용가치가 없고 불특정 다수의 비대면거래이기 때문에 불공정 가능성의 규제가 필요하다.

정답해설 사회책임투자가 하나의 경향으로 자리잡아가는 데에 따라 내부통제시스템과 윤리경영시스템 구축 여부를 평가하기 때문이다.

개념 짚어 보기

사회책임투자
투자자의 투자원칙에 가치 및 윤리신념을 적용하여 실행하는 것을 말한다. 비도덕적으로 경영하고 환경을 파괴하는 기업에는 투자하지 않고 도덕적이고 환경친화적 기업에만 투자하며 기업의 변화를 이끌어낸다. 선진 자본시장에는 사회책임투자(Social Responsibility Investment)를 이르는 SRI펀드가 보편화되어 있다.

[**개념 확인 문제** 정답] 01 ①   02 ②   [**실전 확인 문제** 정답] 01 ③   02 ③

2 직무윤리의 기초사상과 국내외 동향

개념 확인 문제

01 ( )은/는 경제활동의 윤리적 환경과 조건을 각 나라마다 표준화하려는 국제적 협상이다.

① 경제윤리협상   ② 윤리 라운드

02 ( )는 국가별 부패인식지수인 부패지수를 매년 발표하는 국제적 부패감시 민간단체이다.

① 국제투명성기구   ② 국제윤리기구

실전 확인 문제

01 윤리강령의 국제적 · 국내적 환경에 대한 내용 중 틀린 것은?

① WTO와 OECD 등의 세계 무역기구는 'New Round'로 국제무역을 규제한다.

② OECD는 2000년에 '국제 공통의 기업윤리강령'을 발표했다.

③ 윤리 라운드는 윤리강령을 실천하는 기업의 제품과 서비스만을 국제거래대상으로 삼자는 것이다.

④ 국내의 경우 관련법이 정립되지 않아 윤리수준이 낮게 평가되고 있다.

정답해설   국내에서도 2003년 부패방지법과 부패방지위원회(현 국민권익위원회)를 출범하였고, 공직자윤리강령을 제정하였다.

02 직무윤리의 적용대상에 대한 설명으로 적절하지 못한 것은?

① 실질적 관련 업무 종사자를 대상으로 하며, 간접적으로 관련되어 있는 자는 제외한다.

② 적용대상을 판단할 때 회사와의 위임계약관계 또는 고용계약관계 및 보수의 유무를 불문한다.

③ 적용대상을 판단할 때 고객과의 법률적 계약관계 및 보수의 존부를 불문한다.

④ 직무행위는 직접 또는 간접으로 관련된 일체의 직무행위를 포함한다.

정답해설   직무윤리는 직접 또는 간접적으로 관련되어 있는 자를 포함한다.

개념 짚어 보기

직무윤리의 사상적 배경

- **루터(소명적 직업관)** : 세상의 직업을 '소명'으로 인식
- **칼뱅(금욕적 생활윤리)** : 초기 자본주의 발전의 정신적 토대가 된 직업윤리 강조
- **베버(프로테스탄티즘의 윤리와 자본주의 정신)** : 서구 문화의 속성인 합리성 · 체계성 · 조직성 · 합법성은 세속적 금욕생활과 직업윤리에 의해 형성

[개념 확인 문제 정답] 01 ②   02 ①   [실전 확인 문제 정답] 01 ④   02 ①

3 신의성실의무와 전문지식 배양의무

개념 확인 문제

01 신의성실의무에 대한 내용은 (　　　)에서 다루고 있다.

① 상법과 자산운용법　　　　　　　　　② 민법과 자본시장법

02 (　　　)는 금융투자업종사자가 항상 담당 직무에 관한 이론과 실무를 숙지하고 그 직무에 요구되는 전문능력을 유지하고 향상시켜야 함을 강조한다.

① 신의성실의무　　　　　　　　　　　② 전문지식 배양의무

실전 확인 문제

▶ 자본시장법상 신의성실의무에 대한 설명으로 옳은 것은?

① 자본시장법에서 신의성실의무는 윤리적 의무일뿐 법적 의무로 볼 수 없다.

② 신의성실의 원칙 위반은 강행법규에 대한 위반이 아니므로 법원이 직권으로 위반 여부를 판단할 수 없다.

③ 법규에 대한 형식적 적용으로 인해 발생하는 불합리를 시정할 수 있다.

④ 권리의 행사가 신의성실의 원칙에 반하는 경우라도 권리 남용으로 인정되지 않는다.

정답해설 신의성실의 원칙을 적용하여 법의 형식적 적용을 통한 불합리에 대해 타당성 있게 시정하는 것이 가능하다.

① 자본시장법에서 신의성실의무는 법적 의무와 윤리적 의무의 측면이 중첩되어 있다.

② 신의성실의 원칙 위반이 법원에서 다투어지는 경우, 이는 강행법규에 대한 위반이기 때문에 당사자가 주장하지 않더라도 법원은 직권으로 신의성실의 원칙 위반 여부를 판단할 수 있다(대판 1995. 12. 22. 94다42129).

④ 권리의 행사가 신의성실의 원칙에 반하는 경우 권리의 남용이 되어 권리행사의 법률효과가 인정되지 않는다.

개념 짚어 보기

관련 법령 및 판례

• 민법 제2조(신의성실)
  - 권리의 행사와 의무의 이행은 신의에 좇아 성실히 하여야 한다.
  - 권리는 남용하지 못한다.
• 대법원 1995.12.22. 선고, 94다42129, 판결
  - 판시사항 : 신의성실의 원칙 위배 또는 권리남용이 직권조사사항인지 여부
  - 판결요지 : 신의성실의 원칙에 반하는 것 또는 권리남용은 강행규정에 위배되는 것이므로 당사자의 주장이 없더라도 법원은 직권으로 판단할 수 있다.

[개념 확인 문제 정답] 01 ② 02 ②　　[실전 확인 문제 정답] ③

4 공정성 및 독립성 유지의무

개념 확인 문제

01 ( )는 다양한 이해관계의 상충 속에서 특정한 방향으로 치우치지 않고 투자자 보호를 위해 공정한 판단을 내려야 함을 강조한다.

① 공정성 유지의무 ② 균형성 유지의무

02 ( )는 자기 또는 제3자의 이해관계에 영향을 받지 않고, 객관성 유지를 위해 합리적 주의를 기울여 업무를 수행해야 함을 뜻한다.

① 부당지시 금지의무 ② 독립성 유지의무

실전 확인 문제

▶ 다음 중 금융투자업종사자의 독립성 유지의무에 해당하지 않는 내용은?

① 금융투자회사는 금융투자분석사에게 부당한 압력을 행사해서는 안 된다.

② 금융투자회사는 금융투자분석사가 조사분석업무를 독립적으로 수행할 수 있도록 내부통제기준을 제정하여야 한다.

③ 금융투자회사는 조사분석 자료를 공표하기 전에 내부기준에 따른 승인절차를 거치지 않고 제3자에게 조사분석자료를 제공해서는 안 된다.

④ 조사분석 담당부서와 기업금융 관련부서 간의 자료교환은 어떠한 경우에도 허용되지 않는다.

정답해설 준법감시부서를 통해 자료교환이 가능하다.
①, ②, ③은 금융투자회사의 영업규정 제2−28조(조사분석의 독립성 확보)의 내용이다.
④ 금융투자분석사가 기업금융업무 관련부서와 협의하고자 하는 경우 다음 조건을 충족시켜야 한다.
  - 조사분석 담당부서와 기업금융 관련부서 간의 자료교환은 준법감시부서를 통하여 할 것
  - 양 부서 간 협의는 준법감시부서 직원의 입회하에 이루어져야 하며, 주요 내용은 서면으로 기록 · 유지되어야 함

개념 짚어 보기

조사분석의 독립성 확보(금융투자회사의 영업규정 제2-28조)
• 5항 : 금융투자회사는 조사분석 담당부서의 임원이 기업금융 · 법인영업 및 고유계정 운용업무를 겸직하도록 하여서는 안 된다. 다만, 임원수의 제한 등으로 겸직이 불가피하다고 인정되는 경우는 예외로 한다.
• 6항 : 준법감시인(준법감시인이 없는 경우에는 감사 등 이에 준하는 자)은 조사분석 담당부서와 기업금융업무 관련부서 간의 회의 내용의 적정성을 조사하고 회의 내용이 협회의 정관 및 규정, 관계법규 등에 위반된 경우 필요한 조치를 취하여야 한다.

5 법규 등 준수의무와 소속회사 등의 지도 · 지원 의무

개념 확인 문제

01 (   )은 금융투자회사의 임직원이 법령을 준수하고 자산을 건전하게 운용하며 투자자를 보호하기 위하여 준수하여야 할 적절한 기준과 절차를 정한 것이다.

① 표준내부통제기준   ② 자본시장법 시행령

02 (   )은 타인을 사용하여 어느 사무에 종사하게 한 자는 피용자가 그 사무집행에 관하여 제3자에게 가한 손해를 배상할 책임이 있음을 뜻한다.

① 고용책임   ② 사용자책임

실전 확인 문제

01 직무윤리 중 법규 준수의무에 대한 설명이 틀린 것은?

① 직무 관련 법규에 대한 지식 없이 행한 위반행위 역시 관련 당사자에 대해 구속력을 갖는다.
② 금융투자협회의 '표준내부통제기준'은 그 자체로도 구속력을 갖는다.
③ 해외에서 직무를 수행하는 경우는 관할구역에 적용되는 법규를 준수한다.
④ 직무윤리에서의 법규는 자본시장법과 인접분야의 법령 및 관련 기관이 만든 규정을 포함한다.

정답해설 표준내부통제기준은 그 자체로는 구속력이 없는 지침이다.

02 직무윤리 중 소속회사의 지도의무에 대한 설명이 틀린 것은?

① 투자권유대행인은 개인사업자이기 때문에 민법의 사용자책임 규정이 적용되지 않는다.
② 지도와 지원에 대한 책임은 법인 및 단체의 업무집행권한을 보유하는 대표자에게 있다.
③ 사용자가 사용자 책임에 따라 배상을 한 때에는 불법행위를 한 피용자에 대해 구상권을 행사할 수 있다.
④ 금융위가 금융투자업자의 임직원에 대해 조치할 때, 임직원을 관리 · 감독한 임직원도 조치할 수 있다.

정답해설 투자권유대행인은 개인사업자로 회사의 피용자는 아니지만, 투자자에게 손해를 끼친 경우 투자자 보호를 강화하기 위해 민법의 사용자책임 규정을 준용한다.

개념 짚어 보기

임직원에 대한 조치(자본시장법 제422조 제3항)
금융위원회는 금융투자업자의 임직원에 대하여 조치를 하거나 이를 요구하는 경우 그 임직원에 대하여 관리 · 감독의 책임이 있는 임직원에 대한 조치를 함께 하거나 이를 요구할 수 있다. 다만, 관리 · 감독의 책임이 있는 자가 그 임직원의 관리 · 감독에 상당한 주의를 다한 경우에는 조치를 감면할 수 있다.

[**개념 확인 문제 정답**] 01 ① 02 ②   [**실전 확인 문제 정답**] 01 ② 02 ①

6 신임관계 및 신임의무

개념 확인 문제

01 (   )는 위임자로부터 신임을 받은 수임자는 위임자에 대해 진실로 충실하고, 직업적 전문가로서 충분한 주의를 가지고 업무를 처리해야 함을 의미한다.

① 신임의무   ② 성실의무

02 (   )는 고객의 최선의 이익을 위해 충실하게 그 업무를 수행해야 하고 자기 또는 제3자의 이익을 고객의 이익에 우선할 수 없음을 의미하며, (   )는 고객의 업무를 수행할 때마다의 전문가로서의 주의를 기울여야 함을 의미한다.

① 충실의무, 주의의무   ② 주의의무, 충실의무

실전 확인 문제

▶ 충실의무와 주의의무에 대한 내용 중 틀린 것은?

① 금융투자업종사자가 전문가로서의 주의의무를 다하지 못한 경우라도 법적 책임을 지지 않는다.

② 주의의무에서는 일반적인 수준 이상, 즉 전문가 집단에 요구되는 정도 및 수준의 주의가 요구된다.

③ 금융투자업자는 금융기관의 공공성으로 인하여 일반 주식회사에 비하여 더욱 높은 수준의 주의의무를 요한다.

④ 충실의무에서 말하는 '최선의 이익'은 적극적으로 고객의 이익을 위하여 실현가능한 최대한의 이익을 추구하여야 한다는 것을 말한다.

정답해설 금융투자업종사자가 고의 또는 과실에 기하여 전문가로서의 주의의무를 다하여 업무를 집행하지 않은 경우, 수임인은 위임인에 대한 의무 위반을 이유로 한 채무불이행책임과 불법행위책임 등과 같은 법적 책임을 지게 된다.

개념 짚어 보기 ◀

영미법상의 충실의무

• 수임자는 위임자의 재산을 이용하여 자기 또는 제3자의 이익을 도모해서는 안 된다.

• 수임자는 특별한 경우를 제외하고 자신이 수익자의 거래 상대방이 되어서는 안 된다.

• 수임자는 직무를 통하여 위임자에 관하여 알게 된 정보에 대하여 비밀을 유지해야 한다.

• 수임자는 수익자의 이익과 경합하거나 상충되는 행동을 해서는 안 된다.

[**개념 확인 문제 정답**] 01 ① 02 ①   [**실전 확인 문제 정답**] ①

7 고객과의 이해상충 금지

개념 확인 문제

01 (   )은 회사의 중요 정보가 정당한 접근 권한이 없는 곳으로 유출되는 것을 차단하기 위하여 사용하는 시스템이다.

① chinese wall   ② tariff wall

02 이해상충 발생의 예로 영업실적을 올리기 위해 과도하고 빈번하게 거래하는 (   )를 들 수 있다.

① 과당매매   ② 불공정매매

실전 확인 문제

01 직무윤리 중 고객과의 이익상충금지 항목에 대한 설명이 적절하지 못한 것은?

① 조사분석자료의 제공에 관해서는 이해상충 금지가 적용되지 않는다.

② 금융투자업자는 이해상충 발생 가능성이 인정되는 경우 그 사실을 미리 투자자에게 알려야 한다.

③ 이해상충이 발생할 가능성을 낮추는 것이 곤란하다고 판단되는 경우 매매, 그 밖의 거래를 해서는 안 된다.

④ 정보차단벽 위의 임직원은 비밀정보를 보유하지 않은 경우에도 이를 알고 있는 것으로 간주하여야 한다.

> **정답해설** 조사분석자료의 제공과 관련해서노 이해상충 금시가 석용된다. 금융투자협회의 영업규정에서는 자신이 발생하였거나 관련되어 있는 대상에 대한 조사분석자료의 공표와 제공을 원칙적으로 금지하고 있다.

02 고객과의 이해상충이 발생하는 과당매매를 판단하는 기준이 될 수 없는 것은?

① 일반투자자의 수익률

② 일반투자자가 부담하는 수수료 총액

③ 일반투자자의 재산상태 및 투자목적에 적합한지 여부

④ 일반투자자의 경험에 비추어 거래에 수반되는 위험을 잘 이해하고 있는지 여부

> **정답해설** 일반투자자의 수익률만으로 과당매매를 판단할 수 없다.

개념 짚어 보기

정보교류의 차단(자본시장법 제45조)
금융투자업자는 영위하는 금융투자업 간에 이해상충이 발생할 가능성이 큰 경우로서 다음의 행위를 할 수 없다.
- 금융투자상품의 매매에 관한 정보, 그 밖에 대통령령으로 정하는 정보를 제공하는 행위
- 임원 및 직원을 겸직하게 하는 행위
- 사무공간 또는 전산설비를 대통령령으로 정하는 방법으로 공동으로 이용하는 행위
- 그 밖에 이해상충이 발생할 가능성이 있는 행위로서 대통령령으로 정하는 행위

[**개념 확인 문제 정답**] 01 ① 02 ①   [**실전 확인 문제 정답**] 01 ① 02 ①

8 투자목적 등에 적합하여야 할 의무

개념 확인 문제

01 ( )은 고객에게 투자권유를 하기 위해 고객의 재무상황, 투자경험, 투자목적 등을 파악해야 하는 의무를 의미한다.

① Know-Your-Customer-Rule ② Suitability Rule

02 적합성의 원칙은 투자권유 등이 고객의 ( )에 적합해야 한다는 내용이다.

① 투자목적 ② 투자규모

실전 확인 문제

▶ 다음 적정성의 원칙에 대한 설명으로 잘못된 것은?

① 일반투자자를 대상으로 하는 장외파생상품을 신규로 취급하는 경우 금융투자협회의 사전심의를 받는다.

② 장내파생상품의 매매 상대방이 일반투자자인 경우에는 그 일반투자자가 위험회피 목적의 거래를 하는 경우에 한한다.

③ 영업용순자본이 총위험액의 2배에 미달하는 경우 그 미달상태가 해소될 때까지 새로운 장외파생상품의 매매를 중지한다.

④ 자본시장법에서는 일반투자자를 상대로 파생상품을 판매하는 경우 적합성의 원칙이나 설명의무의 이행에 추가하여 적정성의 원칙을 도입하고 있다.

정답해설 일반투자자의 거래를 위험회피 목적으로 한하는 경우는 장외파생상품일 때이다. 자본시장법은 장외파생상품의 투자자 보호를 위해 적극적으로 규제하고 있다.

개념 짚어 보기

Know-Your-Customer-Rule
- 고객이 일반투자자인지 전문투자자인지 우선 확인해야 한다.
- 일반투자자에게 투자권유를 하기 전에 면담 · 질문을 통해서 투자자의 투자목적 · 재산상황 및 투자경험 등의 정보를 파악한다.
- 일반투자자로부터 서명, 기명날인, 녹취 그 밖에 전자우편, 전자통신, 우편, 전화자동응답시스템의 방법으로 확인받아 이를 유지 · 관리한다.
- 확인받은 내용을 투자자에게 지체 없이 제공하여야 한다.

[**개념 확인 문제 정답**] 01 ① 02 ① [**실전 확인 문제 정답**] ②

9 설명의무

개념 확인 문제

01 자본시장법상 설명의무와 관련된 제도는 ( )에 대해서만 적용된다.

① 전문투자자 ② 일반투자자

02 ( )는 고객이 투자를 결정하는 데에 필요한 충분한 정보를 가지고 투자에 임하는 것을 말한다.

① Informed Investment ② Investment Wants

실전 확인 문제

▶ 금융투자업자의 일반투자자에 대한 설명의무 중 틀린 것은?

① 설명의무 위반으로 인하여 발생한 손해를 배상할 책임이 있다.

② 손해액은 금융투자상품의 취득으로 인하여 일반투자자가 지급하였거나 지급하여야 할 금전 등의 총액의 2배로 산정한다.

③ 금융투자상품의 내용, 투자에 따르는 위험, 그 밖에 대통령령으로 정하는 사항을 투자자가 이해할 수 있도록 설명해야 한다.

④ 투자자의 합리적인 투자판단 또는 해당 금융투자상품의 가치에 중대한 영향을 미칠 수 있는 사항을 거짓으로 설명하거나 중요사항을 누락해서는 안 된다.

정답해설 손해액 추정

손해추정액=(금융투자상품의 취득으로 인하여 일반투자자가 지급하였거나 지급하여야 할 금전 등의 총액)−(그 금융투자상품의 처분, 그 밖의 방법으로 그 일반투자자가 회수하였거나 회수할 수 있는 금전 등의 총액)

개념 짚어 보기

표준투자권유준칙상의 집합투자증권에 대한 설명의무 특칙

해외자산에 투자하는 집합투자기구의 집합투자증권 투자권유 시 다음 사항을 설명 내용에 포함시켜야 한다.

• 투자대상 국가 또는 지역의 경제 여건 및 시장현황에 따른 위험

• 집합투자기구 투자에 따른 일반적 위험 외에 환율변동 위험, 해당 집합투자기구의 환위험 헤지 여부 및 목표 환위험 헤지 비율

• 환위험 헤지가 모든 환율 변동 위험을 제거하지는 못하며, 투자자가 직접 환위험 헤지를 하는 경우 시장상황에 따라 헤지 비율 미조정 시 손실이 발생할 수 있다는 사실

• 모자형 집합투자기구의 경우 투자자의 요청에 따라 환위험 헤지를 하는 자펀드와 환위험 헤지를 하지 않는 자펀드 간의 판매비율 조절을 통하여 환위험 헤지 비율을 달리하여 판매할 수 있다는 사실

[개념 확인 문제 정답] 01 ② 02 ① [실전 확인 문제 정답] ②

10 적정한 표시의무 등

개념 확인 문제

01 고객의 의사결정에 중대한 영향을 미칠 수 있는 정보를 제공할 때에는 정보의 (   )를 밝혀야 한다.

① 활용성과   ② 출처

02 금융투자회사는 자신이 보증 등으로 채무이행을 보장하는 법인이 발행한 금융투자상품과 주식을 기초자산으로 하는 주식에 대한 조사분석자료를 공표할 경우, (   )를 명시해야 한다.

① 이해관계   ② 법인정보

실전 확인 문제

01 합리적 근거의 제공 및 적정한 표시의무에 대한 설명 중 틀린 것은?

① 중요한 사실에 대해서는 모두 정확하게 표시해야 한다.

② 투자성과를 보장하는 듯한 표현을 사용하여서는 안 된다.

③ 투자정보를 제시할 때에는 사실만을 제시해야 하고 의견은 제시해서는 안 된다.

④ 정밀한 조사 · 분석에 기초한 자료에 기하고 합리적이고 충분한 근거를 가져야 한다.

정답해설 의견을 제시해서는 안 되는 것이 아니라 사실과 의견을 명확히 구별하여 제시해야 한다.(정확한 표시의무)

02 투자권유와 관련한 내용 중 틀린 것은?

① 고객의 요청이 없는 상태에서 방문 · 전화 등의 방법에 의해 투자권유를 해서는 안 된다.

② 증권과 장내파생상품의 경우에는 고객의 요청이 없어도 투자권유 하는 것이 가능하다.

③ 투자권유를 받은 투자자가 거부의사를 표시하였을 경우에는 계속 투자권유 하는 것이 불가능하다.

④ 투자자가 한 번 투자권유 거부의사를 표시하였을 경우에는 다른 종류의 상품에 대해서도 투자권유 할 수 없다.

정답해설 다른 종류의 금융투자상품에 대하여 투자권유를 하는 행위와 거부의사 표시 후, 1개월이 지나서 투자권유 하는 것은 가능하다.

개념 짚어 보기

불건전 영업행위의 금지(금융투자업규정 제4-20조 1항 5호)

신뢰할 만한 정보 · 이론 또는 논리적인 분석 · 추론 및 예측 등 적절하고 합리적인 근거를 가지고 있지 않은 상태에서 특정 금융투자상품의 매매거래나 특정한 매매전략 · 기법 또는 특정한 재산운용배분의 전략 · 기법을 채택하도록 투자자에게 권유하는 행위는 금지된다.

[개념 확인 문제 정답] 01 ② 02 ① **[실전 확인 문제 정답]** 01 ③ 02 ④

11 보고 · 기록의무 및 고객정보 누설 · 부당이용 금지

개념 확인 문제

01 기록을 문서로 작성하는 경우, 문서로서의 (   )을 유지하도록 해야 한다.

① 법적 효력　　　　　　　　　　　② 채권적 효력

02 (   )은 금융거래정보를 임의로 누설하는 것을 원칙적으로 금지한다.

① 정보보호법　　　　　　　　　　② 금융실명법

실전 확인 문제

▶ **상품판매 이후 소비자를 보호하기 위한 제도에 대한 설명으로 옳지 않은 것은?**

① 판매 후 모니터링은 판매계약을 맺은 날로부터 7영업일 이내에 판매직원이 소비자와 통화하여야 한다.

② 소비자를 가장하여 영업점을 방문하여 규정 준수 여부를 확인하는 것을 '미스터리 쇼핑'이라고 한다.

③ 소비자는 불완전판매행위가 발생했음을 알게 되는 경우 가입일로부터 15일 이내에 배상을 신청할 수 있다.

④ 가입 후 5영업일 이내에 환매, 해지를 요청하는 경우 판매수수료를 돌려주어야 한다.

정답해설 해피콜은 판매직원이 아니라 제3자가 시행하여야 한다.

개념 짚어 보기

상품 판매 이후의 소비자 보호
- 보고 및 기록 의무
- 정보 누설 및 부당이용 금지
- 공정성 유지 의무
- 관련제도
  - 판매 후 모니터링 제도(해피콜 서비스) : 판매계약일로부터 7영업일 이내에 판매직원이 아닌 제3자가 해당 금융소비자와 통화하여 해당 판매직원이 설명의무 등을 적절히 이행하였는지 여부를 확인하는 제도
  - 미스터리 쇼핑 : 소비자를 가장하여 영업점을 방문해서 규정 준수 여부를 확인
  - 불완전판매 배상제도 : 판매과정에서 불완전판매행위가 발생한 사실을 인지한 경우 가입일로부터 15일 이내에 배상을 신청할 수 있다.
  - 판매수수료 반환 : 가입 후 5영업일 이내에 환매 또는 계약의 해지를 요청하는 경우 금융투자회사가 받은 판매수수료를 돌려주는 제도

[개념 확인 문제 정답] 01 ①　02 ②　[실전 확인 문제 정답] ①

12 부당한 금품수수의 금지

개념 확인 문제

01 조사분석자료 작성을 담당하는 자에 대하여 대통령령으로 정하는 기업금융업무와 연동된 성과보수를 지급하는 행위는 (   )로 보고 있다.

① 불건전 영업행위   ② 불공정 영업행위

02 (   )에 연동하여 보수를 받는 경우는 성과보수로 보지 않는다.

① 예탁자산규모   ② 성과규모

03 금융투자회사가 거래상대방에게 재산상 이익을 제공하거나 제공받고자 하는 경우 그 목적, 내용, 경제적 가치 등이 기재된 문서를 (   )에게 보고하여야 한다.

① 금융위원장   ② 준법감시인

실전 확인 문제

▶ 부당한 금품수수 금지에 관한 직무윤리 규정으로 틀린 것은?

① 3만 원 이하의 물품 또는 식사는 재산상 이익으로 보지 않는다.

② 20만 원 이하의 경조비 및 화환은 재산상 이익으로 보지 않는다.

③ 금융투자회사가 동일 상대방에게 1회당 제공할 수 있는 재산상 이익은 100만 원을 초과할 수 없다.

④ 조사분석자료의 작성을 담당하는 자에게 기업금융업무와 연동된 성과보수를 지급하는 행위는 금지된다.

정답해설 동일 거래상대방에 대한 재산상 이익의 1회 한도는 20만 원이며, 연간 100만 원을 초과할 수 없다.

재산상 이익으로 보지 않는 금품
- 금융투자상품에 대한 가치분석 · 매매정보 또는 주문의 집행 등을 위하여 자체적으로 개발한 소프트웨어 및 해당 소프트웨어의 활용에 불가피한 컴퓨터 등 전산기기
- 금융투자회사가 자체적으로 작성한 조사분석자료
- 국내에서 불특정 다수를 대상으로 하여 개최되는 세미나 또는 설명회로서 1인당 재산상 이익의 제공금액을 산정하기 곤란한 경우 그 비용

개념 짚어 보기

재산상 이익의 가치 산정(금융투자회사의 영업규정 2-64조)
- 금전의 경우 해당 금액, 물품의 경우 구입 비용
- 접대의 경우 해당 접대에 소요된 비용
- 연수 · 기업설명회 · 기업탐방 · 세미나의 경우 거래상대방에게 직접적으로 제공되었거나 제공받은 비용
- 위에 해당하지 않는 재산상 이익의 경우 해당 재산상 이익의 구입 또는 제공에 소요된 실비

[**개념 확인 문제 정답**] 01 ① 02 ① 03 ②   [**실전 확인 문제 정답**] ③

13 본인, 회사 및 사회에 대한 윤리

개념 확인 문제

▶ 금융투자회사는 이사회가 정한 금액 이상을 초과하여 동일한 거래 상대방과 재산상 이익을 제공하거나 수령하려는 경우 이사회의 (　　　)을 받아야 한다.

① 사전 승인　　　　　　　　　　　　　② 사후 승인

실전 확인 문제

▶ 본인 및 회사에 대한 윤리로 적절하지 못한 것은?

① 공연과 같은 문화활동으로 한정된 상품권을 제공하는 경우는 금품수수금지에 해당하지 않는다.

② 투자자문업자가 투자자로부터 예탁자산규모에 연동하여 보수를 받는 것은 허용된다.

③ 사적이익 추구금지에 따라 경조사 봉투에 회사명과 직위를 기재하는 것은 금지된다.

④ 비밀정보를 제공하는 경우 준법감시인의 사전 승인을 받아 필요한 최소한의 범위 내에서 제공해야 한다.

정답해설 직위의 사적 이용은 금지되나 경조사 봉투에 회사명 및 직위를 기재하는 행위와 같이 일상적인 일의 경우 위반 행위가 아니다.

개념 짚어 보기

부당한 금품 등의 제공 및 수령 금지

금융투자협회에서는 규정을 일부 개정하여 그동안 금융투자업에서만 존재하던 재산상 이익의 제공 및 수령 등에 관한 한도 규제를 폐지하고 아래와 같이 내부통제절차를 강화하였다.

• 거래상대방에게 제공하거나 수령한 재산상 이익이 10억 원을 초과하면 공시 의무화
• 이익 제공에 대한 적정성 평가 및 점검
• 이사회가 정한 금액 이상을 초과할 경우 이사회의 사전 승인을 받아야 한다.
• 이익을 제공 및 수령하는 경우 해당 사항을 기록하고 5년 이상 유지하여야 한다.

[개념 확인 문제 정답] ①　　[실전 확인 문제 정답] ③

14 조사분석자료 작성 및 공표시의 준수사항

개념 확인 문제

01 금융투자업종사자는 타인의 자료를 이용하여 고객 등에 제공하는 투자정보를 작성할 때 출처를 명시하여야 하는데, 일반적 (   ) 등의 정보에 대해서는 승인 없이 사용할 수 있다.

① 재무 · 통계   ② 행정

02 금융투자회사는 조사분석자료를 공표하는 경우 공표일로부터 과거 (   )간 해당 금융투자상품에 대하여 제시한 투자등급 및 목표가격 변동추이를 게재하여야 한다.

① 2년   ② 4년

실전 확인 문제

▶ 금융투자회사가 조사분석자료를 공표 · 제공하는 경우의 사전심의 대상으로 틀린 것은?

① 관계법규의 준수 여부
② 투자성과의 보장을 뒷받침하는 자료의 타당성 여부
③ 금융투자분석사가 독립적 위치에서 공정하고 신의성실하게 작성하였는지의 여부
④ 분석의 기본이 되는 데이터의 정확성 및 가치평가에 도달하는 논리전개의 타당성 여부

정답해설 투자성과의 보장 등 투자자의 오해를 유발할 수 있는 표현의 사용 여부가 심의대상이다.

개념 짚어 보기

금융투자분석사의 확인(금융투자회사의 영업규정 제2-27조)

① 금융투자분석사는 조사분석자료를 타인의 부당한 압력이나 간섭 없이 본인의 의견을 정확하게 반영하여 신의성실하게 작성한 경우 그 사실을 조사분석자료에 명시하여야 한다. 다만, 해당 조사분석자료의 작성에 실질적으로 관여하지 아니한 자는 그러하지 아니하다.
② 금융투자회사는 제1항 본문에 따른 금융투자분석사의 확인 없이 조사분석자료를 공표하거나 제3자에게 제공하여서는 아니 된다.
③ 금융투자회사는 해당 금융투자회사의 임직원이 아닌 제3자가 작성한 조사분석자료를 공표하는 경우 해당 제3자의 성명(법인의 경우 법인명)을 조사분석자료에 기재하여야 한다.

[**개념 확인 문제 정답**] 01 ①   02 ①   [**실전 확인 문제 정답**]   ②

15 가격의 인위적 조작 및 불공정거래의 금지

개념 확인 문제

01 (   )은 주가를 인위적으로 상승·하락시키거나 혹은 고정시키는 것을 뜻한다.

① 시세조종   ② 임의조종

02 증권 계약을 체결한 날부터 최초 상장된 후 (   ) 이내에 증권에 대한 조사분석자료를 공표하거나 특정인에게 제공하는 것은 금지된다.

① 30일   ② 40일

실전 확인 문제

01 불공정거래에 대한 설명 중 틀린 것은?

① 자본시장법에서는 시세조종행위를 금지한다.
② 선행매매와 스캘핑은 시간격차를 이용한 불공정거래이다.
③ 시세조종에는 위장거래, 현실거래, 허위표시 등을 이용한다.
④ 거래의 불공정성이 의심이 가는데도 이를 묵인하거나 방치하는 것도 금지된다.

정답해설 선행매매와 스캘핑은 정보격차를 이용한 불공정거래이다.

02 다음 내용의 빈칸에 적절한 것은?

> 금융투자분석사는 소속 금융투자회사에서 조사분석자료를 공표한 금융투자상품을 매매하는 경우에는 공표 후 (   )이 경과해야 하며, 해당 금융투자상품이 공표일부터 (   )이 경과하지 않은 때에는 공표내용과 같은 방향으로 매매하여야 한다.

① 24시간, 3일   ② 24시간, 7일   ③ 48시간, 3일   ④ 48시간, 7일

정답해설 24시간이 경과해야 하며 공표일로부터 7일이 경과하지 않은 때는 공표내용과 같이 매매한다.

개념 짚어 보기

선행매매(front running)

투자자로부터 금융투자상품의 가격에 중대한 영향을 미칠 수 있는 매수 또는 매도주문을 받거나 받게 될 가능성이 큰 경우, 이를 체결시키기 전에 그 금융투자상품을 자기의 계산으로 매수 또는 매도하거나 제3자에게 매수 또는 매도를 권유하는 행위

[개념 확인 문제 정답] 01 ① 02 ②   **[실전 확인 문제 정답]** 01 ② 02 ②

16 소속회사에 대한 의무(1)

개념 확인 문제

01 금융투자업종사자는 회사의 수임자로 맡은 직무를 성실하게 수행할 (   )에 있다.

① 신임관계 　　　　　　　　　　　　② 대리관계

02 (   )은 임직원이 금융투자업무 관련 내용으로 외부 기관 및 매체 등과 접촉함으로써 다수인에게 영향을 미칠 수 있는 활동을 하는 것을 말한다.

① 외부활동 　　　　　　　　　　　　② 대외활동

실전 확인 문제

01 소속회사에 대한 의무와 관련된 내용으로 틀린 것은?

① 소속회사의 업무를 신의로 성실하게 수행하여야 한다.
② 임직원이 전자통신수단을 사용하여 사외 대화방에 참여하는 것은 사적인 대화로 본다.
③ 임직원이 대외활동을 할 때 회사의 공식의견이 아닌 경우 사견임을 명백히 표현해야 한다.
④ 소속회사의 직무수행에 영향을 줄 수 있는 업무를 수행할 때는 회사의 사전승인을 얻어야 한다.

정답해설　임직원의 사외 대화방 참여는 공중포럼으로 간주되므로 언론기간과 접촉할 때와 동일한 윤리기준을 준수하여야 한다.

02 신임관계의 존부를 판단하는 데에 반영하는 것이 아닌 것은?

① 정식 고용계약관계의 유무
② 회사의 직무에 대한 통제 및 감독권의 존부
③ 직무에 종사하는 기간
④ 직무수행에 따라 지급되는 보수와 수당 등의 지급 형태

정답해설　정식 고용관계 유무는 신임관계의 존부를 판단하는 사항이 아니며, 이 직무의 성격에 비추어 그 기능이 당해 직무에 요구되는지의 여부, 운용경비를 회사가 부담하는지의 유무 등을 반영한다.

개념 짚어 보기

전자통신수단 사용 시 준수사항(내부통제기준 제91조)
• 임직원과 고객 간의 이메일은 사용장소에 관계없이 관계법령 등 및 표준내부통제기준의 적용을 받는다.
• 임직원의 사외 대화방 참여는 공중포럼으로 간주된다.
• 임직원이 인터넷 게시판이나 웹사이트 등에 특정 금융투자상품에 대한 분석이나 권유와 관련된 내용을 게시하고자 하는 경우 사전에 준법감시인이 정하는 절차와 방법에 따라야 한다. 다만, 자료의 출처를 명시하고 그 내용을 인용하거나 기술적 분석에 따른 투자권유의 경우에는 그러하지 아니한다.

[개념 확인 문제 정답] 01 ①　02 ②　[실전 확인 문제 정답] 01 ②　02 ①

17 소속회사에 대한 의무(2)

개념 확인 문제

01 (　　　　)는 기업이 보유하고 있는 영업비밀을 법으로 보호하고 다른 기업의 영업비밀을 침해할 경우에는 부정경쟁방지법에 의해 민사 또는 형사상의 처벌을 받게 하는 제도를 말한다.

① 영업비밀 보호제도　　　　　　　　② 기업비밀 유지제도

02 (　　　　)는 업무수행을 위한 최소 범위의 정보만을 제공하여야 한다는 원칙을 말한다.

① Need to Know Rule　　　　　　　② Chinese Wall Policy

실전 확인 문제

01 회사재산과 정보의 유출금지에 대한 내용 중 틀린 것은?

① 회사의 경영전략은 비밀정보 범위에 해당하지 않는다.
② 비밀정보가 포함된 서류는 필요 이상의 복사본을 만들 수 없다.
③ 영업비밀과 정보, 고객관계, 영업기회 등도 회사의 재산에 포함된다.
④ 비밀정보는 관련 전산시스템을 포함하여 적절한 보안장치를 구축하여 관리하여야 한다.

정답해설 회사의 경영전략이나 새로운 상품 및 비즈니스 등에 관한 정보도 비밀정보에 해당한다.

02 비밀정보 제공을 위한 사전승인절차에 포함되는 내용이 아닌 것은?

① 비밀정보의 제공 필요성 또는 사유
② 비밀정보 제공을 승인한 자의 신상정보
③ 비밀정보 제공의 승인을 요청한 자의 소속부서 및 성명
④ 비밀정보의 제공 방법 및 절차, 제공 일시 등

정답해설 비밀정보 제공을 승인한 자의 신상정보는 사전승인절차에 포함되지 않는다.

개념 짚어 보기

비밀정보의 정의(표준내부통제기준 53조)
• 회사의 재무건전성이나 경영 등에 중대한 영향을 미칠 수 있는 정보
• 고객 또는 거래상대방(거래상대방이 법인, 그 밖의 단체인 경우 그 임직원을 포함)에 관한 신상정보, 매매거래내역, 계좌번호, 비밀번호 등에 관한 정보
• 회사의 경영전략이나 새로운 상품 및 비즈니스 등에 관한 정보
• 위 내용에 해당하는 미공개 정보(비밀정보인지 불명확한 경우 이용 전 준법감시인의 사전 확인을 받는다.)

[개념 확인 문제 정답] 01 ① 02 ① **[실전 확인 문제 정답]** 01 ① 02 ②

18 소속회사에 대한 의무(3)

개념 확인 문제

01 ( )는 일정한 직업 또는 직책을 담당하는 자가 그 직업이나 직책에 합당한 체면과 위신을 손상하는 데 직접적인 영향이 있는 행위를 하지 말아야 할 의무이다.

① 품위유지의무　　　　　　　　　　　② 법규준수의무

02 회사에 대한 선관주의의무 유지기간은 고용 내지 위임계약 ( ).

① 기간에 한한다　　　　　　　　　　② 종료 후에도 지속된다

실전 확인 문제

▶ **금융투자업종사자의 고용계약 종료 후의 의무에 대한 설명 중 틀린 것은?**

① 고용기간 동안 본인이 생산한 지적재산물은 본인의 재산이므로 반납의무가 없다.

② 고용기간이 종료되면 어떠한 경우나 이유로도 회사명, 상표, 로고 등을 사용해서는 안 된다.

③ 고용기간이 종료된 이후에도 회사로부터 명시적으로 서면에 의한 권한을 부여받지 않으면 비밀정보를 출간, 공개 또는 제3자가 이용하도록 해서는 안 된다.

④ 고용기간의 종료와 동시에 또는 회사의 요구가 있을 경우에는 보유하고 있거나 자신의 통제 하에 있는 기밀정보를 포함한 모든 자료를 회사에 반납하여야 한다.

정답해설 본인이 생산한 지적재산물 역시 회사의 재산이므로, 고용기간 종료 후에도 지적재산물의 이용이나 처분에 대한 권한은 회사가 갖는다.

개념 짚어 보기 ◀

개념짚어보기

소속회사에 대한 의무(금융투자회사의 표준윤리준칙 제2절)

• 임직원은 해당 직무에 전념하여야 하며, 회사의 직무수행에 영향을 줄 수 있는 지위를 겸하거나 업무를 수행할 때에는 사전에 회사의 승인을 얻어야 한다. 다만, 부득이한 경우에는 사후에 즉시 보고하여야 한다.

• 임직원은 업무 또는 회사와 관련된 중요정보를 누설하여서는 아니 되며, 적법한 절차에 따라 유지·관리 하여야 한다.

• 임직원은 자신의 행동으로 인하여 회사의 품위나 사회적 신용이 훼손되는 일체의 행위를 하여서는 아니 된다.

• 임직원은 회사의 재산을 부당하게 사용하거나 자신의 지위를 이용하여 사적 이익을 추구하는 행위를 하여서는 아니 된다.

• 중간감독자는 자신의 지휘·감독 하에 있는 자가 직무와 관련하여 관계법규 등을 위반하지 않도록 적절한 감독과 관리를 하여야 한다.

• 임직원은 회사를 퇴직하는 경우 적절한 후속조치를 취하여야 하며, 퇴직 이후의 상당기간 동안 퇴직한 회사의 이익을 해치는 행위를 하여서는 아니 된다.

19 내부통제

개념 확인 문제

01 (   )는 회사의 임직원이 업무수행 시 법규를 준수하고 조직운용의 효율성 제고 및 재무보고의 신뢰성을 확보하기 위하여 회사 내부에서 수행하는 모든 절차와 과정을 말한다.

① 내부통제   ② 준법감시

02 (   )은 내부통제의 지침, 컴플라이언스 매뉴얼, 임직원 윤리강령 등을 제정·시행할 수 있다.

① 내부감시인   ② 준법감시인

실전 확인 문제

▶ **내부통제기준에 대한 설명 중 틀린 것은?**

① 임직원은 수행하는 업무와 관련된 내부통제에 대한 일차적 책임이 있다.

② 내부통제기준을 정할 때에는 지점의 실질적 통제 관련 사항과 지점별 영업관리자 지정에 관한 사항을 포함한다.

③ 금융투자업자는 내부통제기준을 제정하거나 변경하려는 경우 이사회의 결의를 거쳐야 한다.

④ 금융위원회는 법령을 위반한 사실이 드러난 금융투자업자에 대하여 내부통제기준의 변경을 강제할 수 있다.

정답해설 금융위원회는 법령 위반행위의 재발 방지를 위하여 내부통제기준의 변경을 권고할 수 있다.

개념 짚어 보기

자본시장법 내부통제기준 등
- 업무의 분장과 조직구조에 관한 사항
- 고유재산과 투자자재산의 운용이나 업무를 수행하는 과정에서 발생하는 위험의 관리지침에 관한 사항
- 임직원이 업무를 수행할 때 준수하여야 하는 절차에 관한 사항
- 경영의사결정에 필요한 정보가 효율적으로 전달될 수 있는 체제의 구축에 관한 사항
- 임직원의 내부통제기준 준수 여부를 확인하는 절차·방법과 내부통제기준을 위반한 임직원의 처리에 관한 사항
- 임직원의 금융투자상품 매매와 관련한 보고 등 법에 따른 불공정행위를 방지하기 위한 절차나 기준에 관한 사항
- 내부통제기준의 제정이나 변경절차에 관한 사항
- 준법감시인의 임면절차에 관한 사항
- 이해상충의 파악·평가와 관리에 관한 사항
- 집합투자재산이나 신탁재산에 속하는 주식에 대한 의결권 행사와 관련된 법규 및 내부지침의 준수 여부에 관한 사항
- 집합투자재산이나 신탁재산에 속하는 자산의 매매를 위탁하는 투자중개업자의 선정기준에 관한 사항

[개념 확인 문제 정답] 01 ① 02 ② [실전 확인 문제 정답] ④

20 준법감시인

개념 확인 문제

01 준법감시인을 임면한 때에는 그 사실을 (   )에 통보해야 한다.

① 금융위원회 ② 금융투자협회

02 준법감시인은 이사회 및 대표이사의 지휘를 받아 업무를 수행하며 대표이사와 (   )에 보고할 수 있다.

① 감사위원회 ② 금융감독원

실전 확인 문제

▶ 준법감시인에 대한 설명으로 적절하지 않은 것은?

① 준법감시인을 임면하고자 하는 경우에는 이사회 결의를 거쳐야 한다.

② 금융투자업자는 그 규모를 불문하고 준법감시인을 1인 이상 두어야 한다.

③ 파산선고를 받고 복권되지 않은 자는 준법감시인이 될 수 없다.

④ 회사는 준법감시인이 독립적으로 그 직무를 수행할 수 있도록 하여야 하며, 적정 임기를 보장하여야 한다.

정답해설 최근 사업연도말을 기준으로 투자일임재산의 합계액이 5천억 원 미만인 투자자문업자 및 투자일임업자는 준법감시인을 두지 않아도 된다.

개념 짚어 보기

준법감시인의 권한과 의무(표준내부통제기준 제8조, 제13조)

• 준법감시인은 이사회 및 대표이사의 지휘를 받아 그 업무를 수행하며, 대표이사와 감사(위원회)에 아무런 제한없이 보고할 수 있다.

• 준법감시인은 회사의 내부통제체제 및 이 기준의 적정성을 정기적으로 점검하고 점검결과 문제점 또는 미비사항이 발견된 경우 이의 개선 또는 개정을 요구할 수 있다.

• 준법감시인은 다음 사항에 대한 권한과 의무를 갖는다.

  – 내부통제기준 준수 여부 등에 대한 정기 또는 수시 점검

  – 업무 전반에 대한 접근 및 임직원에 대한 각종 자료나 정보의 제출 요구권

  – 임직원의 위법 · 부당행위 등과 관련하여 이사회, 대표이사, 감사(위원회)에 대한 보고 및 시정 요구

  – 이사회, 감사위원회, 기타 주요 회의에 대한 참석 및 의견진술

  – 준법감시 업무의 전문성 제고를 위한 연수프로그램의 이수

  – 기타 이사회가 필요하다고 인정하는 사항

[**개념 확인 문제 정답**] 01 ① 02 ① [**실전 확인 문제 정답**] ②

21 내부통제기준 위반과 준수 시스템

개념 확인 문제

01 임직원의 위법 및 부당행위가 발견된 경우 회사와 준법감시인은 해당 임직원에 대한 제재, 내부
통제제도의 개선 등의 (   )를 취해야 한다.

① 업무제한조치   ② 재발방지조치

02 내부통제기준 준수 시스템의 하나인 (   )은/는 운영 시 고발자의 비밀이 보장되는 등 임직원
이 해당 제도를 용이하게 이용할 수 있는 체계로 구축해야 한다.

① 내부고발제도   ② 임직원에 대한 지원 및 자문

실전 확인 문제

▶ **내부통제기준 준수 시스템 구축에 대한 내용 중 틀린 것은?**

① 임직원은 회사가 정하는 준법서약서를 작성하여 준법감시인에게 제출해야 한다.

② 내부고발자가 고발행위를 이유로 인사상 불이익을 받았을 경우, 내부고발자가 직접 회사에
시정을 요구할 수 있다.

③ 내부통제기준을 정하지 아니한 자, 준법감시인은 두지 아니한 자 등에 대해서는 1억 원 이하
의 과태료를 부과한다.

④ 임직원은 정부 · 금융위 및 금감원, 협회 등이 회사의 주요 내부정보를 요구할 때 상위 결재권
자와 준법감시인에게 보고해야 한다.

정답해설 회사는 정당한 내부고발자에 대하여 부당한 인사상의 불이익을 부과하여서는 안 된다. 내부고발자가 고발행위
를 이유로 인사상 불이익을 받은 것으로 인정되는 경우 준법감시인은 회사에 대해 시정을 요구할 수 있으며, 회
사는 정당한 사유가 없는 한 이에 응하여야 한다.

개념 짚어 보기

제재(징계)의 종류
- 경고 : 구두 · 문서로 훈계하는 데 그치고, 시말서의 제출을 요구하지 않는 징계
- 해고 : 근로자와의 근로관계를 종료시키는 징계
- 정직 : 근로자의 보직을 해제하는 등 근로제공을 일정기간 금지하는 징계
- 감봉 : 임금액에서 일정액을 공제하는 징계
- 견책 : 시말서를 제출하도록 하여 징계

[개념 확인 문제 정답] 01 ② 02 ①   **[실전 확인 문제 정답]** ②

22 위반행위에 대한 제재

개념 확인 문제

01 (   )는 금융위원회, 증권선물위원회, 금융감독원 등에 대한 제재가 중심이 된다.

① 행정제재   ② 민사책임

02 (   )은 법에서 명시적으로 규정하고 있는 것에 한정하며, 행위자와 법인 양자 모두를 처벌하는 양벌규정을 두는 경우가 많다.

① 민사처벌   ② 형사처벌

실전 확인 문제

▶ 위반행위에 대한 제재의 내용으로 틀린 것은?

① 법률행위의 하자가 중대할 경우에는 '무효', 이보다 가벼울 경우에는 '취소'할 수 있다.

② 계약을 해지하면 계약이 소급적으로 실효되어 원상회복의무가 발생하고, 계약을 해제하면 해지시점부터 계약이 실효된다.

③ 금융위원회가 조치를 하기 위하여 그 사전절차로서 청문을 요하는 경우가 있고, 금융위원회의 처분 또는 조치에 대한 이의신청권을 인정하고 있다.

④ 불법행위책임은 계약관계의 존부를 불문하고 '고의 또는 과실'의 '위법행위'로 타인에게 '손해'를 가한 경우를 말하고 가해자는 피해자에게 발생한 손해를 배상하여야 한다.

정답해설 계약당사자의 채무불이행으로 계약목적을 달성할 수 없는 때, 그것이 일시적 거래인 경우에는 계약을 '해제'할 수 있고, 계속적인 거래인 경우에는 '해지'할 수 있다. 계약을 해제하면 계약이 소급적으로 실효되어 원상회복의무가 발생하고, 계약을 해지하면 해지시점부터 계약이 실효된다.

개념 짚어 보기

청문을 통한 처분(자본시장법 제423조)

금융위원회는 다음의 어느 하나에 해당하는 처분 · 조치를 하고자 할 때에는 청문을 실시한다.

- 종합금융투자사업자에 대한 지정의 취소
- 금융투자상품거래청산회사에 대한 인가의 취소
- 금융투자상품거래청산회사 임직원에 대한 해임요구 또는 면직요구
- 신용평가회사에 대한 인가의 취소
- 신용평가회사 임직원에 대한 해임요구 또는 면직요구
- 거래소허가의 취소
- 거래소 임직원에 대한 해임요구 또는 면직요구
- 금융투자업에 대한 인가 · 등록의 취소
- 금융투자업자 임직원에 대한 해임요구 또는 면직요구

[**개념 확인 문제 정답**] 01 ① 02 ② [**실전 확인 문제 정답**] ②

23 개인정보보호법

개념 확인 문제

01 (   )는 개인정보처리자가 정보주체의 개인정보를 정당하게 수집 및 이용하고 개인정보를 보관·관리하는 과정에서 내부자의 고의나 관리부주의 및 외부의 공격으로부터 유출 및 변조·훼손되지 않도록 하며, 정보주체의 개인정보 자기결정권이 제대로 행사되도록 보장하는 일련의 행위를 말한다.

① 개인정보보호   ② 정보주체 권리보장

02 (   )는 업무를 목적으로 개인정보파일을 운용하기 위하여 스스로 또는 다른 사람을 통하여 개인정보를 처리하는 공공기관, 법인, 단체 및 개인 등을 말한다.

① 정보주체   ② 개인정보처리자

실전 확인 문제

▶ **개인정보보호법에 대한 내용 중 틀린 것은?**

① 개인정보에는 성명, 주민등록번호를 비롯하여 고유식별정보, 민감정보, 금융정보가 해당된다.

② 개인정보처리자는 개인정보의 처리 목적을 명확하게 하고 그 목적에 필요한 범위에서 최소한의 개인정보만을 적법하고 정당하게 수집해야 한다.

③ 정보주체의 권리보나 우선하는 개인정보처리사의 정낭한 이익을 위한 일이라노 수십 빚 이용이 불가능하다.

④ 2016년 1월부터 주민등록번호는 내외부망 모두 암호화하여 안전하게 보관해야 한다.

정답해설 개인정보처리자의 정당한 이익을 달성하기 위하여 필요한 경우로서 명백하게 정보주체의 권리보다 우선하는 경우에는 개인정보를 수집할 수 있으며 그 수집 목적의 범위에서 이용할 수 있다. 이 경우 개인정보처리자의 정당한 이익과 상당한 관련이 있고 합리적인 범위를 초과하지 않는 경우에 한한다.

개념 짚어 보기

개인정보의 수집·이용(개인정보보호법 제15조)

개인정보처리자는 다음 각 호의 어느 하나에 해당하는 경우에는 개인정보를 수집할 수 있다.

• 정보주체의 동의를 받은 경우
• 법률에 특별한 규정이 있거나 법령상 의무를 준수하기 위하여 불가피한 경우
• 공공기관이 법령 등에서 정하는 소관 업무의 수행을 위하여 불가피한 경우
• 정보주체와의 계약의 체결 및 이행을 위하여 불가피하게 필요한 경우
• 정보주체 또는 그 법정대리인이 의사표시를 할 수 없는 상태에 있거나 주소불명 등으로 사전 동의를 받을 수 없는 경우로서 명백히 정보주체 또는 제3자의 급박한 생명, 신체, 재산의 이익을 위하여 필요하다고 인정되는 경우
• 개인정보처리자의 정당한 이익을 달성하기 위하여 필요한 경우로서 명백하게 정보주체의 권리보다 우선하는 경우. 이 경우 개인정보처리자의 정당한 이익과 상당한 관련이 있고 합리적인 범위를 초과하지 아니하는 경우에 한한다.

[개념 확인 문제 정답] 01 ① 02 ②   **[실전 확인 문제 정답]** ③

24 자금세탁방지제도

개념 확인 문제

▶ 자금세탁이란 자금의 출처를 숨겨 적법한 것으로 위장하는 행위로, 우리나라에서는 탈세목적의 금융거래를 이용하여 재산을 은닉 · 가장하는 행위를 포함한다. 자금세탁은 (   )단계, (   )단계, (   )단계를 거친다.

① 반복, 통합, 배치   ② 배치, 반복, 통합

실전 확인 문제

▶ 자금세탁방지제도에 대한 내용 중 틀린 것은?

① 불법자금의 세탁행위를 예방하기 위해 사법제도와 금융제도, 국제협력을 연계하는 종합관리 시스템을 구축 · 운영하는 것이다.

② 금융투자회사를 통한 주요 자금세탁 사례에는 문서 및 유가증권위변조, 차명계좌 거래, 탈세 · 횡령 · 시세조종 · 내부자거래, 비자금 · 불법 정치자금 · 조직범죄 자금 관련 등이 있다.

③ 적극적인 투자자 보호에도 불구하고 합리적인 수준을 벗어난 이상매매가 지속되는 경우에는 자금세탁 행위 여부에 대해 검토해야 한다.

④ 자금세탁방지제도의 하나인 의심거래보고제도는 금융회사 고객과의 거래 시 성명과 실지명의 이외에 주소, 연락처 등을 추가로 확인하고 자금세탁행위 등의 우려가 있는 경우 실제 당사자 여부 및 금융거래 목적을 확인한다.

정답해설 고객확인제도에 대한 설명이다. 의심거래보고제도는 금융거래와 관련하여 수수한 재산이 불법재산이라고 의심되는 합당한 근거가 있는 등의 경우 금융정보분석원장에게 보고하는 제도이다.

개념 짚어 보기

불법재산 등으로 의심되는 거래의 보고 등(특정금융거래정보의 보고 및 이용 등에 관한 법률 제4조)
금융회사 등은 다음의 어느 하나에 해당하는 경우 그 사실을 금융정보분석원장에게 보고하여야 한다.
• 금융거래와 관련하여 수수한 재산이 불법재산이라고 의심되는 합당한 근거가 있는 경우
• 금융거래의 상대방이 「금융실명거래 및 비밀보장에 관한 법률」을 위반하여 불법적인 금융거래를 하는 등 자금세탁행위나 공중협박자금조달행위를 하고 있다고 의심되는 합당한 근거가 있는 경우
• 「범죄수익은닉의 규제 및 처벌 등에 관한 법률」 및 「공중 등 협박목적 및 대량살상무기확산을 위한 자금조달행위의 금지에 관한 법률」에 따라 금융회사등의 종사자가 관할 수사기관에 신고한 경우

[개념 확인 문제 정답] ②   [실전 확인 문제 정답] ④

25 자금세탁방지 내부통제

개념 확인 문제

01 (   )는 회사가 자금세탁 등에 자신의 임직원이 이용되지 않도록 하기 위해 임직원을 채용하는 때에 그 신원사항 등을 확인하는 것을 말한다.

① 직원알기제도   ② 신원조회

02 경영진의 자금세탁방지 등을 위한 내부통제정책에 대한 감독은 (   )의 책임이다.

① 이사회   ② 보고책임자

실전 확인 문제

▶ 자금세탁방지 내부통제의 주요내용 중 틀린 것은?

① 고객의 거래행위를 고려한 자금세탁 등의 위험도에 따라 고객확인의 재이행 주기를 설정하고 지속적으로 고객확인을 해야 한다.

② 법인고객의 실제 거래당사자 여부가 의심되는 경우, 여부의 확인을 위해 강화된 고객확인의무 이행 또는 의심거래보고 등 필요한 조치를 하여야 한다.

③ 금융회사는 고객확인기록, 금융거래기록, 의심되는 거래 및 고액현금거래 보고서를 포함한 내·외부 보고서 및 관련 자료 등을 고객과의 거래관계 종료 후 3년 이상 보존하여야 한다.

④ 금융기관 등은 의심스러운 거래보고를 한 경우 당해 보고와 관련된 금융거래의 상대방 및 그의 관계자에 대하여 손해배상책임을 지지 않는다.

정답해설 고객과의 거래관계 종료 후 5년 이상 보존하여야 한다.

개념 짚어 보기

위반행위에 대한 벌칙 및 과태료
• 1년 이하의 징역 또는 1천만 원 이하의 벌금에 처하는 경우
  – 의심거래보고제도 및 고액현금거래보고제도에 따른 보고를 거짓으로 한 자
  – 의심거래보고제도에 따른 보고를 하려고 하거나 보고를 하였을 때, 그 사실을 그 보고와 관련된 금융거래의 상대방을 포함하여 다른 사람에게 누설한 자
• 1천만 원 이하의 과태료 부과하는 경우 : 의심거래보고제도 또는 고액현금거래보고제도를 위반하여 보고를 하지 아니한 자

[개념 확인 문제 정답] 01 ① 02 ①   **[실전 확인 문제 정답]** ③

26 분쟁조정제도

개념 확인 문제

▶ 금융기관과 예금자 등 금융수요자 기타 이해관계인 사이에 발생하는 금융관련 분쟁의 조정에 관한 사항을 심의 · 의결하기 위하여 금융감독원에 (   )를 둔다.

① 금융분쟁조정위원회　　　　　　　　　② 금융소송판결위원회

실전 확인 문제

▶ 분쟁조정제도에 대한 설명 중 틀린 것은?

① 분쟁에 대하여 소송에 따른 비용과 시간의 문제점을 해결하고 당사자 간의 분쟁 해결을 유도하는 제도이다.

② 수사기관이 수사 중이거나 법원에 제소된 경우는 분쟁조정위원회에 회부하지 않고 종결처리할 수 있다.

③ 조정결정 또는 각하결정을 통지받은 당사자의 경우 재조정 신청을 하는 것이 불가능하다.

④ 분쟁조정위원회 조정안을 수락한 경우 민법상 화해계약의 효력을 갖게 된다.

정답해설　분쟁조정신청의 당사자는 조정의 결과에 중대한 영향을 미치는 새로운 사실이 나타난 경우 조정결정 또는 각하 결정을 통지받은 날로부터 30일 이내에 재조정 신청이 가능하다.

개념 짚어 보기

분쟁조정절차

> 분쟁조정신청 접수/통지 → 사실조사 → 합의권고 → 회부 전처리 → 위원회 회부 → 심의 → 각하/조정결정 → 조정안 통지 → 조정의 성립 → 재조정신청

- **분쟁조정신청 접수/통지** : 신청인이 금융투자협회에 분쟁조정신청서 제출
- **합의권고** : 분쟁의 원만한 해결을 위하여 당사자가 합의하도록 함이 상당하다고 인정되는 경우 합의를 권고
- **회부 전처리** : 분쟁조정신청 취하서가 접수되거나 수사기관의 수사진행, 법원에의 제소, 신청내용의 허위사실 등의 경우 위원회에 회부하지 않고 종결처리 하는 것이 가능
- **위원회 회부** : 당사자 간 합의가 성립하지 않은 경우 협회는 조정신청서 접수일로부터 30일 이내에 분쟁조정위원회에 사건을 회부하며 위원회는 회부된 날로부터 30일 이내에 심의하여 조정 또는 각하결정함(15일 이내에서 기한 연장 가능)
- **조정의 성립** : 당사자가 조정결정통지를 받은 날로부터 20일 이내에 기명날인한 수락서를 출석 또는 작성하여 협회에 제출함으로써 성립(민법상 화해계약의 효력)
- **재조정신청** : 분쟁조정신청의 당사자는 조정의 결과에 중대한 영향을 미치는 새로운 사실이 나타난 경우 조정결정 또는 각하결정을 통지받은 날로부터 30일 이내에 재조정신청이 가능

[**개념 확인 문제** 정답] ①　　[**실전 확인 문제** 정답] ③

27 금융투자상품 관련 분쟁

개념 확인 문제

▶ 금융투자상품의 투자결과는 (   ) 귀속이 원칙이므로, 해당 금융투자상품에 대해 충분히 이해하고 투자해야 한다.

① 투자자 본인   ② 금융투자회사 임직원

실전 확인 문제

▶ 금융투자상품 관련 분쟁의 특징으로 옳지 않은 것은?

① 금융투자상품은 높은 기대수익이 있는 반면 가격변동성으로 인한 위험이 있어 거래과정에서 분쟁소지가 있다.

② 고객과 금융투자회사 임직원 간 분쟁발생 시 개연성으로 인해 당사자 간 분쟁해결이 쉽지 않다.

③ 금융투자상품 관련 분쟁은 어떠한 거래단계에서 분쟁이 발생되었는지 여부에 따라 임의매매, 일임매매의 유형으로 구분된다.

④ 금융투자상품은 투자원금 손실 가능성, 투자결과에 대한 본인 책임, 투자상품의 손익상황에 따라 주기적인 관리 및 확인이 필요하다.

정답해설 금융투자상품 관련 분쟁은 어떠한 거래단계에서 분쟁이 발생되었는지 여부와 거래대상이 되는 금융투자상품의 종류 등에 따라 임의매매, 일임매매, 부당권유, 불완전판매, 주문관련 분쟁 등의 유형으로 구분된다.

개념 짚어 보기

금융투자상품 관련 분쟁의 유형

- **임의매매** : 증권회사 임직원이 투자자로부터 주문을 받지 않았음에도 투자자의 예탁자산으로 금융투자상품을 매매한 경우. 투자자가 손해를 입은 경우 증권회사는 손해배상책임이 성립됨
- **일임매매** : 투자자가 증권회사에 유가증권의 종목선정, 종목별 수량, 가격, 매매 등을 전부 맡기는 것을 일임매매라 하는데 일임계약을 체결한 상태에서 과도한 매매를 일삼은 경우에는 손해배상책임이 발생
- **불완전판매** : 적법한 절차를 거치지 않고 가입자의 투자성향에 맞지 않는 고위험 상품의 투자를 권유하는 '적합성 원칙 위반'과 상품의 중요내용에 대한 설명을 이행하지 않는 '설명의무 위반', 상품과 관련하여 거짓의 내용을 알리는 등의 '부당권유금지 위반' 등의 경우
- **부당권유** : 금융투자회사가 고객에게 투자권유를 하면서 금융투자상품에 대한 설명의무 불충분으로 인해 고위험성 있는 투자를 부당하게 권유한 경우에는 손해배상책임이 발생
- **주문관련** : 주문권한이 없는 자로부터 매매주문을 제출받아 처리한 경우. 고객이 낸 주문을 금융투자회사가 다르게 처리한 경우 등은 손해배상책임이 발생
- 기타 전산장애가 발생하여 매매가 불가능하게 되어 발생한 손해, 무자격상담사로 인한 분쟁, 금융투자회사의 부적절한 반대매매처리로 인한 분쟁 등

[개념 확인 문제 정답] ①   [실전 확인 문제 정답] ③

28 파생상품 주요 분쟁사례(1) − 임의 · 일임매매

 사례 1

사건개요 직원이 고객으로부터 선물 · 옵션에 대한 포괄적 일임매매를 위탁받으면서, "10% 이상 손실이 나는 경우에는 일단 매매를 중단하고 그 이후의 거래에 관하여 고객과 상의하겠다."고 약속한 사실이 있는 데도 고객 계좌의 예수금 일정액에 대하여 선물 · 옵션의 포괄적 일임매매를 하던 중 종가를 기준으로 산정 된 잔고평가 결과 10% 이상의 손실이 발생한 사실을 인지했음에도 불구하고 손실 발생 사실을 고객에게 알리지 않은 채 매매거래를 계속한 경우

판단내용 임의매매에 의한 불법행위, 구체적 지시에 위반된 매매에 의한 불법행위에 해당하므로 과실상 계 비율의 상당 여부와 불법행위 부분에 관한 손해액을 산정하여 고객의 과실을 30%로 산정하고 손해금 액 중 70%에 대해 증권회사 책임을 인정함

[참 조] 임의매매의 금지(자본시장과 금융투자업에 관한 법률 제70조)
투자매매업자 또는 투자중개업자는 투자자나 그 대리인으로부터 금융투자상품의 매매의 청약 또는 주문을 받지 아니하고 는 투자자로부터 예탁받은 재산으로 금융투자상품의 매매를 하여서는 아니 된다.

 사례 2

사건개요 원고는 피고의 권유에 따라 옵션거래를 하고, 신용거래로 모 주식을 매수하였는데 옵션거래에 대하여는 실명의무 위반을, 신용거래에 대하여는 임의매매를 주장함. 임의로 신용거래를 하였다는 피고의 사실확인서가 있는 경우에도 임의매매를 부정한 사례

판단내용 원고가 이 사건의 옵션거래 이전에 주식투자 경험은 있으나 옵션 등 파생상품에 대한 투자경험 이 없다는 사실을 알았음에도 피고가 원고에게 옵션거래와 관련한 전략 및 위험성을 설명하지 않은 점, 옵 션거래에서 그 손실은 원칙적으로 투자자가 부담하여야 하는 점을 고려하여 증권회사의 손해배상책임을 40%로 제한하였음

[참 조] 설명의무(자본시장과 금융투자업에 관한 법률 제47조)
① 금융투자업자는 일반투자자를 상대로 투자권유를 하는 경우에는 금융투자상품의 내용, 투자에 따르는 위험, 그 밖에 대통령령으로 정하는 사항을 일반투자자가 이해할 수 있도록 설명하여야 한다.
② 금융투자업자는 제1항에 따라 설명한 내용을 일반투자자가 이해하였음을 서명, 기명날인, 녹취, 그 밖의 대통령령으로 정하는 방법 중 하나 이상의 방법으로 확인을 받아야 한다.
③ 금융투자업자는 제1항에 따른 설명을 함에 있어서 투자자의 합리적인 투자판단 또는 해당 금융투자상품의 가치에 중 대한 영향을 미칠 수 있는 사항(이하 "중요사항"이라 한다)을 거짓 또는 왜곡(불확실한 사항에 대하여 단정적 판단을 제 공하거나 확실하다고 오인하게 할 소지가 있는 내용을 알리는 행위를 말한다)하여 설명하거나 중요사항을 누락하여서 는 아니 된다.

사례 3

사건개요 원고가 증권회사에 선물·옵션 계좌를 개설하여 일체의 투자일임을 하고 본인의 결정에 따라 HTS을 통하여 주식거래 상황을 수시로 확인하였는데, 매월 피고 회사들로부터 거래내역, 잔고현황을 공식적으로 통보받았음에도 피고 회사들에게 손실액에 대해 과다매매 등 보호의무 위반, 부당권유, 통지의무 위반 등을 이유로 손해배상을 청구함

판단내용 고객이 전자통신 방법에 의한 거래내역 조회를 선택하였고 거래내역을 조회하고 있었으므로 증권회사는 각종 통지 및 고지의무를 이행하였다고 볼 수 있으며, 고객은 선물·옵션의 거래경험이 있는 자로서 거래설명서 교부 및 이를 확인하는 자필 서명이 있는 점 등을 종합하여 부당권유가 인정되지 않음

[참 조] 일임매매거래의 제한(증권거래법 제107조 제1항)

증권회사는 고객으로부터 유가증권의 매매거래에 관한 위탁을 받으면 그 수량 및 가격 그리고 매매시기를 고객으로부터 일임받아 거래를 할 수 있으나, 이 경우 유가증권의 종류와 종목 및 매매의 구분과 방법에 대해서는 고객이 결정한다.

불건전 영업행위의 금지(자본시장과 금융투자업에 관한 법률 제71조 제6항)

투자자로부터 금융투자상품에 대한 투자판단의 전부 또는 일부를 일임받아 투자자별로 구분하여 금융투자상품을 취득·처분, 그 밖의 방법으로 운용하는 행위. 다만, 투자일임업으로서 행하는 경우와 제7조 제4항에 해당하는 경우에는 이를 할 수 있다.

홈트레이딩시스템(HTS : Home Trading System)

- 주식을 사고팔기 위해 증권사 객장을 방문하거나 전화를 거는 대신 집이나 사무실에 설치된 PC를 통해 거래할 수 있도록 하는 시스템을 말한다. HTS를 이용하면 매매주문은 물론 계좌조회와 증권사가 제공하는 각종 증권시장 관련 정보를 받아볼 수 있다.
- 1980년대 말과 1990년대 초에 단순히 주식시세를 조회할 수 있도록 제공되던 가정용 투자정보시스템에서 발전된 것으로 1997년 이후에 여러 증권회사에서 도입하였다. 초기에는 주식시세 보기와 매매주문 기능 정도밖에 없었으나 2000년대에 들어와 각종 분석은 물론 매매상담까지 할 수 있게 되었다.
- 매매수수료가 저렴하고 인터넷이 연결된 곳이면 어느 곳에서나 거래할 수 있고, 각 종목의 등락에 따라 어떻게 매매할 것인지의 조건을 입력하면 매매를 자동으로 진행하는 기능이 첨가되는 등의 장점을 지닌다.

29 파생상품 주요 분쟁사례(2) – 부당권유

 사례 1

사건개요　고객은 주식위탁계좌를 개설하여 주식거래를 한 경험이 있는 자로 증권회사 직원으로부터 선물 · 옵션거래를 권유받아 계좌를 개설하고 직원에게 운용권한을 위임하였다. 고객 부인 소유의 주식을 대용증권으로 지정하여 담보로 지정하여 거래를 계속하였으나 5천만 원 추가 투자 후에도 손실이 발생되었다.

판단내용　고객이 해당 증권회사 직원을 통하여 선물 · 옵션거래를 하기 전에도 수년간 주식거래의 경험이 있었다는 점, 고객과 증권회사 직원 간에 구체적인 수익보장의 약속이 없었던 점과 투자원금의 손실을 볼 수 있는 선물 · 옵션거래의 투자위험성 등을 고려하여 거래의 위험성에 대한 설명이 미흡했다거나 거래의 고수익 가능성을 권유했다 하더라도 그것만으로 부당권유 및 과다매매라고 단정하기 어렵다고 판단함

[참 조]　부당권유의 금지(자본시장법과 금융투자업에 관한 법률 제40조)

금융투자업자는 투자권유를 함에 있어서 다음 각 호의 어느 하나에 해당하는 행위를 하여서는 아니 된다.

1. 거짓의 내용을 알리는 행위
2. 불확실한 사항에 대하여 단정적 판단을 제공하거나 확실하다고 오인하게 할 소지가 있는 내용을 알리는 행위
3. 투자자로부터 투자권유의 요청을 받지 아니하고 방문 · 전화 등 실시간 대화의 방법을 이용하는 행위. 다만, 투자자 보호 및 건전한 거래질서를 해할 우려가 없는 행위로서 대통령령으로 정하는 행위를 제외한다.
4. 투자권유를 받은 투자자가 이를 거부하는 취지의 의사를 표시하였음에도 불구하고 투자권유를 계속하는 행위. 다만, 투자자 보호 및 건전한 거래질서를 해할 우려가 없는 행위로서 대통령령으로 정하는 행위를 제외한다.
5. 그 밖에 투자자 보호 또는 건전한 거래질서를 해할 우려가 있는 행위로서 대통령령으로 정하는 행위

증권회사 직원의 권유에 의한 선물 · 옵션 거래 시 손해배상청구 가능 여부

증권회사의 임직원이 고객에게 적극적으로 투자권유를 하였으나 투자결과 손실을 본 경우에 투자자에 대한 불법행위 책임이 성립하기 위해서는 이익보장 여부에 대한 존재와 거래행위와 거래방법, 고객의 투자상황(재산상태, 연령, 사회적 경험 정도 등), 거래의 위험도 및 이에 관한 설명의 정도 등을 종합적으로 고려한 후 당해 권유행위가 경험이 부족한 일반 투자자에게 거래행위에 필연적으로 수반되는 위험성에 관한 올바른 인식형성을 방해하거나 고객의 투자상황에 비추어 과대한 위험성을 수반하는 거래를 적극적으로 권유한 경우에 해당하면 고객에 대한 보호의무를 저버려 위법성을 띤 행위로 평가될 수 있음

30 파생상품 주요 분쟁사례(3) – 주문관련

 사례 1

사건개요   고객은 선물회사와 선물·옵션거래 계좌설정계약을 체결하고 HTS 설치 후 거래를 개시하였다. 미국달러선물 매도포지션을 보유하게 되었으나 시세 상승으로 인해 위탁증거금을 추가로 예탁할 것을 통지받았다. 위탁증거금 추가예탁시한을 지키지 못해 미국달러선물 매도포지션 미결제약정을 청산하기 위한 반대매수 주문을 시행하였으나 체결되지 못해 손실금액이 늘어났다면서 차액분에 대해 증권회사에 책임을 물은 사례

판단내용   위탁증거금의 추가예탁시한 직후 계약을 체결할 의무가 없고 선물회사는 선물시장수탁계약준칙 및 약관의 규정에 따라 반대매매를 위한 매수주문을 냈고, 선물회사가 규정에 따라 반대매매를 실행하여 최종적으로 계약이 체결된 경우에는 고객에게 책임이 있으므로 고객은 차액분을 포함한 전체 결제대금 부족액을 선물회사에 납부해야 함

[참 조]   위탁증거금 또는 결제대금의 미납 시 처리(해외파생상품거래계좌설정 약관 제13조 제3항)
장중에 시세의 급격한 변동으로 인하여 고객의 평가예탁액이 필요한 증거금(수수료등 기타 경비 포함) 상당금액이하로 하락하는 때에는 회사는 고객으로부터 위탁증거금을 추가로 예탁받아야 하나 고객의 귀책사유로 연락이 안되는 때에는 고객의 동의없이 고객의 미결제약정 또는 예탁재산을 처분할 수 있다.

 사례 2

사건개요   증권사 직원이 반대매매를 실행하기 전 선물·옵션계좌에 추가증거금이 발생한 사실을 알리기 위해 고객에게 연락을 취하였으나 연결이 되지 않았고 고객은 HTS에서 추가증거금 발생사실을 확인함. 다음 날 증권사 직원이 정오까지 추가증거금이 미결제 시 반대매매 될 것임 통보하였으나 미결제로 인해 반대매매를 시행하였음

판단내용   증권사가 고객의 계좌에서 위탁증거금을 추가로 납부할 사유가 발생하였는데도 통보하지 않음은 고객보호의무를 위반했다고 볼 수 있으나, 반대매매를 실행하기 전 증권사 직원이 고객에게 추가증거금 발생사실과 미결제 시 반대매매가 될 것임을 통보하였고, 고객이 HTS를 통해 추가증거금 발생사실을 알고 있었으므로 고객은 통지의무를 게을리했다는 이유로 증권사를 상대로 손해배상책임을 물을 수 없음

[참 조]   추가증거금 납부시한 및 반대매매 절차
• 추가증거금 : 계좌에 예치한 자금에 손실이 발생하여 유지증거금 이하로 하락했을 경우 위탁증거금의 수준까지 추가로 납부해야하는 증거금으로, 보유잔고의 시세변동으로 예탁평가금액이 유지증거금 이하로 떨어질 때 이를 다시 결제 금액을 감안한 예탁금액총액 수준까지 납부해야 함(미납부 시 반대매매)
• 납부시한 : 부족액이 발생한 날의 다음 날(결제일) 12시까지
• 절차 : 위험도 50% 도달 시 위험도 안내 및 임의 반대매매 가능성 통보, 위험도 70% 도달 시 고객 HTS상에 경고창 팝업, 위험도 80% 도달 시 계좌관리자는 해당 고객의 미결제약정 반대매매 후 해당 사실을 고객에게 통보

31 파생상품 주요 분쟁사례(4) – 전산장애

 사례 1

사건개요   고객이 증권회사에 주가지수선물 · 옵션거래 계좌를 개설하고 직원을 통해 콜옵션 종목에 대한 매수를 요청하였으나 해당 증권회사의 선물 · 옵션 위탁계좌관리 전산시스템의 일시적 전산장애로 인해 매수가 이루어지지 않았다. 고객은 증권회사의 일시적 전산장애로 인해 이익을 볼 수 없었다며 증권사를 상대로 손해배상을 청구함

판단내용   고객은 전산장애는 증권회사의 업무상 과실에 해당하고 정상적인 매매거래가 이루어졌다면 이익을 얻었을 거라고 주장하나 주가지수옵션거래는 투자성과 위험성이 수반되는 거래이므로 고객이 후에 이를 전매하여 이익을 얻었을 것이라고 추정하기 어려운 바 증권회사의 운용소홀로 볼 수 없음

[참 조]   전산장애 관련 손해배상 조정

- 선물 · 옵션 등 장내파생상품 시장의 거래량이 확대됨에 따라 이를 처리하는 거래소 및 투자중개업자인 증권회사 및 선물회사의 전산시스템에서 발생된 전산장애 관련 분쟁의 비중이 부쩍 늘어난 추세이다. 전산장애 등으로 시세지연, 체결지연 또는 주문거부 등 당해 프로그램이 정상적으로 운영될 수 없는 상황이 발생할 수도 있고 이러한 이유로 매매손실은 불가피할 수도 있다.
- 실제 매매가 이루어지지 않은 상태라면 주문에 의한 손해배상 범위는 특별한 사정이 없는 한 해당계좌의 예탁잔고범위 내의 주문수량(시스템이 정상적이었다면 매매 가능한 한도)에 대해서만 손해배상 범위를 인정할 수 있다. 증권회사의 전산장애와 관련한 손해배상에 있어서 고객은 아무런 주문기록 없이 단순히 '전산장애가 없었더라면 샀을 텐데(팔았을 텐데)…'와 같은 기회이익은 손해배상의 대상에서 제외되는 것이 원칙이므로 실제 매매의사가 있었음을 확인하는 자료는 배상 여부의 중요한 판단기준이 된다. 따라서 전산장애가 발생한 경우 지체 없이 거래증권사나 홈페이지에 게시된 비상주문수단을 이용해 매매의사를 적극적으로 알리거나, 화면캡저 등 실세 매매의사가 있었음을 확인하는 자료와 전산장애 사실을 입증할 수 있는 근거자료를 확보하는 것이 원만한 분쟁해결에 도움이 된다.
- 신종금융투자상품은 보다 다양하고 복잡해질 것으로 예상되는 바 향후 이러한 추세는 지속될 것으로 보이며 매매시점, 제반조건을 제대로 설정하였는지 등을 확인하는 등 투자자들의 주의가 필요하다.

핵심플러스

OX 문제

01 오늘날 금융투자업의 고객인 투자자는 정확한 정보에 의해 투자 여부를 스스로 판단한다고 전제하고 투자권유 한다. (　　)

02 신의성실의 원칙은 권리의 행사와 의무를 이행하는 데 있어서 행위준칙이 된다. (　　)

03 자본시장법에서는 투자자를 전문투자자와 일반투자자로 구분하는데 장외파생상품 거래 시 주권상장법인은 법인투자자로 간주된다. (　　)

04 전문가로서의 주의를 강조하는 주의의무에 대해 금융기관과 일반 주식회사는 동일한 수준을 요한다. (　　)

05 투자중개업자가 투자자에게 증권·파생상품시장에서의 매매 위탁을 받아 매매가 진행되도록 한 경우에도 자기계약금지규정이 적용된다. (　　)

06 자신이 발행주식총수의 100분의 1 이상의 주식 등을 보유하고 있는 법인은 조사분석자료에 이해관계를 명시해야 한다. (　　)

07 금융투자업종사자는 특정한 경우에 한하여 임의매매하는 것이 가능하다. (　　)

08 금융투자업자는 내부통제기준, 위험관리 등 준법감시 관련 자료와 임원·대주주·전문인력의 자격, 이해관계자 등과의 거래내역 관련 자료에 대해서 3년간 기록·유지하여야 한다. (　　)

09 금융실명법상 비밀보장의 원칙에서 예외 사유에 해당할 때에는 명의인에게 통보하지 않고 금융거래정보를 제공하는 것이 가능하다. (　　)

- -

해설

01 점차 전문화·복잡화·다양화되어 가는 금융투자상품으로 인해 정보의 정확성뿐만 아니라, 적극적인 투자자 보호가 필요하다. 윤리적 업무자세의 중요성이 더욱 강조된다.

03 주권상장법인은 장외파생상품 거래 시 일반투자자로 간주되는데, 금융투자업자에게 서면을 통해 전문투자자로의 전환을 요구할 수 있다.

04 금융투자업자는 고객의 재산을 보호해야 하는 등 공공적 역할을 담당하기 때문에 일반 주식회사보다 더욱 높은 수준의 주의의무가 요구된다.

05 해당 경우에는 상대방이 우연히 결정되기 때문에 투자자의 이익을 해칠 가능성이 없어 자기계약금지규정 적용에서 제외된다.

07 임의매매는 금지되어 있고, 형사벌칙이 부과된다.

08 해당 내용의 기록·유지기간은 5년이다. 그 밖의 내부통제 관련 자료 등은 3년간 기록·유지해야 한다.

09 명의인의 동의가 있거나 예외 사유에 해당하여 금융거래정보 등을 제공한 경우, 제공한 날부터 10일 이내에 제공한 거래정보 등의 주요내용·사용목적·제공받은 자 및 제공일자 등을 명의인에게 서면으로 통보하고 이를 금융위원회가 정하는 표준양식에 의하여 기록·관리해야 한다.

[정답] 01 × 02 ○ 03 × 04 × 05 × 06 ○ 07 × 08 × 09 ×

핵심플러스

OX 문제

10 거래상대방에게 재산상 이익을 제공할 수 없기 때문에, 문화활동과 관련된 상품권을 제공하는 것도 금지된다. (   )

11 민원 및 분쟁처리를 위한 전담조직 설치가 어려울 때에는 감사부서 또는 준법감시부서가 민원 및 분쟁처리를 수행한다. (   )

12 미공개정보는 공개 시 주식가격에 영향을 줄 수 있는 정보로 주식의 매입 · 보유 · 매도를 결정하는 데에 중요하다고 고려할 수 있는 정보를 말한다. (   )

13 임직원의 대외활동 중 회사, 주주 및 고객 등과의 이해상충이 사전에 회사에 보고한 범위보다 확대되는 경우 회사는 그 대외활동의 중단을 요구할 수 있다. (   )

14 절취, 기망, 협박, 그 밖의 부정한 수단으로 영업비밀을 취득하는 행위 또는 그 취득한 영업비밀을 사용하거나 공개하는 행위 영업비밀 침해행위에 해당한다. (   )

15 중간감독자가 관리감독권한을 하부로 이양했을 때에는 관리감독책임으로부터 면제된다. (   )

16 조사분석자료 공표 시, 금융투자회사는 투자등급의 의미와 공표일로부터 과거 5년간 해당 금융투자상품에 대하여 제시한 투자등급 및 목표가격 변동추이를 게재한다. (   )

17 준법감시인은 해당 금융투자업자가 영위하고 있는 금융투자업 및 그 부수업무에 관한 직무를 담당하기도 한다. (   )

18 준법감시인은 회사가 정하는 준법서약서를 작성하여 임원진에게 제출하여야 한다. (   )

19 자율규제는 금융위원회, 증권선물위원회, 금융감독원 등에 의한 제재가 중심이 된다. (   )

20 금융분쟁조정위원회에 신청이 이루어져 조정이 시작되면 해당 분쟁에 대해 합의를 볼 수 없다. (   )

해설

10 공연 · 운동경기 관람, 도서 · 음반구입 등 문화활동과 관련된 상품권을 제공하는 경우는 허용한다.

12 중요정보에 대한 설명이다. 미공개정보는 발행자 · 발행자 단체의 주식과 관련하여 공개되지 않은 정보를 말한다.

15 면제되지 않는다. 민법상 사용자책임규정에 의하여 배상책임을 질 수도 있다.

16 조사분석자료 공표 시 공표일로부터 과거 2년간의 변동추이를 게재한다. 이때에는 목표가격과 해당 금융투자상품의 가격의 변동추이를 그래프로 표기하여야 한다.

17 준법감시인은 해당 금융투자업자의 고유재산의 운용업무 또는 금융투자업 및 그 부수업무 등을 수행하는 직무를 담당할 수 없다. 이는 독립성 보장을 위한 것이다.

18 준법서약서는 임직원이 작성하여 준법감시인에게 제출한다.

19 자율규제업무를 담당하는 곳은 금융투자협회이며, 금융위원회, 증권선물위원회, 금융감독원 등의 제재는 행정제재이다.

20 분쟁조정 신청 시 금융감독원장은 당사자들에게 내용을 통지하고 우선적으로 합의를 권고한다.

[정답] 10 × 11 ○ 12 × 13 ○ 14 ○ 15 × 16 × 17 × 18 × 19 × 20 ×

Certified Derivatives Investment Advisor

파생상품투자권유자문인력 대표유형+실전문제

4과목

파생상품법규

대표 유형 문제

자본시장법의 진입규제에 대한 설명이 옳은 것은?

① 투자자문업과 투자일임업의 경우 금융위원회에 등록을 한 후 영업행위를 하도록 하고 있으나, 대주주변경승인은 필요하다.

② 인가업무의 전제로써 인정되는 금융투자업의 종류에는 투자매매업, 투자중개업, 집합투자업, 신탁업, 투자자문업과 투자일임업이 포함된다.

③ 자본시장법은 금융투자업자에 대하여 투자자가 노출되는 위험의 크기에 따라 진입규제방식을 차별적으로 적용하고 있다.

④ 대주주 변경승인을 받고자 하는 자의 공통요건 위반 정도가 경미하더라도 승인이 불가능하다.

정답해설 자본시장법은 금융투자업자에 대하여 투자자가 노출되는 위험의 크기에 따라 진입규제방식을 등록제와 인가제로 구분하여 적용하고 있다.

오답해설 ① 투자자문업과 투자일임업의 경우는 금융위원회에 등록을 한 후 영업행위를 하도록 하고 있으므로 대주주 변경승인을 받을 필요는 없으나 대주주가 변경된 경우에는 이를 2주 이내에 금융위원회에 보고해야 한다.
② 자본시장법은 금융투자업 중에서 투자자문업과 투자일임업에 대해서는 보다 완화된 진입규제를 적용하여 인가제 대신 등록제를 요건으로 한다.
④ 공통요건의 경우에는 위반의 정도가 경미한 경우에는 변경 승인이 가능하다.

대표 유형 문제 알아 보기

금융투자업 진입규제

- **무인가 · 미등록 영업행위 금지** : 금융투자업을 영위하고자 하는 자는 금융위원회의 인가 또는 등록을 받아야 하며 무인가 또는 미등록 영업행위는 금지된다.
- **인가제와 등록제 채택**
  - 인가제 : 투자매매업, 투자중개업, 집합투자업, 신탁업
  - 등록제 : 투자일임업, 투자자문업
- **기능별 진입요건 수준 차등화** : 금융투자업 종류, 금융투자상품 범위, 투자자 유형 등의 동일한 금융기능에 대해서는 동일한 인가요건을 적용하되, 금융기능의 특성을 반영하여 진입요건의 수준을 차등화하고 있다.

[**대표 유형 문제 정답**] ③

1 자본시장법 개요

개념 확인 문제

01 자본시장법은 경제적 실질이 동일한 금융기능을 동일하게 규율하는 기능별 규율체제로 전환하고 금융기능을 금융투자업, 금융투자상품, (　　　)를 기준으로 분류하고 있다.

① 투자자　　　　　　　　　　　　　② 금융투자업자

02 자본시장법은 금융투자상품의 개념을 (　　　)을 가진 모든 금융상품으로 포괄하여 정의하였다.

① 합목적성　　　　　　　　　　　　② 투자성(원본손실 가능성)

실전 확인 문제

▶ **자본시장법에 대한 설명이 옳지 않은 것은?**

① 자본시장법의 궁극적인 목적은 투자자 보호이기 때문에 당연히 투자자 보호법의 기능을 한다.

② 자본시장법은 이해상충방지체계를 입법함으로써 겸영에 따른 투자자와 금융투자업자 간, 투자자 간 이해상충 가능성을 방지하고 있다.

③ 자본시장법은 금융투자상품의 개념을 구체적으로 열거하여 향후 출현할 모든 금융투자상품을 규제대상으로 하고 있다.

④ 자본시장법은 기초자산의 범위를 금융투자상품, 통화, 일반상품, 신용위험 및 그 밖에 지연적 · 환경적 · 경제적 현상 등에 속하는 위험으로서 산출이나 평가가 가능한 것으로 포괄하여 정의하고 있다.

정답해설 자본시장법은 금융투자상품의 개념을 추상적으로 정의하여 향후 출현할 모든 금융투자상품을 법률의 규율대상으로 포괄하고 있다.

개념 짚어 보기

자본시장법의 주요내용

• **금융투자상품의 포괄주의 도입** : 금융투자상품의 정의 방식을 종전 열거주의방식에서 포괄주의방식으로 전환하여 투자성(원본손실 가능성)이 있는 모든 금융투자상품을 법률의 규제대상으로 포괄하여 금융투자업자의 취급가능상품과 투자자 보호 규제의 대상을 대폭 확대하였다.

• **기능별 규율체제로의 전환** : 기관별 규율체계를 경제적 실질이 동일한 금융기능을 동일하게 규율하는 기능별 규율체계로 전환, 경제적 실질에 따라 기능적으로 정의 · 분류함에 따라 그동안 투자자 보호가 미흡했던 부분을 해소할 수 있게 되었다.

• **금융투자업자의 업무범위 확대** : 업무범위의 제한에 따른 문제해결을 위해 금융투자업자가 원할 경우 6개 금융투자업 상호 간 겸영을 허용하는 등 금융투자업자의 업무범위를 확대하고 있으며, 업무범위 확대에 따른 투자자의 피해를 방지하기 위해 일정한 이해상충방지체계의 구축을 전제로 하고 있다.

• **투자자 보호제도의 강화** : 일반투자자에 대한 투자권유와 관련하여 고객알기의무, 적합성의 원칙, 설명의무, 적정성의 원칙 등과 그 위반 시의 손해배상책임 강화를 골자로 하는 선진적인 투자자 보호장치를 도입 · 강화하였다.

[개념 확인 문제 정답] 01 ①　02 ②　**[실전 확인 문제 정답]** ③

2 금융투자업 감독 · 관계기관

개념 확인 문제

01 (   )은/는 증권 및 장내파생상품의 공정한 가격 형성과 그 매매, 그 밖에 거래의 안정성 및 효율성을 도모하기 위하여 설립된, 자본금 1천억 원 이상의 주식회사로 유가증권시장, 코스닥시장, 파생상품시장의 개설 · 운영에 관한 업무 등을 담당하는 기관이다.

① 금융감독원   ② 한국거래소

02 금융기관 및 시장을 대상으로 전반적인 금융규제 및 감독에 대한 최고의사결정기구, 각종 금융관련 법률에서 위임받은 사항에 대한 심의 · 의결 기능을 수행하기 위해 설치된 국무총리소속의 합의제 행정기관으로 금융에 관한 정책 및 제도에 관한 사항을 담당하는 곳은 (   )이다.

① 한국금융투자협회   ② 금융위원회

실전 확인 문제

▶ 다음의 업무를 수행하는 자본시장 행정기관은 어디인가?

- 증권 등의 계좌 간 대체업무   • 증권 등의 보호예수업무
- 증권의 명의개서 대행업무   • 증권 등의 집중예탁업무

① 한국거래소   ② 명의개서대행회사
③ 증권금융회사   ④ 한국예탁결제원

정답해설 증권의 집중예탁과 이에 관련되는 결제 등 복합서비스의 제공은 한국예탁결제원의 업무이다.

개념 짚어 보기

금융투자업 감독 · 관계기관

금융위원회	금융기관 및 시장을 대상으로 전반적인 금융규제 및 감독에 대한 최고의사결정기구
금융감독원	금융기관에 대한 검사와 감독업무를 수행하는 특수기관
증권선물위원회	자본시장과 기업회계와 관련한 업무 수행 등 자본시장 분야를 담당하기 위해 금융위원회 내에 설치된 감독기구
한국거래소	증권 및 장내파생상품의 공정한 가격 형성과 매매, 그 밖의 거래의 안정성 및 효율성을 도모하기 위하여 설립
한국금융투자협회	회원 상호 간의 업무질서 유지 및 공정한 거래를 확립, 투자자 보호 등 금융투자업의 건전한 발전을 위하여 설립
한국예탁결제원	증권 등의 집중예탁과 계좌 간 대체 및 유통의 원활을 위하여 설립된 중앙예탁결제기관
증권금융회사	증권의 거래업무와 관련해 자금을 공급하는 주식회사(한국증권금융)

[**개념 확인 문제 정답**] 01 ② 02 ②   [**실전 확인 문제 정답**] ④

3 금융투자상품의 분류

개념 확인 문제

01 금융투자상품은 원본손실위험과 대상상품의 기능을 기준으로 (   )과 파생상품으로 구분하고, 파생상품은 거래소 시장에서의 거래 여부에 따라 장내파생상품과 장외파생상품으로 세분화된다.

① 예금   ② 증권

02 (   )이란 특정 투자자가 그 투자자와 타인(다른 투자자를 포함) 간의 공동사업에 금전 등을 투자하고 주로 타인이 수행한 공동사업의 결과에 따른 손익을 귀속받는 계약상의 권리가 표시된 것을 말한다.

① 투자계약증권   ② 지분증권

실전 확인 문제

▶ **금융투자상품에 대한 설명으로 옳지 않은 것은?**

① 투자성 판단 시 판매 수수료 등 투자자가 지급하는 수수료는 투자원본에서 제외하여 산정한다.

② 금융투자상품에는 원본손실 가능성을 가진 모든 금융투자상품을 포함한다.

③ 파생상품은 거래구조에 따라 선도, 옵션, 스왑으로 구분된다.

④ 파생상품은 증권과는 달리 금전 등의 지급시기가 장래의 일정시점이고, 투자원본 이상의 손실발생 가능성을 가지고 있다.

정답해설 금융투자상품에서 원화로 표시된 양도성 예금증서(CD), 수탁자에게 신탁재산의 처분 권한이 부여되지 않은 관리형 신탁의 수익권을 제외한다.

개념 짚어 보기

금융투자상품
• 정의 : 이익을 얻거나 손실을 회피할 목적으로 현재 또는 장래의 특정시점에 금전, 그 밖의 재산적 가치가 있는 것(금전 등)을 지급하기로 약정함으로써 취득하는 권리로, 그 권리를 취득하기 위하여 지급하였거나 지급하여야 할 금전 등의 총액(판매수수료 등 대통령령으로 정하는 금액을 제외)이 그 권리로부터 회수하였거나 회수할 수 있는 금전 등의 총액(해지수수료 등 대통령령으로 정하는 금액을 포함)을 초과하게 될 위험(투자성)이 있는 것을 말한다.
• 구분 : 증권, 파생상품(장내파생상품, 장외파생상품)
• 증권의 분류 : 채무증권, 지분증권, 수익증권, 투자계약증권, 파생결합증권, 증권예탁증권
• 원본대비 손실비율과 금융투자상품의 종류

범위	손실비율≤0%	0%<손실비율≤100%	100%<손실비율
상품	원본보전형	원본손실형	추가지급형
	예금, 보험	증권	파생상품

[개념 확인 문제 정답] 01 ② 02 ① **[실전 확인 문제 정답]** ②

4 금융투자업의 인가 및 등록

개념 확인 문제

01 금융투자업이란 이익을 얻을 목적으로 계속적이거나 반복적인 방법으로 행하는 행위로서 고객과 직접 채무관계를 가지거나 고객의 자산을 수탁하는 금융투자업에 대해서는 (　　)를 적용하고, 고객의 자산을 수탁하지 않는 금융투자업에 대해서는 (　　)를 적용한다.

　① 인가제, 등록제　　　　　　　　　② 등록제, 인가제

02 금융투자업자는 인가 또는 등록 이후에도 인가·등록요건을 계속 유지하여야 하는데 해당 인가업무 단위별로 진입 시 자기자본의 (　　) 이상을 유지하여야 한다.

　① 50%　　　　　　　　　② 70%

실전 확인 문제

▶ **금융투자업의 인가 및 등록에 대한 설명이 옳지 않은 것은?**

　① 일정한 자격을 갖추지 않은 자는 금융투자업을 영위할 수 없다.
　② 최저자기자본은 인가업무 단위별로 10억 원 이상을 충족하여야 한다.
　③ 동일한 금융기능에 대해서는 동일한 인가요건 및 등록요건이 적용되도록 금융기능별로 진입요건을 마련하였다.
　④ 금융위원회는 인가신청서를 접수한 경우 그 내용을 심사하여 3개월 이내에 금융투자업인가 여부를 결정하고, 그 결과와 이유를 신청인에게 문서로 통지하여야 한다.

정답해설　최저자기자본은 인가업무 단위별로 5억 원 이상, 등록업무 단위별로 1억 원 이상이다.

개념 짚어 보기

금융투자업의 인가요건
- **법인요건** : 주식회사, 한국산업은행, 중소기업은행, 한국수출입은행, 농업협동조합중앙회 및 농협은행, 수산업협동조합중앙회, 외국은행의 국내지점, 외국보험회사의 국내지점 등
- **자기자본요건** : 인가업무 단위별로 5억 원 이상으로서 대통령령으로 정하는 금액 이상의 자기자본을 갖출 것
- **임원요건** : 결격사유에 해당하지 않을 것
- **대주주**(외국 금융투자업자, 은행, 보험의 국내지점의 경우 당해 외국 금융투자업자, 은행, 보험의 본점) 및 신청인이 충분한 출자능력, 건전한 재무상태 및 사회적 신용을 갖출 것
- **사업계획**이 타당하고 건전할 것
- 투자자의 보호가 가능하고 그 영위하고자 하는 금융투자업을 수행하기에 충분한 인력과 전산설비, 그 밖의 물적 설비를 갖출 것
- 금융투자업자와 투자자 간, 특정 투자자와 다른 투자자 간의 이해상충을 방지하기 위한 체계를 갖출 것

[개념 확인 문제 정답] 01 ① 02 ②　[실전 확인 문제 정답] ②

5 금융투자업 인가 요건과 등록 심사

개념 확인 문제

01 집합투자업 및 신탁업은 각 필요 업무에 (   )년 이상 종사한 경력이 있는 전문인력 요건을 충족해야 한다.

① 2년   ② 3년

02 집합투자증권의 투자매매업자와 투자중개업자는 투자권유자문인력을 (   ) 이상 갖추어야 한다.

① 2인   ② 5인

실전 확인 문제

▶ **금융투자업의 인허가 및 등록에 대한 설명으로 옳지 않은 것은?**

① 집합투자업과 신탁업은 인가제이고, 투자자문업과 투자일임업은 등록제이다.

② 금융투자업자는 자기자본이 인가업무 단위별 10억 원 이상이어야 한다.

③ 인가를 받은 후에도 금융투자업자는 인가 시 인가업무 단위별 최저자기자본 수준을 유지하여야 한다.

④ 온라인 소액투자중개업자는 증권 취득이 불가하며 단순 중개만 가능하다.

정답해설 금융투자업자의 자기자본은 인가업무 단위별 5억 원과 대통령령에서 정하는 금액 중 큰 금액 이상이어야 한다.

개념 짚어 보기

금융투자업 진입 규제 원칙
- 인가제 : 투자매매업, 투자중개업, 신탁업, 집합투자업
- 등록제 : 투자자문업, 투자일임업

금융투자업 인가 요건
법인격 요건, 자기자본 요건, 인력 요건, 물적 시설에 관한 요건, 사업계획, 대주주 요건, 이해상충방지체계 요건 등이 있다.

[**개념 확인 문제** 정답] 01 ①   02 ②   [**실전 확인 문제** 정답] ②

6 경영건전성 감독

개념 확인 문제

01 겸영금융투자업자와 전업투자자문업자와 투자일임업자를 제외한 금융투자업자는 영업용순자본을 (   ) 이상으로 유지해야 한다.

① 자기자본비율   ② 총위험액

02 금융투자업자는 대주주가 발행한 증권을 소유할 수 없고, 그 계열회사가 발행한 주식 채권 및 약속어음을 자기자본의 (   )를 초과하여 소유할 수 없다.

① 8%   ② 15%

실전 확인 문제

▶ **금융투자업자의 건전성 규제에 관한 사항으로 옳지 않은 것은?**

① 모든 금융투자업자는 영업용순자본(NCR)을 총위험액 이상으로 유지해야 하는 규제를 받는다.

② 금융투자업자는 매 분기마다 업무보고서를 작성하여 그 기간 경과 후 45일 이내에 금융위원회에 제출하여야 한다.

③ 겸영금융투자업자를 제외한 금융투자업자는 그 금융투자업자의 대주주가 발행한 증권을 소유하는 행위를 해서는 안 된다.

④ 금융투자업자는 금융투자업자의 고유재산과 신탁재산, 투자자가 예탁한 재산, 집합투자재산을 명확히 구분하여 회계처리하여야 한다.

정답해설   겸영금융투자업자, 전업투자자문업자, 투자일임업자는 영업용순자본(NCR) 규제 적용대상에서 제외된다.

개념 짚어 보기

금융투자업자의 건전성에 관한 규제
• 재무건전성 유지 : 영업용순자본을 총위험액 이상으로 유지해야 함
• 경영건전성 기준 : 자기자본비율 등 자본의 적정성, 자산의 건전성, 유동성에 관하여 금융위원회가 정하여 고시하는 사항을 준수해야 함
• 회계처리
　– 투자매매업, 투자중개업, 투자자문업 및 투자일임업 : 매년 4월 1일부터 다음해 3월 31일까지의 기간
　– 신탁업, 종합금융회사 및 자금중개회사 : 정관에서 정하는 기간
• 업무보고서 및 경영공시 : 매 사업연도 개시일부터 3개월간·6개월간·9개월간 및 12개월간의 분기별 업무보고서를 작성하여 그 기간 경과 후 45일 이내에 금융위원회에 제출해야 함
• 대주주와의 거래제한 : 금융투자업자의 대주주가 발행한 증권을 소유하는 행위, 그 금융투자업자의 특수관계인 중 계열회사가 발행한 주식, 채권 및 약속어음을 소유하는 행위 등을 할 수 없음

[개념 확인 문제 정답] 01 ② 02 ①   **[실전 확인 문제 정답]** ①

7 공통 영업행위 규칙

개념 확인 문제

01 금융투자업자는 투자자 보호 및 건전한 거래질서를 해할 우려가 없는 금융업무를 겸영할 수 있으며, 이 경우 금융투자업자는 그 업무를 영위하고자 하는 날의 (　　) 전까지 이를 (　　)에 신고하여야 한다.

① 7일, 금융위원회　　　　　　　　　　② 14일, 한국금융투자협회

02 금융투자업자는 금융투자업에 부수하는 업무를 영위하고자 하는 경우에는 그 업무를 영위하고자 하는 날의 (　　) 전까지 금융위원회에 (　　)하여야 한다.

① 5일, 보고　　　　　　　　　　② 7일, 신고

실전 확인 문제

▶ 투자매매업자 및 투자중개업자의 업무 관련 규제에 대한 설명으로 옳지 않은 것은?

① 투자자로부터 매매 주문을 받는 경우 사전에 자기가 투자매매업자인지 투자중개업자인지를 밝혀야 한다.

② 고객으로부터 금융투자상품의 매매를 위탁받은 투자중개업자는 고객의 대리인이 됨과 동시에 그 거래 상대방이 될 수 없디.

③ 금융투자상품의 매매에 관한 투자자의 청약 또는 주문을 처리하기 위하여 최선집행기준을 마련하여야 한다.

④ 투자자문업자가 아닌 자도 '투자자문'이란 상호는 사용할 수 있다.

정답해설 금융투자업자가 아닌 자가 금융투자업자로 오인될 수 있는 문자를 상호에 사용하는 것을 금하고 있다.

개념 짚어 보기

금융투자업자의 공통 영업행위 규칙

- 신의성실의무
- 상호규제
- 명의대여 금지
- 겸영 제한(겸영금융투자업자 제외)
- 부수업무 영위
- 업무위탁
- 이해상충관리
- 정보교류의 차단

[개념 확인 문제 정답] 01 ①　02 ②　**[실전 확인 문제 정답]** ④

8 투자권유 규제

개념 확인 문제

01 투자권유는 (   )를 상대로 금융투자상품의 매매의 체결을 권유하는 것을 의미하며, 투자광고는 (   )를 상대로 금융투자상품에 대해 광고하는 것을 의미한다.

① 특정 투자자, 불특정 다수　　　　　　② 불특정 다수, 특정 투자자

02 투자권유대행인은 금융투자협회가 정한 교육을 이수하고, 등록이 취소된 경우 그 등록이 취소된 날로부터 (   )이 경과한 자로서, 금융투자업자는 투자권유대행인에게 투자권유를 위탁하는 경우 위탁받은 자를 금융위원회에 등록해야 한다.

① 1년　　　　　　　　　　　　　　　② 3년

실전 확인 문제

▶ 투자자에게 투자권유 시 규제사항에 대한 설명이 옳지 않은 것은?

① 파생상품 등에 대하여는 일반투자자의 투자목적·재산상황 및 투자경험 등을 고려하여 투자자 등급별로 차등화된 투자권유준칙을 마련하여야 한다.

② 투자권유대행인의 불완전한 판매로 인해 투자자에게 손해를 끼친 경우 금융투자업자와 관련 임원이 연대하여 손해배상책임을 진다.

③ 금융투자업자는 투자권유대행인에게 모든 상품에 대한 투자권유를 위탁할 수 있으며, 이 경우 업무위탁 관련 규제가 적용되지 않는다.

④ 투자권유대행인은 투자권유를 대행함에 있어서 투자자에게 자신이 투자권유대행인이라는 사실을 나타내는 표지를 게시하거나 증표를 투자자에게 내보여야 한다.

정답해설 금융투자업자는 투자권유대행인에게 고위험 금융투자상품인 파생상품 등에 대한 투자권유는 위탁할 수 없다.

개념 짚어 보기

투자권유대행인의 금지행위
• 위탁한 금융투자업자를 대리하여 계약을 체결하는 행위
• 투자자로부터 금전·증권, 그 밖의 재산을 수취하는 행위
• 금융투자업자로부터 위탁받은 투자권유대행업무를 제3자에게 재위탁하는 행위
• 둘 이상의 금융투자업자와 투자권유위탁계약을 체결하는 행위
• 보험설계사가 소속보험회사가 아닌 보험회사와 투자권유위탁계약을 체결하는 행위
• 그 밖에 투자자 보호 또는 건전한 거래질서를 해할 우려가 있는 행위로서 대통령령으로 정하는 행위

[**개념 확인 문제** 정답] 01 ①　02 ②　[**실전 확인 문제** 정답] ③

9 투자매매업 · 투자중개업 행위규칙 – 매매관련 규제

개념 확인 문제

01 (   )는 투자매매업자 또는 투자중개업자는 금융투자상품에 관한 같은 매매에 있어 자신이 본인이 됨과 동시에 상대방의 투자중개업자가 되어서는 안 된다는 영업행위 규칙을 말한다.

① 자기계약의 금지   ② 임의매매의 금지

02 예외적으로 취득한 자기주식은 취득일부터 (   ) 이내에 처분하여야 한다.

① 3개월   ② 1년

실전 확인 문제

▶ **투자매매업자 및 투자중개업자의 영업행위규제에 어긋나는 것은?**

① 자기계약 금지의 규정을 위반하여 금융투자상품을 매매한 자는 1년 이하의 징역 또는 3천만 원 이하의 벌금에 처한다.

② 투자자로부터 예탁받은 재산으로 금융투자상품의 매매를 한 자는 5년 이하의 징역 또는 2억 원 이하의 벌금에 처한다.

③ 증권시장 또는 파생상품시장을 통하지 않고 매매가 이루어지도록 한 자는 1년 이하의 징역 또는 3천만 원 이하의 벌금에 처한다.

④ 사전에 자기가 투자매매업자인지 투자중개업자인지를 밝히지 않고 금융투자상품의 매매에 관한 주문을 받은 자는 1년 이하의 징역 또는 3천만 원 이하의 벌금에 처한다.

정답해설 시장매매의 의무 조항은 2013년 5월 자본시장법 개정으로 삭제되었다.

개념 짚어 보기

투자매매업자 및 투자중개업자의 영업행위규제

• **매매형태의 명시** : 투자자로부터 금융투자상품 매매에 관한 주문을 받는 경우 사전에 그 투자자에게 자기가 투자매매업자인지 투자중개업자인지를 밝혀야 한다.

• **자기주식의 예외적 취득** : 투자매매업자는 투자자로부터 그 투자매매업자가 발행한 자기주식으로서 증권시장의 매매 수량단위 미만의 주식에 대하여 매도주문을 받은 경우에는 이를 증권시장 밖에서 취득할 수 있다.

• **최선집행의무** : 투자매매업자 또는 투자중개업자는 금융투자상품의 매매에 있어서 투자자의 청약 또는 주문을 처리하기 위하여 최선의 거래조건으로 집행하기 위한 기준을 마련하고 이를 공표하여야 한다.

• **자기계약의 금지** : 투자매매업자 또는 투자중개업자는 금융투자상품에 관한 동일한 매매에 있어서 자신이 본인이 됨과 동시에 상대방의 투자중개업자가 되어서는 안 된다.

• **임의매매의 금지** : 투자매매업자 또는 투자중개업자는 투자자나 그 대리인으로부터 금융투자상품의 매매주문을 받지 않고 투자자에게 예탁받은 재산으로 금융투자상품을 매매해서는 안 된다.

10 투자매매업 · 투자중개업 행위규칙 – 불건전 영업행위 규제 등

개념 확인 문제

01 투자자로부터 금융투자상품의 가격에 중대한 영향을 미칠 수 있는 매수 또는 매도주문을 받거나 받게 될 가능성이 큰 경우 이를 체결시키기 전에 그 금융투자상품을 자기의 계산으로 매수 또는 매도하거나 제3자에게 매수 또는 매도를 권유하는 행위를 (   )라 한다.

① 과당매매   ② 선행매매

02 투자매매업자 또는 투자중개업자는 특정 금융투자상품의 조사분석자료를 투자자에게 공표함에 있어서 그   조사분석자료의 내용이 사실상 확정된 때부터 공표 후 (   )이 경과하기 전까지 그 조사분석자료의 대상이 된 금융투자상품을 자기의 계산으로 매매하는 행위를 해서는 안 된다.

① 24시간   ② 7일

실전 확인 문제

▶ **투자매매업자 및 투자중개업자의 불건전 영업행위로 볼 수 없는 것은?**

① 투자권유대행인 및 투자권유자문인력이 아닌 자에게 투자권유를 하게 하는 행위
② 투자자에게 해당 투자매매업자 · 투자중개업자가 발행한 자기주식의 매매를 권유하는 행위
③ 일반투자자의 투자목적, 재산상황, 투자경험을 고려하지 않고 지나치게 자주 투자권유를 하는 행위
④ 오로지 금융투자업자 내부에서 업무를 수행할 목적의 조사분석자료 작성을 담당하는 자에게 기업금융업무와 연동된 성과보수를 지급하는 행위

정답해설 해당 조사분석자료가 투자자에게 공표되거나 제공되지 않고 금융투자업자 내부에서 업무를 수행할 목적으로 작성된 경우에는 조사분석자료 작성을 담당하는 자에 대하여 기업금융업무와 연동된 성과보수를 지급하는 행위는 금지예외 사유에 해당된다.

개념 짚어 보기

불건전 영업행위의 금지
• 선행매매 · 일임매매의 금지
• 조사분석자료 공표 후 매매금지
• 조사분석자료 작성자에 대한 성과보수지급 금지
• 주권 등의 모집 · 매출과 관련된 조사분석자료의 공표 · 제공 금지
• 투자권유대행인 및 투자권유자문인력이 아닌 자의 투자권유 금지
• 매매명세의 통지

[개념 확인 문제 정답] 01 ② 02 ①   [실전 확인 문제 정답] ④

11 투자매매업 · 투자중개업 행위규칙 – 투자자예탁금의 별도예치

개념 확인 문제

01 투자매매업자 또는 투자중개업자는 투자자로부터 금융투자상품의 매매 및 그 밖의 거래와 관련하여 받은 예탁금을 고유재산과 구분하여 증권금융회사에 예치하거나 신탁해야 하는데 은행 및 (   ), 한국산업은행, 중소기업은행은 증권금융회사를 제외한 신탁업자에게 신탁할 수 있다.

① 증권회사   ② 보험회사

02 예치금융투자업자는 파산선고, 인가취소 등에 해당하게 된 경우에는 예치기관에 예치 또는 신탁한 투자자예탁금을 인출하여 투자자에게 우선하여 지급하여야 하며, 사유발생일부터 (   ) 이내에 그 사실과 투자자예탁금의 지급시기 · 지급장소, 그 밖에 투자자예탁금의 지급과 관련된 사항을 둘 이상의 일간신문에 공고하고, 인터넷 홈페이지 등을 이용하여 공시하여야 한다.

① 2개월   ② 3개월

실전 확인 문제

▶ 투자매매업자 또는 투자중개업자의 투자자예탁금의 별도예치에 관한 사항으로 옳지 않은 것은?

① 겸영금융투자업자 중 은행과 보험회사 등은 투자자예탁금을 신탁업자에게 신탁할 수 있다.
② 예치기관은 국채증권 또는 지방채증권을 매수하여 투자자예탁금을 운용할 수 있다.
③ 투자매매업자 또는 투자중개업자는 투자자예탁금의 80% 이상을 예치기관에 예치 또는 신탁하여야 한다.
④ 예치금융투자업자는 투자매매업자 또는 투자중개업자의 인가가 취소된 경우 예치기관에 예치 · 신탁한 투자자예탁금을 인출하여 투자자에게 우선 지급하여야 한다.

정답해설 투자매매업자 또는 투자중개업자는 투자자예탁금의 100% 이상을 예치기관에 예치 또는 신탁하여야 한다.

개념 짚어 보기

투자자예탁금의 우선지급

예치금융투자업자는 다음의 어느 하나에 해당하게 된 경우에는 예치기관에 예치 또는 신탁한 투자자예탁금을 인출하여 투자자에게 우선하여 지급하여야 한다. 이 경우 사유발생일부터 2개월 이내에 그 사실과 투자자예탁금의 지급시기 · 지급장소, 그 밖에 투자자예탁금의 지급과 관련된 사항을 둘 이상의 일간신문에 공고하고, 인터넷 홈페이지 등을 이용하여 공시하여야 한다.
• 인가가 취소된 경우
• 해산의 결의를 한 경우
• 파산선고를 받은 경우
• 투자매매업 또는 투자중개업 전부의 양도 · 폐지가 승인된 경우
• 투자매매업 또는 투자중개업 전부의 정지명령을 받은 경우
• 그 밖에 위의 사유에 준하는 사유가 발생한 경우

[개념 확인 문제 정답] 01 ② 02 ① [실전 확인 문제 정답] ③

12 장외거래

개념 확인 문제

01 거래소시장 및 다자간매매체결회사 외에서 증권이나 장외파생상품을 매매하는 경우는 금융투자
협회를 통한 비상장주권의 장외거래 및 채권중개전문회사를 통한 채무증권의 장외거래를 제외하
고는 (   ) 간에 매매하는 방법으로 하여야 한다.

① 투자매매업자 또는 투자중개업자　　　② 단일의 매도자와 매수자

02 파생결합증권을 포함한 월별 장외파생상품의 매매, 그 중개·주선 또는 대리의 거래내역을
(   ) 금융위원회에 보고해야 하며, 일반투자자를 대상으로 하는 장외파생상품 등 특정 장외
파생상품을 신규로 취급하는 경우에는 협회의 사전심의를 받아야 한다.

① 거래 당일　　　　　　　　　　　　　② 다음 달 10일까지

실전 확인 문제

▶ **증권의 장외거래 시 매매원칙에 대한 설명으로 옳지 않은 것은?**

① 장외파생상품의 매매를 할 때마다 파생상품업무책임자의 승인을 받아야 한다.

② 장외파생상품의 매매에 따른 위험액이 금융위원회가 정하여 고시하는 한도를 초과하지 않아
야 한다.

③ 증권의 대차거래 또는 그 중개·주선이나 대리업무를 하는 경우에는 증권의 대차거래 내역을
금융위원회를 통하여 거래 다음 날까지 공시해야 한다.

④ 종목별 외국인 및 외국법인 등의 전체 취득한도는 해당 종목의 지분증권총수의 40%를 초과
하여 공공적 법인이 발행한 지분증권을 취득할 수 없다.

정답해설 증권의 대차거래 또는 그 중개·주선이나 대리업무를 하는 경우에는 증권의 대차거래 내역을 협회를 통하여 거
래 당일에 공시해야 한다.

개념 짚어 보기

장외거래의 방법

• 협회를 통한 장외거래
• 채권중개전문회사(IDB)를 통한 장외거래
• 채권전문자기매매업자를 통한 장외거래
• 환매조건부매매
• 기업어음증권의 장외거래
• 해외시장 거래
• 증권의 대차거래 등

[개념 확인 문제 정답] 01 ②　02 ②　**[실전 확인 문제 정답]** ③

13 불공정거래의 규제 – 내부자거래 등의 규제

개념 확인 문제

▶ 내부자의 단기매매차익반환의 투자매매업자에 대한 준용규정은 투자매매업자가 인수계약을 체결한 날부터 (   ) 이내에 매수 또는 매도하여 그 날부터 (   ) 이내에 매도 또는 매수하는 경우에 준용한다.

① 3개월, 6개월　　　　　　　　　　　　② 6개월, 1년

실전 확인 문제

▶ 내부자의 단기매매차익 반환제도에 관한 설명이 옳지 않은 것은?

① 자본시장법은 단기매매차익 반환 대상자를 주권상장법인의 주요 주주, 임원 및 직원으로 규정하고 있다.

② 단기매매차익 반환대상이 되는 증권은 당해 법인이 발행한 증권으로 한정된다.

③ 증권선물위원회는 단기매매차익의 발생사실을 알게 된 경우에는 해당 법인에 이를 통보하여야 한다.

④ 법령에 따라 불가피하게 매수·매도하는 경우는 단기매매차익 반환청구권 규정을 적용하지 않는다.

정답해설 단기매매차익 반환대상에는 당해 그 법인이 발행한 증권, 이와 관련된 증권예탁증권, 당해 법인 이외의 자가 발행한 것으로서 위의 증권과 교환을 청구할 수 있는 교환사채권, 앞의 증권만을 기초자산으로 하는 금융투자상품이 있다.

개념 짚어 보기

단기매매차익 반환의 예외
• 법령에 따라 불가피하게 매수하거나 매도하는 경우
• 정부의 허가·인가·승인 등이나 문서에 의한 지도·권고에 따라 매수하거나 매도하는 경우
• 안정조작이나 시장조성을 위하여 매수·매도 또는 매도·매수하는 경우
• 주식매수선택권의 행사에 따라 주식을 취득하는 경우
• 이미 소유하고 있는 지분증권, 신주인수권이 표시된 것, 전환사채권 또는 신주인수권부사채권의 권리행사에 따라 주식을 취득하는 경우
• 모집·매출하는 특정증권 등의 청약에 따라 취득하는 경우
• 주식매수청구권의 행사에 따라 주식을 처분하는 경우
• 공개매수에 응모함에 따라 주식 등을 처분하는 경우
• 모집·사모·매출하는 특정증권 등의 인수에 따라 취득하거나 인수한 특정증권 등을 처분하는 경우
• 증권예탁증권의 예탁계약 해지에 따라 증권을 취득하는 경우
• 증권 중 교환사채권 또는 교환사채권의 권리행사에 따라 증권을 취득하는 경우
• 우리사주조합원에게 우선 배정된 주식의 청약에 따라 취득하는 경우
• 그 밖에 미공개중요정보를 이용할 염려가 없는 경우로서 증권선물위원회가 인정하는 경우 등

[**개념 확인 문제** 정답] ①　　[**실전 확인 문제** 정답] ②

14 불공정거래의 규제 – 시세조종행위 등의 규제

개념 확인 문제

01 그 증권 또는 장내파생상품의 매매를 함에 있어서 매매할 의사 없이 또는 권리이전의 목적이 없이 동일가격으로 매매하는 행위를 (   )라 한다.

① 가장매매   ② 통정매매

02 투자매매업자가 일정한 방법에 따라 모집 또는 매출한 증권의 수요·공급을 그 증권이 상장된 날부터 (   )의 범위에서 인수계약으로 정하는 기간 동안 시장을 조성하는 매매거래를 하는 경우는 가격고정 안정조작행위 금지의 예외사유에 해당한다.

① 1개월 이상 3개월 이하   ② 1개월 이상 6개월 이하

실전 확인 문제

▶ 자본시장법상 시세조종행위 규제에 관한 내용으로 옳지 않은 것은?

① 자기가 매도하는 것과 같은 시기에 그와 같은 가격 또는 약정수치로 타인이 그 증권 또는 장내파생상품을 매수할 것을 사전에 그 자와 서로 짠 후 매도하는 행위를 해서는 안 된다.

② 시세조종행위금지를 위반한 자는 형사 책임을 질 수 있다.

③ 시세조정행위금지를 위반한 자는 이에 따른 벌금은 부과되지만 손해배상책임까지 지는 것은 아니다.

④ 시세조종행위 금지를 위반한 자는 그 위반행위로 인하여 형성된 가격에 의하여 해당 상장증권 또는 장내파생상품의 매매를 하거나 위탁을 한 자가 그 매매 또는 위탁으로 인하여 입은 손해를 배상할 책임을 진다.

정답해설 세세조정행위금지를 위반한 자는 그 위반 행위로 인하여 형성된 가격에 의하여 해당 상장증권 또는 장내파생상품의 매매를 하거나 위탁을 한 자가 그 매매 또는 위탁으로 인하여 입은 손해를 배상할 책임을 진다.

개념 짚어 보기

규제대상 시세조종행위의 유형
• 위장거래에 의한 시세조종
• 현실거래에 의한 시세조종
• 허위표시 등에 의한 시세조종
• 가격고정·안정조작행위
• 현·선연계 시세조종행위

[**개념 확인 문제 정답**] 01 ① 02 ② [**실전 확인 문제 정답**] ③

15 금융투자업자 건전성 규제 - 영업순자산비율

개념 확인 문제

01 영업용순자본 규제는 (   ) 및 전업투자자문업자, 투자일임업자를 제외한 금융투자업자에 대하여 적용된다.

① 겸영금융투자업자   ② 투자매매업자

02 금융투자업자는 영업용순자본을 (   )보다 항상 크거나 같도록 유지하여야 하며, 이는 영업용순자본비율 100% 이상을 의미한다.

① 운영위험액   ② 총위험액

03 영업용순자본 산정 시 현물상환이 가능한 자산은 (   )에 해당하며, 현금화하기 곤란한 자산은 (   )에 해당한다.

① 차감항목, 가산항목   ② 가산항목, 차감항목

실전 확인 문제

▶ **영업용순자본비율을 산정하는 기본원칙으로 옳지 않은 것은?**

① 부외자산과 부외부채에 대해서도 위험액을 산정한다.

② 영업용순자본 산정 시 차감항목에 대해서는 원칙적으로 위험액을 산정하지 않는다.

③ 시장위험과 신용위험을 동시에 내포하는 자산은 시장위험액과 신용위험액을 모두 산정하여야 한다.

④ 영업용순자본의 차감항목과 위험액 산정대상 자산 사이에 위험회피 효과가 있더라도 위험액 산정대상 자산의 위험액을 감액할 수 없다.

정답해설 영업용순자본의 차감항목과 위험액 산정대상 자산 사이에 위험회피 효과가 있는 경우에는 위험액 산정대상 자산의 위험액을 감액할 수 있다.

개념 짚어 보기

영업용순자본비율(NCR : Net operating Capital Ratio)

영업용순자본은 기준일 현재 금융투자업자 자산의 즉시 현금화 가능 여부 등을 기준으로 평가한 자산의 순가치로, 재무상태가 악화된 금융투자회사에 대하여 조기경보를 통해 파산의 가능성을 사전에 막고 투자자와 채권자의 재산이 안전하게 변제될 수 있도록 하여 자본시장의 전체적인 안정을 도모하는 역할을 한다.

$$NCR(\%) = \frac{영업용순자본(자산-부채-차감항목+가산항목)}{총위험액(시장위험액+신용위험액+운영위험액)} \times 100 \geq 100\%$$

16 경영실태평가

개념 확인 문제

▶ 경영실태평가는 (   ), 자본적정성, 수익성의 공통부문과 유동성, 안정성, 자산건전성 등의 업종부문으로 구분하여 계량하고, 평가결과를 감안하여 종합평가한다.

① 재무상태표   ② 내부통제

실전 확인 문제

▶ 금융투자업자에 대한 경영실태평가에 관한 설명으로 옳지 않은 것은?

① 경영실태평가는 분기별로 금융회사가 제공하는 계량지표를 통하여 통계적인 방법으로 평가하는 계량평가와 임점검사를 통하여 평가 항목별 체크리스트로 평가하는 비계량평가를 종합하여 평가한다.

② 경영실태평가는 금융투자업자의 경영 및 재무건전성을 판단하기 위하여 금융투자업자의 재산과 업무상태 및 위험을 종합적 · 체계적으로 분석 평가하여 일정등급을 부여하는 것이다.

③ 검사 이외의 기간에는 부문별 평가항목 중 계량평가가 가능한 항목에 대해서만 평가하며, 월별로 실시함을 원칙으로 한다.

④ 경영실태평가는 금융투자업자 본점, 해외 현지법인 및 해외지점을 대상으로 하며 경영실태평가를 위한 구체적인 사항은 금융감독원장이 정한다.

정답해설   검사 이외의 기간에는 부문별 평가항목 중 계량평가가 가능한 항목에 대해서만 평가하며, 분기별로 실시함을 원칙으로 하되, 금융감독원장이 필요하다고 인정하는 경우에는 수시로 실시할 수 있다.

개념 짚어 보기

경영실태평가
- **공통부문** : 자본적정성, 수익성, 내부통제
- **업종부문** : 유동성과 안정성(투자매매 · 중개업), 유동성과 집합투자재산운용의 적정성(집합투자업), 유동성과 자산건전성(부동산신탁업)

경영실태평가방법
경영실태평가는 1등급(우수), 2등급(양호), 3등급(보통), 4등급(취약), 5등급(위험)의 5단계 등급으로 구분한다. 종합평가등급이 부실한 금융기관에 대하여 경영개선권고 · 요구 · 명령 등의 건의조치를 취할 수 있다.

경영개선계획의 제출 및 평가 등
경영개선권고 · 요구 · 명령을 받은 금융투자업자는 당해 조치일로부터 2개월의 범위 내에서 경영개선계획을 금융감독원장에게 제출하여야 한다. 경영개선권고 · 요구 · 명령을 받은 금융투자업자가 제출한 경영개선계획에 대하여 금융위원회는 각각 당해 경영개선계획을 제출받은 날로부터 1개월 이내에 승인 여부를 결정하여야 한다.

[개념 확인 문제 정답] ②   [실전 확인 문제 정답] ③

17 적기시정조치

개념 확인 문제

▶ 주식의 일부 또는 전부소각, 임원의 직무집행 정지 및 관리인 선임, 합병 · 금융지주회사의 자회사로의 편입 등은 (   )의 필요한 조치에 해당한다.

① 경영개선명령   ② 경영개선요구

실전 확인 문제

▶ 적기시정조치의 종류와 순자본비율에 대한 설명으로 옳지 않은 것은?

① 경영개선권고는 순자본비율이 100% 미만인 경우에 내려진다.
② 순자본비율이 0% 미만인 경우에 경영개선명령조치가 내려진다.
③ 경영개선명령조치는 순자본비율이 50% 미만인 경우에 내려진다.
④ 인력 및 조직운용의 개선, 특별대손충당금 등의 설정은 경영개선권고의 필요한 조치에 해당한다.

정답해설 순자본비율 50% 미만인 경우 경영개선요구에 해당한다.

개념 짚어 보기

적기시정조치의 종류

구분	권고 사유	필요한 조치
경영개선 권고	• 순자본비율이 100% 미만인 경우 • 경영실태평가 결과가 3등급 이상으로서 자본적정성 부문의 평가등급을 4등급 이하로 판정받은 경우 • 거액의 금융사고 또는 부실채권의 발생으로 위의 기준에 해당될 것이 명백하다고 판단되는 경우 • 2년 연속 적자이면서 레버리지 비율이 900%를 초과하는 경우(1종 금융투자업에 한함)	인력 및 조직운용의 개선, 경비절감, 점포관리의 효율화, 부실자산의 처분, 영업용순자본감소행위의 제한, 신규업무 진출의 제한, 자본금의 증액 또는 감액, 특별대손충당금 등의 설정
경영개선 요구	• 순자본비율이 50% 미만인 경우 • 경영실태평가 결과가 종합평가등급을 4등급 이하로 판정받은 경우 • 거액의 금융사고 또는 부실채권의 발생으로 규정기준에 해당될 것이 명백하다고 판단되는 경우 • 2년 연속 적자이면서 레버리지 비율이 1100%를 초과하는 경우(1종 금융투자업에 한함)	고위험자산보유제한 및 자산처분, 점포의 폐쇄 · 통합 또는 신설제한, 조직의 축소, 자회사의 정리, 임원진 교체 요구, 영업의 일부정지, 합병 · 제3자 인수 · 영업의 전부 또는 일부의 양도 · 금융지주회사의 자회사로의 편입에 관한 계획수립
경영개선 명령	• 순자본비율이 0% 미만인 경우 • 금융산업의 구조개선에 관한 법률에서 정하는 부실금융기관에 해당하는 경우	주식의 일부 또는 전부 소각, 임원의 직무집행 정지 및 관리인 선임, 합병 · 금융지주회사의 자회사로의 편입, 영업의 전부 또는 일부의 양도, 제3자의 당해 금융투자업 인수, 6개월 이내의 영업정지, 계약의 전부 또는 일부의 이전

18 긴급조치

개념 확인 문제

▶ 금융위원회는 규정된 사유로 금융투자업자의 재무상태가 현저히 악화되어 정상적 경영이 어렵다고 판단되거나 영업지속 시 투자자 보호나 증권시장·파생상품시장의 안정이 우려된다고 판단될 경우 투자자예탁금 등의 일부나 전부의 반환명령 또는 지급정지, 증권 및 파생상품의 매매 제한, (　　　) 등의 조치를 취할 수 있다.

① 채무변제행위의 금지　　　　　　　　② 신규업무 진출의 제한

실전 확인 문제

▶ 금융위원회의 긴급조치 발동 사유에 대한 설명으로 옳지 않은 것은?

① 발행한 어음·수표의 부도 또는 은행과의 거래가 정지 또는 금지되었을 경우
② 휴업 또는 영업의 중지 등으로 돌발사태가 발생하여 정상적인 영업이 불가능하거나 어려운 경우
③ 거액의 금융사고·부실채권의 발생으로 영업용순자본비율이 150% 미만이 될 것이 확실시 될 경우
④ 투자자예탁금 등의 인출 쇄도 등으로 인하여 유동성이 일시적으로 급격히 악화되어 투자예탁금 등의 지급불능 등의 사태에 이른 경우

정답해설 거액의 금융사고·부실채권의 발생으로 영업용순자본비율이 150% 미만이 될 것이 명백하다고 판단되는 경우에는 금융위의 경영개선권고의 적기시정조치가 발동된다.

개념 짚어 보기

긴급조치 사유

금융위원회는 다음의 어느 하나에 해당하는 사유로 인하여 금융투자업자의 재무상태가 현저히 악화되어 정상적인 경영이 곤란하다고 판단되거나 영업의 지속 시 투자자 보호나 증권시장·파생상품시장의 안정이 우려된다고 판단되는 경우 필요한 조치를 할 수 있다.

• 발행한 어음 또는 수표가 부도로 되거나 은행과의 거래가 정지 또는 금지된 경우
• 투자자예탁금 등의 인출 쇄도 등으로 인하여 유동성이 일시적으로 급격히 악화되어 투자예탁금 등의 지급불능 등의 사태에 이른 경우
• 휴업 또는 영업의 중지 등으로 돌발사태가 발생하여 정상적인 영업이 불가능하거나 어려운 경우

조치내용

• 투자자예탁금 등의 일부 또는 전부의 반환명령 또는 지급정지
• 투자자예탁금 등의 수탁금지 또는 다른 금융투자업자로의 이전
• 채무변제행위의 금지
• 경영개선명령의 필요조치로 정하는 조치
• 증권 및 파생상품의 매매 제한
• 그 밖에 투자자 보호를 위하여 필요한 조치

[개념 확인 문제 정답] ①　　[실전 확인 문제 정답] ③

핵심플러스

OX 문제

01 자본시장법은 행위의 효과가 국내에 미치더라도 국외에서 이루어진 행위에 대해서는 적용되지 않는다. ( )

02 금융투자상품 거래 시 그 속성 일부가 도박에 해당될 우려가 높은 점을 고려하여 허가받은 금융투자업자가 금융투자업을 영위하는 경우 자본시장법상 '금융투자업자가 영업으로 행하는 금융투자상품 거래는 형법상 도박죄에 해당하지 않는다'는 예외규정이 있어 도박죄 적용이 배제된다. ( )

03 금융투자상품은 거래소 시장 거래 여부에 따라 증권과 파생으로 구분한다. ( )

04 금융투자업은 경제적 실질에 따라 투자매매업, 투자중개업, 집합투자업, 투자자문업, 투자일임업 및 신탁업의 여섯 가지로 분류한다. ( )

05 투자자는 금융상품에 관한 전문성 및 소유자산 규모 등을 고려하여 투자에 따른 위험감수 능력이 있는지의 여부를 기준으로 전문투자자와 일반투자자로 구분한다. ( )

06 주권상장법인은 어떤 금융투자상품을 거래하더라도 별도의 의사표시가 없는 한 원칙상 전문투자자로 간주된다. ( )

07 일반투자자에 대하여는 투자권유, 설명의무, 부당권유의 금지, 적합성 및 적정성의 원칙 등의 투자권유 규제가 적용된다. ( )

08 전업 투자자문업자, 투자일임업자를 제외한 금융투자업자에게는 영업용순자본비율을 총위험액 이상으로 유지해야 하는 재무건전성기준이 적용된다. ( )

09 금융투자업자가 다른 금융업무를 겸영하고자 할 때에는 영위예정일 5일 전까지 금융위원회에 신고하여야 한다. ( )

10 금융투자업자가 투자권유를 할 때에는 임직원이 준수하여야 할 투자권유준칙을 정하여야 하며, 파생상품 등에 대하여는 투자자 등급별로 차등화된 투자권유준칙을 마련하여야 한다. ( )

11 금융투자업자 및 그 임직원은 금융투자상품의 거래와 관련하여 사전 손실보전 약속이나 사후 손실보전, 또는 사전 이익보장이나 사후 이익제공을 하여서는 안 된다. ( )

해설

01 자본시장법은 국외에서 이루어진 행위로서 그 효과가 국내에 미치는 경우에도 적용됨을 규정하여 역외적용을 명문화하였다.

03 증권과 파생은 원본초과손실 발생 가능성(원본손실 여부)을 기준으로 구분한다.

06 모든 금융투자상품 거래 시 별도의 의사표시가 없는 한 주권상장법인에 대해 전문투자자로 간주해 왔지만 자본시장법 개정안은 장외파생상품 거래에 한해 상장법인을 일반투자자로 간주해 투자자 보호 대상을 확대했다.

09 금융투자업자가 다른 금융업무를 겸영하고자 할 때에는 영위예정일 7일 전까지 금융위원회에 신고하여야 한다.

[정답] 01 × 02 ○ 03 × 04 ○ 05 ○ 06 × 07 ○ 08 ○ 09 × 10 ○ 11 ○

핵심플러스

OX 문제

12 투자중개업자 또는 투자매매업자는 증권의 발행인·매출인 또는 그 특수관계인에게 증권의 인수를 대가로 모집·사모·매출 후 그 증권을 매수할 것을 사전에 요구할 수 있다. (   )

13 투자매매업자는 증권의 인수일부터 2개월 이내에 투자자에게 그 증권을 매수하게 하기 위하여 그 투자자에게 금전의 융자나 그 밖의 신용공여를 할 수 없다. (   )

14 투자매매업자 또는 투자중개업자는 투자자로부터 받은 투자자예탁금 및 예탁증권을 고유재산과 함께 증권금융회사에 예치한다. (   )

15 일정한 경우 외에는 다자간매매체결회사의 의결권 있는 발행주식총수의 100분의 15를 초과하여 다자간매매체결회사가 발행한 주식을 소유할 수 없다. (   )

16 금융위원회는 천재지변, 전시, 사변, 경제사정의 급격한 변동 등의 발생으로 인하여 매매거래가 정상적으로 이루어질 수 없다고 인정되는 경우, 전자증권중개회사에 대하여 개장시간의 변경, 거래의 중단 또는 시장의 휴장을 명할 수 있다. (   )

17 주권상장법인의 임원 또는 주요주주는 명의와 무관하게 자기의 계산으로 소유하고 있는 특정증권 등의 소유상황을 임원 또는 주요주주가 된 날부터 10일 이내에 증권선물위원회와 거래소에 보고하여야 한다. (   )

18 협회가 아닌 자는 증권시장 밖에서 동시에 다수의 매도자와 매수자 간 비상장주권 매매의 중개업무를 영위할 수 없다. (   )

19 투자자의 투자판단에 중대한 영향을 미치는 정보가 증권선물거래소 등을 통하여 공시된 경우에는 공시된 시점 즉시 미공개 중요정보에 해당하며 증권의 매매거래가 제한된다. (   )

해설

12 투자자 보호 또는 건전한 거래질서를 해할 우려가 있는 행위로서 시행령에서 정하는 금지 행위에 포함되는 행위이다.

13 투자매매업자는 증권의 인수일부터 3개월 이내에 투자자에게 그 증권을 매수하게 하기 위하여 그 투자자에게 금전의 융자나 그 밖의 신용공여를 할 수 없다.

14 자본시장법에 따라 금융투자회사는 투자매매업자 또는 투자중개업자가 파산할 경우 투자자예탁금 등이 파산재단에 속하는 것을 방지하기 위해 한국증권금융에 별도로 예치해야 하며, 금융투자회사가 도산하는 경우 투자자는 금융투자회사의 다른 채권자보다 우선하여 한국증권금융에 별도로 예치된 투자자 예탁금을 변제받을 수 있다.

17 주권상장법인의 임원 또는 주요주주는 임원 또는 주요주주가 된 날부터 5일 이내에 특정증권 등의 소유상황을 증권선물위원회와 거래소에 보고하여야 한다.

19 증권의 매매거래 자체가 금지되는 것이 아니라 미공개 중요정보의 이용행위가 금지되는 것으로, 공시하고 해당사항이 정한 기간이나 일정시간이 경과해야 공시효력이 발생한다.

[**정답**] 12 × 13 × 14 × 15 ○ 16 ○ 17 × 18 ○ 19 ×

Notes

대표 유형 문제

금융투자회사의 투자권유에 대한 설명으로 옳은 것은?

① 투자권유 시 적합성을 확보하지 않아도 된다.

② 고객에 대한 정보는 대면을 통해서만 파악할 수 있다.

③ 확인한 투자자정보 내용은 5년 이상 기록 · 보관하여야 한다.

④ 금융투자회사는 일반투자자의 투자성향 등 분석결과를 서명, 기명날인, 그 밖의 전자통신 등의 방법을 통해 고객의 확인을 받아야 한다.

정답해설 금융투자회사는 분석결과를 서명 등의 방법으로 고객에게 확인받아야 한다.

오답해설 ① 투자권유 시 적합성을 확보해야 한다.
② 고객정보는 대면뿐만 아니라 전화 등 기록 · 보관이 가능한 여러 가지 매체를 통해서도 파악할 수 있다.
③ 확인한 투자자정보 내용은 10년 이상 기록 · 보관해야 한다.

대표 유형 문제 알아 보기

투자권유의 적합성 확보

• 금융투자회사가 일반투자자에게 투자권유를 할 때에는 해당 일반투자자의 투자자정보를 감안하여 가장 적합한 금융투자상품의 매매, 투자자문계약, 투자일임계약 또는 신탁계약 등의 체결을 권유하여야 한다.

• 금융투자회사는 고객의 정보를 분석한 결과를 서명, 녹취, 전자우편, 우편 등의 방법을 통하여 고객에게 확인받아야 하며 확인한 내용은 10년 이상 기록 · 보관해야 한다.

• 금융투자회사는 투자자정보를 제공하지 않은 일반투자자에게 금융투자업규정에 해당하는 금융투자상품에 대한 투자나 거래를 권유하면 안 된다.

• 금융투자회사는 자체적인 적합성 기준에 따라 일반투자자에게 적합하지 않다고 판단되는 투자권유를 하지 말아야 한다. 일반투자자가 본인에게 부적합한 금융투자상품을 거래하거나 매매하려 할 경우, 투자에 대한 위험성을 일반투자자에게 한 번 더 알려주고, 투자위험성을 고지받았음을 서명 등의 방법을 통해 고객에게 확인받아야 한다.

• 파생상품 등을 일반투자자에게 판매하려면 투자자에 대한 정보를 파악해야 하며, 정보를 파악하지 못했을 경우에는 일반투자자에게 상품을 판매할 수 없다.

[대표 유형 문제 정답] ④

1 투자권유

개념 확인 문제

01 일반 투자자의 경우 투자권유를 하기 전에 질문을 통하여 고객의 투자목적, 재산상황, 투자경험 등의 정보를 파악하는 것은 (   )을 확보하기 위한 것이다.

① 적합성   ② 적정성

02 파생상품처럼 투자위험이 높은 경우, 투자권유를 하지 아니하더라도 일반투자자에게 파생상품 등을 판매하고자 하는 경우에는 질문을 통해 일반투자자의 투자자 정보를 파악하는 것을 (   ) 원칙이라 한다.

① 적합성   ② 적정성

실전 확인 문제

▶ 금융투자회사의 투자권유에 대한 설명으로 옳지 않은 것은?

① 주권상장법인이 장외파생상품 거래시에는 전문투자자의 대우를 받겠다는 의사를 금융투자회사에 서면으로 통지하여야 전문투자자가 될 수 있다.

② 금융투자업자가 일반투자자와 장외파생상품 매매를 할 경우, '일반투자자가 위험 회피 목적의 거래를 하는 경우'로 한정된다.

③ 투자설명서는 준법감시인 또는 금융소비자보호총괄책임자의 사후 승인을 받아야 한다.

④ 일반투자자가 최초로 ELW, ETN 등을 매매하고자 하는 경우 별도 거래신청서를 작성하여야 한다.

정답해설 투자설명서는 사후 승인이 아니라 사전 심의를 받아야 한다.

개념 짚어 보기

파생상품에 대한 일반투자자 보호 장치

• 주권상장법인은 장외파생상품 거래 시에는 전문투자자의 대우를 받겠다는 의사를 금융투자회사에 서면으로 통지하여야 전문투자자가 될 수 있다.

• 금융투자업자는 파생상품등의 투자권유 시, 투자목적과 경험 등을 고려하여 일반투자자 등급별로 차등화된 투자권유준칙을 마련해야 한다.

• 파생상품등에 대해서는 투자권유대행 위탁을 불허한다.

• 금융투자업자가 일반투자자와 장외파생상품 매매를 할 경우, '일반투자자가 위험 회피 목적의 거래를 하는 경우'로 한정된다.

[개념 확인 문제 정답] 01 ①   02 ②   [실전 확인 문제 정답] ③

2 금융투자회사의 영업 및 업무에 관한 규정 – 투자권유

개념 확인 문제

01 (   )은/는 금융투자회사와의 계약에 따라 투자권유업무를 위탁받은 개인을 말하며, 파생상품에 대한 투자권유를 위탁받을 수 없다.

① 투자상담사   ② 투자권유대행인

02 투자권유대행인은 협회가 시행하는 보수교육을 (   )마다 1회 이상 받아야 한다.

① 1년   ② 2년

실전 확인 문제

▶ 투자권유대행인에 대한 설명으로 옳은 것은?

① 고객을 대리하여 계약을 체결할 수 있다.

② 고객으로부터 금전이나 증권을 수취할 수 있다.

③ 여러 금융투자회사와 투자권유 위탁계약을 체결할 수 있다.

④ 고객이 자신을 회사의 임직원으로 오인하게 할 수 있는 명칭을 사용해서는 안 된다.

정답해설 투자상담사, 부장 등 자신이 회사의 임직원인 것으로 고객이 잘못 생각할 수 있는 명칭이나 명함을 사용하거나 기타의 표시 등을 하는 행위는 협회의 표준투자권유준칙에서 금지하고 있다.
①, ②, ③ 법령 및 금융투자업규정상 금지되는 행위이다.

개념 짚어 보기

투자권유대행인 금지사항

• 회사를 대리하여 계약을 체결하는 것
• 고객을 대리하여 계약을 체결하는 것
• 고객에게 금전, 증권 등의 재산을 받는 것
• 고객에게 금융투자상품 매매권을 위탁받는 것
• 제3자가 고객에게 금전을 빌려주도록 주선 · 중개하거나 대리하는 것
• 회사로부터 위탁받은 투자권유대행업무를 제3자에게 재위탁하는 것
• 회사가 이미 발행한 주식을 매수하거나 매도할 것을 권유하는 것
• 두 개 이상의 금융투자회사와 투자권유 위탁계약을 체결하는 것
• 고객에게 빈번하고 지나치게 투자권유를 하는 것 등

[**개념 확인 문제** 정답] 01 ② 02 ②   [**실전 확인 문제** 정답] ④

3 조사분석자료

개념 확인 문제

01 금융투자회사 임직원으로 조사분석자료 작성, 심사, 승인 등의 업무를 수행하는 금융투자전문인력을 (   )라 한다.

① 금융투자상담사   ② 금융투자분석사

02 다수의 일반인이 조사분석자료 내용을 알 수 있도록 조사분석 담당부서나 금융투자회사가 공식적 내부 절차를 밟아서 발표하는 것을 (   )라고 한다.

① 공표   ② 공시

실전 확인 문제

▶ **조사분석자료에 대한 설명으로 옳지 않은 것은?**

① 금융투자분석사는 자신의 금융투자상품 매매내역을 분기별로 작성하여 보고해야 한다.

② 소속회사가 발행주식총수의 100분의 1 이상의 주식 등을 보유하고 있는 법인에 대해서 공표할 경우 그 이해관계를 고지해야 한다.

③ 소속회사에서 조사분석자료를 공표하는 경우 자신이 담당하는 업종이 아닐 경우에도 공표일로부터 7일간 같은 방향으로 매매는 가능하다.

④ 금융투자회사는 자신이 발행한 주식을 기초자산으로 하는 주식워런트증권에 대해서는 조사분석자료를 공표할 수 없다.

정답해설 금융투자분석사는 자신의 금융투자상품 매매내역을 매월 작성하여 보고해야 한다.

개념 짚어 보기

금융투자분석사의 매매거래 규제

금융투자분석사는 소속 금융투자회사에서 조사분석자료를 공표한 금융투자상품을 매매하려면 공표 후 24시간이 지나야 하며, 해당 금융투자상품의 공표일로부터 7일 동안은 공표한 투자의견과 같은 방향으로 매매하여야 하나 다음은 24시간 매매거래제한에 해당되지 않는다.

• 조사분석자료의 내용이 직간접적으로 특정한 금융투자상품의 매매를 유도하는 것이 아닌 경우
• 조사분석자료에 공표된 내용을 이용하여 매매하지 않았음을 증명한 경우
• 조사분석자료의 공표로 말미암은 매매유발 또는 가격변동을 의도적으로 이용했다고 보기 어려운 경우
• 조사분석자료가 이미 공표한 조사분석자료와 비교하여 새로운 내용을 담고 있지 않은 경우

[개념 확인 문제 정답] 01 ② 02 ①   **[실전 확인 문제 정답]** ①

4 투자광고

개념 확인 문제

▶ 투자광고 시 의무적으로 표시해야 하는 사항(펀드 제외)에는 금융투자업자의 명칭, 금융투자상품의 내용, (   ) 등이 있다.

① 투자로 인한 위험   ② 투자에 대한 이익 보장 문구

실전 확인 문제

▶ 투자광고에 대한 설명으로 옳지 않은 것은?

① 위험의 고지는 바탕색과 구별되는 색상으로 선명하게 표시해야 한다.
② 집합투자기구의 운용실적이 포함되는 광고는 텔레비전, 라디오 등의 방송매체를 이용할 수 없다.
③ 홈쇼핑 광고는 녹화방송이 아닌 생방송으로 진행해야 한다.
④ 홈쇼핑 광고는 쇼호스트가 아닌 금융투자회사의 임직원이 직접 해야 한다.

정답해설 홈쇼핑 광고는 녹화방송으로 제작하고 방송해야 한다.

개념 짚어 보기

TV홈쇼핑 투자광고 시 주의사항

• 홈쇼핑 광고는 생방송이 아닌 녹화방송으로 제작하고 방송해야 한다.
• 금융투자업과 금융투자상품에 대한 내용은 해당 금융투자업, 금융투자상품 관련 자격 보유자인 금융투자회사의 임직원이 직접 설명해야 한다.
• 투자자의 전화 문의에는 해당 금융투자업, 금융투자상품 관련 자격 보유자인 해당 금융투자회사의 임직원이 응대한다는 것을 안내 자막·음성을 통해 알려야 한다.
• 수익률이나 운용실적에 대한 내용을 포함시켜서는 안 된다.
• 광고의 1/3 이상의 시간을 안내 자막·음성을 통한 위험사항 고지에 소요해야 한다.
• 집합투자증권과 관련된 내용을 다룰 경우 다음 사항을 충분히 설명해야 한다.
　– 환매청구 방법
　– 환매대금 지급시기
　– 환매청구 시 적용되는 기준가격
　– 환매 수수료 등 환매 관련 사항

[개념 확인 문제 정답] ①   [실전 확인 문제 정답] ③

5 재산상 이익의 제공 · 수령

개념 확인 문제

▶ 자본시장법 시행령에서 재산상 이익으로 보지 않는 범위는 경제적 가치가 (㉠) 이하의 물품, 식사 또는 (㉡) 이하의 경조비 및 화환이다.

① ㉠ 3만 원, ㉡ 20만 원   ② ㉠ 5만 원, ㉡ 10만 원

실전 확인 문제

▶ 자본시장법 시행령 상의 재산상 이익의 제공 및 수령에 관한 내용으로 적절하지 못한 것은?

① 매매정보 또는 주문 집행등을 위하여 자체적으로 개발한 소프트웨어를 제공하는 것은 재산상 이익으로 보지 않는다.

② 금융투자업규정 개정에 따라 재산상 이익의 제공 한도 규제는 폐지하였으나, 위험성이 높은 파생상품에 대해서는 한도 규제를 유지하고 있다.

③ 재산상 이익의 제공에 대한 한도가 폐지되면서 이사회 등을 통한 금융투자회사의 자체적인 내부통제기능도 대폭 완화되었다.

④ 재산상 이익의 가치를 선정할 때 물품의 경우는 구입 비용으로 한다.

정답해설 재산상 이익의 제공에 대한 한도가 폐지되면서 이사회 등을 통한 금융투자회사의 자체적인 내부통제기능도 대
폭 강화되었다. 이사회가 정한 금액을 초과하는 재산상 이익을 제공하고자 하는 경우에는 미리 이사회 의결을
거쳐야 한다.

개념 짚어 보기

재산상 이익으로 보지 않는 범위
• 매매정보 또는 주문 집행등을 위하여 자체적으로 개발한 소프트웨어 및 소프트웨어 활용에 불가피한 전산 기기
• 자체적으로 작성한 조사분석 자료
• 3만 원 이하의 물품, 식사, 신유형 상품권
• 20만 원 이하의 경조비 및 화환
• 불특정 다수를 대상으로 하는 세미나로서 1인당 제공 금액을 산정하기 곤란한 경우

[**개념 확인 문제** 정답] ①   [**실전 확인 문제** 정답] ③

6 계좌관리 · 예탁금이용료의 지급

개념 확인 문제

01 금융투자회사는 예탁자산 평가액이 10만 원 이하이고 최근 6개월 동안 매매거래, 입출금, 입출고 등이 (　　　) 계좌는 다른 계좌와 구분하여 통합계좌로 별도 관리 가능하다.

① 발생한   ② 발생하지 않은

02 주식워런트증권, 상장주권, 상장지수집합투자기구의 집합투자증권은 (　　　)에 따라 예탁자산을 평가한다. 다만, 회생절차개시신청으로 말미암아 거래가 정지되었을 때에는 금융투자회사가 자체적으로 평가한 가격으로 하며, 주식워런트증권의 권리행사 시에는 결제금액으로 한다.

① 취득가액   ② 당일 종가

실전 확인 문제

▶ **금융투자회사의 계좌관리 및 예탁금이용료에 관한 사항으로 옳지 않은 것은?**

① 장내파생상품거래예수금 전액에 대해서 투자자에게 협회가 정한 이용료를 지급해야 한다.

② 투자자 계좌의 잔액 · 잔량이 '0'이 된 날에서 6개월이 지났을 때에는 그 계좌를 폐쇄할 수 있다.

③ 금융투자회사는 투자자에게 받는 수수료 부과 기준과 절차에 관한 사항을 정하고 인터넷 홈페이지 등을 이용하여 공시해야 한다.

④ 예탁자산 평가액이 10만 원 이하이고, 최근 6개월 간 투자자의 매매거래 및 입출금 · 입출고 등이 발생하지 않은 계좌는 다른 계좌와 구분하여 통합계좌로 별도 관리할 수 있다.

정답해설 장내파생상품거래예수금 중 한국거래소의 "파생상품시장 업무규정"에 따른 현금예탁필요액은 제외할 수 있다. 투자자예탁금이용료 지급에 관한 기준은 금융투자회사가 제정 · 운영해야 한다.

개념 짚어 보기

투자자 계좌 폐쇄
- 금융투자회사는 투자자의 계좌가 다음의 어느 하나에 해당하는 경우 이를 폐쇄할 수 있다.
  - 투자자가 계좌 폐쇄를 요청할 때
  - 계좌 잔액 · 잔량이 '0'이 된 날에서 6개월이 지났을 때
- 폐쇄된 계좌의 투자자가 배당금(주식) 등의 출금(고)을 요청하면 본인임을 확인한 뒤에 처리해야 한다.
- 금융투자회사는 계좌를 폐쇄한 날에서 6개월이 지났을 때에는 해당 계좌번호를 새로운 투자자에게 줄 수 있다.

[개념 확인 문제 정답] 01 ② 02 ②   [실전 확인 문제 정답] ①

7 신용공여

개념 확인 문제

▶ 담보가격 산정 시 상장지수증권은 (   )을 / 를 담보가격으로 한다.

① 기준가격　　　　　　　　　　　　　② 당일 종가

실전 확인 문제

01 신용공여 시 담보가격 산정 방법에 대한 설명으로 옳지 않은 것은?

① 청약하여 취득하는 주식은 취득가액으로 한다.

② 담보가격 산정 방법에는 금융투자업규정상의 방법과 협회가 정하는 방법이 있다.

③ 상장채권의 경우에는 둘 이상의 채권평가회사가 제공하는 가격정보를 기초로 금융투자회사가 산정한 가격으로 한다.

④ 유가증권시장에 상장되지 않은 투자회사의 주식은 채권평가회사가 제공하는 가격정보를 참고로 금융투자회사가 산정한 가격으로 한다.

정답해설　상장되지 않은 투자회사의 주식은 기준가격으로 담보가격을 산정한다.

02 신용공여에 대한 설명으로 옳지 않은 것은?

① 예탁증권 담보융자 시 상장채권은 담보로서 인정될 수 있다.

② 예탁증권 담보융자 시 외화증권은 담보로서 인정될 수 없다.

③ 예탁증권 담보융자 시 주식워런트증권은 담보로서 인정되지 않는다.

④ 담보가격 산정 시 유가증권시장에서 상장되지 않은 투자회사의 주식을 기준가격으로 한다.

정답해설　협회규정에서는 외화증권을 담보금지 대상으로 하고 있지 않다. 다만, 회사에 따라 자체 규정으로 담보에서 제외할 수 있다.

개념 짚어 보기

담보가격 산정 방법(협회규정)

• 유가증권시장에 상장되지 않은 투자회사의 주식 : 기준가격

• 기업어음증권 및 공모파생결합증권(주가연계증권, 상장지수증권 제외) : 금융위원회에 등록된 채권평가회사 중 둘 이상의 채권평가회사가 제공하는 가격정보를 기초로 금융투자회사가 산정한 가격

• 상장지수증권 : 당일 종가(당일 종가에 따른 평가가 불가능할 경우에는 최근일 기준가격)

• 기타 증권 : 금융투자회사와 투자자가 사전에 합의한 방법

[개념 확인 문제 정답] ② 　[실전 확인 문제 정답] 01 ④　02 ②

8 금융투자회사의 약관 운용에 관한 규정

개념 확인 문제

01 금융투자회사는 표준약관의 본질을 해치지 않는 범위 안에서 약관의 수정이 가능하며, 이때 금융투자회사는 수정하여 사용하려는 약관을 시행예정일 (   ) 전까지 협회에 보고해야 한다.

① 10영업일   ② 20영업일

02 금융투자회사는 외화증권매매거래계좌설정 약관을 수정하여 사용할 수 (   ).

① 있다   ② 없다

실전 확인 문제

▶ **금융투자회사의 약관에 대한 사항으로 적절한 것은?**

① 금융투자업무에 관련한 표준약관은 금융감독원장이 정한다.

② 표준약관이 없어 개별약관을 제정하거나 변경하고자 할 때에는 시행예정일 20영업일 전까지 협회에 보고해야 한다.

③ 금융투자업무와 관련한 표준약관이 있는 경우 금융투자회사는 본질을 해치지 않는 범위 내에서만 수정하여 사용할 수 있다.

④ 전문투자자만을 대상으로 하는 약관을 제정하거나 변경하고자 할 때에는 제정 또는 변경한 후 15일 내로 협회에 보고해야 한다.

정답해설 ① 금융투자업무에 관련한 표준약관은 금융투자협회에서 정한다.
② 시행예정일 10영업일 전까지 보고해야 한다.
④ 제정 또는 변경한 후 7일 내로 보고해야 한다.

개념 짚어 보기

약관 보고의 특례
약관 제정·변경과 관련하여 다음 사항 중 해당되는 것이 있을 때 금융투자회사는 약관을 제정하거나 변경한 후 7일 내로 협회에 보고해야 한다.
• 약관 내용 가운데 고객의 권리나 의무와 상관없는 사항을 변경할 때
• 협회의 표준약관을 그대로 사용할 때
• 제정하거나 변경하려는 약관의 내용이 다른 금융투자회사가 협회에 먼저 신고한 약관 내용과 동일할 때
• 전문투자자만을 대상으로 하는 약관을 제정하거나 변경할 때

[개념 확인 문제 정답] 01 ①   02 ②   [실전 확인 문제 정답] ③

9 신상품 보호, 직원 채용

개념 확인 문제

▶ 신상품을 개발한 금융투자회사가 일정기간 동안 독점적으로 신상품을 판매할 수 있는 권리를 (   )이라 한다.

① 배타적 사용권   ② 독점적 사용권

실전 확인 문제

▶ 금융투자회사의 직원 채용 및 복무에 대한 설명으로 옳지 않은 것은?

① 금융투자회사는 직원을 채용한 이후 즉시 협회에 징계면직 전력을 조회하여야 한다.
② 금융투자회사의 직원은 본인의 계산으로 매매거래를 함에 있어 타인의 명의나 주소를 사용하는 행위를 해서는 안된다.
③ 금융투자회사는 임직원에게 징계 처분을 부과한 경우 부과일로부터 10영업일 이내에 협회에 보고하여야 한다.
④ 감봉 이상의 징계를 받은 임직원은 준법교육을 이수하여야 한다.

정답해설 금융투자회사는 직원을 채용하기 전에 협회에 징계면직 전력을 조회하여야 한다.

개념 짚어 보기

금융투자회사 직원의 금지행위
• 관계법규를 위반하는 행위
• 투자자에게 매매거래, 계약의 체결 등과 관련하여 본인 또는 제3자의 명의나 주소를 사용토록 하는 행위
• 본인의 계산으로 매매거래, 계약의 체결을 함에 있어 타인의 명의나 주소를 사용하는 행위
• 매매거래, 계약의 체결을 함에 있어 투자자와 금전의 대차를 하거나 제3자와의 금전의 대차를 중개하는 행위
• 그 밖에 사회적 상규에 반하거나 투자자 보호에 배치되는 행위

[개념 확인 문제 정답] ①   [실전 확인 문제 정답] ①

핵심플러스

OX 문제

01 금융투자회사는 사모의 방법으로 발행된 파생결합증권(주식워런트증권 제외)을 일반투자자가 매매 또는 신용융자거래 또는 유사해외통화선물거래를 하고자 할 때 핵심설명서를 추가로 교부해야 한다. (   )

02 금융투자회사는 전문투자자가 주식워런트증권을 매매하고자 하는 경우 주식워런트증권의 투자설명 사항 등이 포함되고 협회가 인정하는 교육을 사전에 이수하도록 해야 한다. (   )

03 금융투자상품 잔고가 100억 원 이상(지정신청일 전날 기준)인 개인 중 금융투자업자에 계좌를 개설한 날에서 1년이 지난 일반투자자는 협회에서 지정을 받음으로써 전문투자자로 전환될 수 있다. (   )

04 투자권유대행인은 금융투자회사의 임직원이 아닌 자로서 금융투자회사와의 계약에 의해 투자권유업 무를 위탁받은 개인을 말한다. (   )

05 금융투자회사는 소속 금융투자분석사에 대하여 연간 5시간 이상의 윤리교육을 실시해야 하며, 교육 실시 결과를 교육 종료일로부터 7영업일까지 협회에 보고해야 한다. (   )

06 협회에 투자광고 심사청구를 할 경우 투자광고계획신고서와 투자광고안을 함께 제출해야 하며, 협회 는 신고서 접수일부터 3영업일 이내에 심사결과를 금융투자회사에 통보해야 한다. (   )

07 금융투자회사는 분기별 영업보고서를 금융위원회에 제출한 날부터 1년간 영업보고서를 해당 금융투 자회사의 본점 및 영업점에 비치하고 인터넷 홈페이지 등을 통하여 일반인이 열람할 수 있도록 해야 한다. (   )

08 금융투자회사가 거래상대방에게 재산상 이익을 제공하거나 제공받고자 하는 경우 빈드시 준법감시 인에게 사전보고해야 한다. (   )

09 금융투자회사는 금고 이상의 형을 선고받고 그 집행이 종료되거나 면제된 지 5년이 경과하지 않은 자를 직원으로 채용할 수 없다. (   )

해설

01 사모가 아니라 공모의 방법으로 발행된 파생결합증권에 한해 적용되며 주식워런트증권은 제외된다.

02 전문투자자가 아니라 일반투자자에 해당하는 내용이다. 금융투자회사는 일반투자자에게 교육을 이수하도록 해야 하며 그 이수 여부까지 확인해야 한다. 다만, 법인 · 단체 · 외국인의 경우 사전 교육 이수 요건이 제외된다.

03 법인 또는 단체 중 금융투자상품 잔고가 100억 원 이상(지정신청일 전날 기준)인 일반투자자는 전문투자자로 지정받을 수 있다. 개인의 경우 금융투자상품 잔고가 50억 원 이상(지정신청일 전날 기준)인 일반투자자로서 금융투자업자에 계좌 를 개설한 날에서 1년이 지나면 전문투자자로 지정받을 수 있다.

05 금융투자회사는 소속 금융투자분석사에 대하여 연간 2시간 이상의 윤리교육을 실시해야 하며, 교육실시 결과를 교육 종료 일의 익월 말일까지 협회에 보고해야 한다.

08 사전보고가 부득이하게 곤란할 때에는 사후에 보고할 수 있다.

[정답] 01 × 02 × 03 × 04 ○ 05 × 06 ○ 07 ○ 08 × 09 ○

핵심플러스

OX 문제

10 금융투자회사의 직원은 본인의 계산으로 금융투자상품의 매매거래, 투자자문계약, 투자일임계약, 신탁계약을 체결할 때 타인의 명의나 주소 등을 사용할 수 없다. (   )

11 금융투자회사가 배타적 사용권이 부여된 신상품을 판매하기 위해서는 배타적 사용권을 부여받은 금융투자회사로부터 서면에 의한 동의를 받아야 한다. (   )

12 금융투자회사는 투자자예탁금 이용료 지급에 관한 내부기준을 제정·운영해야 하며 이용료 지급기준을 제정하거나 변경하고자 하는 경우에는 시행일 5영업일 전까지 그 내용을 협회에 신고해야 한다. (   )

13 협회에 등록된 미수채권 발생정보의 변동시점은 변동이 발생한 날의 다음 매매거래일로 하되, 협회를 통해 해당 미수채권 발생정보를 다른 금융투자회사로부터 통보받은 경우에는 통보받은 날의 다음 매매거래일에 변동이 발생한 것으로 본다. (   )

14 금융투자회사는 '전자금융거래 이용에 관한 기본약관'을 수정하여 사용하고자 할 때에는 수정약관을 시행예정일 10영업일 전까지 협회에 보고해야 한다. (   )

15 분쟁조정위원회는 분쟁조정위원회 위원장 1인을 포함하여 15인 이내의 위원으로 구성되는데, 협회의 분쟁조정 담당 집행임원이 위원장이 되고, 외부전문가들로 위원이 구성된다. (   )

16 분쟁조정위원회 위원장은 접수일로부터 45일 이내에 신청사건을 위원회에 회부하여야 한다. (   )

17 자율규제위원회는 위원장 1인을 포함하여 총 7인으로 구성된다. (   )

18 금융투자협회는 회원 및 임·직원에 대한 자율규제위원회의 제재조치 부과 시 제재의 종류가 경미하더라도 대상 회원이나 임직원명을 공표해야 한다. (   )

- -

해설

12 금융투자회사는 투자자 예탁금 이용료 지급에 관한 지급기준을 제정 또는 변경하고자 하는 경우 시행일 7영업일 전까지 그 내용을 협회에 보고해야 한다.

14 금융투자회사는 업무와 관련하여 표준약관이 있는 경우 이를 우선적으로 사용하여야 하나, 본질을 해하지 않는 범위 안에서 수정하여 사용할 수 있다. 이때 수정약관을 시행예정일 10영업일 전까지 협회에 보고하여야 하나, '전자금융거래이용에 관한 기본약관'은 금융위원회에 보고해야 한다.

16 분쟁조정위원회 위원장은 신청사건을 30일 이내에 위원회에 회부하여야 하나, 위원장이 불가피하다고 인정하는 경우에는 사유 발생일로부터 30일 이내에 위원회 회부를 연기할 수 있다.

18 금융투자협회는 회원 및 그 임·직원에 대한 제재조치 부과 시 의결일자, 대상 회원 또는 임직원, 제재의 종류 및 내용, 위반행위의 주요 내용을 공표해야 하나, 제재의 종류가 경미한 경우(주의)에는 대상 회원명을 비공개로 하고 재재 권고 대상 회원 임직원의 실명도 비공개로 하고 있다.

[정답] 10 ○ 11 ○ 12 × 13 ○ 14 × 15 ○ 16 × 17 ○ 18 ×

3장 한국거래소규정

대표 유형 문제

다음 중 한국거래소에 상장된 파생상품 거래에 대한 설명으로 옳지 않은 것은?

① 호가 가격 단위당 금액은 코스피200선물이 3년국채선물보다 크다

② 상장 결제월 종목 수는 코스닥150선물과 금선물이 같다.

③ 최종 거래일의 거래 시간은 코스피200옵션의 경우 9:00~11:30이다.

④ 미국달러옵션은 실물 인수도 상품에서 현금 결제 상품으로 변경되었다.

정답해설　코스피200옵션의 최종 거래일 거래 시간은 9:00~15:20이다.

대표 유형 문제 알아 보기

호가 가격 단위당 금액
- 코스피200선물 12,500원
- 3년국채선물 1만원
- 미국달러선물 1천원

결제월 종목 수
- 코스피200선물 7종목
- 코스닥150선물 7종목
- 금선물 7종목
- 미국달러선물 20종목

1 한국거래소 파생상품시장

개념 확인 문제

▶ **KRX** 파생상품 시장은 기초자산의 유형 및 거래방법 등에 따라 주식상품시장, 금리시장, 통화상품시장, 일반상품시장 및 선물스프레드시장으로 구성되어 있다. 섹터지수선물 시장은 이 중 (   )에 속한다.

① 주식상품시장   ② 일반상품시장

실전 확인 문제

▶ **KRX** 파생상품 시장의 현황에 대한 설명으로 옳지 않은 것은?

① 2018년 6월 기준 거래소 파생상품시장에는 25개 상품이 거래되고 있다.
② 금리상품시장은 3년국채선물시장과 5년국채선물시장만으로 구성되어 있다.
③ 일본엔선물시장과 중국위안선물시장은 통화상품시장의 구성 상품이다.
④ 일반상품시장은 금선물시장과 돈육선물시장으로 구성되어 있다.

정답해설 금리상품시장은 3년, 5년, 10년 국채선물시장으로 구성되어 있다.

개념 짚어 보기

파생상품 시장 구성

• **주식상품시장** : 코스피200선물시장, 코스피200옵션시장, 미니코스피200선물시장, 미니코스피200옵션시장, 코스닥150선물시장, 섹터지수선물시장, 해외지수선물시장, 코스피200변동성지수선물시장, 주식선물시장, 주식옵션시장, ETF선물시장, KRX300선물 및 코스닥150옵션시장
• **금리상품시장** : 3년, 5년, 10년 국채선물시장
• **통화상품시장** : 미국달러선물시장, 미국달러옵션시장, 유럽연합유로선물시장, 일본엔선물시장, 중국위안선물시장
• **일반상품시장** : 금선물시장, 돈육선물시장
• **선물스프레드시장** : 모든 선물거래를 대상으로 구성

[개념 확인 문제 정답] ①   [실전 확인 문제 정답] ②

2 회원구조

개념 확인 문제

▶ 한국거래소의 회원은 참가할 수 있는 시장과 매매거래가 가능한 금융투자상품의 범위에 따라 증권회원, 지분증권전문회원, 채무증권전문회원, 파생상품회원, 주권기초파생상품전문회원으로 구분되며, 이들은 결제이행책임 여부에 따라 결제회원과 (   )으로 구분된다.

① 매매전문회원　　　　　　　　　　② 결제위탁회원

실전 확인 문제

▶ 한국거래소 회원 중 주권기초파생상품전문회원이 취급할 수 없는 상품은?

① 코스닥150선물　　　　　　　　　② 개별주식선물
③ ETF선물　　　　　　　　　　　　④ 금선물

정답해설　주권기초파생상품회원은 주식관련 파생상품만 거래할 수 있다.

개념 짚어 보기

KRX 회원구분

시장 및 투자금융상품 구분		영업범위
증권시장	증권회원	증권 전체
	지분증권전문회원	지분증권
	채무증권전문회원	채무증권
파생상품시장	파생상품회원	파생상품(선물.옵션) 전체
	주권기초파생상품전문회원	주권을 기초로 한 파생상품
	통화 · 금리기초파생상품전문회원	통화 또는 채무증권을 기초로 한 파생상품

[개념 확인 문제 정답] ①　　[실전 확인 문제 정답] ④

3 KRX파생상품의 주요명세 – 기초자산

개념 확인 문제

▶ 기초자산은 선물거래의 경우 거래의 대상물, 옵션거래의 경우 매수자의 일방적 의사표시에 의하여 성립되는 거래의 대상물을 말한다. 주가지수, 주식, 금리, 통화, 금 및 (   )에 대한 상품이 KRX에 상장되어 있다.

① 곡물대표가격   ② 돈육대표가격

실전 확인 문제

▶ 한국거래소에 상장되어 거래되고 있는 파생상품의 기초자산에 대한 설명으로 옳지 않은 것은?

① 통화상품은 해당 거래의 통화를 기초자산으로 한다.
② 주식옵션은 주식시장 상장주권 10종목을 기초자산으로 한다.
③ 장내파생상품은 기초자산의 성격에 따라 주식 · 금리 · 통화 · 일반상품시장으로 구분된다.
④ 3년국채선물은 액면 100원, 만기 3년, 표면금리 연 8% 및 6개월 단위 이자지급방식의 국고채권표준물을 기초자산으로 한다.

정답해설 3년국채선물은 표면금리 연 5% 및 6개월 단위 이자지급방식의 국고채권표준물을 기초자산으로 한다.

개념 짚어 보기

KRX파생상품의 기초자산

구분		기초자산
주식상품	코스피200선물 · 옵션	코스피200지수
	섹터지수선물	섹터지수
	코스피200변동성지수선물	코스피200변동성지수
	주식선물	주식시장 상장주권
	주식옵션	주식시장 상장주권
금리상품	3년국채선물	액면 100원, 만기 3년, 표면금리 5% 및 6개월 단위 이자지급방식의 3년만기 국고채
	5년국채선물	액면 100원, 만기 5년, 표면금리 5% 및 6개월 단위 이자지급방식의 5년만기 국고채
	10년국채선물	액면 100원, 만기 10년, 표면금리 5% 및 6개월 단위 이자지급방식의 10년만기 국고채
통화상품	미국달러선물 · 옵션	미국달러
	엔선물	일본엔
	유럽연합유로선물	유럽연합유로
일반상품	금선물 · 미니금선물	순도 99.99%의 금괴
	돈육선물	돈육대표가격

[**개념 확인 문제** 정답] ②   [**실전 확인 문제** 정답] ④

4 | 코스피200선물 및 미니코스피200선물

개념 확인 문제

▶ 코스피200선물의 거래승수는 (   )이다.

① 250,000   ② 50,000

실전 확인 문제

▶ 코스피200선물과 미니코스피200선물에 대한 설명으로 옳지 않은 것은?

① 기초자산은 코스피200지수이다.

② 1계약의 금액은 코스피200지수 × 거래승수로 계산한다.

③ 미니코스피200선물의 호가 가격 단위당 금액은 12,500원이다.

④ 최종 거래일은 결제월 두 번째 목요일이다.

정답해설   미니코스피200선물의 호가 가격 단위당 금액은 1,000원이다.

개념 짚어 보기

구분	코스피200선물	미니코스피200선물
기초자산	코스피200지수	
거래단위	코스피200지수 × 거래승수	
거래승수	250,000	50,000
상장결제월	7개	6개
호가 가격 단위당 금액	12,500	1,000
미결제약정 보유한도	2만 계약(개인 1만 계약)	
최종 거래일	결제월 두 번째 목요일	
최종 결제일	최종 거래일의 다음 거래일	

[**개념 확인 문제** 정답] ①   [**실전 확인 문제** 정답] ③

5 코스닥150선물

개념 확인 문제

▶ 코스닥150선물의 거래승수는 (　　　)이다.

① 10,000 　　　　　　　　　　　　② 1,000

실전 확인 문제

▶ 코스닥150선물에 대한 설명으로 옳지 않은 것은?

① 기초자산은 코스닥150지수이다.
② 상장결제월은 7개이다.
③ 미결제약정보유한도는 2만 계약이다.
④ 호가 가격 단위당 금액은 10,000원이다.

정답해설 호가 가격 단위당 금액은 1,000원이다.

개념 짚어 보기

구분	세부사항
기초자산	코스닥150지수
거래단위	코스닥150지수 × 거래승수
거래승수	10,000
상장결제월	7개
호가 가격 단위당 금액	1,000원
미결제약정 보유한도	2만 계약(개인 1만 계약)
최종 거래일	결제월 두 번째 목요일
최종 결제일	최종 거래일의 다음 거래일

[개념 확인 문제 정답] ① 　　[실전 확인 문제 정답] ④

6 금리상품거래

개념 확인 문제

▶ 3년국채선물의 호가 가격 단위당 금액은 (   )이다.

① 1,000원 ② 10,000원

실전 확인 문제

▶ 금리상품거래에 대한 설명으로 옳지 않은 것은?

① 3년국채선물의 거래대상은 표면금리 연 3%이다.
② 5년국채선물의 미결제약정 보유한도는 없다.
③ 10년국채선물의 최종 거래일은 결제월 세 번째 화요일이다.
④ 3년, 5년, 10년 국채선물 모두 거래단위는 액면가 1억 원이다.

정답해설 표면금리 연 5%, 6월 단위 이자지급방식의 국고채권 표준물이 거래대상이다.

개념 짚어 보기

구분	3년국채선물	5년국채선물	10년국채선물
거래 대상	만기 3년 표면금리 연 5%	만기 5년 표면금리 연 5%	만기 10년 표면금리 연 5%
거래단위	액면가 1억원		
거래승수	100만		
상장결제월	2개(6개월)		
호가 가격 단위당 금액	10,000원		
미결제약정 보유한도	없음		
최종 거래일	결제월의 세 번째 화요일		
최종 결제 방법	현금 결제		

[**개념 확인 문제** 정답] ② [**실전 확인 문제** 정답] ①

7 매매거래제도 – 시장운영

개념 확인 문제

▶ 미국달러옵션의 상장 결제월은 (   )이다.

① 4개   ② 8개

실전 확인 문제

▶ 통화상품거래에 대한 설명으로 옳지 않은 것은?

① 미국달러선물의 거래단위는 US$10,000 이다.

② 일본엔선물의 거래단위는 JP¥1,000 이다.

③ 미국달러선물과 일본엔선물의 상장결제월은 각각 8개이다.

④ 중국위안선물의 최종 결제방법은 인수도 결제이다.

정답해설   미국달러선물의 상장결제월은 20개이다.

개념 짚어 보기

구분	미국달러선물	일본엔선물	유럽연합유로선물	중국위안선물
거래단위	US$10,000	JP¥1,000,000	10,000유로	100,000위안
거래승수	10,000	10,000	10,000	100,000
상장결제월	20개	8개	8개	8개
호가 가격 단위당 금액	1,000원			
미결제약정 보유한도	없음			
최종 거래일	결제월의 세 번째 월요일			
최종 결제방법	인수도 결제			

8 일반상품거래

01 금선물의 가격표시는 (   )당 원화로 한다.

① 1g   ② 1kg

02 돈육선물의 가격표시는 (   )당 원화로 한다.

① 1g   ② 1kg

▶ 한국거래소의 일반상품거래에 대한 설명으로 옳지 않은 것은?

① 금선물과 돈육선물의 거래승수는 모두 100이다.

② 금선물의 호가 가격 단위당 금액은 1,000원이다.

③ 돈육선물의 호가 가격 단위당 금액은 5,000원이다.

④ 금선물과 돈육선물의 최종 거래일은 모두 결제월의 세 번째 수요일이다.

정답해설 금선물의 거래승수는 100, 돈육선물의 거래승수는 1,000이다.

일반상품거래

구분	금선물	돈육선물
거래대상	금지금	돈육대표가격
거래단위	100g	1,000kg
거래승수	100	1,000
상장결제월	8개	연속월 6개
호가 가격 단위당 금액	1,000원	5,000원
미결제약정 보유한도	3,000계약	
최종 거래일	결제월의 세 번째 수요일	
최종 결제방법	현금 결제	

9 선물 스프레드 거래

개념 확인 문제

▶ 3년국채선물의 선물 스프레드 거래종목은 (   )종목이다.

① 1개   ② 2개

실전 확인 문제

▶ 다음 중 선물 스프레드 거래에 대한 설명으로 옳지 않은 것은?

① 코스피200선물 스프레드 거래종목은 6개이다.
② 선물 스프레드 거래의 가격은 근월종목의 가격에서 원월종목의 가격을 뺀 가격으로 한다.
③ 금리상품의 매수 선물 스프레드 거래는 근월물을 매수하고 원월물을 매도하는 거래이다.
④ 선물스프레드 거래의 매도는 근월물을 매수하고 원월물을 매도하는 거래이다.

정답해설 선물 스프레드 거래의 가격은 원월종목의 가격에서 근월종목의 가격을 뺀 가격으로 한다.

개념 짚어 보기

선물스프레드

구분	상품	세부 내용
거래 가격	선물스프레드	원월물－근월물
	금리상품	근월물－원월물
매도와 매수	선물스프레드 매도	근월물 매수, 원월물 매도
	선물스프레드 매수	근월물 매도, 원월물 매수
	금리상품 매도	근월물 매도, 원월물 매수
	금리상품 매수	근월물 매수, 원월물 매도

[개념 확인 문제 **정답**] ①   [실전 확인 문제 **정답**] ②

10 매매거래제도

개념 확인 문제

▶ 정규거래 평일의 거래시간은 돈육선물을 제외한 모든 상품의 경우 (   )이다.

① 09:00 ~ 15:30   ② 10:15 ~ 15:30

실전 확인 문제

▶ 한국거래소 파생상품시장의 매매거래제도에 대한 설명으로 옳지 않은 것은?

① 호가는 지정가, 시장가, 최유리지정가, 조건부지정가로 구분된다.

② 시장가호가는 최근월종목과 원월종목에서 사용 가능하다.

③ 금선물거래의 가격 제한 비율은 10%이다.

④ 돈육선물거래의 가격 제한 비율은 21%이다.

정답해설 시장가호가는 원월종목에서 사용이 불가하다

개념 짚어 보기

종목별 사용가능한 호가의 유형

호가 유형	최근월종목	원월종목	일부/전량 충족 조건
시장가 호가	○	×	○
지정가 호가	○	○	○
최유리지정가 호가	○	×	○
조건부지정가 호가	○	×	×

[개념 확인 문제 정답] ①   [실전 확인 문제 정답] ②

핵심플러스

OX 문제

01 거래소파생상품시스템의 장애로 10분 이상 호가 접수 및 정상적인 거래 체결 등을 할 수 없는 경우 해당 종목의 거래를 중단한다. (   )

02 주식시장시스템에 10분 이상 장애가 발생하여 코스피200지수 구성 종목 중 50종목 이상 매매거래를 할 수 없는 경우 코스피200선물과 코스피200옵션의 거래를 중단한다. (   )

03 코스피200선물의 최종 거래일은 결제월 두 번째 수요일이다. (   )

04 코스닥150선물의 가격제한폭은 단계별로 8%, 15%, 20%이다. (   )

05 코스피200옵션의 호가 가격 단위는 옵션 가격 10.0p 이상에서는 0.05포인트이다. (   )

06 코스피200옵션의 호가 가격 단위는 옵션 가격 10.0p 미만에서는 0.02포인트이다. (   )

07 섹터지수의 미결제약정 보유한도는 2만 계약이다. (   )

08 코스피200변동성지수선물의 거래승수는 250,000 이다. (   )

09 주식선물의 거래승수는 10이다. (   )

10 ETF선물의 최종 결제 방법은 현금 결제이다. (   )

해설

02 주식시장시스템에 10분 이상 장애가 발생하여 코스피200지수 구성 종목 중 100종목 이상 매매거래를 할 수 없는 경우 코스피200선물과 코스피200옵션의 거래를 중단한다.

03 코스피200선물의 최종 거래일은 결제월 두 번째 목요일이다.

06 코스피200옵션의 호가 가격 단위는 옵션 가격 10.0p 미만에서는 0.01포인트이다.

07 섹터지수의 미결제약정 보유한도는 1만 계약이다.

[정답] 01 ○ 02 × 03 × 04 ○ 05 ○ 06 × 07 × 08 ○ 09 ○ 10 ○

핵심플러스

OX 문제

11 KRX300선물의 최종 결제 가격은 최종 거래일의 코스피지수이다. (   )

12 3년국채선물의 최종 거래일은 결제월 두 번째 화요일이다. (   )

13 미국달러선물의 최종 거래일은 결제월 세 번째 화요일이다. (   )

14 미국달러옵션의 거래승수는 10,000이다. (   )

15 금선물의 거래단위는 1kg이다. (   )

16 돈육선물의 거래단위는 1,000kg이다. (   )

17 주식선물의 스프레드 거래는 최근월종목과 각 원월종목 간 8개이다. (   )

18 돈육선물의 평일 거래시간은 오전 09:00~15:45 이다. (   )

19 원월종목은 지정가호가만 가능하다. (   )

20 금선물거래의 미결제 약정 보유한도는 3,000계약이다. (   )

해설

11 KRX300선물의 최종 결제 가격은 최종 거래일의 KRX300지수이다.

12 3년국채선물의 최종 거래일은 결제월 세 번째 회요일이다.

13 미국달러선물의 최종 거래일은 결제월 세 번째 월요일이다.

15 금선물의 거래단위는 100g이다.

18 돈육선물의 평일 거래시간은 오전 10:15~15:45이다.

[정답] 11 × 12 × 13 × 14 ○ 15 × 16 ○ 17 ○ 18 × 19 ○ 20 ○

제1회

파생상품투자권유 자문인력

실전모의고사

평가 영역	문항 수	시험 시간
파생상품 I 파생상품 II 리스크 관리 및 직무윤리 파생상품법규	100문항	120분

001

선물거래와 선도거래에 대한 설명으로 옳은 것은?

① 선도거래는 선물거래와 달리 거래상대방을 알 수 없다.
② 선물거래와 선도거래는 모두 지정된 장소에서 이루어진다.
③ 선물거래는 선도거래와 달리 대부분 만기에 실물이 인수도된다.
④ 선물거래는 선도거래와 달리 당사자 간 협의가 아닌 장래 특정월의 특정일을 결제일로 지정한다.

002

주가지수선물거래의 경제적 기능이 아닌 것은?

① 거래비용의 절감
② 미래 가격발견 가능
③ 위험의 완벽한 제거
④ 현물시장의 유동성 향상

003

다음에서 설명하는 용어는 무엇인가?

> 헤지하고자 하는 현물과 동일한 상품이 선물시장에서 거래되고 있는 경우, 이를 헤지의 대상상품으로 하는 헤지거래이다.

① 교차헤지
② 직접헤지
③ 완전헤지
④ 부분헤지

004

주가지수, 주가지수선물의 시장가격, 주가지수선물의 이론가격 간의 관계에 관한 설명으로 가장 거리가 먼 것은?(단, 단기이자율이 배당수익률보다 크다고 가정한다)

① 주가지수선물이 콘탱고이면 고평가상태이다.
② 주가지수선물이 백워데이션이면 저평가된 상태이다.
③ 주가지수선물의 이론가격은 기초자산인 주식가격보다 높다.
④ 주가지수선물이 저평가 상태라고 할지라도 반드시 백워데이션 상태는 아니다.

005

B국의 종합주가지수는 가격가중지수를 사용하고 있다. B국의 유가증권시장은 200개의 종목으로 구성되어 있으며, 구성종목의 주가 합계는 420만 원이고, 시가총액은 150억 원이다. 구성종목수를 제수로 사용하여 주가지수를 계산하면?

① 750
② 1,500
③ 21,000
④ 42,000

006

주가지수선물거래에 대한 설명으로 옳은 것은?

① 활발한 차익거래로 주식시장의 유동성이 증대될 수 있다.
② 주가지수선물거래에서는 결제일에 대상상품을 인도 또는 인수하여 청산한다.
③ 주가지수선물의 핵심적 기능은 주식시장의 비체계적 위험을 관리하는 것이다.
④ 주가지수선물의 거래비용은 주식현물의 거래비용보다 높은 것이 한계가 된다.

007

금리선물에 대한 설명으로 가장 거리가 먼 것은?

① 금리선물은 새로운 투자수단을 제공해준다.
② 금리선물에는 만기가 있지만 대상 현물상품에는 만기가 없다.
③ 금리선물은 금리변동위험을 관리할 수 있는 도구를 제공한다.
④ 금리선물거래는 이자율 변동에 따라 가치가 변동되는 각종 금리상품을 대상으로 한 선물계약을 말한다.

008

액면가 $5,000,000인 T-Bond를 보유하고 있는 투자자가 T-Bond 선물(1계약 $100,000)을 이용하여 헤지하려고 할 경우 최저가인도채권의 전환계수가 1.3일 경우 투자자가 매도해야 할 T-Bond 계약수는?

① 26계약
② 38계약
③ 50계약
④ 65계약

009

외환시장에서 거래되는 파생상품으로 거리가 먼 것은?

① 선물환 ② 통화옵션

③ 통화스왑 ④ 유로달러선물

010

래깅차익거래에 대한 설명으로 가장 거리가 먼 것은?

① 래깅차익거래가 진형직 차익거래와 다른 점은 가격 차이를 두고 차익거래 포지션을 설정한다는 점이다.

② 현물과 선물시장을 동시에 이용하지 않고 시차를 두고 실행하는 전략으로 매도 래깅차익거래와 매수 래깅차익거래의 두 가지가 있다.

③ 매도 래깅차익거래는 베이시스 확대가 예상되면 먼저 주식을 매도한 후 선물의 저평가로 반전되어 베이시스가 확대되는 경우나 최종거래일에 반대매매한다.

④ 매수 래깅차익거래는 베이시스 축소가 예상되는 경우 먼저 주식을 매수한 후 선물 고평가로 베이시스가 확대되면 선물을 매도하고 향후 시장상황이 선물 저평가로 베이시스가 축소되는 경우나 최종거래일에 반대매매한다.

011

수익률곡선이 급해질 것으로 예상된다. 수익률곡선거래를 위해 3년국채선물 100계약에 대한 5년국채선물의 매도계약수는 얼마인가?(현재 3년국채선물의 듀레이션은 2.92이고, 5년국채선물의 듀레이션은 4.35로 가정한다)

① 63계약

② 65계약

③ 67계약

④ 69계약

012

상품선물의 보유비용모형에 대한 설명으로 가장 거리가 먼 것은?

① 보유비용에는 창고비용, 수송비용, 보험료 등이 포함된다.

② 보유비용은 실물저장비용과 편의수익의 합으로 계산된다.

③ 현물가격과 선물가격 간의 관계 또는 선물가격 내에서 근월물 가격과 원월물 가격의 관계는 보유비용에 의해 설명된다.

④ 보유비용이란 선물계약이 기초자산이 되는 상품의 재고를 미래의 일정 시점까지 유지해 나가는 데 드는 비용을 말한다.

013

주가지수선물의 실제가격과 이론가격의 차이가 발생하는 이유로 가장 거리가 먼 것은?

① 거래비용이 존재하므로
② 신용증거금이 존재하므로
③ 주가지수는 개념상의 자산이므로
④ 배당수익률과 이자율을 잘못 추정하므로

014

옵션거래에 대한 설명으로 가장 거리가 먼 것은?

① 옵션매도자는 불리한 조건을 감수하는 조건으로 옵션 프리미엄을 받는다.
② 콜옵션 매수자는 현물시세가 행사가격보다 강세를 보일 경우 옵션을 행사한다.
③ 풋옵션 매수자는 현물시세가 행사가격보다 강세를 보일 경우 무한정의 손실이 발생할 수 있다.
④ 콜옵션 매도자는 콜옵션 매수자가 콜옵션을 행사할 경우 옵션 기준물을 옵션 행사가격에 의하여 매도할 의무가 있다.

015

주가지수선물과 주가지수옵션에 대한 설명으로 옳은 것은?

① 주가지수옵션은 주식형태의 정산방식이 일반적이다.
② 주가지수선물과 주가지수옵션 모두 일일정산이 이루어진다.
③ 주가지수선물과 주가지수옵션 모두 계약에 따라 권리와 의무가 동시에 부과된다.
④ 주가지수선물은 주가지수를 기초자산으로 하지만 주가지수옵션은 주가지수선물을 기초자산으로 한다.

016

옵션의 민감도를 분석하는 변수 중 옵션을 헤징할 때 헤지비율로 사용되는 것은 무엇인가?

① 델타
② 감마
③ 세타
④ 베가

017

기초자산이 현재가격(S) 200.00pt, 상승확률 10%, 하락확률 8%, 무위험이자율 6%, 콜옵션의 행사가격(X) 200.00pt라고 할 때 콜옵션의 가치는?

① 12.6
② 13.7
③ 14.7
④ 15.4

018

대상자산의 변동성이 커질 것으로 예상되는 경우의 전략으로 거리가 먼 것은?

① 스트래들 매수
② 스트랭글 매수
③ 버터플라이 매수
④ 버터플라이 매도

019

지수상승 시 이익이 무제한으로 증가하지 않는 전략은?

① 콜 매수
② 스트래들 매수
③ 스트랭글 매수
④ 수직적 강세 콜 스프레드

020

다음은 옵션 거래전략의 손익을 표시한 그래프이다. 그래프에 해당하는 전략이 순서대로 바르게 연결된 것은?

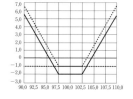
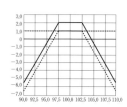

① 스트랭글 매도－스트랭글 매수
② 스트랭글 매수－스트랭글 매도
③ 스프레드 매수－스프레드 매도
④ 스프레드 매도－스프레드 매수

021

감마에 대한 설명으로 가장 거리가 먼 것은?

① 기울기의 변화속도를 의미한다.
② 옵션 포지션이 매수일 경우에는 (−)의 값을 갖는다.
③ (+)의 값을 갖는 옵션의 포지션 상태를 long gamma라 부른다.
④ 옵션 수익구조의 특징인 비선형적인 민감도를 측정하는 지표이다.

022

다음과 같은 손익구조를 갖기 위한 적절한 옵션투자전략은?

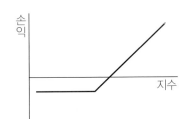

① 콜 매도
② 풋 매수
③ 보호 풋(Protective put)
④ 커버드 콜(Covered call)

023

합성 풋옵션 매수포지션을 구성하고자 할 때 적절한 전략은?

① 선물 매수, 콜옵션 매수
② 선물 매수, 풋옵션 매수
③ 선물 매도, 콜옵션 매수
④ 선물 매도, 풋옵션 매도

024

통화옵션에서 베이시스와 헤지손익의 관계를 나타낸 표이다. ㉠~㉣ 안에 내용이 바르게 연결된 것은?

구분	매수헤지(선물 매수＋현물 매도)	매도헤지(선물 매도＋현물 매수)
양(+)의 베이시스(선물가격 > 현물가격)	㉠	㉡
음(−)의 베이시스(선물가격 < 현물가격)	㉢	㉣

	㉠	㉡	㉢	㉣
①	헤지손실	헤지손실	헤지이익	헤지이익
②	헤지이익	헤지이익	헤지손실	헤지손실
③	헤지이익	헤지손실	헤지손실	헤지이익
④	헤지손실	헤지이익	헤지이익	헤지손실

025

일반적으로 옵션거래의 경우 옵션을 행사하기보다는 옵션을 매도하는 것이 유리한 이유로 가장 거리가 먼 것은?

① 옵션을 행사할 경우 옵션을 매도하는 것보다 항상 최상의 결과를 가져다주기 때문이다.

② 해외상품선물옵션의 경우 옵션을 행사함으로써 추가적인 중개수수료가 발생하기 때문이다.

③ 옵션을 매도하지 않고 행사하는 경우 옵션의 내재가치만을 얻게 될 뿐 남아 있는 시간가치는 버려지게 되기 때문이다.

④ 옵션을 행사할 경우 실제적으로 옵션을 매도하는 경우보다 매매체결기준의 수수료를 한 번 더 지불하는 셈이 되기 때문이다.

026

스왑금리에 대한 설명으로 옳은 것은?

① 변동금리를 주는 대신에 받고자 하는 고정금리를 pay rate 또는 bid rate라고 한다.

② 변동금리를 받는 대신에 지불하고자 하는 고정금리를 receive rate 또는 offer rate라고 한다.

③ 이자율스왑은 변동금리와 변동금리, 고정금리와 고정금리를 각각 교환하는 거래이다.

④ 일반적으로 달러화, 엔화, 유로화의 변동금리는 LIBOR를 전제한다.

027

다음 ㉠~㉢ 안에 들어갈 용어가 바르게 연결된 것은?

> 고정금리를 수취하는 스왑은 채권의 (㉠)포지션과 같고, 고정금리를 지급하는 스왑은 채권의 (㉡)포지션과 같다. 만일 고정금리를 수취하는 스왑을 갖고 있다면 미 재무부채권을 (㉢)하는 것이 적절한 방법이다.

	㉠	㉡	㉢
①	long	short	매수
②	long	short	매도
③	short	long	매수
④	short	long	매도

028

상품스왑이 성공적으로 이루어지기 위한 핵심요소로 거리가 먼 것은?

① 시장의 크기

② 상품의 이질성

③ 거래의 유동성

④ 거래상대방의 신용

029

스왑스프레드의 변동 요인으로 가장 거리가 먼 것은?

① 금리변동에 대한 예상
② Credit Risk(시장의 신용위험)
③ 표시 통화국의 장기채권 금리의 수준
④ 스왑은행의 고정금리와 변동금리의 차이

030

명목원금과 관련이 없는 스왑은?

① receiver swap
② accreting swap
③ amortizing swap
④ roller-coaster swap

031

이자율스왑에 관한 설명으로 가장 거리가 먼 것은?

① 동일 통화의 원금을 서로 교환한다.
② 일정한 원금에 대한 고정금리 이자와 변동금리 이자를 서로 교환하는 계약이다.
③ 스왑금리는 스왑은행의 해당 만기의 장기채권 금리와 이론적으로 동일하다.
④ 이자율스왑의 고정금리 이자와 변동금리 이자의 교환은 일반적으로 차액결제 방법을 따른다.

032

국채선물을 이용하여 헤지하는 방법의 한계점을 지적한 것으로 옳은 것은?

① 금리리스크를 중립화하기 위한 헤지비율의 산정이 어렵다.
② 원화 receiver 이자율스왑 거래를 선물을 통해 헤지하는 것은 어렵다.
③ 베이시스 리스크와 roll-over 리스크에 노출되게 된다.
④ 국고채 선물은 3년 만기만 유동성이 풍부하고 그 밖의 선물은 거래량이 미미하다.

033

B은행은 2×5 7.5% payer's swaption을 매수하였다. 2년 뒤에 3년 만기 스왑금리가 6.7%가 되었다면 B은행은 어떻게 할 것인가?

① B은행은 옵션을 행사하여 7.5% 지급하는 스왑을 한다.
② B은행은 옵션을 행사하여 6.7% 지급하는 스왑을 한다.
③ B은행은 옵션을 행사하여 6.7% 영수하는 스왑을 한다.
④ OTM옵션이 되므로 거래를 행사하지 않는다.

034

장내파생상품과 장외파생상품의 차이를 비교한 것으로 거리가 먼 것은?

	구분	장내파생상품	장외파생상품
①	종류	선물, 옵션, 스왑	선도, 옵션
②	표준화	거래내용이 표준화	표준화된 내용 없음
③	거래상대방	서로 모름	반드시 알아야 함
④	거래의 보증	거래소에 의해 보증됨	거래당사자 간 신용도에 의존함

035

장외파생상품의 경제적 기능 및 특징과 가장 거리가 먼 것은?

① 보유 기초자산의 가격변동위험을 헤지할 수 있는 상품 제공이 가능하다.
② 장외파생상품 자체만으로는 하나의 투자상품이 될 수 없다.
③ 자금조달수단으로 장외파생상품은 주로 채권발행의 형태로 이루어진다.
④ 고객의 욕구에 맞는 금융상품의 제공이 가능하다.

036

장애옵션에 대한 설명으로 가장 거리가 먼 것은?

① 일정한 가격을 정하여 기초자산가격이 이 가격에 도달한 적이 있을 경우 옵션이 소멸되거나 혹은 옵션이 발효되는 것을 말한다.
② 기초자산이 촉발가격을 건드리면 옵션이 소멸되는 것을 녹인옵션(knock-in option)이라 한다.
③ 녹아웃옵션의 가격은 현물가격이 촉발가격에 도달하지 않는 한 표준옵션과 동일하다.
④ 녹아웃옵션의 가격은 일반적으로 표준옵션보다 저렴하다.

037

다음 장외옵션 중 시간의존형 옵션에 해당하지 않는 것은?

① 바스켓옵션
② 버뮤다옵션
③ 선택옵션
④ 행사가격결정유예옵션

038

다음 중 다중변수의존형 옵션에 해당하는 상품을 모두 고른 것은?

> ㉠ 콴토옵션   ㉡ 바스켓옵션
> ㉢ 버뮤다옵션   ㉣ 디지털옵션
> ㉤ 레인보우옵션   ㉥ 스프레드옵션

① ㉠, ㉡, ㉢, ㉤
② ㉡, ㉣, ㉤, ㉥
③ ㉠, ㉢, ㉣, ㉤
④ ㉠, ㉡, ㉤, ㉥

039

이 옵션은 어느 한 통화로 표시된 기초자산에 대한 옵션의 수익이 다른 통화로 표시되는 경우가 주종을 이룬다. 하나의 기초자산가격에 의해서 옵션의 수익이 결정되지만 위험에 노출된 정도나 크기는 다른 자산의 가격에 의해 결정되는 이 옵션은 무엇인가?

① 바스켓옵션
② 콴토옵션
③ 포트폴리오옵션
④ 다중행사가격옵션

040

주가지수가 상승할 경우에는 상승률에 관계없이 고정된 수익을 획득하고 주가지수가 하락할 경우에는 원금을 보장받을 수 있는 수익구조를 가진 ELS는 무엇인가?

① Knock-Out형 ELS
② 디지털 콜옵션형 ELS
③ 디지털 풋옵션형 ELS
④ Bull Spread ELS

041

장외시장 참여자들이 신용위험을 감소시키기 위한 신용증대제도에 포함되지 않는 것은?

① 증거금, 담보 요구
② 이자율 고정
③ 상대방별 포지션 한도
④ 상계협약

042

일반적인 VaR의 한계로 볼 수 있는 것은?

① 손실의 최대범위를 알려주지 못한다.
② 손실 발생 확률을 알려주지 못한다.
③ 계산이 복잡하다.
④ 정규분포를 가정하지 않는다.

043

장외옵션에 대한 설명으로 가장 거리가 먼 것은?

① '녹아웃옵션＋녹인옵션＝표준옵션'이 된다.
② 룩백옵션은 보유자에게 옵션의 계약기간 동안 가장 유리한 기초자산가격을 사용할 수 있도록 하는 시간의존형 옵션이다.
③ 수정룩백옵션은 행사가격은 고정시키고 기초자산가격을 가장 유리한 가격으로 설정한다.
④ 래더콜옵션의 가격대가 105, 110, 115로 정해져 있고 시장가격이 104까지 갔다가 109로 끝난 경우의 수익구조는 $Max(0, 109-105)=4$가 된다.

044

다음은 어떤 장외옵션에 대한 설명인가?

> 옵션의 매수자는 만기에 기초자산과 행사가격이 같은 등가격 옵션을 받게 되며, 피리어드캡처럼 주기적으로 계속 옵션이 생성되고 행사된다.

① 콴토옵션
② 디지털옵션
③ 레인보우옵션
④ 행사가격결정유예옵션

045

옵션과 옵션이 결합된 것이 아닌 것은?

① 스트래들
② 스트랭글
③ 중첩옵션
④ 스왑션

046

다음 설명 중 틀린 것은?

① 상계협약을 체결하여 지급금액을 상계하는 제도는 신용증대 제도의 하나이다.
② ISDA계약서는 기본계약서, 부속계약서, 거래확인서로 구성되어 있다.
③ 신용위험노출금액은 '과거노출＋잠재노출'로 계산된다.
④ 자산보유자의 옵션 매도포지션의 경우 잠재노출액은 Zero(0)이다.

047

기업의 환위험 관리전략으로 가장 거리가 먼 것은?

① 국내기업의 통화옵션을 이용한 환위험 관리에서, 과도한 옵션 매수로 인해 지나치게 높은 옵션 프리미엄의 지급이 문제가 되었다.

② 피봇 레인지 선물환을 거래한 기업은 환율이 매수환율과 매도환율 사이의 레인지(range)에 머무를 경우, 거래시점의 현물환율보다 유리한 환율에 달러를 매입하거나 매도할 수 있다.

③ 기업은 외환스왑을 이용하여 외환의 수취, 지급시점의 불일치를 해소할 수 있다.

④ 외화를 대가로 수출하는 기업은 외화 선물환 매도거래를 통해 환위험을 헤지할 수 있다.

048

신용파생상품의 특징으로 가장 거리가 먼 것은?

① 기존자산을 그대로 보유하면서 신용위험을 타인에게 전가할 수 있다.

② 보장매수를 통해 신용위험에 대한 매도포지션을 쉽게 취할 수 있다.

③ 원금의 투자 없이 레버리지가 가능하다.

④ CDS 거래는 채권시장의 유동성에 직접적으로 영향을 미친다.

049

보장매수자가 기초자산에서 발생하는 이자, 자본수익(손실) 등 모든 현금흐름을 보장매도자에게 지급하고, 보장매도자로부터 약정한 수익을 지급받는 계약인 신용파생상품은?

① 신용스프레드 옵션(credit spread option)
② 신용파생지수(CDS index)
③ 총수익률스왑(TRS)
④ 신용연계채권(CLN)

050

ELS, ELD, ELF에 대한 설명으로 가장 거리가 먼 것은?

① ELD는 예금자보호대상에 포함되지 않는다.

② ELS는 증권사에서 발행하는 증권이다.

③ ELD는 은행에서 발행되는 금융상품으로 원금이 보장되는 구조이다.

④ ELF는 투신사에서 운용하는 수익증권으로 원금이 보장되지 않는다.

051

리스크관리의 필요성에 대한 설명으로 가장 거리가 먼 것은?

① 금융위기의 원인은 금융기관과 기업의 리스크관리 능력이 부족했기 때문이다.
② 리스크관리에 있어서의 문제는 리스크를 줄이는 데 있는 것이 아니라 정확한 위험을 아는 것이다.
③ 리스크관리의 목적은 위험 대비 수익률을 극대화하여 주주의 부를 극대화하는 것이다.
④ 운용자산별 위험도를 설정하여 위험도를 감안한 자기자본요구량을 계산하고 국제적 기준에 부합하는가를 비교한 BIS기준은 적극적인 리스크관리 시스템으로 대두되고 있다.

052

다음의 리스크측정의 방법 중 불확실성을 시간적으로 측정하는 방법은?

① 단순이동평균법
② EWMA
③ 상관계수
④ 분산(표준편차)

053

VaR 측정 방법들을 비교한 것으로 가장 거리가 먼 것은?

① 몬테카를로 시뮬레이션은 위험요인의 분포에 대한 가정을 필요로 하지 않는다.
② 분석적 분산−공분산 방법은 계산이 빠르나 몬테카를로 시뮬레이션은 시간과 비용이 많이 든다.
③ 분석적 분산−공분산 방법과 역사적 시뮬레이션은 민감도 분석을 수행하기가 어렵다.
④ 역사적 시뮬레이션은 이용 자료가 적으면 분포가 조잡하여 VaR추정치의 정확성이 떨어진다.

054

개별주식의 수익률이 단일 공통요인에 의해 결정된다고 가정하고 그 공통요인으로 주가지수를 이용하여 분산과 공분산을 추정한 후 이를 이용하여 VaR를 계산하는 것은?

① 한계 VaR
② 베타모형
③ 완전공분산모형
④ 대각선모형

055

장외파생상품의 VaR에 대한 사항으로 거리가 먼 것은?

① 금리스왑은 고정금리채권과 변동금리채권으로 분해되므로 스왑포지션의 VaR를 구하기 위해서는 먼저 각각의 VaR를 구해야 한다.

② 선도환율 변동성을 이용하기 적합하지 않을 경우 선물환계약과 동일한 결과를 갖는 현물계약들을 이용하여 선물환계약의 VaR를 구한다.

③ 선물환계약의 위험은 국내채권위험, 외국채권위험의 두 가지 포지션으로 나타낼 수 있다.

④ 옵션은 비선형적 수익구조를 가지고 있기 때문에 옵션의 VaR를 측정하는 것은 쉽지 않다.

056

얼마나 더 큰 손실이 발생하는가에 대한 정보를 제공하지 못한다는 VaR의 단점을 보완하기 위한 방법 중의 하나는?

① 극한 VaR ② 공헌 VaR
③ 평균 VaR ④ 베타모형

057

다음의 환리스크 관리기법들 중 부분적인 환리스크 관리방식이라고 볼 수 있는 것은?

① 매칭 ② 상계
③ 리딩과 래깅 ④ 자산부채종합관리전략

058

시간이 지남에 따라 변동금리가 고정금리로부터 멀어지는 경향을 말하며 변동성 효과라고도 하는 리스크노출금액의 시간적 변화는?

① 만기효과 ② 원금교환 효과
③ 금리화산효과 ④ 포지션 효과

059

다음의 전문투자자의 요건을 갖춘 투자자 중 일반투자자로 전환이 가능하지 않은 투자자는?

① 개인 ② 금융기관
③ 일반법인 ④ 주권상장법인

060

다음 중 실명확인의 방법으로 가장 거리가 먼 것은?

① 내국인인 개인은 주민등록표상에 기재된 성명 및 주민등록번호에 의한다.
② 외국인은 외국인등록증에 기재된 성명 및 등록번호로 실명을 인정받을 수 있다.
③ 법인은 사업자등록증에 기재된 법인명 및 등록번호로 실명을 확인한다.
④ 법인이 아닌 단체는 납세번호를 부여받은 문서에 기재된 납세번호로 실명을 확인한다.

061

파생상품 계좌 개설에 대한 설명으로 옳지 않은 것은?

① 신규 개인투자자는 사전교육을 받으면 모의거래가 면제된다.
② 선물·옵션 거래를 하고자 할 경우 현물계좌와 별도로 새로운 계좌를 개설해야 한다.
③ 파생상품 거래시 고객에게 사전에 파생상품 거래설명서를 교부하여야 한다.
④ 계좌 개설시 실명확인은 대리인을 통해서도 가능하다.

062

기본예탁금에 대한 내용으로 가장 거리가 먼 것은?

① 사후위탁증거금 적용계좌와 옵션매수전용계좌는 기본예탁금을 예탁하지 않아도 된다.
② 신규주문증거금이 없고 파생상품거래의 미결제약정이 전량 해소된 때에는 기본예탁금을 인출할 수 있다.
③ 미결제약정을 보유하고 있는 경우에는 기본예탁금의 체크 없이 신규주문이 가능하다.
④ 기본예탁금을 인출한 위탁자로부터 다시 매매거래를 위탁받은 경우에는 기본예탁금이 면제된다.

063

선물거래의 정산가격을 결정하는 순서에서 가장 우선되는 것은?

① 선물이론가격
② 기세가 있는 경우 기세
③ 전일 정산가격
④ 당일에 가장 나중에 성립된 약정가격

064

다음 ㉠~㉡ 안에 들어갈 용어가 바르게 연결된 것은?

> 금융투자업종사자는 (㉠)의 원칙에 따라 공정하게 영업하고, 정당한 사유 없이 (㉡)의 이익을 해하면서 자기 이익을 위하여 영업을 해서는 안 된다.

	㉠	㉡
①	적합성	공공
②	공공성	공공
③	신의성실	투자자
④	선관주의	투자자

065

다음 중 투자권유준칙에서 금지하는 행위에 포함되지 않는 것은?

① 판매업무를 영위하는 직원이 신탁업자·일반사무관리회사의 업무 또는 고유재산의 운용업무를 겸직하게 하는 행위
② 투자자로부터 판매와 직접 관련된 대가를 수수하는 행위
③ 투자자에게 사실에 근거하지 아니한 판단자료 또는 출처를 제시하지 아니한 예측자료를 제공하는 행위
④ 투자자의 투자에 대한 인식, 투자목적, 재정상태에 비추어 투자위험이 매우 큰 집합투자증권을 적극적으로 권유하는 행위

066

다음 중 투자권유의 원칙에 대한 설명으로 거리가 먼 것은?

① 관계법령 등을 준수하고 신의성실의 원칙에 따라 정직하고 공정하게 업무를 수행한다.
② 고객에 대하여 선량한 관리자로서 주의의무를 다한다.
③ 고객에게 합리적인 의사결정을 하는 데 필요한 정보를 충분히 제공한다.
④ 이해상충발생 가능성이 있는 거래에 대해서는 고객의 이익이 침해받지 않도록 최소한의 조치를 취한 후 매매하고, 이해상충이 불가피한 경우에는 회사 내에서 적절한 조치를 취한다.

067

A투자자가 B증권회사에 다음과 같이 주장하였다면 B투자금융회사가 소홀히 한 부분은?

> 나는 당신이 안정적인 수익이 날 수 있다고 해서 ○○주식 ××××주를 매수했는데, 선물옵션계좌에서 손실액이 발생하였으니 물어내시오.

① 투자자 정보 확인
② 투자설명의무
③ 적합성의 원칙
④ 신의성실 의무

068

직무윤리에 있어서 모든 윤리기준의 근간(뿌리)이 되는 것은?

① 법규 등 준수의무
② 신의성실의무
③ 전문지식배양의무
④ 공정성 유지의무

069

다음 직무윤리강령에 대한 설명 중 옳은 것은?

① 직무윤리를 준수하여야 할 의무는 해당 업무의 담당자뿐만 아니라 소속회사와 중간감독자에게도 있다.
② 직무윤리의 준수에 있어서 관련 업무종사자 간의 경쟁관계가 주된 것이고, 상호협조관계는 부차적인 것이다.
③ 도덕은 법의 최소한이다.
④ 신의성실의무는 단순히 윤리적 기준에 그치고 법적 의무는 아니다.

070

금융위원회의 행정제재에 대한 설명으로 가장 거리가 먼 것은?

① 금융투자업자의 내부통제기준 변경
② 금융투자업자에 대한 금융업등록 취소권
③ 금융투자업자의 직원에 대한 면직, 정직 등 조치권
④ 금융위원회의 처분 또는 조치에 대한 이의신청권 인정

071

다음은 투자상담업무종사자의 고지 및 설명의무에 대한 내용이다. 가장 거리가 먼 것은?

① 고객이 쉽게 이해할 수 있도록 투자대상의 선정과 포트폴리오 구성에 대한 내용을 간략하게 설명하였다.
② 자본시장법에서는 설명의무에 관한 제도를 도입하였는데, 이는 전문투자자에 대해서는 적용되지 않는다.
③ 고객으로부터 상품에 대한 설명 내용을 이해하였음을 휴대폰으로 녹취하였다.
④ 정보를 미제공한 고객에 대해서는 파생상품 등의 금융투자상품의 매매거래를 권유해서는 안 된다.

072

투자상담업무를 담당하고 있는 자가 고객에 대하여 투자를 권유할 때에 직무윤리기준을 위반하지 않은 것은?

① 중요한 사실이 아니라면 오히려 그것을 설명함으로써 고객의 판단에 혼선을 가져줄 수 있는 사항은 설명을 생략할 수 있다.
② 주가는 미래의 가치를 반영하는 것이므로 투자정보를 제시할 때에 현재의 객관적인 사실보다는 미래의 전망을 위주로 하여 설명한다.
③ 고객을 강하게 설득하기 위하여 필요하다면 투자성과가 어느 정도 보장된다는 취지로 설명하는 것도 가능하다.
④ 정밀한 조사·분석을 거치지는 않았지만 자신의 주관적인 예감에 확실히 수익성이 있다고 생각되는 투자상품을 권한다.

073

내부통제기준에 대한 다음 설명 중 옳은 것은?

① 금융투자회사가 내부통제기준을 변경하려면 주주총회의 특별결의를 거쳐야 한다.
② 금융투자회사는 준법감시인을 반드시 둘 필요는 없다.
③ 금융투자회사의 임시직에 있는 자는 내부통제기준의 적용대상이 아니다.
④ 금융투자회사는 내부통제기준 변경시 이사회의 결의를 거쳐야 한다.

074

내부통제기준 위반 시 제재(징계)에 속하지 않는 것은?

① 시말서를 제출하도록 한다.
② 해고 무효확인을 받은 근로자에게 보직을 주지 않았다.
③ 회사가 해당 직원에게 손해배상을 청구하였다.
④ 구두로 훈계하였다.

075

개인정보보호법에 의한 개인정보개념에 대한 설명으로 다음 중 가장 거리가 먼 것은?

① 법률상 개인정보란 살아있는 개인에 관한 정보로서 성명, 주민등록번호 및 영상 등을 통하여 개인을 알아볼 수 있는 정보를 말한다.
② 개인정보에는 주민등록번호, 신용카드번호, 통장계좌번호, 진료기록, 병력, 정당의 가입된 민감정보도 포함된다.
③ 개인정보처리자는 업무를 목적으로 스스로 또는 다른 사람을 통하여 개인정보를 처리하는 개인으로 필요한 범위 외에도 이후에도 활용 가능하도록 개인정보를 수집할 수 있다.
④ 개인정보의 익명처리가 가능한 경우에는 익명에 의하여 처리될 수 있도록 하여야 한다.

www.nadoogong.com

076

다음 중 자본시장법의 제정 배경으로 거리가 먼 것은?

① 기관별 규제에 따른 규제차익의 문제 해소 필요성
② 다양하고 창의적인 신종 금융상품의 출현
③ 자본시장을 통한 자금공급기능 확대의 필요성
④ 금융투자산업 발전을 위한 투자권유 · 판매규제의 완화 필요성

077

다음 중 금융투자업의 감독기관 및 관계기관에 대한 설명으로 가장 거리가 먼 것은?

① 증권선물위원회는 위원장 1인, 상임위원 1인을 포함한 5인의 위원으로 구성되어 있다.
② 금융위원회와 증권선물위원회는 금융감독원의 업무를 지도 · 감독하는 데 필요한 명령을 할 수 있다.
③ 금융감독원은 금융기관에 대한 검사 · 감독업무를 수행하는 자율규제기관이다.
④ 금융위원회는 정부조직법에 따른 중앙행정기관으로서 그 권한에 속하는 사무를 독립적으로 수행한다.

078

다음 중 자본시장법에 따른 증권에 대한 설명으로 옳은 것은?

① 파생결합증권과 파생상품은 금융투자상품, 통화, 일반상품, 신용위험 등을 기초자산으로 하고 있다.
② 파생결합증권이란 특정 투자자가 그 투자자와 타인 간의 공동사업에 금전 등을 투자하고 주로 타인이 수행한 공동사업의 결과에 따른 손익을 귀속 받는 계약상의 권리가 표시된 것을 말한다.
③ 채무증권이란 국채증권, 사채권, 원화로 표시된 양도성예금증서 등 지급청구권이 표시된 것을 말한다.
④ 증권은 그 특성에 따라 채무증권, 지분증권, 국채증권, 투자계약증권, 파생결합증권, 증권예탁증권의 6가지로 구분된다.

079

다음 중 금융투자업의 진입규제에 관한 설명으로 옳은 것은?

① 장외파생상품 등 위험 금융투자상품을 대상으로 하는 인가에 대해서는 일반 금융투자상품에 비하여 강화된 진입요건이 적용된다.
② 전문투자자를 상대로 영업하는 경우 일반투자자를 상대로 영업하는 경우보다 강화된 진입요건이 적용된다.
③ 금융투자업자가 인가 · 등록받은 업무단위 외에 다른 업무단위를 추가하는 경우에는 인가 · 등록요건은 다소 완화된다.
④ 금융투자업의 진입규제는 인가제, 허가제, 등록제로 구분된다.

080

다음 중 금융투자업자의 업무에 관한 사항으로 가장 거리가 먼 것은?

① 모든 금융투자업자는 지급결제업무를 수행할 수 있다.
② 전산관리·운영업무는 위탁한 자의 동의를 받아 제3자에게 재위탁이 가능하다.
③ 은행 등 겸영금융투자업자는 자본시장법상 겸영업무 규제가 적용되지 않는다.
④ 금융투자업자는 인가·등록된 본질적 업무도 제3자에게 위탁할 수 있다.

081

다음 중 금융투자업에 종사하는 임직원의 금융투자상품 매매에 관한 사항으로 옳은 것은?

① 원칙적으로 하나의 회사를 선택하여 하나의 계좌를 통하여 매매해야 한다.
② 투자권유자문인력은 장내파생상품을 매매하는 경우 분기별로 소속회사에게 매매명세를 통지하여야 한다.
③ 금융투자업자의 임직원은 증권시장에 상장된 주식을 타인의 명의로 매매할 수 있다.
④ 이해상충 관련 규정을 위반한 투자자문업자가 상당한 주의를 하였음을 증명하거나 투자자가 금융투자상품의 매매, 그 밖의 거래를 할 때에 그 사실을 안 경우에는 배상의 책임을 지지 않는다.

082

다음 〈보기〉에서 자본시장법상 적정성 원칙의 적용대상인 파생상품등에 해당하지 않는 것을 모두 고른 것은?

───── 보기 ─────

㉠ 파생상품
㉡ 파생결합증권(원금보장형 제외)
㉢ 집합투자재산의 50%를 초과하여 파생결합증권에 운용하는 집합투자기구의 집합투자증권
㉣ 파생상품 매매에 따른 위험평가액이 펀드 자산총액의 50%를 초과하여 투자할 수 있는 집합투자기구의 집합투자증권

① ㉣
② ㉡, ㉣
③ ㉢, ㉣
④ ㉡, ㉢, ㉣

083

자본시장과 금융투자업에 관한 법률에 의거 금융감독원의 검사와 관련한 설명으로 거리가 먼 것은?

① 한국은행은 통화신용정책의 수행을 위하여 필요한 경우 금융투자업자의 자금이체업무에 대하여 금융감독원장에게 공동검사를 요구할 수 있다.
② 금융감독원장은 약관의 준수 여부에 관한 사항에 대한 검사업무를 거래소에 위탁할 수 있다.
③ 금융감독원장은 자본시장법 또는 자본시장법에 따른 명령이나 처분을 위반한 사실이 있는 때에는 그 처리에 관한 의견서를 첨부하여 금융위원회에 제출하여야 한다.
④ 협회는 위탁받은 검사업무를 수행하는 경우 검사업무의 방법 및 절차 등에 관하여 금융감독원장이 정하는 기준을 준수하여야 한다.

084

증권과 관련된 설명으로 옳은 것은?

① 증권의 발행인에는 내국인만 해당하고 외국인은 배제된다.
② 증권은 추가지급의무가 없는 경우에 해당한다는 점에서 파생상품과 동일하다.
③ 투자계약증권과 증권예탁증권은 포괄주의의 도입을 위하여 새로 추가된 것이다.
④ 투자계약증권에는 기존의 전통적인 유가증권에 해당하는 증권뿐 아니라 비정형집합투자지분과 같은 새로운 유형의 증권도 포함된다.

085

금융위의 자본시장 조사업무에 대한 설명으로 적절하지 못한 것은?

① 당해 위법행위와 동일한 사안에 대하여 검찰이 수사를 개시하였더라도 반드시 자체적 조사를 실시하여야 한다.
② 한국거래소로부터 위법행위의 혐의 사실을 이첩 받은 경우 조사할 수 있다.
③ 상장법인의 공시의무 위반은 조사 대상이다.
④ 조사 결과 형사벌칙 대상 행위는 고발 또는 수사기관에 통보한다.

086

다음 중 매매주문 처리에 관한 내부통제기준 설정 시 준수사항으로서 포함할 사항에 속하지 않는 것은?

① 임직원이 착오로 투자자의 주문이 주문내용과 달리 체결되었을 경우, 해당 임직원은 지체 없이 투자자에게 사과와 재발방지 서약을 해야 한다.
② 전산·통신설비의 장애로 인해 투자자의 매매주문이 처리되지 않는 사태를 방지하도록 이에 대한 합리적인 대책을 수립해야 한다.
③ 투자자로부터 주문을 받을 시 투자자가 주문에 대한 처리상황, 체결내용을 알 수 있도록 해야 한다.
④ 임직원의 주문착오 방지체계 등 투자자의 매매주문을 공정하고 신속·정확하게 처리할 수 있는 체계를 갖추어야 한다.

087

자본시장법상의 투자광고에 대한 설명으로 옳지 않은 것은?

① 원칙적으로 금융투자업자가 아닌 자는 투자광고를 하지 못하도록 하고 있다.
② 투자자들이 손실보전으로 오인할 우려가 있는 표시를 하는 행위는 금지된다.
③ 환매수수료는 펀드 투자광고시 의무표시사항이다.
④ 통계수치를 인용하는 경우 해당 자료의 출처는 의무표시사항이 아니다.

088

금융투자업자가 외감법에 따라 회계감사를 받은 후 금융감독원장의 요청에 따라 제출해야 할 결산서류에 속하지 않는 것은?

① 외국환업무현황 보고서
② 수정재무제표에 따라 작성한 영업용순자본비율보고서 및 자산부채비율보고서
③ 재무제표 및 부속명세서
④ 감사보고서

089

이해상충 발생 가능성이 큰 부서 사이에 교류가 금지되는 금융투자상품의 매매정보 등에서 예외적으로 교류가 허용되는 기준으로 적합하지 않은 것은?

① 해당 임직원이 제공받은 정보를 업무 외의 목적으로 이용할 수 있는 업무를 담당하지 않을 것
② 해당 업무를 관장하는 임원 및 준법감시인에게 보고할 것
③ 정보를 제공하는 임직원이 해당 정보를 제공할 상당한 이유가 있을 것
④ 제공하는 정보가 업무상 필요한 최소한의 범위로 한정될 것

090

다음 중 투자매매업자·투자중개업자의 불건전 영업행위 유형 중 예외로 인정되는 사항은?

① 금융투자상품의 투자중개업자가 투자자의 주문을 다른 금융투자상품의 투자중개업자에게 중개함에 있어 중개수수료 이외의 투자자의 재산을 수탁받는 행위
② 일중매매거래 및 시스템매매 프로그램의 투자실적에 관하여 허위의 표시를 하거나 과장 등으로 오해를 유발하는 표시를 하는 행위
③ 사전에 준법감시인에게 보고한 후 투자매매업자 또는 투자중개업자의 위법행위로 인하여 손해를 배상하는 행위
④ 조사분석자료를 일반인에게 공표하기 전에 조사분석자료를 제3자에게 먼저 제공한 경우 당해 조사분석자료의 일반인에게 공표할 때에는 이를 제3자에게 먼저 제공하였다는 사실과 최초의 제공시점을 함께 공표하지 않는 행위

091

환매조건부매매와 관련한 설명으로 다음 중 거리가 먼 것은?

① 금융위원회가 정하여 고시하는 매매가격으로 매매해야 한다.
② 환매조건부매도와 환매조건부매수를 말한다.
③ 기관 간 환매조건부매매를 한 경우에는 그 대상증권과 대금을 동시에 결제해야 한다.
④ 환매도 및 환매수하는 날은 환매조건부매매를 하는 대상 간에 협의로 결정한다.

092

다음 투자매매업자 및 투자중개업자의 영업행위규칙에 관한 설명 중 옳은 것은?

① 투자매매업자 또는 투자중개업자는 투자자로부터 금융투자상품의 매매에 관한 주문을 받는 경우에는 사전 또는 사후에 그 투자자에게 자기가 투자매매업자인지 투자중개업자인지를 밝혀야 한다.
② 투자매매업자 또는 투자중개업자는 금융투자상품에 관한 같은 매매에 있어 자신이 본인이 됨과 동시에 상대방의 투자중개업자가 되어서는 안 된다.
③ 거래소집중의무는 투자매매업자와 관련된 의무이다.
④ 투자매매업자는 투자자로부터 그 투자매매업자가 발행한 자기주식으로서 증권시장의 매매 수량단위 미만의 주식에 대하여 매도주문을 받은 경우에는 이를 증권시장 내에서 취득할 수 있다.

093

다음 중 일반투자자에 대한 투자권유에 대한 사항으로 가장 옳은 것은?

① 투자자정보를 제공하지 않은 일반투자자에게는 금융투자상품의 매매나 거래를 권유해서는 안 된다.
② 투자권유 시 설명서는 고객의 거부의사와 관계없이 반드시 교부하여야 한다.
③ 금융투자회사는 협회가 정한 "투자설명서" 예시를 참고하여 고객정보파악 양식으로 사용할 수 있다.
④ 금융투자회사는 일반투자자에 대한 투자권유를 하기 전에 투자목적 등 고객정보를 직접 대면하여 파악하여야 한다.

094

금융투자회사의 약관운용에 관한 내용으로 적절하지 못한 것은?

① 협회는 약관을 검토한 결과 약관내용의 변경이 필요한 경우 금융투자회사에 접수일로부터 10영업일 이내에 통보한다.
② 금융투자회사는 표준약관을 수정하여 사용하고자 하는 경우 시행예정일 10영업일 전까지 협회에 보고하여야 한다.
③ 금융투자회사는 약관을 변경하는 경우 변경 후 7일 이내에 협회에 보고하여야 한다.
④ '외국집합투자증권 매매거래에 관한 표준약관'은 수정이 가능하다.

095

금리상품의 매수 선물 스프레드 거래를 옳게 표시한 것은?

① 근월물 매도, 원월물 매수
② 근월물 매수, 원월물 매도
③ 근월물 매수, 현물 매도
④ 근월물 매도, 현물 매수

096

다음 자율규제기관에 대한 설명에서 ㉠~㉡ 안에 들어갈 내용으로 바른 것은?

> 자본시장에 있어서 대표적인 자율규제기관으로 (㉠)는 금융투자회사의 업무 및 영업행위에 대한 자율규제, (㉡)는 시장운영 및 시장감시 부문에 대한 자율규제업무를 수행한다.

	㉠	㉡
①	증권선물협회	한국금융투자협회
②	증권선물협회	한국거래소
③	한국금융투자협회	한국거래소
④	한국거래소	증권선물협회

097

다음 중 상장결제월이 바르게 연결된 것은?

① 미국달러선물 – 8개
② 일본엔선물 – 6개
③ 미국달러옵션 – 4개
④ 돈육선물 – 7개

098

다음 중 거래소파생상품시스템에 호가입력 시 호가입력사항에 해당하지 않는 것은?

① 호가의 구분
② 위탁자명
③ 호가의 조건
④ 매수와 매도의 구분

099

다음 중 금리상품거래에 대한 설명으로 옳은 것은?

① 3년 국채선물의 거래승수는 10만원이다.
② 금리상품의 최종 결제 방법은 현금 결제이다.
③ 5년 국채선물의 최종 거래일은 결제월의 세 번째 수요일이다.
④ 금리상품의 미결제약정 보유한도는 2만 계약이다.

100

다음 중 선물거래의 일일정산에 있어 전일의 정산가격과 당일의 정산가격의 차에 전일의 미결제약정수량과 거래승수를 곱하여 산출하는 것은?

① 최종결제차금
② 권리행사차금
③ 당일차금
④ 갱신차금

제2회

파생상품투자권유 자문인력

실전모의고사

평가 영역	문항 수	시험 시간
파생상품 I 파생상품 II 리스크 관리 및 직무윤리 파생상품법규	100문항	120분

001

선물거래의 경제적 기능으로 옳은 것은?

① 헤지거래를 통해 가격변동위험을 소멸시킨다.
② 투기자는 투기적 거래로 선물시장을 혼란시킬 뿐 긍정적 역할은 없다.
③ 거래위험이 매우 크기 때문에 금융상품거래를 위축시킬 가능성이 있다.
④ 선물시장은 독점력을 감소시켜 자원배분이 효율적으로 이루어지게 한다.

002

시가총액가중지수를 이용하여 주가지수를 산출하는 식으로 옳은 것은?

① 구성종목의 주가 합계 ÷ 제수
② 제수 ÷ 구성종목의 주가 합계
③ (기준시점의 시가총액 ÷ 비교시점의 시가총액) × 기준지수
④ (비교시점의 시가총액 ÷ 기준시점의 시가총액) × 기준지수

003

다음 ㉠~㉢ 안에 들어갈 용어를 바르게 연결한 것은?

> • (㉠)는 주식의 분산투자로도 제거할 수 없는 시장의 (㉡)위험을 주가지수선물을 이용하여 관리하는 거래이다.
> • (㉢)는 현물 보유와는 상관없이 주가지수선물의 미래가격 방향을 사전적으로 예측하여 시세차익을 목적으로 하는 거래이다.

	㉠	㉡	㉢
①	헤지거래	비체계적	투기거래
②	헤지거래	체계적	투기거래
③	스프레드거래	비체계적	헤지거래
④	스프레드거래	체계적	헤지거래

004

주가지수선물의 헤지거래에 대한 설명으로 옳은 것은?

① 헤지거래는 선물시장에서 현물과 같은 포지션을 취하는 것이다.
② 헤지거래는 선물의 매매방향에 따라 직접헤지와 교차헤지로 분류된다.
③ 헤지거래는 가격변동에 따른 위험을 축소 또는 회피하기 위한 거래이다.
④ 헤지거래는 현물에 대응하는 선물의 존재 여부에 따라 완전헤지와 부분헤지로 분류된다.

005

수익률곡선의 형태를 설명하는 이론이 아닌 것은?

① 기대가설   ② 선도금리설

③ 시장분할가설   ④ 유동성선호가설

006

국채선물의 기능과 역할로 가장 거리가 먼 것은?

① 미래 금리의 예측

② 위험관리수단 제공

③ 새로운 투자기회 제공

④ 채권시장 대체효과로 채권현물시장 위축

007

향후 금리상승에 따른 채권가격하락 위험을 회피하기 위해 듀레이션 모형을 이용하여 헤지계약수를 구하고자 한다. 현재 국고채 5년물 100억 원(액면기준)을 보유하고 있다고 할 때 헤지계약수는 얼마인가?

구분	보유채권	5년국채선물
가격	103.61	116.84
듀레이션	4.1269	4.2677

① 76계약   ② 82계약

③ 86계약   ④ 92계약

008

외환시장에서 딜러의 기능에 대한 설명으로 가장 거리가 먼 것은?

① 시장조성자로서 시장에 유동성을 제공한다.

② 스프레드는 딜러의 위험부담에 대한 프리미엄이다.

③ 일반적으로 소매거래보다 도매거래의 스프레드가 높다.

④ 매수율과 매도율의 차이를 스프레드라 하여, 매수율은 매도율보다 항상 낮아 스프레드가 딜러의 이익이 된다.

009

현재 원－달러 현물환율이 $1＝₩980이라고 한다. 3개월 선물환율이 $1＝₩1,000이라면 선물환율의 할증률(할인율)은 얼마인가?

① 8.16% 할증

② 8.16% 할인

③ 8.00% 할증

④ 8.00% 할인

010

다음은 일자별 가격변동표이다. 이를 가장 잘 설명하고 있는 것은?

날짜	금 현물가격	6월물 금 선물가격
4월 1일	29,000원	29,600원
5월 1일	29,500원	30,000원
6월 1일	29,400원	29,800원

① 베이시스가 약화되었다가 강화되었다.
② 베이시스가 강화되었다가 약화되었다.
③ 베이시스가 지속적으로 강화되었다.
④ 베이시스가 지속적으로 약화되었다.

011

다음과 같은 조건하에서 매수헤지를 했을 때의 순매수가격은 얼마인가?

날짜	현물시장	선물시장
3월 3일	27,500원	27,550원
4월 14일	27,800원	27,900원

① 27,450원
② 27,550원
③ 27,750원
④ 27,850원

012

수익률곡선에 대한 이론으로 가장 거리가 먼 것은?

① 만기와 수익률 간의 관계를 도표로 작성한 것이다.
② 유동성선호가설은 투자자들은 장기채를 선호한다는 전제에 바탕을 두고 있다.
③ 시장분할가설은 채권의 만기별로 서로 다른 선호도를 가지고 있어서 채권시장이 몇 개의 하부시장으로 분할되어 있다고 본다.
④ 불편기대가설은 채권투자자의 기대로 금리가 결정된다는 것으로, 수익률곡선은 금리상승 예상 시 우상향, 금리하락 예상 시 우하향한다.

013

상품선물의 투기거래에 대한 설명으로 가장 거리가 먼 것은?

① 숏스퀴즈는 선물계약의 매도자를 압박하는 형태이다.
② 투기거래자에는 스캘퍼, 데이트레이더, 포지션트레이더 등이 있다.
③ 최소가격의 변동을 이용하여 매매차익을 실현하고자 하는 투기거래자를 데이트레이더라고 한다.
④ 투기거래의 형태는 코너와 스퀴즈가 있으며, 코너는 현물·선물 모두를 조작하는 것이며, 스퀴즈는 선물만 조작하는 것이다.

014

다음 설명 중 옳지 않은 것은?

> ㉠ 당장 행사했을 때 이익이 생기는 옵션이 외가격
> 옵션이다.
> ㉡ 풋옵션의 경우 대상물의 현재가격이 행사가격보
> 다 낮을 때 외가격옵션이 된다.
> ㉢ 행사가격과 현재가격이 동일한 경우를 등가격옵
> 션이라고 한다.

① ㉠
② ㉡
③ ㉠, ㉡
④ ㉡, ㉢

015

KOSPI200지수옵션 거래에 대한 설명이다. 옳은 것은?

① 거래승수는 계약당 10만 원이다.
② 상장결제월은 3, 6, 9, 12월의 4개물이다.
③ 최종거래일은 해당 결제월의 둘째 주 목요일이다.
④ 행사가격은 지수의 구간을 2.50pt단계로 구분하고
   있다.

016

다음은 콜옵션의 포지션 방향과 민감도 변화를 나타낸 표이다. ㉠~㉣에 알맞은 값은?

구분		델타	감마	세타	베가
Call	매수	+	+	㉠	㉡
	매도	−	−	㉢	㉣

	㉠	㉡	㉢	㉣
①	−	−	+	+
②	+	+	−	−
③	−	+	+	−
④	+	−	−	+

017

기초자산이 현재가격(S) 100.00pt, 상승확률 70%, 하락확률 30%, 무위험이자율 10%, 콜옵션의 행사가격(X) 100.00pt라고 할 때 콜옵션의 가치는?

① 25.45
② 26.65
③ 27.75
④ 28.25

018

옵션 거래전략 중 손실이 무제한인 전략이 아닌 것은?

① 풋 매도
② 콜 매도
③ 스트래들 매도
④ 스트랭글 매수

019

다음 (   )안에 알맞은 용어가 바르게 연결된 것은?

> 잔존기간이 길수록 베가는 (㉠), 잔존기간이 짧을수록 베가는 (㉡).

	㉠	㉡
①	높아지며	변동 없다
②	높아지며	낮아진다
③	낮아지며	높아진다
④	낮아지며	변동 없다

020

다음은 옵션 거래전략의 손익을 표시한 그래프이다. 그래프에 해당하는 전략이 순서대로 바르게 연결된 것은?

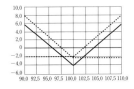 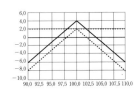

① 스트래들 매수 – 스트래들 매도
② 스트래들 매도 – 스트래들 매수
③ 버터플라이 매수 – 버터플라이 매도
④ 버터플라이 매도 – 버터플라이 매수

021

다음 ㉠~㉣ 안에 들어갈 적절한 말이 바르게 연결된 것은?

> • 감마와 기초자산가격 간의 관계는 등가격일 때 가장 (㉠), 외가격과 내가격으로 갈수록 (㉡).
> • 감마와 잔존기간 간의 관계는 잔존기간이 짧을수록 등가격의 감마는 빠르게 (㉢), 외가격과 내가격의 감마는 (㉣)으로 근접한다.

	㉠	㉡	㉢	㉣
①	낮고	높아진다	높아지고	1
②	높고	낮아진다	높아지고	0
③	낮고	높아진다	낮아지고	1
④	높고	낮아진다	낮아지고	0

022

합성선물 매수포지션을 구성하고자 한다. 적절한 포지션은 무엇인가?

① 콜옵션 매수, 풋옵션 매도
② 콜옵션 매도, 풋옵션 매도
③ 콜옵션 매수, 풋옵션 매수
④ 콜옵션 매도, 풋옵션 매수

www.nadoogong.com

023

다음 ㉠~㉡ 안에 들어갈 용어를 바르게 연결한 것은?

차입자가 미래의 금리변화에 따른 위험을 회피하고
자 하면 일련의 선도금리계약과 동일한 효과를 주는
(㉠)을/를 이용하면 되고, 미래의 금리상승 위
험을 회피하고 금리하락 이익을 얻고자 하면 일련의
금리옵션계약과 동일한 효과를 주는 (㉡)을/ 를
이용하면 된다.

	㉠	㉡
①	금리캡	금리칼라
②	금리칼라	금리스왑
③	장외금리옵션	금리캡
④	금리캡	금리칼라

024

상품옵션거래에서 헤지비율로 사용될 수 있는 것은 무
엇인가?

① 세타
② 1/세타
③ 델타
④ 1/델타

025

다음 설명 중 옳은 것은?

① 선물의 풋-콜패리티의 공식은 $C + X^{e^{-rt}} = P + Fe^{-rt}$
이다.
② 컨버전의 경우에는 선물을 매도하고, 합성선물을
매수한다.
③ 미국형 금리선물옵션의 가격결정모형으로는 블랙
-숄즈모형이 있다.
④ 채권 포트폴리오 관리자는 향후 금리변동성이 증가
할 것으로 예상되면 옵션을 매도한다.

026

스왑스프레드의 변동요인으로 가장 거리가 먼 설명은?

① 유로시장에서 신용위험이 증가하면 유로달러금리
와 미 재무부채권 금리 간의 차이가 확대되고 이에
따라 스왑스프레드가 확대된다.
② 금리변동에 대한 예상에 따라 스왑스프레드가 변동
한다. 장래 금리상승이 예상될 때는 스왑스프레드
가 축소되는 경향이 있다.
③ 미 재무부채권 금리가 높은 상태에 있을 때에는 자
금운용기관의 자산스왑이 증가하고 이에 따라 스왑
스프레드가 축소된다.
④ 스왑딜러의 고정금리 지급 스왑포지션이 많은 경우
딜러들이 헤지를 위해 고정금리 수취스왑을 해야
하므로 스왑스프레드가 축소된다.

027

다음에서 설명하는 형태의 스왑은 무엇인가?

> 이것은 이자율스왑과 유사하나 고정금리 지급이 매번 이루어지는 것이 아니라 만기에 원금이 일시상환되는 점이 다르다. 예를 들어 A은행은 변동금리 차입을 원하나 Zero-Coupon채권을 발행한 후 A기업과 스왑을 함으로써 당초보다 유리한 차입조건을 만들 수 있다.

① 베이시스 스왑
② 원금변동형 스왑
③ Plain Vanilla 스왑
④ Zero-Coupon 스왑

028

아래의 표는 A, B기업의 자금조달 가능금리이다. 비교우위론에 의해 각각 자금시장에서 차입을 하여 Swap을 한다면 각각의 기업이 얻게 되는 금리이익의 합은? (단, Swap 딜러의 이익을 0.1% 가정한다)

구분	A기업	B기업
고정금리시장	5.5%	6.5%
변동금리시장	Libor	Libor+0.4%

① 0.4%   ② 0.5%
③ 0.6%   ④ 0.8%

029

스왑거래와 관련한 내용으로 가장 거리가 먼 것은?

① 두 가지 변동금리를 상호 교환하는 스왑을 베이시스 스왑이라고 한다.
② spot date 이후 특정일로부터 이자가 계산되는 스왑을 forward swap이라고 한다.
③ 고정금리 지급자가 기준 스왑 포지션을 취소시킬 수 있는 옵션을 달 수 있는 것을 puttable swap이라고 한다.
④ step-up, step-down swap은 변동금리와 교환되는 고정금리가 몇 단계로 나누어져서 커지거나 작아지는 스왑이다.

030

금리스왑과 기타 금리거래를 비교한 사항으로 가장 거리가 먼 것은?

① 고정금리 채권 발행과 동일 만기의 변동금리 채권(FRN) 투자를 동시에 할 경우 동일한 원금은 서로 상쇄되고 상이한 조건의 쿠폰흐름만 남게 된다.
② 고정금리를 지급하고 변동금리를 수취하는 이자율스왑은 고정금리 채권 발행과 동일 만기의 변동금리 채권(FRN) 투자와 동일하다.
③ receiver금리스왑과 채권발행(short 포지션)은 금리위험면에서 동일하다.
④ 시리즈의 FRA매수는 고정금리 지급(변동금리 수취)하는 금리스왑거래와 동일하다.

031

각각의 거래상대방 간의 이자율스왑 거래의 사례 **A**와 **B**를 비교한 것으로 가장 거리가 먼 것은?

구분	A		구분	B	
	고정금리 시장	변동금리 시장		고정금리 시장	변동금리 시장
S사	8.75%	Libor +1.0%	J사	4.32%	Libor +1.0%
T사	6.38%	Libor +1.5%	K사	5.05%	Libor +1.5%

① K사는 변동금리로 차입한 후 스왑딜러로부터 변동금리를 받고 고정금리를 지불하는 스왑을 체결할 것이다.
② 사례 B가 비교우위에 의한 스왑의 이익이 사례 A보다 많다.
③ T사는 고정금리채에 비교우위를 가지고 S사는 상대적으로 변동금리채에 비교우위를 가진다.
④ 사례 A의 거래에서는 1.87%의 금리절약혜택을 3사가 나누어 가지게 된다.

032

다음이 설명하는 스왑은 무엇인가?

> 특정 프로젝트를 위한 자본조달을 위해 처음에는 차입액을 늘려나가다가 단계적으로 차입금을 상환해 나가는 프로젝트 파이낸싱에 적합한 비표준형 스왑

① 선도스왑 　　　② step-down 스왑
③ 원금감소형 스왑　④ 롤러코스터 스왑

033

구조화상품을 경로의존형, 첨점수익구조형, 시간의존형, 다중변수의존형, 중첩옵션형, 레버리지형 등으로 구분하였다. 이는 어떤 기준에 따른 것인가?

① 구조화상품의 거래형태
② 구조화상품에 내재되어 있는 파생상품의 유형
③ 기초자산
④ 이색옵션의 형태

034

장내파생상품과 장외파생상품의 특징을 잘못 설명한 것은?

① 장내파생상품은 거래조건이 표준화되어 있으나 장외파생상품은 거래당사자 간의 협의에 따라 정해진다.
② 장내파생상품은 거래소가 규정한 시간에만 거래가 가능하나, 장외파생상품은 24시간 언제든지 거래가 가능하다.
③ 장내파생상품은 모든 거래의 이행을 거래소가 보증하나, 장외파생상품은 보증해 주는 기관이 없어 거래당사자 간의 신용도에 의존한다.
④ 장내파생상품은 가격변동에 따라 손익을 매일 정산하나 장외파생상품은 만기 이전에 손익의 정산이나 가치평가가 필요 없다.

035

경로의존형 옵션에 해당하지 않는 옵션상품은?

① 샤우트옵션   ② 장애옵션
③ 레인보우옵션   ④ 평균옵션

036

경로의존형 옵션에 속하는 것으로 보유자에게 옵션계약기간 동안 가장 유리한 기초자산가격을 행사가격으로 사용할 수 있도록 하는 것은?

① 선택옵션   ② 아시안옵션
③ 룩백옵션   ④ 후불옵션

037

다음이 설명하는 옵션은 무엇인가?

> 이 옵션은 사전에 정해진 일정이나 가격수준에서 새로운 행사가격이 확정되는 것이 아니라 옵션 보유자가 기초자산의 가격이 유리하다고 판단될 때 그 가격을 새로운 행사가격으로 결정할 수 있는 옵션이다. 새로운 행사가격이 형성되면 초기 행사가격과 새로운 행사가격의 차이에서 발생한 내재가치 지급은 보증된다.

① 클리켓옵션   ② 래더옵션
③ 샤우트옵션   ④ 평균옵션

038

다음 중 옵션상품에 대한 설명으로 가장 거리가 먼 것은?

① 다중행사가격옵션은 여러 개의 행사가격을 가지고 있다.
② 피라미드옵션은 각 자산의 가치와 해당 행사가격 간의 차이의 절댓값을 쌓아 올리듯이 더한 값과 특정 행사가격 간의 차이를 구하여 계산한다.
③ 스프레드옵션은 자산의 가격수준이 아니라 자산가격의 차이가 옵션의 기초자산이 된다.
④ 클리켓옵션은 레인보우옵션의 한 변형이다.

039

주가지수가 하락할 경우에는 원금의 일정 비율을 보장받고, 주가지수 상승이 일정 수준에 이를 때까지는 주가지수 상승률에 비례하여 일정한 참여율을 획득하고 만기 이전에 한 번이라도 일정 수준을 초과하면 비교적 낮은 금리의 고정이자를 받는 구조를 가진 상품은 무엇인가?

① Bull Spread ELS
② Digital ELS
③ Reverse Convertible ELS
④ Knock-Out형 ELS

040

다음과 같이 정의되는 위험측정치를 무엇이라 하는가?

> 정상적인 시장 여건하에서 주어진 신뢰 수준에서 일정 기간 동안 특정 포트폴리오를 보유하였을 때, 발생 가능한 최악의 손실을 말한다.

① 델타
② 헤지
③ VaR
④ 기대손실

041

장외파생상품은 당사자 간의 사적인 계약이므로 표준화된 계약서가 중요하다. ISDA가 제정한 ISDA Master Agreement의 구성항목이 아닌 것은?

① 기본계약서
② 부속계약서
③ 단서조항
④ 거래확인서

042

다음 설명 중 틀린 것은?

① 선도계약 매수자가 환율하락 시 파기할 수 있는 옵션을 파기선도라고 한다.
② 동일한 행사가격의 콜옵션과 풋옵션을 동시에 사는 거래를 스트래들 매수거래라고 한다.
③ 주가상승 시 높은 고정이자를 받고, 주가하락 시 원금보장이 되지 못하는 ELS를 Knock-Out ELS라고 한다.
④ 디지털 풋 옵션형 ELS는 주가하락 시 고정된 수익을 얻고, 주가 상승 시 원금을 보장받는 구조이다.

043

다음 자료에서 촉발가격이 105로 설정되어 있는 행사가격이 99인 Up-And-Out 콜옵션(Rebate : 4)의 만기 손익구조는?

일자	1일	2일	3일	4일	5일
기초자산	104	107	109	105	102

① 3
② 4
③ 5
④ 6

044

다음의 옵션 중 현재 시장가치가 가장 낮은 것은 어느 것인가?

① 샤우트옵션의 매입자가 샤우트할 때
② 현재 기초자산가격이 스텝록래더옵션(step-lock ladder option)의 래더에 도달했을 때
③ 만기에 근접한 디지털 콜옵션의 기초자산가격이 행사가격보다 상당히 높은 수준을 유지할 때
④ 현재 기초자산가격이 knock-out 콜옵션의 촉발가격(trigger level)에 근접했을 때

045

동일한 거래상대방과 동일금액의 두 외환거래(현물거래와 선물환거래)를 거래방향을 반대로 하여 체결하는 한 쌍의 외환거래는?

① 통화옵션(FX option)
② 선물환(forward)
③ 통화스왑(currency swap)
④ 외환스왑(FX swap)

046

신용파생상품에 대한 설명으로 거리가 먼 것은?

① CDS의 보장매도자는 준거기업에 대한 신용위험을 이전하는 대신 보장매수자의 신용위험을 인수하게 된다.
② 신용파생상품은 복제형(replicate)상품과 신용디폴트(credit default)상품으로 구분된다.
③ 신용파생상품 시장의 참여자들은 신용위험의 보장매수와 매도(CDS 거래를 통해)를 통해 다양한 차익거래를 추구한다.
④ 준거기업의 신용사건 발생 시 자산의 회수비율을 회수율이라고 한다.

047

신용연계채권(CLN) 투자자는 준거기업의 신용위험은 인수할 수 있으나, 발행자의 신용위험은 인수를 원하지 않을 수 있다. 이를 해결하기 위한 또 다른 형태의 CLN 구조는?

① CLN 발행자가 보유자산 등을 기초로 하여 준거기업에 대한 CDS가 내재된 CLN을 직접 발행한다.
② 특수목적회사(SPC)를 통해 CLN을 발행한다.
③ CLN의 발행자의 신용에 관한 원리금 상환조건을 변경한다.
④ CLN 발행자의 일반채권 수익률을 조정한다.

048

다음 중 파생결합증권인 것은?

① 기업어음
② 주식워런트(ELW)
③ 주가연동예금
④ 원자재투자수익증권

049

운용 합성 CDO와 정적인 합성 CDO를 비교한 것으로 옳지 않은 것은?

① 운용 합성 CDO의 신용 포트폴리오는 만기까지 대부분 지속되나 제한적으로 대체 가능하다.
② 운용 합성 CDO는 운용사가 있지만 정적인 합성 CDO는 운용사가 없다.
③ 정적인 합성 CDO는 보장매수자에 대한 거래상대방 위험만 존재한다.
④ 둘 다 거래시점에 포트폴리오를 설정한다.

050

BIS기준에서 강조한 파생금융상품거래에 수반되는 리스크에 해당하지 않는 것은?

① 노출리스크   ② 유동성리스크
③ 법적리스크   ④ 시장리스크

051

시간의존형 옵션에 대한 설명으로 가장 거리가 먼 것은?

① 시간에 민감하거나 종속적인 옵션을 말한다.
② 미리 정한 특정일자 중에서 한 번만 권리행사가 가능한 경우를 버뮤다옵션이라고 하며, 미국식 옵션이라고도 한다.
③ 선택옵션은 만기일 이전 미래의 특정시점에서 콜 · 풋옵션 여부를 선택할 수 있는 권리를 가진 옵션을 말한다.
④ 행사가격결정유예옵션은 미리 특정시점에서 당일 기초자산가격과 같도록 행사가격이 설정된 옵션을 말한다.

052

건전성 증진을 위한 금융기관의 VaR 활용 사례로 거리가 먼 것은?

① 재무제표 작성과 관련하여 이용한다.
② 거래담당자가 금융기관 전체의 포트폴리오 운용성과를 평가한다.
③ 증권회사의 경우 어떤 포지션에 대해 위험을 측정하고 관리할 것인가를 결정한다.
④ VaR개념을 이용하여 포지션 한도를 설정한다.

053

완전가치평가법이 아닌 것은?

① 위기상황분석
② 델타−노말 방법
③ 몬테카를로 시뮬레이션
④ 역사적 시뮬레이션

054

선물환계약의 VaR를 산정함에 있어 국내채권을 발행한 것과 동일한 결과를 갖는 현물계약 포지션은?

① 원달러 현물환 포지션
② short 원화자금 포지션
③ long 원화자금 포지션
④ long 달러자금 포지션

055

다음 ㉠~㉡ 안에 들어갈 적절한 수치가 순서대로 짝지어진 것은?

> 사후검증은 보통 1일 보유기간과 (㉠)% 신뢰수준을 기준으로 (㉡)일(1년 기준) 동안 추정한 VaR와 실제의 이익과 손실을 매일 비교하여 실제의 이익과 손실이 VaR를 초과하는 횟수를 기초로 이루어진다.

	㉠	㉡
①	95	120
②	99	150
③	95	180
④	99	250

056

환리스크를 관리할 수 있는 기법 중 성격이 다른 것은?

① 통화선물계약 체결
② 리딩(leading)과 래깅(lagging)
③ 자산부채종합관리전략
④ 상계(netting)

057

국내수출업자가 장래 자국통화가 수출상대국 통화에 대하여 평가절하 될 것으로 예상하는 경우에 환위험을 줄이기 위해서 사용할 수 있는 기법은?

① 매칭
② 리딩
③ 래깅
④ 상계

058

운영리스크의 관리에 관한 사항으로 가장 거리가 먼 것은?

① 적절한 방법으로 포지션을 평가하여 이를 바탕으로 매일 매일 포트폴리오의 손익을 산출해야 한다.
② 자료입력 시 오류나 자동화수준은 영업리스크에 경미한 정도의 영향을 미칠 뿐이다.
③ 파생상품에 대한 전문적인 지식과 경험은 거래담당자(딜러)뿐만 아니라 리스크관리자와 감사 등 모두에게 요구된다.
④ 후선직원의 임무와 거래직원의 임무를 명확하게 구분함으로써 책임분리가 확실하게 이루어지도록 해야 한다.

059

파생상품계좌 개설에 대한 설명으로 옳지 않은 것은?

① 기본예탁금으로 예탁된 금액은 위탁증거금으로 사용할 수 없다.
② 파생상품거래계좌에는 자기계좌, 총괄계좌, 중개계좌가 있다.
③ 계좌개설시 대리인이 가족인 경우에는 본인의 실명확인증표가 없어도 가능하다.
④ 법인의 실명확인은 사업자등록증에 기재된 법인명 및 등록번호로 한다.

060

다음의 경우 중 조건부지정가호가의 입력이 가능한 것은?

① 선물스프레드거래인 경우
② 최종거래일이 도래한 종목인 경우
③ 종가단일가를 결정하기 위한 단일가호가 시간인 경우
④ 단일가호가인 경우

061

다음 중 거래소 상장상품의 거래에 대한 설명으로 옳지 못한 것은?

① 오전장, 오후장 구분 없이 연속하여 거래한다.
② 선물스프레드는 지정가호가만 입력하여야 한다.
③ 실시간 가격제한제도는 모든 상장 종목에 적용된다.
④ KOSPI200선물거래에서 최근 월 이외 종목의 경우 지정가호가만 입력하여야 한다.

062

파생상품 거래에서 착오 거래의 정정 신청에 대한 설명 중 다음의 빈칸에 들어갈 가장 알맞은 시간은?

> 파생상품 거래에서 착오 거래의 정정 신청은 착오가 발생한 날의 장 종료 후 (   ) 이내에 하여야 한다.

① 5분   ② 10분
③ 15분   ④ 30분

063

다음 대용증권에 대한 설명으로 적절하지 못한 것은?

① 유로화와 위안화 모두 증거금으로 예탁이 가능하다.
② 적격기관투자자에게는 사후위탁증거금제도가 적용된다.
③ 관리종목과 달리 투자위험종목은 대용증권이 가능하다.
④ 대용증권 가격은 대용증권의 기준시세에 사정비율을 곱하여 계산한다.

064

다음 중 직무윤리의 중요성에 대한 내용으로 거리가 먼 것은?

① 직무윤리의 준수는 금융투자업종사자 스스로를 지키는 안전장치의 역할을 해 준다.
② 직무윤리는 자율적 규범이지만 그 내용의 대부분이 실정법과 연관되어 있으나 강제적인 제재로는 연결되어 있지 않다.
③ 파생상품시장과 관련하여 각종 직무수행과 관련된 많은 법규가 있으나 이를 보완하기 위해 윤리규범이 필요하다.
④ 직무윤리는 도덕성에 바탕을 둔 정당하고 올바른 행위의 모형을 제시해 주며, 법규와는 다르게 자발성을 특징으로 한다.

065

자본시장법상 영업행위규칙에 해당되지 않는 내용은?

① 신의성실의무
② 이해상충의 방지
③ 정보교류의 차단
④ 투자자 이익의 관리

066

다음 중 분쟁조정제도에 대한 설명으로 옳지 않은 것은?

① 분쟁조정기구는 한국거래소, 금융감독원, 금융투자협회에 설치되어 있다.
② 금융투자협회의 분쟁조정위원회는 회원의 영업행위와 관련한 분쟁조정을 취급한다.
③ 조정위원회는 조정의 회부를 받으면 30일 이내에 이를 심의하여 조정안을 작성하여야 한다.
④ 당사자가 분쟁조정위원회의 조정안을 수락한 경우 민법상 화해계약의 효력을 갖게 된다.

067

고객과의 분쟁발생 시에 처리내용에 대한 설명으로 가장 거리가 먼 것은?

① 직원이 제공한 수익률 보장각서는 무효이다.
② 회사도 사용자로서의 책임이 있다.
③ 고객의 손해액은 투자손해액과 기회비용을 포함한 것으로 추정한다.
④ 분쟁과 관련하여 금융감독원에 금융분쟁조정위원회가 설치되어 있다.

068

직무윤리강령 중 윤리적 의무이자 법적 의무인 신의성실의 원칙의 양면성에 대한 사항으로 가장 거리가 먼 것은?

① 권리의 행사와 의무를 이행함에 있어서 행위준칙이 된다.
② 법규의 형식적 적용에 의해 야기되는 불합리와 오류를 시정하는 역할을 한다.
③ 법률관계를 해석함에 있어서 해석상의 지침이 된다.
④ 신의성실의 원칙 위반이 법원에서 다투어지는 경우, 당사자의 주장이 있어야 위반 여부를 판단할 수 있다.

069

투자상담업무종사자와 고객 사이의 신임관계 및 신임의무에 대한 설명으로 가장 거리가 먼 것은?

① 신임관계는 주로 위임관계나 신탁의 관계에서와 같이 전적인 신뢰관계가 존재하는 경우의 관계이다.
② 수임자는 위임자에 대하여 진실로 충실하고 또한 직업적 전문가로서 충분한 주의를 가지고 업무를 처리해야 할 의무를 진다.
③ 수임자가 그 직무를 통해 알게 된 위임자의 정보에 대한 비밀유지 여부가 신임의무에서 특히 강조되는 부분이다.
④ 신임의무의 핵심이 되는 내용은 충실의무와 주의의무이다.

070

적합성의 원칙에 따라 파악하여야 할 고객정보와 가장 거리가 먼 것은?

① 고객의 재무상황
② 고객의 투자경험
③ 고객의 소비성향
④ 고객의 투자기간

071

투자상담업무를 담당하고 있는 자가 중립적이고 객관적인 자료에 근거하여 투자권유를 하지 않고 다분히 '장밋빛' 전망을 기초로 하여 투자를 권유하였다면, 이는 어떠한 윤리기준을 정면으로 위배한 것인가?

① 모든 고객을 평등하게 취급할 의무
② 합리적인 근거를 제시할 의무
③ 품위유지의무
④ 부당한 금품수수의 금지의무

072

S금융투자회사의 직원인 K는 업무상 해외출장이 잦은 관계로 일본 왕복권 2장에 상당하는 마일리지를 적립하였다. K는 이를 이용하여 이번 여름 휴가기간 동안 일본여행을 다녀왔다. K의 이 같은 행위는 어느 직무윤리기준에 저촉되는가?

① 직무전념의무의 위반
② 성실의무의 위반
③ 품위유지의무의 위반
④ 회사재산의 부당한 사용금지의무의 위반

073

Y금융투자회사의 투자상담전문가인 M은 민간단체가 개최하는 파생상품투자권유에 관한 제도개선 세미나에 발표자로 초청을 받아 퇴근시간 이후에 대가를 받고 참석하려고 한다. M은 이 세미나에서 자신이 소속한 Y금융투자회사의 공식적인 견해와는 무관한 자신의 개인적인 의견을 발표하고자 한다. M이 밟아야 할 내부통제절차로 부적절한 것은?

① 직장 상사 또는 준법감시부서에 이 사실을 통보한다.
② 회사의 입장과 배치될 우려가 있는 견해를 제시할 경우 그 견해가 Y금융투자회사의 공식적인 견해가 아니라는 점을 명백히 밝혔다.
③ 우선 M은 Y금융투자회사의 직무에 전념할 의무가 있다.
④ 근무시간 외의 시간이므로 직장상사에게 보고하지 않아도 된다.

074

다음 ㉠~㉡ 안에 들어갈 말로 바르게 짝지어진 것은?

> 법률행위에 하자가 있는 경우, 그 하자의 경중에 따라 중대한 하자가 있는 경우에는 (㉠)로 하고, 이보다 가벼운 하자가 있는 경우에는 (㉡)할 수 있는 행위가 된다.

	㉠	㉡
①	취소	무효
②	무효	취소
③	해제	해지
④	해지	해제

www.nadoogong.com

075

다음의 (   )안에 들어갈 내용으로 옳은 것은?

> 자금세탁행위란 자금의 출처를 숨겨 적법한 것으로 위장하는 행위를 말한다. 자금세탁은 일반적으로 자금의 신속한 이동 및 대량거래의 특성을 갖고 있는 금융회사를 통해 이루어지며, (   )의 3단계를 거친다.

① 배치 – 통합 – 반복
② 통합 – 반복 – 배치
③ 반복 – 통합 – 배치
④ 배치 – 반복 – 통합

076

자본시장법에서 규정하고 있는 투자자에 대한 설명으로 가장 거리가 먼 것은?

① 자본시장법은 투자자를 위험감수능력을 기준으로 전문투자자와 일반투자자로 구분한다.
② 금융투자상품 거래에 있어서 금융투자업자의 거래상대방을 가리키는 용어이다.
③ 전문투자자의 요건을 갖춘 자가 일반투자자 대우를 받기 원하고 금융투자업자가 이에 동의할 경우 일반투자자로서 투자자 보호를 받을 수 있다.
④ 고객구분에 의한 규제 차별화를 통해 규제의 효율성을 높이고 금융시장에 대한 규제가 더 강화되어 규제비용이 증가된다.

077

준법감시인제도에 대한 설명으로 옳지 않은 것은?

① 준법감시인을 임면하려는 경우 이사회의 의결을 거쳐야 한다.
② 준법감시인의 독립성을 보장하기 위해 임기는 2년 이상으로 할 것을 요구하고 있다.
③ 내부통제위원회의 위원장은 준법감시인이 겸임하도록 하고 있다.
④ 준법감시인은 위임의 범위가 명확히 구분된 경우 업무 중 일부를 준법감시업무를 담당하는 임직원에게 위임할 수 있다.

078

다음 중 자본시장법에 명시된 금융투자업에 관한 설명으로 거리가 먼 것은?

① 투자자로부터 금융투자상품에 대한 투자판단의 전부를 일임받아 투자자별로 구분하여 금융투자상품을 운용하는 것은 투자일임업에 해당한다.
② 금융투자상품의 가치 또는 금융투자상품에 대한 투자판단에 관하여 조언하는 것을 영업으로 하는 것은 투자중개업에 해당한다.
③ 자기의 계산으로 금융투자상품의 매매를 하는 것은 투자매매업에 해당한다.
④ 타인의 계산으로 증권의 발행·인수에 대한 청약의 권유, 청약, 청약의 승낙을 영업으로 하는 것은 투자중개업에 해당한다.

079

다음 중 투자자문업 또는 투자일임업의 등록요건에 대한 사항으로 가장 거리가 먼 것은?

① 대주주에 관하여서는 재무상태 및 사회적 신용요건을 검토한다.
② 투자자문업을 영위할 경우 일반투자자와 전문투자자의 최저자기자본은 동일하다.
③ 투자일임업은 상근 임직원인 투자운용인력이 2인 이상을 두어야 한다.
④ 역외 투자자문·투자일임업을 영위하는 경우에는 주식회사 요건은 적용배제된다.

080

다음 중 이해상충방지체계에 관한 설명으로 가장 거리가 먼 것은?

① 금융투자업자는 금융투자업의 영위와 관련하여 이해상충이 발생할 가능성을 파악·평가하고, 이를 적절하게 관리하여야 한다.
② 금융투자업자는 이해상충이 발생할 가능성을 낮추는 것이 곤란하다고 판단되는 경우 내부통제기준이 정하는 방법 및 절차에 따라 매매 등 거래를 해야 한다.
③ 금융투자업자는 금융투자업을 영위함에 있어서 정당한 사유 없이 투자자의 이익을 해하면서 자기가 이익을 얻거나 제3자가 이익을 얻도록 해서는 안된다.
④ 금융투자업자는 이해상충이 발생할 가능성을 내부통제기준이 정하는 방법 및 절차에 따라 투자자 보호에 문제가 없는 수준으로 낮춘 후 매매, 그 밖의 거래를 해야 한다.

081

다음 중 투자매매업자 또는 투자중개업자의 매매관련 규제에 대한 설명으로 옳은 것은?

① 증권시장이나 파생상품시장을 통해 거래를 하는 경우 투자자의 이익침해 가능성이 거의 없으므로 자기계약금지 규정이 적용되지 않는다.
② 투자매매업자나 투자중개업자 또는 그 임직원은 투자자로부터 매매주문을 받지 않아도 임의로 예탁받은 재산으로 금융투자상품을 매매할 수 있다.
③ 매매형태의 명시는 사전에 밝혀야 하며, 문서에 의해 명시하여야 한다.
④ 투자중개업자가 투자자로부터 증권시장이나 파생상품시장에서의 매매위탁을 받은 경우에는 반드시 증권시장이나 파생상품시장을 통해 거래를 실행해야 한다.

082

다음 중 위장거래에 의한 시세조종행위로 볼 수 없는 것은?

① 그 증권 또는 장내파생상품의 매매를 함에 있어서 그 권리의 이전을 목적으로 하지 않고 거짓으로 꾸민 매매를 하는 행위

② 그 증권 또는 장내파생상품의 매매가 성황을 이루고 있는 듯이 잘못 알게 하거나 그 시세를 변동시키는 매매를 하는 행위

③ 자기가 매도하는 것과 같은 시기에 그와 같은 가격 또는 약정수치로 타인이 그 증권 또는 장내파생상품을 매수할 것을 사전에 그 자와 서로 짠 후 매도하는 행위

④ 자기가 매수하는 것과 같은 시기에 그와 같은 가격 또는 약정수치로 타인이 그 증권 또는 장내파생상품을 매도할 것을 사전에 그 자와 서로 짠 후 매수하는 행위

083

다음의 자본시장법상 벌칙에 해당하는 죄 중, 징역과 벌금의 부과가 가장 무거운 것은?

① 거짓, 그 밖의 부정한 방법으로 금융투자업자인가를 받은 경우

② 손실보전 또는 이익보장 행위를 하는 경우

③ 상장증권 또는 장내파생상품의 매매를 유인할 목적으로 실제매매거래 등에 의한 시세조종행위

④ 투자자로부터 파생상품시장에서 매매의 위탁을 받은 경우 파생상품시장을 통하지 않고 매매가 이루어지도록 한 경우

084

금융투자업의 진입규제에 대한 설명으로 거리가 먼 것은?

① 진입규제는 크게 인가제와 등록제로 대별되며, 투자자문업과 투자일임업을 제외하면 인가대상이다.

② 현재 자본시장법하에서는 금융기능별로 진입요건을 마련하였다.

③ 진입요건은 진입 이후에도 계속 충족해야 하는 유지요건으로, 진입 시 적격성이 진입 후에도 지속되어야 한다.

④ 인가제를 채택한 금융투자업자의 진입요건은 등록제를 채택한 등록제보다 완화되어 있다.

085

온라인소액투자중개업자가 금융위에 등록하기 위해서 필요한 자기 자본 요건은 얼마인가?

① 1억   ② 3억

③ 5억   ④ 7억

086

다음 중 일반투자자로 전환이 가능한 전문투자자에 해당하는 것은?

① 외국중앙은행
② 지방자치단체
③ 보험회사
④ 시중은행

087

다음의 빈칸에 들어갈 알맞은 일수는 얼마인가?

> 투자매매업자 또는 투자중개업자는 증권의 모집 또는 매출과 관련된 계약을 체결한 날부터 증권시장에 상장된 후 (   )일 이내에 해당 증권에 대한 조사분석자료를 공표하거나 특정인에게 제공할 수 없다.

① 7일   ② 15일
③ 30일   ④ 40일

088

다음 중 투자매매업 · 투자중개업의 공시사항에 해당하지 않는 것은?

① 증권시장, 파생상품시장 등의 결제를 하지 않은 경우
② 적기시정조치를 받은 경우
③ 대주주 또는 그의 특수관계인의 소유주식 1% 이상 변동된 경우
④ 거액의 부실채권, 손실 또는 금융사고 등이 발생한 경우

089

다음 중 '의사에 반하는 재권유 금지 원칙'에 대한 설명으로 가장 거리가 먼 것은?

① 투자자의 재산을 수탁하지 않는 투자자문계약의 체결을 권유하는 경우에는 '의사에 반하는 재권유 금지 원칙'이 적용되지 않는다.
② 예외적으로 투자성 있는 보험계약의 권유는 허용한다.
③ 거부취지의 의사표시 후 1개월이 지난 후에 재권유는 허용된다.
④ 금전신탁계약의 체결 권유와 부동산신탁계약의 체결 권유는 '의사에 반하는 재권유 금지 원칙'의 적용에 있어 다른 종류의 투자권유로 본다.

090

다음 중 예치금융투자업자가 예치기관에 예치 또는 신탁하여야 하는 의무예치액을 산정함에 있어 기준이 되는 투자자예탁금의 범위에 포함되지 않는 것은?

① 장내파생상품거래예수금
② 집합투자증권투자자예수금
③ 청약자예수금
④ 조건부예수금

091

자본시장법에서 규제하고 있는 시세조종행위 중 매매를 함에 있어 권리 이전을 목적으로 하지 아니하는 거짓으로 꾸민 매매를 하는 행위를 무엇이라 하는가?

① 통정매매
② 가장매매
③ 현실거래에 의한 시세조종
④ 허위표시에 의한 시세조종

092

다음은 금융투자업자의 공통 영업행위규칙에 관한 설명이다. 가장 거리가 먼 내용은?

① 금융투자업자는 이해상충이 발생할 가능성이 있다고 인정되는 경우에는 이해상충이 발생할 가능성을 내부통제기준이 정하는 방법 및 절차에 따라 투자자 보호에 문제가 없는 수준으로 낮춘 후 매매, 그 밖의 거래를 하여야 한다.
② 금융투자업자는 그 이해상충이 발생할 가능성을 낮추는 것이 곤란하다고 판단되는 경우에는 매매, 그 밖의 거래를 해서는 안 된다.
③ 이해상충발생 가능성이 있는 경우 임원 및 직원을 겸직하게 하는 행위나 사무공간 또는 전산설비를 공동으로 이용하는 행위를 해서는 안 된다.
④ 집합투자업자는 그 상호 중에 "신탁"이라는 문자 또는 이와 같은 의미를 가지는 외국어 문자를 사용할 수 없다.

093

다음의 투자설명서와 핵심설명서에 대한 사항으로 옳은 것은?

① 일반투자자를 대상으로 투자권유를 하는 경우에는 투자설명서를 교부한 후, 고객이 이해할 수 있도록 설명하고 고객이 이해하였음을 서명 등의 방법으로 확인받아야 한다.

② 핵심설명서에 설명한 임직원 실명만 기입하여 교부하면 설명의무를 다 한 것으로 본다.

③ 금융투자회사는 협회의 투자설명서 표준양식을 준수하여 사용해야 한다.

④ 모든 파생결합증권의 투자권유시와 신용융자거래에 대하여도 핵심설명서를 투자자에게 추가로 교부해야 한다.

094

계좌관리에 대한 설명으로 적절하지 못한 것은?

① 계좌의 잔액이 0이 된 날로부터 3개월이 경과한 경우 계좌를 폐쇄할 수 있다.

② 계좌의 평가액이 10만 원 이하이고 6개월간 거래가 발생하지 않은 계좌는 통합계좌로 관리할 수 있다.

③ 위탁자예수금에 대해서는 투자자에게 이용료를 지급하여야 한다.

④ 거래소 규정상 필요한 현금예탁필요액을 초과하여 현금으로 예탁한 위탁증거금은 이용료 지급대상이 된다.

095

다음 중 금융투자상품의 투자광고 시 의무적으로 표시하여야할 사항으로 거리가 먼 것은?

① 해당 상품의 투자에 따른 위험

② 수수료에 관한 사항

③ 통계수치를 인용한 경우 해당 자료의 출처

④ 환매신청 후 환매금액의 수령이 가능한 구체적인 시기

096

다음 중 금융투자회사의 약관에 대한 설명으로 가장 거리가 먼 것은?

① 금융투자회사는 협회가 정한 표준약관이 있는 경우에는 이를 우선적으로 사용해야 한다.

② 금융투자협회는 약관을 심사하여 접수일로부터 10영업일 이내에 해당 금융투자회사에 통보한다.

③ 약관내용 중 고객의 권리 또는 의무와 관련이 없는 사항을 변경하는 경우에는 협회에 보고할 필요가 없다.

④ 금융투자회사의 업무와 관련한 표준약관은 금융투자협회가 정한다.

097

10년국채선물의 거래대상이 맞게 연결된 것은?

① 표면금리 연 3%, 3월 단위 이자지급방식

② 표면금리 연 3%, 6월 단위 이자지급방식

③ 표면금리 연 5%, 3월 단위 이자지급방식

④ 표면금리 연 5%, 6월 단위 이자지급방식

098

한국거래소의 상품거래에 대한 설명으로 옳은 것은?

① 미국달러선물의 최종결제방법은 인수도 결제이다.

② 주식옵션의 상장결제월은 모두 7개이다.

③ 주식선물은 가격제한폭이 없다.

④ 돈육선물의 1계약 금액은 1Kg이다.

099

다음 중 한국거래소의 정규거래 평일의 거래시간이 잘못 연결된 것은?

① 옵션상품 : 오전 09:00~15:45

② 코스피200선물 글로벌 거래 : 18:00~익일 05:00

③ 돈육선물 : 오전 10:30~15:45

④ 미국달러선물 글로벌 거래 : 18:00~익일 05:00

100

다음 중 기본예탁금을 예탁하지 않아도 되는 투자자는?

① 사전위탁증거금계좌의 일반투자자

② 사후위탁증거금일반계좌의 적격기관투자자

③ 사전위탁증거금계좌의 건전투자자

④ 사전위탁증거금계좌의 관리대상투자자

파생상품투자권유 자문인력

실전모의고사

평가 영역	문항 수	시험 시간
파생상품 I 파생상품 II 리스크 관리 및 직무윤리 파생상품법규	100문항	120분

001

다음 밑줄 친 부분 중 매도차익거래와 거리가 먼 것은?

> 매도차익거래는 ㉠ 실제선물가격이 이론선물가격보다 높은 경우(선물 저평가 상태), ㉡ 선물에서는 매수포지션을 취하고 ㉢ 현물은 매도한다. 이러한 거래는 ㉣ 주로 프로그램매매에 의해 진행된다.

① ㉠
② ㉣
③ ㉡, ㉢
④ ㉠, ㉣

002

베이시스에 대한 설명으로 가장 거리가 먼 것은?

① 베이시스의 불규칙한 변동을 베이시스위험이라 한다.
② 베이시스는 보유비용과 크기는 같고 부호는 반대이다.
③ 베이시스위험이 존재하기 때문에 완전헤징이 가능해진다.
④ 일반적으로 베이시스는 '현물가격 − 선물가격'으로 정의된다.

003

헤지거래의 종류에 해당하지 않는 것은?

① 교차헤지
② 매도헤지
③ 직접헤지
④ 인덱스헤지

004

주가지수 차익거래의 리스크 중 추적오차에 대한 설명으로 가장 거리가 먼 것은?

① 주가지수 차익거래의 리스크는 추적오차와 유동성위험, 시장충격으로 분류된다.
② 추적오차가 확대되면 차익거래를 실행하고도 원하는 수익을 얻지 못할 수 있다.
③ 추적오차가 발생하는 이유는 현물바스켓이 대상지수를 제대로 추적하지 못하기 때문이다.
④ 주가지수 차익거래를 실행하는 과정에서 현물바스켓의 일부 종목이 유동성 부족으로 체결이 안되는 경우를 추적오차라 한다.

005

T-Bond선물가격이 92-00으로 호가되고 있을 때 인도하려고 하는 채권의 전환계수가 1.2450이다. 인도시점까지 경과이자가 $100당 $2.67라면 선물매도자가 선물매수자에게 채권을 인도하고 받는 금액은 $100당 얼마인가?

① $116.35
② $117.21
③ $118.90
④ $119.67

006

다음 ㉠~㉡ 안에 알맞은 용어는 무엇인가?

> 국고채 5년물을 5년국채선물로 헤지하는 것을 (㉠)라 하고, 보유하고 있는 회사채를 국채선물로 헤지하는 것을 (㉡)라 한다.

	㉠	㉡
①	간접헤지	교차헤지
②	직접헤지	교차헤지
③	간접헤지	직접헤지
④	직접헤지	스택헤지

007

외환시장이 제공하는 기능이 아닌 것은?

① 헤징기능
② 신용기능
③ 구매력의 이전기능
④ 시장금리의 형성기능

008

국내 한 은행이 1개월 만기 원-달러 NDF를 500만 달러에 매수했다. 매입 시 선물환율은 $1=₩1,000이었다. 한달 후 결제일 전일의 기준가격이 $1=₩1,020이라면 결제금액은 얼마인가?

① $98,039
② $100,000
③ $101,462
④ $102,000

009

통화선물에서 이자율평형이론(IRPT)을 설명한 것으로 옳은 것은?

① 환위험을 감수하면 차익거래가 가능하다.
② 자국통화로 표시된 수익률과 외국통화로 표시된 수익률은 같다.
③ 만기와 위험은 같고 표시통화만 다른 두 금융상품의 수익률은 서로 다르다.
④ 선물환율과 현물환율의 차이가 두 통화 간의 이자율 차이에 의해 결정된다.

010

금선물의 계약명세로 옳은 것은?

① 거래대상 : 순도 90.00% 이상의 금괴
② 거래단위 : 1kg
③ 가격표시방법 : 달러(gram당)
④ 호가단위 : 10달러/gram

011

듀레이션에 대한 설명으로 가장 거리가 먼 것은?

① 이표율이 높을수록 듀레이션은 길어진다.
② 수익률이 높을수록 듀레이션은 짧아진다.
③ 맥컬레이듀레이션은 만기가 길어질수록 길어진다.
④ 채권투자자로부터 회수될 현금흐름의 총현재가치에서 각 기간별 현금흐름의 현재가치가 채권가격에서 차지하는 비중치로 하여 산출된 가중평

012

향후 구매할 금 200kg에 대한 매수헤지를 하고자 한다. 회귀계수가 0.90이고, 금 선물 1계약이 1,000g이라면 최적선물계약수는 얼마인가?

① 18계약
② 180계약
③ 1,800계약
④ 18,000계약

013

선물환율의 가격결정에 대한 설명으로 가장 거리가 먼 것은?

① 선물환율의 결정식으로 이자율평형이론이 쓰인다.
② 선물환율은 현물환율 상승 시, 원화금리 하락 시 올라간다.
③ 자국통화의 이자율이 외국통화의 이자율보다 높으면 선물환율이 할증상태가 된다.
④ 만약 실제선물환율이 이론선물환율보다 고평가된 경우, 선물환을 매도하고 현물환을 매수하면 되는데, 이 경우 원화를 차입하여 달러를 매수하여 예금하면 된다.

014

기초자산의 가격변동폭이 크지 않을 것으로 예상될 때 적절한 위험관리방법으로 기초자산 보유포지션에 콜을 매도하는 전략을 무엇이라 하는가?

① 리버설
② 합성콜 매도
③ Covered Call
④ Protecitve Put

015

옵션가격에 영향을 주는 요인 중 시간가치 결정요인을 모두 고른 것은?

㉠ 행사가격	㉡ 변동성	㉢ 잔존기간
㉣ 이자율	㉤ 기초자산의 가격	

① ㉠, ㉡, ㉢
② ㉡, ㉢, ㉣
③ ㉠, ㉡, ㉣
④ ㉢, ㉣, ㉤

016

블랙-숄즈모형의 기본가정으로 옳은 것은?

① 옵션의 거래비용과 세금은 없다.
② 대출과 차입의 계산은 단리로 계산한다.
③ 옵션의 잔존기간 동안 이자율은 계속 변동된다.
④ 변동성은 옵션의 잔존기간 동안 고정되어 있지 않다.

017

다음이 제시하는 옵션민감도의 포지션 방향이 의미하는 바는?

> 세타포지션이 양(＋)의 방향을 가짐

① 변동성이 높아지기를 원함
② 변동성이 낮아지기를 원함
③ 옵션의 만기가 빨리 오기를 원함(매도자)
④ 옵션의 만기가 늦게 오기를 원함(매수자)

018

선물로 합성옵션을 만들고자 한다. 풋옵션 매도를 만들기 위한 조합으로 옳은 것은?

① 콜옵션 매도＋선물 매수
② 콜옵션 매수＋선물 매도
③ 풋옵션 매수＋선물 매수
④ 풋옵션 매도＋선물 매도

www.nadoogong.com

019

옵션 거래전략 중 이익과 손실이 모두 제한적이 아닌 것은?

① 스트랭글 매도
② 버터플라이 매수
③ 수직적 강세 풋 스프레드
④ 수직적 약세 풋 스프레드

020

현물옵션 포트폴리오에 대한 설명으로 가장 거리가 먼 것은?

① 커버드 콜에서 콜옵션 행사가격의 선정 시 행사가격이 높은 외가격 콜옵션을 이용할 경우 최대이익은 커지나 헤지효과는 적다.
② 프로텍티브 풋옵션 행사가격을 산정함에 있어서 행사가격이 높은 내가격 풋옵션을 매수하면 최대손실은 줄어드나 주가상승 시 이익은 비싼 풋옵션 프리미엄만큼 낮아진다.
③ 기초주식을 매수하고 콜옵션을 매수하는 포지션은 커버드 콜이라고 불리며, 주가가 상승하면 이익은 작지만, 주가가 낮아질 경우는 상대적으로 작은 손실을 기대할 수 있다.
④ 주식을 매수하고, 동시에 풋옵션을 매수한 경우에는 프로텍티브 풋이라고 하며 주가가 하락하는 경우에는 손실이 일정한 하한선 이하로 내려가지 않는다는 장점이 있지만, 주가가 상승하였을 경우 이익은 상대적으로 적다.

021

다음은 옵션 거래전략의 손익을 표시한 그래프이다. 그래프에 해당하는 전략이 순서대로 바르게 연결된 것은?

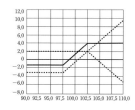 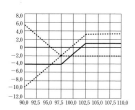

① 수직적 강세 콜옵션 스프레드 – 수직적 강세 풋옵션 스프레드
② 수평적 강세 콜옵션 스프레드 – 수평적 강세 풋옵션 스프레드
③ 수직적 약세 콜옵션 스프레드 – 수직적 약세 풋옵션 스프레드
④ 수평적 약세 콜옵션 스프레드 – 수평적 약세 풋옵션 스프레드

022

다음의 특성을 지닌 옵션가격결정모형은?

- 옵션가격은 주식가격의 상승 또는 하락확률과는 무관하게 동일한 값을 가진다.
- 주식가격은 상승과 하락의 두 가지 경우만 계속해서 반복된다.
- 주가상승배수는 $1 +$ 무위험수익률보다 크고, 주가하락배수는 $1 +$ 무위험수익률보다 작다.

① 이항모형 　　　　② X – ARIMA모형
③ 블랙 – 숄즈모형 　　④ 시뮬레이션모형

023

합성 콜옵션 매수포지션을 구성하고자 할 때 적절한 전략은?

① 선물 매수, 콜옵션 매수
② 선물 매수, 풋옵션 매수
③ 선물 매도, 콜옵션 매도
④ 선물 매도, 풋옵션 매도

024

금리상승 리스크를 관리하는 전략으로 거리가 먼 것은?

① 금리캡 매수
② 금리칼라 매수
③ 국채선물 매도
④ 국채선물 콜옵션 매수

025

환위험헤지에 대한 설명으로 가장 거리가 먼 것은?

① 양(+)의 베이시스에서 만기에 이익이 되는 것은 매도헤지이다.
② 음(-)의 베이시스에서 만기에 이익이 되는 것은 매수헤지이다.
③ 선물환을 이용할 경우, 매수헤지는 환율상승으로 인한 위험을 회피하기 위한 전략이다.
④ 선물환을 이용한 헤지는 필요에 맞추어 거래조건이 결정되므로, 헤지효과가 높고 헤지관리업무가 비교적 간단하다. 반면, 통화선물을 이용하게 되면 신용위험에 노출되는 문제가 있다.

026

금리스왑과 채권을 비교한 사항으로 거리가 먼 것은?

① 고정금리채권과 시장금리는 동일한 관계에 있다.
② receiver금리스왑과 채권투자는 금리위험 면에서 동일하고, payer금리스왑과 채권발행은 서로 동일하다.
③ 고정금리를 지급하는 금리스왑은 고정금리 채권발행과 변동금리채권 투자와 동일하므로 시장위험도 동일할 것이다.
④ 고정금리를 지급하고 변동금리를 수취하는 금리스왑거래의 경우 고정금리채권을 발행하고 동일 만기의 변동금리채권(FRN)에 투자한 것과 동일하다.

027

표준스왑의 이자계산은 **Spot Date**로부터 시작되지만 이 스왑은 **Spot Date** 이후 특정일부터 시작된다. 미래의 자금조달이 예정되어 있거나 투자가 예정되어 있을 때 자금조달비용이나 투자수익률을 미리 고정시킬 수 있는 이 스왑은 무엇인가?

① 원금변동형 스왑
② Step-Up Swap
③ Step-Down Swap
④ Forward Start Swap

028

다음 스왑조건에서 비교우위이론으로 설명한 것으로 가장 거리가 먼 것은?

구분	A기업	B기업
고정금리시장	5.5%	6.5%
변동금리시장	Libor	Libor+0.4%

① A기업은 고정금리시장에서, B기업은 변동금리시장에서 비교우위가 있다.
② A기업은 고정금리 수취스왑, 변동금리 지급스왑을 체결하여 이익을 얻을 수 있다.
③ 두 기업 간 비교우위에 입각한 신용의 차이는 1.4%이다.
④ 두 기업이 스왑을 통해 얻게 되는 수익의 합은 0.6%이다.

029

스왑에 대한 설명으로 가장 거리가 먼 것은?

① 1980년 중반 이후에는 은행들은 고객의 요구에 의한 스왑거래로 소극적인 수익창출의 수단으로 스왑거래를 하였다.
② 스왑거래는 현물거래와 선도거래 혹은 일련의 선도거래가 여러 개 모여진 하나의 거래이다.
③ 전 세계 장외파생상품 시장에서 이자율스왑이 차지하는 비중이 크다.
④ 스왑시장 초기에는 두 거래당사자가 스왑조건에 대해 서로 직접 협의를 통해 거래가 체결되었다.

030

스왑 스프레드에 관한 설명으로 가장 거리가 먼 것은?

① 스왑딜러의 고정금리 지급 스왑포지션이 많은 경우 스왑 스프레드가 축소될 수밖에 없다.
② 미 재무부채권 금리가 낮은 상태일 때는 스왑 스프레드가 확대된다.
③ 장래 금리하락이 예상될 때는 스왑 스프레드가 확대되는 경향이 있다.
④ 신용위험이 줄어들면 두 금리 간의 차이가 축소되고 이에 따라 스왑 스프레드가 축소된다.

031

다음 스왑가격산정의 절차로 ㉠, ㉡ 안에 들어갈 알맞은 절차는?

> 순할인채 수익률과 할인계수 산출 → 수취하는 현금흐름과 지급하는 현금흐름 파악 → (㉠) → (㉡) → 현금흐름의 순현재가치 산정

① ㉠ : 보간법을 통해 금리를 추론
  ㉡ : 변동금리이자 추정
② ㉠ : 변동금리이자 추정
  ㉡ : 보간법을 통해 금리를 추론
③ ㉠ : 각 현금흐름의 현재가치 산정
  ㉡ : 각 현금흐름 발생일의 할인계수 산정
④ ㉠ : 각 현금흐름 발생일의 할인계수 산정
  ㉡ : 각 현금흐름의 현재가치 산정

032

원화 이자율스왑 시장에서 음(−)의 스왑스프레드가 지속되는 원인으로 볼 수 없는 것은?

① 국내 은행들이 발행하는 CD는 발행시장만 있고 유통시장은 거의 없어 은행의 단기금리 지표로서의 대표성이 없기 때문이다.
② 시장규모의 확대에도 불구하고 만성적인 수급 불균형이 지속되고 있기 때문이다.
③ 스왑을 이용하는 최종수요자들의 스왑거래에 대한 니즈가 낮았기 때문이다.
④ 국내에는 5년물, 10년물 국고채 선물이 상장되었으나 거래량이 미미하여 장기 이자율스왑의 헤지 수단으로 사용되기에는 부족하다.

033

통화스왑 거래의 특징을 요약한 것으로 가장 거리가 먼 것은?

① 만기원금 교환의 적용환율은 만기환율과 관계없이 거래시점의 환율이 동일하게 적용된다.
② 통화스왑은 거래상대방 간에 이종통화의 상호대출 계약이라고 할 수 있다.
③ 주기적인 쿠폰교환은 선물환거래와 동일하다.
④ 초기원금과 만기원금 교환에 적용되는 환율은 동일하다.

034

일정 기간 동안의 기초자산의 평균가격이 옵션의 수익구조를 결정하는 특징을 가지고 있으며 경로의존형 옵션에 속하는 옵션은 무엇인가?

① 아시안옵션
② 장애옵션
③ 샤우트옵션
④ 선택옵션

035

다음 ㉠~㉡ 안에 들어갈 용어가 바르게 연결된 것은?

선도계약은 미래의 정해진 날짜에 정해진 가격에 기초자산을 사거나 팔 것을 약속하는 계약이다. 이때 기초자산이 금리인 경우 (㉠)이라 하고, 환율인 경우 (㉡)이라 한다.

	㉠	㉡
①	선물환	선도금리계약
②	선도금리계약	선물환
③	선물환	스왑
④	스왑	선도금리계약

036

다음 장외옵션 중 첨점수익구조형 옵션에 속하지 않는 것은?

① 후불옵션
② 디지털옵션
③ 디지털배리어옵션
④ 버뮤다옵션

037

다음이 설명하는 옵션은 무엇인가?

이것은 초기에 행사가격을 정하여 두지만 일정한 시점이 되면, 그 시점의 시장가격이 새로운 행사가격이 되도록 하는 옵션이다. 행사가격이 재확정 될 때마다 그 시점에서의 옵션이 내재가치가 실현된 것으로 하여 차액지급이 보장된다.

① 클리켓옵션
② 샤우트옵션
③ 래더옵션
④ 후불옵션

038

이 옵션은 개별자산의 가치에 의해서가 아니라 특정한 자산들로 구성된 그룹의 총가치에 근거하여 수익이 계산된다. 포트폴리오의 이론을 응용한 것으로 주로 외환시장에서 많이 사용되는 이 옵션은 무엇인가?

① 바스켓옵션
② 레인보우옵션
③ 다중행사가격옵션
④ 콴토옵션

039

장외파생상품의 설계에 대한 설명으로 가장 거리가 먼 것은?

① 장외파생상품 설계의 시작은 문제를 파악한 후 고객의 요구사항을 개념화하는 것이다.

② 헤지수단을 파악한 후 과거 데이터를 이용하여 시뮬레이션을 해야 한다.

③ 일반적인 설계순서는 요구사항의 개념화 → 헤지수단의 파악 및 시뮬레이션 → 대안의 제시 및 가격평가이다.

④ 장외파생상품의 설계에는 일반적인 규칙이 있는 것은 아니기 때문에 금융기관마다 구체적 설계과정에 차이가 날 수밖에 없다.

040

원자재연계 구조화상품에 대한 설명으로 가장 거리가 먼 것은?

① 가장 대표적으로 거래되는 원유는 서부텍사스산 중질유(WTI crude oil)로 주로 선물에서 거래된다.

② 원자재자산을 이용한 투자상품의 제한으로 날씨, 탄소배출권, 인플레이션 등은 거래대상에서 제외된다.

③ 각 원자재연계 상품마다 구체적으로 어떤 시장에 연동되는지 파악해야 한다.

④ 파생결합증권(DLS : Derivatives Linked Securities), 원자재파생상품 펀드의 형태로 거래된다.

041

일반적으로 기초옵션을 직접 매수하는 것보다 비용이 적게 들고 콜옵션을 기초자산으로 하는 콜옵션은 무엇인가?

① 장애옵션

② 룩백옵션

③ 중첩옵션

④ 버뮤다옵션

042

장애옵션에 대한 설명 중 가장 거리가 먼 것은?

① 기초자산이 촉발가격을 건드려 옵션이 소멸되는 것을 녹아웃(Knock-Out) 옵션이라고 한다.

② 옵션이 녹아웃되어 무효가 되면 대가가 없거나 약간의 현금보상(Rebate)이 이루어진다.

③ 다운 앤 아웃 콜옵션은 장래에 어떤 자산을 매수해야 하는 경우에 유용하다.

④ 다운 앤 아웃 콜옵션의 프리미엄은 표준적 옵션의 프리미엄보다 크다.

043

다음은 어떤 장외옵션에 대한 설명인가?

> 다중변수의존형(Multi-Factor dependent) 옵션 중에서 각 자산의 가치를 가중치로 하여 옵션의 손익을 계산하였다.

① 포트폴리오옵션
② 피라미드옵션
③ 바스켓옵션
④ 샤우트옵션

044

다음의 경우 콜옵션 매수자의 수익은 각각 얼마인가?

> 행사가격이 95, 만기일 기초자산가격이 102, 수익이 10인 디지털 콜옵션 매수자, 프리미엄이 5인 후불 콜옵션 매수자

① 7, 5
② 10, 2
③ 10, 7
④ 0, 2

045

다음 VaR에 대한 설명 중 틀린 것은?

> • 포지션 A의 VaR : 10억 원
> • 포지션 B의 VaR : 5억 원

① 두 포지션의 상관계수가 0.5이면 포트폴리오 VaR는 13.2억 원이다.
② 두 포지션의 상관계수가 (−)1이면 포트폴리오 VaR는 5억 원이다.
③ 두 포지션의 상관계수가 (＋)1이면 포트폴리오 VaR는 15억 원이다.
④ 두 포지션의 상관계수가 0이면 포트폴리오 VaR는 12.5억 원이다.

046

다음 설명 중 틀린 것은?

① 주요변수의 극단적인 변화가 포트폴리오에 미치는 영향을 시뮬레이션하는 기법이 위기상황분석(Stress-Testing)이다.
② VaR는 VaR보다 더 큰 손실이 발생할 확률에 대한 정보 및 더 큰 손실의 규모까지 알 수 있다.
③ 몬테카를로 시뮬레이션은 가장 효과적으로 VaR를 계산할 수 있는 방법이나 시간과 비용이 많이 든다.
④ 분석적 분산-공분산 방법은 계산이 빠르다는 장점이 있다.

047

신용파생상품의 유용성에 대한 설명으로 가장 거리가 먼 것은?

① 부외거래가 많아 규제와 감독의 틀을 벗어날 수 있다.
② 금융기관에게는 신용위험 이전에 따른 위험자산의 감소로 추가적인 신용공여 여력을 창출할 수 있다.
③ 어떤 법적 규제나 제약으로 인해 직접적으로 시장에 진입하지 못할 때 간접적으로 참여할 수 있다.
④ 대출과 같이 매각하기 힘든 자산에 비해 쉽게 거래할 수 있으므로 유동성이 상대적으로 높다.

048

다음은 첨점수익구조형 옵션 중 어느 옵션에 대한 설명인가?

- 옵션이 행사되어야만 프리미엄을 지불하는 옵션이다.
- 만기일 당일에 옵션이 내가격 상태에 있으면 비록 옵션의 내재가치가 프리미엄보다 작더라도 옵션을 자동적으로 행사된다.
- 이 옵션을 매수하는 사람이 누릴 수 있는 이점은 옵션만기에 가서 이 옵션이 외가격상태가 되면 프리미엄을 전혀 지불하지 않을 수 있다는 것이다.

① 디지털옵션　　　　② 샤우트옵션
③ 디지털배리어옵션　④ 조건부프리미엄옵션

049

다음의 옵션들 중 다른 조건이 동일하다면 옵션의 프리미엄이 가장 높은 것은?

① 장애옵션　　　② 버뮤다옵션
③ 유럽식 옵션　④ 미국식 옵션

050

신용파생상품의 특징에 대한 설명으로 옳은 것은?

① CDS 프리미엄은 기초자산인 준거기업의 신용위험만을 분리한 가치를 의미한다.
② CDS 보장매도자는 신용사건이 발생하는 경우에만 손실금을 지급하게 된다는 점에서 채권투자자와 유사하다.
③ 준거기업에 대한 부정적 전망으로 신용위험의 증가가 예상될 경우, 매도전략이 어렵다는 단점이 있다.
④ 유동성이 떨어진다는 점이 단점이다.

051

"재무상태표상의 자산과 부외자산이 주식시장에서 금리, 환율, 상품가격에서의 불리한 움직임으로 발생하는 손실에 대한 위험"으로 BIS가 정의한 파생금융상품거래에서 수반되는 리스크는?

① 신용리스크　　② 영업리스크
③ 시장리스크　　④ 유동성리스크

052

파생상품의 거래와 관련한 설명으로 가장 거리가 먼 것은?

① 장외파생상품시장에 대한 규제가 상대적으로 약하며, 거래자들 간에 계약관계가 얽혀있다.

② 유동성이 낮으며 상대방 부도리스크에 직접 노출된다.

③ 파생상품은 레버리지 효과가 커서 손실이 발생하면 매우 크게 된다.

④ 계약의 만기가 상대적으로 짧고 가격정보가 다양해 리스크관리가 용이하다.

053

분산효과가 VaR에 미치는 영향에 대한 설명으로 가장 거리가 먼 것은?

① 상관계수는 1과 −1 사이의 값을 가진다.

② 상관계수가 0인 경우 두 자산 간의 완전대체가 성립한다.

③ 상관계수가 1일 경우 분산효과는 전혀 없으므로 포트폴리오의 VaR는 개별자산 VaR의 단순합이다.

④ 상관계수가 −1인 경우 두 개별자산의 수익률 간에 위험분산효과가 가장 크다.

054

다음의 선물계약의 VaR에 대한 설명으로 가장 거리가 먼 것은?

① 주가지수선물은 주가지수와 동일한 위험을 갖는다고 가정한다.

② 선물상품이 기초자산과 선형관계를 갖는 경우에는 델타−노말 방법을 이용할 수 있다.

③ VaR 계산시에 선물계약이 갖는 높은 레버리지 효과를 고려한다.

④ 선물계약의 포지션을 계산할 때에는 증거금만을 고려한다.

055

위기상황분석(Stress−testing)에 대한 시항으로 가장 거리가 먼 것은?

① 시나리오분석이며, 주요 변수들의 극단적인 변화가 포트폴리오에 미치는 영향을 시뮬레이션하는 기법이다.

② VaR 분석의 한계에 대한 보완으로 위기상황분석이 이용되고 있다.

③ 위기분석의 첫 단계로 현재 금융자산 또는 포트폴리오 포지션에 시장변수들의 과거 자료를 기초로 발생 가능한 상황의 시나리오를 설정한다.

④ 위기상황분석의 과정은 시나리오 생성, 포지션 가치의 재평가, 결과요약의 3단계로 진행된다.

056

유동성리스크의 관리에 대한 사항으로 가장 거리가 먼 것은?

① 금융기관은 현금유입과 현금유출을 예측하기가 어려우므로 유동성리스크 관리가 필요하다.
② 유동성리스크를 관리할 때는 유동성수준과 리스크수준, 기대수익수준을 동시에 고려하여야 한다.
③ VaR의 측정에 있어서도 유동성수준을 고려해야 하는데, 포지션정리에 충분한 기간은 보유자산의 유동성을 감안하여 판단해야 한다.
④ 장내파생상품시장의 경우 시장상황의 변화를 주시해서 대체시장의 이용가능성을 항상 염두에 두어야 한다.

057

금리스왑에서 고정금리 지급자 또는 수취자가 채무불이행하는 경우 중개자인 금융기관에 미치는 영향에 대한 설명으로 가장 거리가 먼 것은?

① 채무불이행이 금융기관에 미치는 영향은 금리가 움직이는 방향과 어느 상대방이 채무불이행하는지에 의해 결정된다.
② 두 상대방 중에서 한쪽이라도 채무를 이행하지 못하면, 채무불이행 된 포지션과 관계없이 채무불이행하지 않은 상대방과의 계약조건을 완수해야 할 의무를 갖는다.
③ 금리가 변하지 않으면 중개자인 금융기관에는 아무런 영향을 미치지 않는다.
④ 금리가 상승할 경우 고정금리 지급자의 채무불이행으로 인해 중개자인 금융기관이 손실을 입는다.

058

다음 설명 중 옳은 것은?

① 내부적 환리스크 관리기법으로서의 상계란, 다국적 기업의 본사와 지사 간의 거래에서 일정기간마다 채권과 외화채무를 서로 상쇄하고 잔액만 수취 또는 지불하는 방법을 말한다.
② CDS 보장매도자는 신용사건이 발생하는 경우에만 손실금을 지급하게 된다는 점에서 채권투자자와 유사하다.
③ 준거기업에 대한 부정적 전망으로 신용리스크의 증가가 예상될 경우, 매도전략이 어렵다는 단점이 있다.
④ 신용파생상품은 유동성이 떨어진다는 단점이 있다.

059

다음 중 외국인의 파생상품거래를 위한 계좌개설에 있어 유의해야 할 사항으로 가장 거리가 먼 것은?

① 금융투자업자에게 외화계좌를 개설한 자는 반드시 은행에 파생상품투자전용 대외계정과 파생상품투자전용 비거주자 원화계정을 개설하여야 한다.
② 거래증거금으로 대용증권을 사용할 경우에는 외국인등록증이 있어야 한다.
③ 입출금업무에 있어 원화계좌는 내국인과 동일하나 외화계좌 개설은 비거주 외국인의 경우에는 의무적으로 개설하여야 한다.
④ 외국인은 취득한 유가증권을 금융투자업자, 예탁결제원, 외국환은행, 투자신탁회사, 외국보관기관 등에 보관하여야 한다.

060

다음의 ㉠~㉡ 안에 들어갈 숫자가 차례대로 바르게 연결된 것은?

> 사이드카가 발동하기 위한 요건은 선물상품 가격이 코스피 전일 종가 대비 (㉠)% 이상 등락가가 1분 이상 계속될 때와 코스닥 전일 종가 대비 (㉡)% 이상 등락가가 1분 이상 지속될 때이다.

	㉠	㉡
①	3%	3%
②	3%	5%
③	5%	5%
④	5%	6%

061

다음 중 착오거래의 정정과 관련된 사항으로 가장 거리가 먼 것은?

① 거래소 회원은 착오가 발생한 날의 장종료 후 30분 이내에 착오거래의 정정을 신청해야 한다.
② 착오거래의 정정은 장중에도 신청할 수 있다.
③ 위탁거래와 자기거래의 구분 및 투자자의 구분에 대한 착오와 거래소 회원 시스템으로 발생하는 착오의 처리는 회원의 자기거래로 인수한다.
④ 거래소 착오거래를 회원의 자기거래로 인수한 경우에는 지체 없이 단일가호가로 반대거래를 하여야 한다.

062

다음 조건의 KOSPI200선물의 갱신차금과 정산차금은 각각 얼마인가?

> • 당일 KOSPI200 F201409 2계약을 176.50에 신규매수
> • 당일 KOSPI200 F201409의 정산가 : 176.20
> • 전일 미결제약정 매도 5계약
> • 전일 정산가 : 177.00

	갱신차금	정산차금
①	−125만 원	−95만 원
②	125만 원	95만 원
③	200만 원	170만 원
④	−200만 원	−170만 원

063

고액현금거래보고제도의 대상이 되는 현금거래의 기준 금액과 보고 기관이 각각 올바르게 연결된 것은?

① 1회 2천만 원 이상, 한국거래소
② 1회 1천만 원 이상, 한국거래소
③ 1일 거래일 동안 2천만 원 이상, 금융정보분석원
④ 1일 거래일 동안 1천만 원 이상, 금융정보분석원

064

직무윤리의 중요성에 대한 설명으로 가장 거리가 먼 것은?

① 금융규제가 완화되면 그에 상응하여 직무윤리의 역할과 중요성이 증가한다.

② 자본시장법하에서는 직무윤리와 내부통제의 역할과 중요성이 예전에 비해 감소되었다.

③ 직무윤리는 대리인비용과 대리인문제를 사전에 예방하는 유용한 수단이 된다.

④ 직무윤리는 결과를 기준으로 하는 강행법규의 결함을 보완하며 자발성과 자율성의 성격을 가진다.

065

금융투자회사의 준법감시인에 대한 설명으로 거리가 먼 것은?

① 금융투자회사는 준법감시인 1인 이상을 반드시 두어야 한다.

② 당해 직무수행과 관련한 사유로 부당한 인사상 불이익을 주어서는 안 된다.

③ 준법감시인은 감사 또는 감사위원회에 소속되어 독립적인 업무를 수행한다.

④ 집합투자업자가 준법감시인을 임명하고자 하는 경우에는 이사회의 결의를 거쳐야 한다.

066

투자권유에 대한 다음 설명 중 가장 거리가 먼 것은?

① 파생상품을 투자권유하는 경우 적정성의 원칙이 추가된다.

② 불확실한 내용에 대해 단정적 판단을 제공하거나 어느 정도 오인하게 할 소지가 있는 경우는 설명의무에 저촉된다.

③ 원칙적으로 투자자로부터 투자권유를 요청받은 경우에만 방문이 가능하다.

④ 투자자의 거부의사 표시 후 1개월이 경과한 경우 재권유가 가능하다.

067

판매회사와 판매직원이 투자자에게 보상해야 하는 경우로 가장 거리가 먼 것은?

① 판매자의 행위가 적법하게 행해진 것이 아니라는 사실을 투자자가 알았거나 중대한 과실로 인하여 알지 못한 경우에는 판매회사와 사용자 책임을 물을 수 없다.

② 손해배상의 범위는 손실액과 투자자의 성향, 투자자의 과실도 함께 감안하여 책임비율을 정한다.

③ 판매직원과 고객 간의 손해배상책임 문제가 발생하면 회사도 사용자로서의 책임을 일부 져야 한다.

④ 회사의 위법행위로 인하여 투자자에게 발생한 손해를 배상하는 행위에도 손실의 전부 또는 일부를 회사의 고유재산으로는 보전해줄 수 없다.

068

다음의 사례는 어느 직무윤리강령의 윤리기준을 위반하고 있는가?

A금융투자회사의 리서치센터에서 근무하는 애널리스트 P는 금융투자교육원에서 주관하는 금융투자분석사 직무보수교육이 있었지만, 업무가 바쁘다는 이유로 리서치센터장인 K가 출석을 허락하지 않아 참가하지 못하였다.

① 공정성 유지의무
② 법규 등 준수의무
③ 전문지식 배양의무, 신의성실의무
④ 전문지식 배양의무, 소속회사 등의 지도 · 지원 의무

069

다음 중 고객에 대한 충실의무에 대한 설명으로 가장 거리가 먼 것은?

① 수임자는 특별한 경우를 제외하고 자신이 수익자의 거래상대방이 되어서는 안 된다.
② 수임자가 최선의 노력을 다하여 고객에게 최대한의 수익률을 내려 했으나 원금만 보전되는 결과를 낳았다. 이는 충실의무를 위반한 것이다.
③ 수임자는 수익자의 이익과 경합하거나 상충되는 행동을 해서는 안 된다.
④ 수임자는 그 직무를 통해 위임자에 관해 알게 된 정보에 대해 비밀을 유지해야 한다.

070

다음 중 투자상담업자가 고객에게 투자권유 시 직무윤리기준을 위반한 것으로 볼 수 있는 것은?

① 투자정보를 제시할 때 미래의 주가전망보다는 현재의 객관적인 사실에 입각하여 설명하였다.
② 주관적으로는 수익성이 있다고 판단되는 투자상품이 있으나 정밀한 조사과정을 거치지 않았으므로 중립적이고 객관적인 투자자료를 바탕으로 설명하였다.
③ 투자판단에 혼선을 줄 수 있는 사항이 될 수 있으나 해당 상품의 특성과 손실위험에 대해 충분히 설명하였다.
④ 고객설득을 위해 투자성과가 어느 정도 보장된다는 취지로 설명을 하였다.

071

부당한 금품수수의 금지의무를 위반하지 않은 것은?

① 홍보용 물품으로 만든 시가 5만 원 상당의 시계를 받은 행위
② 선물이라면서 주는 진품 롤렉스 시계를 받은 행위
③ 계약 시 약정한 수수료 외의 대가를 고객으로부터 추가로 받는 행위
④ 시가 30만 원 상당의 유명 오페라 티켓을 1만 원에 제공받은 행위

072

금융투자회사에서 투자상담업무를 담당하고 있는 P가 회사의 동의 없이 사이버공간에서 가명으로 유료의 투자상담업무를 수행하고 있다면, 이는 어떠한 직무윤리 기준을 위반한 것이 되는가?

① 요청하지 않은 투자권유의 금지의무의 위반
② 미공개 중요정보의 이용 및 전달금지의무의 위반
③ 직무전념의무, 이해상충금지의무의 위반
④ 업무의 공정한 수행을 저해할 우려 있는 사항에 관한 주지의무

073

금융분쟁조정위원회의 금융분쟁 조정절차의 순서로 옳은 것은?

① 조정신청 → 사실조사 및 검토 → 합의권고 → 조정위원회 회부 → 조정안 작성 및 수락권고 → 조정의 성립 및 효력
② 조정신청 → 합의권고 → 사실조사 및 검토 → 조정위원회 회부 → 조정안 작성 및 수락권고 → 조정의 성립 및 효력
③ 조정신청 → 사실조사 및 검토 → 합의권고 → 조정안 작성 및 수락권고 → 조정위원회 회부 → 조정의 성립 및 효력
④ 조정신청 → 합의권고 → 사실조사 및 검토 → 조정안 작성 및 수락권고 → 조정위원회 회부 → 조정의 성립 및 효력

074

금융투자상품의 판매와 관련하여 금융투자회사의 임직원이 지켜야 할 사항으로 다음 중 가장 거리가 먼 것은?

① 직무수행과정에서 알게 된 고객 또는 회사에 관한 비밀정보를 누설한다든지 자기가 이용하거나 타인으로 하여금 이용하게 해서는 안 된다.
② 고객에 관한 사항이 비밀정보인지 여부가 불명확한 경우에는 공개되는 정보인 것으로 취급한다.
③ 임직원이 고객 또는 회사의 비밀정보를 제공하는 경우에는 준법감시인의 사전승인을 받아 직무수행에 필요한 최소한의 범위 내에서 제공하여야 한다.
④ 고객이 동의하지 않는 상황에서 특정고객에 대한 언급이나 확정되지 않은 기획단계의 상품 등에 대한 언급을 해서는 안 된다.

075

자금세탁방지 주요제도에 대한 설명으로 가장 거리가 먼 것은?

① 고객확인제도(CDD)는 금융회사가 고객과의 거래 시 성명과 실지명의 외에 주소, 연락처 등을 추가로 확인하고 자금세탁행위 등의 우려가 있는 경우 실제 당사자 여부 및 금융거래 목적을 확인하는 제도이다.
② 고액현금거래보고제도(CTR)는 1일 거래일 동안 1천만 원 이상의 현금을 입금하거나 출금한 경우 거래자의 신원과 거래일시, 거래금액 등을 금융투자협회로 보고해야 하는 제도이다.
③ 의심거래보고제도(STR)는 금융거래와 관련하여 수수한 재산이 불법재산이라고 의심되는 합당한 근

거가 있거나 금융거래의 상대방이 자금세탁행위를 하고 있다고 의심되는 합당한 근거가 있는 경우 이를 금융정보분석원에 보고하는 제도이다.

④ 직원알기제도(Know Your Employee)는 회사가 자금세탁 등에 임직원이 이용되지 않도록 하기 위해 임직원을 채용하거나 재직중인 자에게 그 신원사항을 확인하는 것을 말한다.

076

다음 중 자본시장법의 주요내용으로 볼 수 없는 것은?

① 기능별 규율체계
② 전문투자자 보호규제의 강화
③ 포괄주의 규율체계
④ 금융투자업자의 업무범위 확대

077

자본시장법상 금융투자상품에 대한 설명으로 옳은 것은?

① 추가지급의무가 있는 금융투자상품을 장외파생금융상품이라고 한다.
② 파생상품으로서 장내파생상품이 아닌 것은 해외파생상품이 된다.
③ 파생상품은 거래소시장 거래 여부에 따라 장내파생상품과 장외파생상품으로 나뉜다.
④ 원본초과손실 가능성이 있는 금융상품을 말한다.

078

다음 중 자본시장법의 내용으로 옳은 것은?

① 자산유동화계획에 따라 금전 등을 모아 운용·배분하는 경우는 집합투자에 해당된다.
② 투자권유대행인이 투자권유를 대행하는 것은 투자중개업에 해당한다.
③ 지분증권의 가격과 연계된 파생결합증권을 발행하는 것은 투자매매업이 아니다.
④ 불특정 다수인을 대상으로 발행 또는 송신되고, 불특정 다수인이 수시로 구입 또는 수신할 수 있는 간행물·출판물·통신물 등을 통해 조언하는 경우는 투자자문업이 아니다.

079

다음의 금융투자업자의 지배구조 규제에 대한 사항으로 거리가 먼 것은?

① 금융투자업자는 사외이사를 3인 이상 두어야 하며, 사외이사는 이사 총수의 1/2 이상이어야 한다.
② 투자매매업자가 발행한 주식을 취득하여 대주주가 된 자는 이를 2주 이내에 금융위원회에 보고하여야 한다.
③ 감사위원회는 총 위원의 2/3 이상이 사외이사이고 위원 중 1인 이상은 회계 또는 재무전문가이어야 한다.
④ 금융투자업자의 임원이 임원의 결격사유에 해당하는 경우 그 직을 상실한다.

080

다음 중 투자권유대행인에 관한 사항으로 거리가 먼 것은?

① 금융투자업자는 다른 금융투자업자의 투자권유대행인으로 등록된 자에게는 투자권유를 위탁할 수 없다.

② 투자권유대행인은 서면으로 위임을 받은 경우 투자자를 대리하여 계약을 체결할 수 있다.

③ 투자권유대행인은 금융투자협회가 정하는 교육을 이수해야 한다.

④ 투자권유대행인은 투자권유의 대행과 관련하여 그 업무와 재산상황에 관하여 금융감독원장의 검사를 받아야 한다.

081

내부자거래 등 불공정거래행위의 규제에 대한 설명으로 옳은 것은?

① 상장법인 내부자의 미공개중요정보 이용행위금지의 규제대상은 그 법인이 발행한 일정한 금융투자상품에 한한다.

② 미공개중요정보를 이용하지 않은 내부자는 단기매매차익의 반환의무가 없다.

③ 주권상장법인의 모든 임직원과 주요주주는 단기매매차익의 반환의무가 있다.

④ 자본시장법상 미공개중요정보 이용행위금지 규제에서 '중요정보'란 '투자자의 투자판단에 중대한 영향을 미칠 수 있는 정보'를 말한다.

082

"그 증권 또는 장내파생상품의 시세가 자기 또는 타인의 시장조작에 의하여 변동한다는 말을 유포하는 행위"는 다음의 시세조종행위 중 어디에 속하는가?

① 허위표시에 의한 시세조종

② 시세고정

③ 현선연계 시세조종

④ 위장거래에 의한 시세조종

083

금융투자업의 업무범위 확대에 관한 설명으로 거리가 먼 것은?

① 투자권유대행인제도를 새로 도입하였다.

② 부수업무를 원칙적으로 허용하였다.

③ 부수업무의 경우 미리 금융위원회에 등록하면 된다.

④ 금융투자업 간 겸영을 허용하였다.

084

금융투자업의 인가에 관한 설명 중 옳은 것은?

① 자기자본의 경우 유지요건이 될 때 최저자기자본의 60% 수준만 유지하면 된다.

② 대주주요건의 경우 사회적 신용요건만 적용된다.

③ 인가업무 외 다른 업무를 추가하려는 경우 금융위원회에 사전신고만 하면 된다.

④ 금융위원회는 인가신청서를 접수한 경우에는 그 내용을 심사하여 1개월 이내에 금융투자업인가 여부를 결정하고, 그 결과와 이유를 지체 없이 신청인에게 문서로 통지하여야 한다.

085

다음 중 금융투자업자의 내부통제기준 설정과 관련하여 가장 적절하게 설명한 것은?

① 금융투자업자는 한국금융투자협회가 작성한 표준 내부통제기준을 반드시 따라야 한다.

② 투자자가 파생상품 결제대금이 추가예탁요구를 통보받고 시한 내에 추가예탁의무를 이행하지 않은 경우에도 투자자에 대한 최고 또는 투자자의 승인 없이는 투자자의 파생상품 등을 임의로 처분하여 그 결제대금에 충당할 수 없다.

③ 각 지점별로 파생상품 영업관리자를 반드시 1인 이상 지정해야 한다는 사항이 포함되어야 한다.

④ 파생상품거래를 위한 계좌개설 시 파생상품 영업관리자의 계좌개설에 관한 확인 및 투자자 보호에 필요한 조치에 관한 사항이 포함되어야 한다.

086

다음 중 총위험액을 산정하는 데 있어 고려해야 할 사항으로 거리가 먼 것은?

① 선물회사는 개별적으로 위험액 산정 시 상계를 인정하지 않고 위험액 간에 위험상쇄액을 산정하여 총위험액에서 차감한다.

② 금융투자업자는 위험관리수준 평가결과에 따라 금융감독원장이 정하는 조정값을 반영하여 운영위험액을 가산 또는 감액한다.

③ 파생상품은 기초자산 포지션으로 전환하여 시장위험액을 산정한다.

④ 동일인 또는 동일기업집단을 대상으로 한 금리위험액 산정대상 및 신용위험액 산정대상 포지션의 합계액이 영업용순자본의 20%를 초과하는 경우에는 신용집중위험액으로 산정하여 신용위험액에 가산한다.

087

다음 중 금융투자업자의 영업용순자본비율이 100% 미만일 때 내려지는 조치는?

① 경영개선요구

② 경영개선권고

③ 경영개선명령

④ 경영개선제안

088

다음 중 금융투자업자가 제3자에게 업무를 위탁하는 경우 위탁계약 기재사항에 포함되지 않는 것은?

① 위탁하는 업무의 처리에 대한 기록유지에 관한 사항
② 수탁자의 부도 등 우발상황에 대한 대책에 관한 사항
③ 수탁자의 행위제한에 관한 사항
④ 위탁하는 업무의 범위

089

'개인정보보호법'에 대한 설명으로 적절하지 못한 것은?

① 개인정보처리자는 정보주체가 필요한 최소한의 정보 외의 개인정보수집에 동의하지 않는다는 이유로 정보주체에게 서비스의 제공을 거부하여서는 안 된다.
② 개인정보의 익명처리가 가능한 경우 익명에 의해 처리하여야 한다.
③ 특별법에 정함이 없으면 개인정보보호법을 적용한다.
④ 정보유출에 대한 손해배상에 대해 전보적 손해배상이 도입되었다.

090

다음 중 투자일임업자가 투자일임계약을 체결한 일반투자자에게 일임재산의 운용현황 및 이해상충이 발생할 우려가 있는 고유재산과의 거래실적 등에 관한 결과를 보고하는 서류는?

① 투자일임보고서
② 일임재산 운용현황 보고서
③ 거래실적보고서
④ 투자일임계약서

091

다음 중 조사결과 보고 및 처리안을 심의하기 위한 자문기구로서 증권선물위원회에 속하는 것은?

① 공정거래위원회
② 감리위원회
③ 불공정거래조사·심리기관협의회
④ 자본시장조사심의위원회

092

내부자거래규제와 관련된 설명으로 거리가 먼 것은?

① 주권상장법인의 임직원 또는 주요주주가 특정증권 등을 6개월 내에 단기매매 하여 이득이 발생하는 경우 그 법인은 그 임직원 또는 주요주주에게 단기매매차익을 법인에게 반환할 것을 청구할 수 있다.

② 단기매매차익반환 대상인 임원에는 이사, 감사, 업무집행지시자 등이 있다.

③ 주요주주는 매도 · 매수한 시기 중 어느 한 시기에만 주요주주이면 된다.

④ 직원은 미공개중요정보를 알 수 있는 자를 말한다.

093

금융분쟁조정제도에 대한 설명으로 옳지 못한 것은?

① 금융감독원의 금융분쟁조정위원회 위원장은 금융감독원 부원장이다.

② 당사자들이 금융감독원의 조정안을 수락한 경우 재판상 화해와 동일한 효력을 갖는다.

③ 협회의 분쟁조정은 공개를 원칙으로 한다.

④ 수사기관이 수사 중인 경우 협회 분쟁조정위원회 위원장은 직권으로 조정을 종결시킬 수 있다.

094

다음 중 투자광고의 유효기간에 대한 설명으로 거리가 먼 것은?

① 인터넷 배너, 라디오 등의 방송을 이용한 광고나 옥외광고물은 심사필의 표시를 생략할 수 있다.

② 투자광고에 포함된 운용실적 또는 수익률이 동일한 기간으로 산출한 것과 차이가 나는 경우에는 해당 변동이 발생한 날의 다음 날부터 투자광고를 사용해서는 안 된다.

③ 집합투자기구의 등급 또는 순위가 달라진 경우에는 투자광고를 사용해서는 안 된다.

④ 협회로부터 적격통보를 받고 유효기간이 경과하지 않은 투자광고에 대하여는 유효기간 만료일 5영업일 전까지 유효기간 연장신청을 하면 광고의 재사용이 가능하다.

095

다음 ㉠~㉡ 안에 들어갈 적절한 수치가 순서대로 짝지어진 것은?

> 금융투자분석사는 소속 금융투자회사에서 조사분석자료를 공표한 금융투자상품을 매매하는 경우에는 공표 후 (㉠)시간이 경과하여야 하며, 해당 금융투자상품의 공표일로부터 (㉡)일 동안은 공표한 투자의견과 같은 방향으로 매매하여야 한다.

	㉠	㉡
①	24	10
②	24	7
③	36	5
④	36	12

096

다음 중 자율규제위원회에 관련된 내용으로 거리가 먼 것은?

① 회원에 대한 제재로 회원자격의 정지와 더불어 제재금을 부과할 수 있다.

② 회원의 자율규제와 관련된 업무규정의 제정·변경 및 폐지에 관한 사항을 결의할 수 있다.

③ 회원의 임원에 대해서는 해임, 6개월 이내의 업무집행정지, 경고, 견책, 주의의 제재를 할 수 있다.

④ 자율규제위원 6인 중 금융전문가를 3인 두어야 한다.

097

다음 거래소의 파생상품시장에서 거래되고 있는 선물스프레드 종목 중 종목수가 가장 많은 것은?

① 스타지수선물

② 미국달러선물

③ 3년국채선물

④ 금선물

098

인수도결제방식에 의해 최종결제되는 상품의 단일가거래에 관한 사항으로 거리가 먼 것은?

① 종가 단일가호가접수시간에는 예상체결가격이 공표되지 않고 매수·매도별 총호가 수량이 공표된다.

② 최종거래일에 도래한 종목의 종가 단일가호가 접수시간은 15:05~15:15이다.

③ 시가 단일가호가접수시간에는 예상체결가격이 실시간으로 공표된다.

④ 최종거래일에 도래한 종목의 경우 최종거래일에 단일가거래로 거래를 종료한다.

099

다음의 파생상품시장의 상품의 기초자산 중 가격상관율(offset ratio)이 가장 낮은 기초자산군은?

① 미국달러, 엔, 유로
② 3년국고채권표준물, 5년국고채권표준물, 10년국고채권표준물
③ 코스피200, 스타지수
④ 기아자동차(주), 현대자동차(주)

100

다음의 거래증거금 항목 중 돈육선물과 미니금선물에만 적용되는 증거금액은?

① 최종결제가격확정전거래증거금액
② 가격변동거래증거금액
③ 인수도거래증거금액
④ 선물스프레드거래증거금액

파생상품투자권유자문인력

실전모의고사

정답 및 해설

시스컴
SISCOM

001 ④	002 ③	003 ②	004 ①	005 ③
006 ①	007 ②	008 ④	009 ④	010 ①
011 ③	012 ②	013 ②	014 ③	015 ①
016 ①	017 ③	018 ③	019 ④	020 ②
021 ②	022 ③	023 ③	024 ④	025 ①
026 ④	027 ②	028 ②	029 ④	030 ①
031 ①	032 ③	033 ④	034 ①	035 ②
036 ②	037 ①	038 ④	039 ②	040 ②
041 ②	042 ①	043 ②	044 ④	045 ④
046 ③	047 ①	048 ④	049 ③	050 ①
051 ④	052 ③	053 ①	054 ②	055 ③
056 ①	057 ②	058 ③	059 ④	060 ④
061 ①	062 ④	063 ④	064 ③	065 ②
066 ④	067 ②	068 ②	069 ①	070 ①
071 ①	072 ①	073 ④	074 ③	075 ②
076 ①	077 ③	078 ①	079 ①	080 ①
081 ①	082 ①	083 ②	084 ④	085 ①
086 ①	087 ④	088 ①	089 ②	090 ④
091 ④	092 ②	093 ①	094 ④	095 ②
096 ③	097 ③	098 ②	099 ②	100 ④

001 ④

선물거래는 선도거래와 달리 당사자 간 협의가 아닌 장래 특정월의 특정일을 결제일로 지정한다.

오답해설

① 거래상대방이 알려져 있는 것이 선도거래이고 선물거래의 경우 거래상대방을 알 수 없다.
② 선물거래는 지정된 거래소에서 이루어지지만, 선도거래는 특정 장소가 없다.
③ 선도거래는 대부분 만기에 실물인수도 되지만 선물거래는 결제일 이전에 반대매매에 의해 포지션 청산이 가능하다.

---

tip 선물거래와 선도거래의 차이

구분	선물거래	선도거래
거래장소	거래소라는 물리적 장소 (공개적 거래)	특정한 장소 없이도 거래 가능
거래방법	공개호가방식, 전자거래 시스템(경쟁매매)	거래당사자 간 계략(상대매매)
거래금액	표준단위	제한 없음(협의로 결정)
신용위험	없음(청산소가 계약이행 보증)	계약불이행 위험 존재
증거금제도	당사자가 증거금 납부	없음(대고객의 경우 필요에 따라 요구 가능)
결제일	특정일(거래소에 의해 미리 결정)	협의(거래당사자 간 협의로 결정)
일일정산	가격변동에 따라 거래일별로 청산소가 수행	계약종료일에 정산됨
인수도	대부분의 거래는 만기일 이전에 반대거래로 종료	대부분의 거래가 종료 시 실물 인수도가 이루어짐

---

002 ③

주가지수선물거래는 위험의 제거가 아니라 위험을 관리하여 줄이는 기능을 담당한다.

003 ②

직접헤지는 헤지하고자 하는 현물과 동일한 상품이 선물시장에서 거래되고 있는 경우, 이를 헤지의 대상상품으로 하는 헤지거래이다.

tip **헤지거래**

- **교차헤지** : 헤지하고자 하는 현물상품을 대상으로 하는 선물이 존재하지 않을 경우 헤지하고자 하는 현물상품과 유사한 가격변동 패턴이나 상관관계가 높은 선물을 이용하여 헤지하는 거래
- **부분헤지** : 주식선물을 보유함으로써 발생 가능한 손실 중 일부분을 주식선물을 매도하여 주식선물의 이익으로 상쇄하고자 하는 거래
- **완전헤지** : 주식을 보유함으로써 발생 가능한 모든 손실을 그에 해당하는 금액만큼의 주식선물을 매도하여 주식선물의 이익으로 상쇄하고자 하는 거래

004 ①

주가지수선물이 콘탱고 상태(선물가격 > 주가지수)라 하더라도 저평가 상태(선물가격 < 이론가격)가 될 수도 있다.

tip 선물가격에 따른 베이시스 형태

선물가격	시장	베이시스 형태
선물가격 > 현물가격	정상시장 → 콘탱고	B > 0 베이시스(+)
선물가격 < 현물가격	역조시장 → 백워데이션	B < 0 베이시스(−)

005 ③

$$\text{가격가중지수} = \frac{\text{구성종목의 주가합계}}{\text{제수}}$$

$$\text{가격가중지수} = \frac{4,200,000}{200} = 21,000$$

006 ①

활발한 차익거래로 주식시장의 유동성이 증대될 수 있다.

오답해설

② 주가지수선물거래의 결제일에는 차액을 현금으로 결제하여 거래를 종결한다.

③ 시장전체에 영향을 미치는 것이 체계적 위험이고, 특정기업에 대한 위험이 비체계적 위험이다. 주가지수선물의 핵심적 기능은 체계적 위험을 관리하는 것이다.

④ 주가지수선물의 거래비용은 주식현물의 거래비용보다 매우 낮다.

tip 주가지수선물의 경제적 기능

- **위험관리** : 선물거래의 핵심적인 기능으로 해당 기초자산의 가격변동위험을 관리하는 기능이다.
- **현물시장의 유동성 향상** : 주가지수선물과 같은 위험관리수단이 존재할 경우 시장에의 진출입을 용이하게 하며, 이를 통해 해당시장의 유동성을 보강하고 시장발전에 기여한다.
- **미래가격발견 기능** : 선물은 현시점에서 미래 특정시점의 가격을 거래하는 것으로 주식관련 선물시장에서 참여하는 투자자들이 많아질수록 보다 합리적으로 주가를 예측할 수 있다.
- **거래비용의 질감** : 선물거래는 증거금을 활용하기 때문에 직접 주식현물을 투자하는 것에 비하여 초기 투자비용이 적게 든다.
- **새로운 투자수단의 제공** : 안정적 수익추구를 위해 포트폴리오 보험전략이나 신종 파생상품을 이용한다.

007 ②

금리선물에는 선물뿐만 아니라 대상 현물상품에도 만기가 있다. 금리선물의 대상 현물상품이 채권이기 때문이다.

008 ④

$$\frac{5,000,000}{100,000} \times 1.3 = 65$$

tip 헤지계약수

$$\text{헤지계약수} = \frac{\text{현물액면가}}{\text{선물 1계약금액}} \times \text{전환계수}$$

009 ④

외환시장에서 거래되는 파생상품은 크게 선물환, 통화선물, 통화옵션, 통화스왑 등으로 구분된다. 유로달러선물은 3개월 LIBOR를 기초상품으로 하는 금리선물이다.

010 ①

래깅차익거래가 전형적 차익거래와 다른 점은 시차를 두고 차익거래 포지션을 설정한다는 점이다.

011 ③

$$5년국채선물계약수 = \frac{3년국채선물듀레이션}{5년국채선물듀레이션} \times 100$$

$$= \frac{2.92}{4.35} \times 100 = 67$$

---

tip 수익률곡선 거래전략

- **수익률곡선 스티프닝전략** : 장기물의 수익률 상승폭이 단기물의 수익률 상승폭보다 커서 수익률곡선이 급해질 것으로 예상되는 경우 장기물을 매도하고 단기물을 매수한다.
- **수익률곡선 플래트닝전략** : 단기물의 수익률 상승폭이 장기물의 수익률 상승폭보다 커서 수익률곡선이 완만해질 것으로 예상되는 경우 장기물을 매수하고 단기물을 매도한다.

---

012 ②

보유비용에는 상품의 저장에 따른 실물저장비용과 그 상품을 구매하는 데 소요되는 자금에 대한 이자비용 또는 기회비용이 합산되고, 그 상품을 보유함으로써 발생하는 수익이 차감된다. 즉 편의수익은 차감해야 한다.

013 ②

주가지수선물의 실제가격과 이론가격은 매우 비슷하게 움직이지만 두 가격 사이에는 약간의 차이가 존재하는데 이를 괴리율이라 하며 실제 시장에 있어 여러 가지 수급과 제 요인들로 인해 선물의 적정가가 다르게 반영되기 때문이다.

---

tip 주가지수선물의 실제가격과 이론가격의 괴리 이유

- 거래비용의 존재
- 배당수익률이 일정하지 않음
- 배당수익률과 이자율을 잘못 추정함에 따른 이론가격 산정시의 오류
- 발표되는 주가지수 자체가 잘못된 호가로 인해 왜곡되는 경향을 보임
- 공매로부터의 모든 수입이 차익거래자, 특히 개인투자자에게 이용 가능하지는 못함
- 주가지수선물을 대상으로 하는 자산인 주가지수는 개념상의 자산일 뿐 실제자산이 아님
- 전체 주가지수 포트폴리오를 매도하기 위하여 필요한 주식을 모두 빌리는 것이 사실상 어려움

---

014 ③

풋옵션 매수자는 현물시세가 행사가격보다 강세를 보일 경우 옵션을 행사하지 않기 때문에 프리미엄 지급액만큼의 손실을 입게 된다. 옵션매수자의 손실은 항상 지급한 프리미엄으로 한정된다.

---

tip 옵션거래자의 권리와 의무

구분	매수자	매도자
콜옵션	매수 권리	매도 의무
풋옵션	매도 권리	매수 의무

---

015 ①

주가지수옵션은 주식형태의 정산방식이 일반적이다.

오답해설

② 주가지수선물은 일일정산을 하지만 주가지수옵션은 매매 체결 후 옵션을 행사하기 전에는 정산되지 않는다. 주가지 수옵션은 주식 형태의 정산방식이 일반적이다.

③ 주가지수선물은 권리와 의무가 동시에 부과되지만, 주가지 수옵션의 옵션매수자는 권리만, 옵션매도자는 의무만 갖게 된다.

④ 주가지수선물과 주가지수옵션 모두 주가지수를 기초자산 으로 한다.

016 ①

델타는 기초자산으로 옵션을 헤징할 때 헤지비율로 사용된다. 현재의 델타수준에서 델타가 0의 값을 갖게 하기 위해 기초자 산이 얼마가 되어야 하는지를 보여준다. 예를 들어 델타가 0.5 인 옵션의 경우 델타를 0으로 만들기 위해 -0.5의 델타값을 갖는 기초자산을 매매해야 한다. 모자형펀드는 자본시장에서 투자를 하고 자펀드는 투자자에게 펀드를 판매하여 모펀드에 투자한다(델타헤지).

017 ③

콜옵션의 가치 $C = \dfrac{pC_u + (1-p)C_d}{1+r}$

$\qquad\quad = \dfrac{0.778 \times 20 + (1-0.778) \times 0}{1+0.06}$

$\qquad\quad = \dfrac{15.556}{1.06} = 14.675$

(u : 상승확률, d : 하락확률, C_u : 상승 시 콜옵션의 내재가치, C_d : 하락 시 콜옵션의 내재가치)

tip 이항정리 모형

콜옵션의 가격은 상승 시 200pt의 10%이므로 20이고, 하락 시 0 이 된다.

헤지확률 $p = \dfrac{r+d}{u+d} = \dfrac{0.06+0.08}{0.10+0.08} = 0.7778$

018 ③

버터플라이 매수는 대상자산의 변동성이 작아질 것으로 예상 되는 경우의 전략이다.

tip 변동성 매매

• 변동성에 대한 강세전략 : 스트래들 매수, 스트랭글 매수, 버터플 라이 매도
• 변동성에 대한 약세전략 : 스트래들 매도, 스트랭글 매도, 버터플 라이 매수

019 ④

수직적 강세 콜 스프레드는 이익과 손실이 모두 제한되는 구 조를 갖는다.

tip 지수 상승 시 이익 무제한 증가

콜 매수, 스트래들 매수, 스트랭글 매수

020 ②

스트랭글 매수와 매도의 그래프이다. 시장의 방향성은 불확실 하나 변동성 확대가 예상될 때 사용된다.

021 ②

감마는 옵션 포지션이 매수일 경우에는 감마가 (+)의 값을 갖고, 매도일 경우에는 (−)의 값을 갖는다.

tip 콜옵션의 델타와 감마

- **콜옵션 매수** : 델타값의 변화분(+)/주가의 변화(+)=감마(+)
- **풋옵션 매수** : 델타값의 변화분(−)/주가의 변화(−)=감마(+)
- **콜옵션 매도** : 델타값의 변화분(−)/주가의 변화(+)=감마(−)
- **풋옵션 매도** : 델타값의 변화분(+)/주가의 변화(−)=감마(−)

022 ③

Protective put의 손익구조이다. 대상자산을 보유하고 풋을 매수하여 구성한다.

tip Protective Put 매수전략

- 주식 포트폴리오를 보유하고 있는 투자자가 향후에 시장이 하락할 위험이 있는 경우에 주가지수 풋옵션 등을 매수하여 시장하락 상황에서 발생하는 손실을 회피하기 위한 방법
- 주가상승시에는 수익이, 주가하락시에는 손실이 제한되는 구조

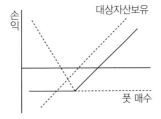

023 ③

합성 풋옵션의 매수포지션을 합성하기 위해서는 콜옵션을 매수하고 선물을 매도하면 된다.

tip 합성 풋옵션 매수포지션 만기 시 손익

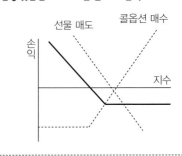

024 ④

원화금리가 달러금리보다 높으면 달러선물가격이 달러현물가격보다 큰 양(+)의 베이시스가 발생하는데 만기가 가까워짐에 따라 베이시스의 크기는 감소한다. 따라서 선물가격은 현물가격에 비해 상대적인 증가폭이 적거나 상대적인 하락폭이 커지게 된다. 이때 매수헤지에서는 선물포지션의 이익이 현물포지션의 손실보다 작거나 선물포지션의 손실이 현물포지션의 이익보다 커지므로 헤지손실이 발생하게 된다. 반대로 매도헤지에서는 선물포지션의 이익이 현물포지션의 손실보다 크거나 선물포지션의 손실이 현물포지션의 이익보다 작으므로 헤지이익이 발생하게 된다.

025 ①

매도헤지에서 옵션을 이용한 헤지거래와 아무런 헤지수단을 이용하지 않는 현물거래 및 선물을 이용한 헤지거래와 비교했을 경우로, 옵션은 최상의 결과를 가져다주지 않지만 반대로 가격이 큰 폭으로 상승하거나 하락할 때 최악의 결과를 가져다주지도 않는다.

026 ④

변동금리는 자동적으로 각 통화의 기준 변동금리지표를 전제로 한다. 달러화, 엔화, 유로화의 변동금리는 LIBOR, 원화의 변동금리는 CD금리이다.

오답해설

① 변동금리를 받는 대신에 지불하고자 하는 고정금리를 pay rate 또는 bid rate라고 한다.
② 변동금리를 주는 대신에 받고자 하는 고정금리를 receive rate 또는 offer rate라고 한다.
③ 이자율스왑은 변동금리와 고정금리를 서로 교환하는 거래이다.

027 ②

고정금리를 수취하는 스왑은 채권의 long 포지션에 해당하여 미 재무부채권을 매도하여야 한다.

028 ②

상품스왑의 주요 대상은 석유, 금, 기초금속, 콩 등으로 상품의 동질성이 핵심요소이다.

029 ④

스왑스프레드의 변동 요인은 금리변동에 대한 예상, Credit Risk(시장의 신용위험), 표시 통화국의 장기채권 금리의 수준과 스왑은행의 현재 포지션 상태이다.

030 ①

스왑기간이 경과함에 따라 명목원금이 증가하는 것을 원금증가형 스왑이라고 하고, 스왑 기간이 경과함에 따라 명목원금이 감소하는 것을 원금감소형 스왑이라고 한다. 한편, 기간에 따라서 증가하기도 하고 감소하기도 하는 것을 롤러코스터 스왑이라고 한다.

031 ①

이자율스왑에서 동일 통화의 원금을 서로 교환하는 것은 의미가 없다. 오히려 교환에 대한 결제위험만 존재하기 때문에 이자율스왑에서는 원금교환이 발생하지 않는다. 이자율스왑에서 원금은 단순히 이자를 계산하는 데만 사용되므로 명목원금(nominal amount)이라고도 한다.

032 ③

국채선물은 근월물만 거래되므로, 선물의 만기가 도래하면 다음 근월물로 roll-over해야 하므로 roll-over리스크가 존재하게 된다. 또한 국채선물가격과 현물가격의 차이인 베이시스가 있고, 선물을 통한 헤지에는 이러한 베이시스 리스크에도 노출되게 된다.

033 ④

변동금리가 행사금리보다 낮기 때문에 OTM옵션에 해당되므로 거래를 행사하지 않을 것이다.

---

tip 스왑션(swaption)

- payer's swaption : 고정금리를 지급하는 스왑을 할 수 있는 권리
- receiver's swaption : 고정금리를 수취하는 스왑을 할 수 있는 권리

---

034 ①

장내파생상품의 종류로는 선물, 옵션이 있고, 장외파생상품으로는 선도, 옵션, 스왑이 있다.

035 ②

장외파생상품은 그 자체로 하나의 투자상품이 될 수 있다. 예를 들어 주식에 대한 수익률을 수취하고 자금조달비용에 해

당하는 금리를 상대방에게 지급하는 스왑계약을 맺는다면 주식을 직접 매수하였을 때와 동일한 손익을 얻을 수 있다.

036 ②

장애옵션은 기초자산가격이 촉발가격을 건드리면 옵션이 소멸되는 녹아웃옵션과 촉발가격을 건드리면 옵션이 발효되는 녹인옵션으로 구분된다. 녹아웃옵션이 가장 많이 사용되며 옵션이 무효가 될 가능성 때문에 일반적으로 표준옵션보다 저렴하다.

037 ①

시간의존형 옵션은 다른 옵션에 비해 시간에 더 민감하거나 종속적인 옵션으로, 버뮤다옵션, 선택옵션, 행사가격결정유예옵션 등이 있다.

038 ④

다중변수의존형 옵션에는 레인보우옵션, 다중행사가격옵션, 피라미드옵션, 스프레드옵션, 바스켓옵션, 콴토옵션 등이 있다. 디지털옵션은 첨점수익구조형 옵션, 버뮤다옵션은 시간의존형 옵션에 해당한다.

039 ②

콴토옵션에 대한 설명이다. 예를 들어 수익지불이 달러로 이루어지는 종합주가지수에 대한 옵션이 있다고 가정하면, 행사가격을 200pt로 하고 1pt 상승시마다 1달러의 수익을 지급하는 계약을 체결할 수 있다. 종합주가지수가 만기일에 210pt로 마감되면 10달러가 수익이 된다.

040 ②

디지털 콜옵션형 ELS에 대한 설명이다. 디지털 풋옵션형 ELS는 주가지수가 하락할 경우에는 하락률에 관계없이 고정된 수익을 획득하고 주가지수가 상승할 경우에는 원금을 보장받는 구조이다.

041 ②

상대방의 신용위험을 반영하여 스왑계약의 고정금리를 조정하기도 한다.

042 ①

VaR는 VaR보다 더 큰 손실이 발생하는가에 대한 정보를 제공하지 못한다.

043 ②

룩백옵션은 보유자에게 옵션 계약 기간 동안 가장 유리한 기초자산가격을 사용할 수 있도록 하는 경로의존형 옵션이다.

044 ④

행사가격결정유예옵션은 옵션의 매수자는 만기에 기초자산과 행사가격이 같은 등가격 옵션을 받게 되며, 피리어드캡처럼 주기적으로 계속 옵션이 생성되고 행사된다.

045 ④

스왑션은 옵션과 스왑이 결합된 형태이다.

---

tip 기초 파생상품을 합성한 구조화상품

- 스왑과 스왑의 결합 : 선도스왑
- 선도와 옵션의 결합 : 파기선도, 범위선도, 참여선도
- 옵션과 스왑의 결합 : 스왑션, callable, puttable, extendible 스왑
- 옵션과 옵션의 결합 : 스트래들, 스트랭글, 수직스프레드, 수평스프레드, 대각스프레드

---

046 ③

신용위험노출금액은 '현재노출＋잠재노출'로 계산된다.

047 ①

무한대의 손실위험을 가지고 있는 이색옵션의 과도한 옵션매도로 인해 제한되지 않은 손실이 문제가 된다.

048 ④

CDS(신용디폴트스왑) 거래는 실물채권을 직접 가지고 있지 않고서도 신용위험만을 분리하여 거래할 수 있으므로 채권시장의 유동성에 직접적으로 영향을 미치지 않는다.

> **tip** CDS의 구조

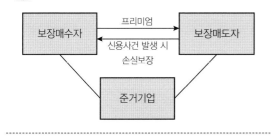

049 ③

총수익률스왑(TRS : Total Return Swap)에 대한 설명으로 TRS는 신용사건이 발생하지 않는 평상시에도 기초자산의 시장가치를 반영한 현금흐름이 발생한다. 즉, TRS는 신용위험뿐만 아니라, 시장위험까지도 동시에 이전한다.

> **tip** 주요 신용파생상품
> - 총수익률스왑(TRS : total return swap)
> - 신용스프레드상품
> - 신용연계채권(CLN : credit linked note)
> - 신용파생지수

- 최우선부도 연계채권
- 현금흐름 담보부대출채권
- 합성담보부 대출채권 등

050 ①

ELD는 정기예금으로 분류되며 예금자 보호를 받을 수 있다.

> **tip** 이색옵션의 형태에 따른 구분

	ELD	ELS	ELF
투자형태	정기예금	파생결합증권	수익증권
발행기관	은행	증권사	투신사
예금보호 /원금보장	100% 보장	사전약정	보장없음
만기수익률	사전약정 수익률	사전약정 수익률	실적배당

051 ④

BIS기준은 운용자산별 위험도를 설정하여 위험도를 감안한 자기자본요구량을 계산하고 국제적 기준에 부합하는가를 단순하게 비교한 것으로 BIS기준의 준수는 소극적인 리스크관리에 불과하다.

052 ③

불확실성을 시간적으로 측정하는 방법으로 상관계수를 이용할 수 있다. 가격 또는 수익률분포의 시계열적 독립성을 나타내는 상관계수가 양(＋)의 값을 갖는 경우 과거의 수익률이 평균보다 높으면 현재의 수익률도 평균보다 높을 가능성이 매우 크다는 것을 의미한다.

053 ①

위험요인의 분포에 대한 가정을 필요로 하지 않는 방법은 역

사적 시뮬레이션이다. 몬테카를로 시뮬레이션은 위험요인의
분포를 어떤 분포로든 가정할 수 있다.

054 ②

베타모형은 단일지수모형이며, 추정한 분산을 이용하는 방법
으로 해당 국가의 주가지수로 매핑하는 방법을 취한다.

055 ③

선물환계약의 위험은 현물환율의 위험, 국내채권(이자율) 위
험 그리고 외국채권(이자율)의 위험, 즉 총 포지션의 위험으로
나타낼 수 있다.

---

tip 장외파생상품의 VaR

- **선물환계약의 VaR** : 선물환계약은 외환을 미래의 특정한 날(만
  기일)에 미리 약정한 환율로 거래할 것을 약속한 계약이다. 결제
  일에 현물환율과 약정한 환율 간의 차이에 따라 손실 또는 이익
  이 발생할 수 있다.
- **선도금리계약의 VaR** : 미래 일정기간의 금리를 고정시킬 수 있
  는 선도계약이다. VaR를 계산하기 위해서는 선도금리의 변동성
  이 필요하다.
- **금리스왑의 VaR** : 금리스왑은 금리를 교환하는 계약으로 거래
  자들은 서로 변동금리를 고정금리로 또는 고정금리를 변동금리로
  교환할 수 있게 해준다. 이처럼 스왑이 고정금리채권과 변동금리
  채권으로 분해되므로 스왑포지션의 VaR를 구하기 위해서는 먼
  저 각각의 VaR를 구해야 한다.

---

056 ①

주요 단점들 외에도 VaR는 VaR보다 더 큰 손실이 발생할
확률에 대해서는 정보를 제공하지만, 얼마나 더 큰 손실이 발
생하는가에 대해서는 정보를 제공하지 못한다는 단점을 보완
하기 위해서는 위기분석을 실시하거나 극한 VaR(Extreme
VaR : EVaR)를 계산하기도 한다.

057 ②

상계(netting)는 서로 간에 상대방의 통화로 수취할 금액과
지불할 금액이 있는 경우에 이를 상쇄시키는 방법으로 대체
로 균형포지션을 보이는 기업이나 금융기관에게는 간단한 방
법이라고 볼 수 있지만, 상계 후에 남은 차액에 대해서는 다른
방법을 통해서 환헤지를 해야 한다는 점에서 부분적인 환리
스크 관리방식이라고 볼 수 있다.

058 ③

금리확산효과는 시간이 지남에 따라 변동금리가 고정금리로
부터 멀어지는 경향을 보이기 때문에 만기일에 접근할수록
리스크노출금액은 증가한다.

---

tip 리스크노출금액의 시간적 변화

- 고정금리와 변동금리를 교환하는 금리스왑에서 리스크노출금액
  에 영향을 미치는 요인
- **금리확산효과(변동성효과)** : 시간이 지남에 따라 변동금리가 고정
  금리로부터 멀어지는 현상으로, 만기일에 접근할수록 리스크노출
  금액이 증가
- **만기효과(상각효과)** : 금리확산효과를 상쇄시키는 효과로 만기일
  에 접근할수록 리스크노출금액이 감소

---

059 ②

주권상장법인, 일반법인, 개인 등으로서 전문투자자의 요건에
해당되기는 하나 일반투자자로 대우를 받겠다는 서면의 의사
표시를 하면 일반투자자로 전환이 가능하다.

---

tip 전문투자자가 될 수 있는 자

- 국가, 한국은행
- 주권상장법인
- 대통령으로 정하는 자(지방자치단체, 한국자산관리공사, 금융감독
  원 등)
- 금융위원회에 신고한 잔고 100억 원 이상의 법인

• 금융위원회에 신고한 잔고 50억 원 이상이면서 계좌개설 1년 이상 경과한 개인 등

060 ④

법인이 아닌 단체는 당해 단체를 대표하는 실지 명의로 실명을 확인한다.

> tip **법인이 아닌 단체의 경우 실명확인방법**
>
> • 부가가치세법 규정에 의하여 고유번호를 부여받은 단체의 경우 그 문서에 기재된 단체명 고유번호
> • 당해 단체를 대표하는 실지 명의

061 ①

파생상품 계좌 개설시 개인투자자는 사전교육과 모의거래를 모두 이수하여야 한다.

062 ④

기본예탁금을 인출한 위탁자로부터 다시 매매거래를 위탁받는 경우에는 사전에 기본예탁금을 받아야 한다.

> tip **단계별 기본예탁금액**
>
> | 구분 | | 기본예탁금액 | 사전투자경험 |
> |---|---|---|---|
> | 1단계 | 선물(변동성지수선물 제외) | 3,000만 원 | 사전교육 30시간, 모의거래 50시간 이상 |
> | 2단계 | 옵션(변동성지수선물 포함) | 5,000만 원 | 선물거래 경험 1년 이상 |

063 ④

정산가격은 일일정산의 기준이 되는 가격으로 정산가격의 결정에 있어서 당일에 가장 나중에 성립된 약정가격이 가장 우선시된다.

> tip **정산가격 산출방법(순서)**
>
> • 당일에 가장 나중에 성립된 약정가격
> • 당일 의제약정가격에 가장 나중에 성립된 의제약정가격
> • 기세가 있는 경우 기세(돈육선물은 미적용)
> • 전일 정산가격
> • 선물이론가격

064 ③

금융투자업종사자는 신의성실의 원칙하에 투자자의 이익을 보호하는 데 힘써야 한다.

> tip **기타의 의무**
>
> • **선관의무** : 고객 이익 최우선의 원칙
> • 소속회사에 대한 충실의무
> • 정확한 정보제공의무

065 ②

투자자로부터 판매에 따른 대가를 수수하는 행위는 판매수수료를 의미하며, 그 이외의 간접적으로 대가를 요청하여서는 안 된다.

066 ④

이해상충발생 가능성 있는 거래에 대하여는 고객이익이 침해받지 않도록 최대한의 조치를 취한 후 매매하고, 이해상충이 불가피한 경우에는 고객에게 통지하고 적절한 조치를 취한다.

067 ②

투자자에게 안정적인 수익이 가능하다는 취지로 옵션거래를 권유하면서도 구체적인 전략 및 이에 따른 손실의 폭 등 옵션거래의 위험성에 대해서는 설명하지 않은 사실이 있으므로 증권회사의 투자설명의무 소홀이다.

068 ②

신의성실의무는 직무윤리 중에서 으뜸으로, 다른 윤리기준은 이에서 도출되는 것들이다.

069 ①

직무윤리를 준수하여야 할 의무는 해당 업무의 담당자뿐만 아니라 소속회사와 중간감독자에게도 있다.

오답해설

② 자본시장에 몸담고 있는 자들은 상호 경쟁관계에 있기도 하지만, 공동의 목적을 지향하는 동업자의 한 사람으로서 서로 협력하여야 하는 상호협조의무를 지닌다.
③ 법은 도덕의 최소한이다.
④ 신의성실의무는 법적 의무로서의 측면과 윤리적 의무로서의 측면이 상당부분 중첩되어 있다.

070 ①

금융위원회는 법령을 위반한 사실이 드러난 금융투자업자에 대하여 재발방지를 위하여 내부통제기준의 변경을 권고할 수 있다. 직접 변경이 아니라 변경 권고임에 유의한다.

071 ①

고객이 투자판단에 필요한 충분한 정보를 가지고 투자결정을 할 수 있도록 관련 업무종사자는 투자대상의 선정 등에 관한 원칙과 투자대상 등을 고객에게 충분히 설명하여야 한다.

072 ①

중요한 사실이 아니라면 오히려 그것을 설명함으로써 고객의 판단에 혼선을 가져줄 수 있는 사항은 설명을 생략할 수 있다.

오답해설

② 사실과 의견의 구분 의무 위반
③ 투자성과 보장 등에 관한 표현의 금지 의무 위반
④ 객관적 근거에 기초하여야 할 의무 위반

073 ④

금융투자회사는 내부통제기준 변경시 이사회의 결의를 거쳐야 한다.

오답해설

① 금융투자회사가 내부통제기준을 변경하려면 이사회의 결의를 거쳐야 한다.
② 금융투자회사는 준법감시인을 반드시 1인 이상 두어야 한다.
③ 임시직에 있는 자도 내부통제기준의 적용대상이 된다.

074 ③

내부통제기준 위반 시 제재(징계)의 종류는 견책(시말서 제출), 경고(구두·문서로 훈계), 감봉, 정직, 해고가 있다.

075 ③

개인정보처리자는 공공기관, 법인, 단체 및 개인을 포함하며, 개인정보의 처리목적을 명확하게 하고 필요한 범위에서 최소한의 개인정보만을 적법하고 정당하게 수집하여야 한다.

076 ④

자본시장법은 자율성과 창의성을 제고하여 금융혁신과 경쟁을 촉진하기 위하여 상품과 업무영역 등 전반적으로 규제를 완화하였으나, 투자권유 규제 등 투자자 보호와 관련된 규제는 오히려 강화하였다.

077 ③

금융감독원은 무자본특수법인으로서 금융위원회 및 증권선물위원회와 더불어 공적규제기관에 속한다.

> **tip 규제기관의 성격에 따른 분류**
> • **공적규제기관** : 금융위원회, 증권선물위원회, 금융감독원
> • **자율규제기관** : 한국거래소, 한국금융투자협회

078 ①

파생결합증권과 파생상품은 금융투자상품, 통화, 일반상품, 신용위험 등을 기초자산으로 하고 있다.

> **오답해설**
> ② 특정 투자자가 그 투자자와 타인 간의 공동사업에 금전 등을 투자하고 주로 타인이 수행한 공동사업의 결과에 따른 손익을 귀속 받는 계약상의 권리가 표시된 것은 투자계약증권이다.
> ③ 원화로 표시된 양도성예금증서는 만기가 짧아 금리변동에 따른 가치변동이 크지 않아 정책적으로 금융투자상품에서 제외하였다.
> ④ 증권은 그 특성에 따라 채무증권, 지분증권, 수익증권, 투자계약증권, 파생결합증권, 증권예탁증권의 6가지로 구분된다.

> **tip 증권의 구분**
> • **채무증권** : 국채증권, 지방채증권, 특수채증권, 사채권, 기업어음증권 등 그 밖에 이와 유사한 것으로 지급청구권이 표시된 것
> • **지분증권** : 주권, 신주인수권이 표시된 것, 법률에 의하여 직접 설립된 법인이 발행한 출자증권 등 이와 유사한 것으로 출자지분이 표시된 것
> • **수익증권** : 금전신탁계약에 따른 수익권이 표시된 수익증권, 집합투자업자가 투자신탁의 수익권을 균등하게 분할하여 표시한 수익증권 등 그 밖에 이와 유사한 것으로서 신탁의 수익권이 표시된 것

> • **투자계약증권** : 특정 투자자가 그 투자자와 타인 간의 공동사업에 금전 등을 투자하고 주로 타인이 수행한 공동사업의 결과에 따른 손익을 귀속받는 계약상의 권리가 표시된 것
> • **파생결합증권** : 기초자산의 가격·이자율·지표·단위 등의 변동과 연계하여 미리 정해진 방법에 따라 지급금액 또는 회수금액이 결정되는 권리가 표시된 것
> • **증권예탁증권** : 증권을 예탁받은 자가 그 증권이 발행된 국가 외의 국가에서 발행한 것으로서 그 예탁받은 증권에 관련된 권리가 표시된 것

079 ①

장외파생상품 등 위험 금융투자상품을 대상으로 하는 인가에 대해서는 일반 금융투자상품에 비하여 강화된 진입요건이 적용된다.

> **오답해설**
> ② 전문투자자를 상대로 영업하는 경우 일반투자자를 상대로 영업하는 경우보다 완화된 요건(자기자본금의 1/2)이 적용된다.
> ③ 업무를 추가하는 경우에도 인가·등록요건은 동일하게 적용된다.
> ④ 금융투자업의 진입방식은 인가제와 등록제로 구분된다.

> **tip 인가제와 등록제**
> • **인가제** : 투자매매업, 투자중개업, 집합투자업, 신탁업(투자자와 직접 채무관계를 가짐)
> • **등록제** : 투자일임업, 투자자문업(투자자의 자산을 수탁하지 않음)

080 ①

투자매매업 또는 투자중개업을 영위하는 금융투자업자만 지급결제업무를 영위할 수 있다.

---

tip 금융투자업자의 업무위탁

- 금융투자업자는 금융투자업, 겸영업무, 부수업무와 관련하여 그 금융투자업자가 영위하는 모든 업무의 일부를 제3자에게 위탁할 수 있음
- 본질적 업무를 위탁받은 자는 그 업무수행에 필요한 인가나 등록을 한 자이어야 함

---

081 ①

원칙적으로 하나의 회사를 선택하여 하나의 계좌를 통하여 매매해야 한다.

오답해설

② 투자권유자문인력, 조사분석인력 및 투자운용인력의 경우에는 월별로 소속회사에게 매매명세를 통지하여야 한다.

③ 금융투자업자의 임직원은 증권시장에 상장된 지분증권, 장내파생상품 등을 매매하는 경우 반드시 자기의 명의로 하여야 한다.

④ 금융투자업자가 이해상충 관련 규정을 위반한 경우(투자매매업 또는 투자중개업과 집합투자업을 함께 영위함에 따라 발생하는 이해상충과 관련된 경우에 한함)로서 그 금융투자업자가 상당한 주의를 하였음을 증명거나 투자자가 금융투자상품의 매매, 그 밖의 거래를 할 때에 그 사실을 안 경우에는 배상의 책임을 지지 않는다.

082 ①

파생상품 매매에 따른 위험평가액이 펀드 자산 총액의 5%를 초과하여 투자할 수 있는 집합투자기구의 집합투자증권이 해당된다.

083 ②

금융감독원장은 검사업무의 일부를 거래소 또는 협회에 위탁할 수 있으나, 약관의 준수 여부에 관한 사항은 협회에 위탁할 수 있는 검사 업무이다.

---

tip 협회에 위탁가능한 검사업무

- 주요 직무 종사자와 투자권유대행인의 영업행위에 관한 사항
- 증권의 인수업무에 관한 사항
- 약관의 준수 여부에 관한 사항

---

084 ④

투자계약증권에는 기존의 전통적인 유가증권에 해당하는 증권뿐 아니라 비정형집합투자지분과 같은 새로운 유형의 증권도 포함된다.

오답해설

① 증권의 발행인에 외국인도 포함하여 자본시장법의 역외적용을 꾀하고 있다.

② 증권은 추가지급의무가 없는 경우에 해당한다는 점에서 파생상품과 다른 점이다.

③ 투자계약증권과 파생결합증권은 포괄주의의 도입을 위하여 새로 추가된 것이다.

085 ①

당해 위법행위와 동일한 사안에 대하여 검찰이 수사를 개시한 사실이 확인된 경우 조사를 실시하지 아니할 수 있다.

---

tip 조사 면제가 가능한 경우

- 당해 위법행위와 동일한 사안에 대하여 검찰이 수사를 개시한 사실이 확인된 경우
- 당해 위법행위에 대한 충분한 증거가 확보되어 있고 다른 위법행위의 혐의가 발견되지 않은 경우
- 당해 위법행위와 함께 다른 위법행위의 혐의가 있은 그 혐의 내용이 경미하여 조사의 실익이 없다고 판단되는 경우
- 공시자료, 언론보도 등에 의하여 알려진 사실이나 풍문만을 근거로 조사를 의뢰하는 경우

---

086 ①

임직원이 착오로 투자자의 주문이 주문내용과 달리 체결되었거나 체결 가능한 주문이 체결되지 못한 경우에는 당해 내용 및 처리대책을 지체 없이 투자자에게 통지하고 그 증빙을 3년 이상 보관 · 유지할 것이 내부통제기준에 포함되어야 한다.

---

tip 매매주문 처리에 관한 내부통제기준 설정 시 전자통신의 방법으로 투자자에게 주문을 받을 경우 준수사항

- 주문접수 시 즉시 주문자의 정당한 권한 여부를 확인할 것
- 투자자가 주문에 대한 처리상황, 체결내용을 알 수 있도록 할 것
- 투자자 금융거래내역 등이 제3자에게 유출되지 않도록 할 것

---

087 ④

통계수치나 도표를 인용하는 경우 해당 자료의 출처는 의무 표시사항이다.

088 ①

금융투자업자가 외감법에 따라 회계감사를 받은 후 금융감독원장의 요청에 따라 제출해야 할 결산서류는 감사보고서, 재무제표 및 부속명세서, 수정재무제표에 따라 작성한 영업용순자본비율보고서 및 자산부채비율보고서, 해외점포의 감사보고서, 재무제표 및 부속명세서가 있다.

089 ②

예외적인 정보교류 허용(wallcrossing) 기준에 해당하기 위해서는 해당 업무를 관장하는 임원 및 준법감시인(준법감시인이 없는 경우에는 감사 등 이에 준하는 자를 말함)의 사전승인을 받아야 한다.

090 ③

손실보전 행위는 금지되지만, 사전에 준법감시인에게 보고한 경우는 예외로 한다.

오답해설

① 수수료 · 성과보수 관련 금지행위에 해당한다.
② 일중매매거래 및 시스템매매 관련행위 금지에 해당한다.
④ 조사분석자료의 작성 및 공표 관련행위 금지에 해당한다.

091 ④

환매조건부매수를 한 증권을 환매조건부매도하려는 경우에는 해당 환매조건부매도의 환매수하는 날은 환매조건부매수의 환매도를 하는 날 이전으로 하여야 한다.

---

tip 환매조건부매매

- **환매조건부매도** : 증권을 일정기간 후에 환매수할 것을 조건으로 매도
- **환매조건부매수** : 증권을 일정기간 후에 환매도할 것을 조건으로 매도

---

092 ②

투자매매업자 또는 투자중개업자는 금융투자상품에 관한 같은 매매에 있어 자신이 본인이 됨과 동시에 상대방의 투자중개업자가 되어서는 안 된다.

오답해설

① 사전에 밝혀야 한다.
③ 거래소집중의무는 투자중개업자와 관련된 의무이다(투자중개업자는 투자자로부터 증권시장 또는 파생상품시장에서의 매매의 위탁을 받은 경우에는 반드시 증권시장 또는 파생상품시장을 통하여 매매가 이루어지도록 하여야 함).
④ 투자매매업자는 투자자로부터 그 투자매매업자가 발행한 자기 주식으로서 증권시장의 매매 수량단위 미만의 주식에 대하여 매도주문을 받은 경우에는 이를 증권시장 밖에서 취득할 수 있다.

093 ①

투자정보를 제공하지 않은 일반투자자에게는 금융투자상품의 매매나 거래를 권유해서는 안 된다.

오답해설

② 고객이 서명 또는 기명날인으로 거부하는 경우 설명서를 교부하지 않을 수 있다.

③ 고객의 정보파악 양식으로 사용할 수 있는 것은 "일반투자자 정보확인서"이다.

④ 녹취나 전자우편 등의 방법도 가능하다.

094 ④

원칙적으로 표준약관은 수정이 가능하나 '외국집합투자증권 매매거래에 관한 표준약관'은 수정하여 사용할 수 없다.

095 ②

금리상품의 매수 선물 스프레드 거래는 근월물 매수, 원월물 매도이다.

> **tip 매수 선물 스프레드 거래**
> • 일반 선물 상품의 매수 선물 스프레드 거래 : 원월물 매수, 근월물 매도
> • 금리 상품 매수의 선물 스프레드 거래 : 근월물 매수, 원월물 매도

096 ③

자본시장에 있어서 대표적 자율규제기관으로 한국금융투자협회와 한국거래소가 있으며 금융투자회사 및 시장운영과 시장감시의 각 부문에 대한 자율규제업무를 수행하고있다.

097 ③

미국달러옵션의 상장결제월은 4개이다.

> **tip 거래소 회원의 구분**
> • 미국달러선물 : 20개
> • 일본엔선물, 유로선물, 위안선물 : 8개
> • 미국달러옵션 : 4개
> • 금선물 : 7개
> • 돈육선물 : 6개

098 ②

위탁자명은 호가입력사항이 아니며, 위탁자명 대신에 계좌번호가 입력되어야 한다.

099 ②

금리상품의 최종 결제 방법은 현금 결제이다.

오답해설

① 3년, 5년, 10년 국채선물의 거래승수는 100만원이다.

③ 금리상품의 최종 거래일은 결제월의 세 번째 화요일이다

④ 금리싱금의 미결제약징 보유한도는 없다.

100 ④

선물거래의 일일정산에 따른 차금은 당일차금과 갱신차금으로 구성된다.

> **tip 일일정산에 따른 자금의 구성**
> • **당일차금** : 당일의 약정가격과 당일의 정산가격의 차에 당일 약정수량과 거래승수를 곱하여 산출
> • **갱신차금** : 전일의 정산가격과 당일의 정산가격의 차에 전일의 미결제약정수량과 거래승수를 곱하여 산출

제2회 정답 및 해설

001 ④	002 ④	003 ②	004 ③	005 ②
006 ④	007 ③	008 ③	009 ①	010 ③
011 ①	012 ②	013 ③	014 ③	015 ④
016 ③	017 ①	018 ④	019 ②	020 ①
021 ②	022 ①	023 ③	024 ④	025 ①
026 ②	027 ④	028 ②	029 ③	030 ③
031 ②	032 ④	033 ④	034 ④	035 ③
036 ③	037 ③	038 ④	039 ④	040 ③
041 ③	042 ③	043 ②	044 ④	045 ④
046 ①	047 ②	048 ②	049 ①	050 ①
051 ②	052 ①	053 ②	054 ②	055 ④
056 ①	057 ③	058 ②	059 ①	060 ④
061 ③	062 ④	063 ③	064 ②	065 ④
066 ③	067 ③	068 ④	069 ③	070 ③
071 ②	072 ④	073 ④	074 ②	075 ④
076 ④	077 ③	078 ②	079 ②	080 ②
081 ①	082 ②	083 ③	084 ④	085 ③
086 ②	087 ④	088 ③	089 ①	090 ③
091 ②	092 ④	093 ①	094 ①	095 ④
096 ③	097 ④	098 ①	099 ③	100 ②

001 ④

선물시장은 독점력을 감소시켜 자원배분이 효율적으로 이루어지게 한다.

오답해설

① 가격변동위험은 헤저로부터 투기자로 전가될 뿐 소멸되는 것은 아니다.

② 투기자는 헤저로부터 위험을 인수하여 선물시장을 활성화시킨다.

③ 레버리지 효과가 크고 차익거래 기회를 제공하기 때문에 유동성을 높이게 된다.

002 ④

시가총액가중지수는 기준시점의 시가총액과 현재시점의 시가총액을 비교하여 산출한다.

003 ②

헤지거래는 시장의 체계적 위험을 줄이고자 하는 것이고, 투기거래는 시세차익만을 목적으로 하는 거래이다.

004 ③

헤지거래는 가격변동에 따른 위험을 축소 또는 회피하기 위한 거래이다.

오답해설

① 선물시장에서 현물과는 반대되는 포지션을 취한다.

② 선물의 매매방향에 따른 분류는 매도헤지와 매수헤지이다.

④ 현물에 대응하는 선물의 존재여부는 직접헤지와 교차헤지의 분류이다.

---

tip 주가지수선물을 이용한 주식 포트폴리오의 헤지

주가지수선물을 이용한 주식 포트폴리오의 헤지 효율성은 다음과 같은 요인에 의해 결정된다.

• 주식 포트폴리오와 선물거래의 대상이 되는 주가지수의 관계(추적오차)

• 헤지가 설정될 때와 해제될 때의 지수와 지수선물 가격의 관계(베이시스 리스크)

---

005 ②

수익률곡선의 형태를 설명하는 이론에는 기대가설, 유동성선호가설, 시장분할가설이 있다.

---

tip 수익률곡선의 형태에 관한 이론

- **기대가설** : 수익률곡선은 미래 시장금리의 움직임에 대한 투자자들의 예상에 의해 결정된다.
- **유동성선호가설** : 장기투자에 따른 프리미엄으로 인해 장기채 수익률은 단기채 수익률보다 높아야 한다.
- **시장분할가설** : 투자자들은 채권 만기에 대해 서로 다른 선호도를 가지고 있어 채권시장은 몇 개의 시장으로 분할되어 있다.

---

006 ④

국채선물을 활용한 다양한 투자전략 구사가 가능하게 되어 국채현물 시장의 활성화에 기여하고 있다.

007 ③

금리상승에 따른 위험을 관리하기 위해서는 국채선물을 매도해야 하며 매도해야 할 계약수는 듀레이션을 이용하여 계산하면 86계약을 매도하여 보유채권을 헤지하면 된다.

---

tip 헤지계약수

$$\text{헤지계약수} = \frac{\text{현물채권가치} \times \text{현물채권의 듀레이션}}{\text{선물가치} \times \text{선물듀레이션}}$$

---

008 ③

소매거래보다 도매거래가, 거래 규모가 크고 유동성위험이 낮기 때문에 스프레드가 낮다.

009 ①

$$\text{선물환율의 할증률(할인율)} = \frac{1,000 - 980}{980} \times \frac{12}{3} = 0.0816$$

---

tip 선물환율의 할증률(할인율)

- 선물환율의 할증률 또는 할인율은 현물환율과 비교하여 연율로 표현하는 것이 일반적이며 선물환 만기는 개월수로 계산한다. 만약 일수로 계산한다면 식에서 '12/선물환 만기'를 '360/선물환 만기'로 수정하여 적용하면 된다.
- 선물환율의 할증률(할인율)

$$= \frac{\text{선물환율} - \text{현물환율}}{\text{현물환율}} \times \frac{12}{\text{선물환 만기}}$$

---

010 ③

6월 1일의 현물과 선물의 가격이 전월에 비하여 하락했지만 음의 베이시스가 계속 감소하였으므로 베이시스는 지속적으로 강화된 것이다.

---

tip 베이시스의 강화와 축소

베이시스의 강화와 축소는 베이시스가 정(+)의 방향으로 변동함으로써 양의 베이시스의 경우 절댓값이 더 커지는 것을 말하고, 음의 베이시스의 경우는 절댓값이 더 작아지는 것을 의미한다.

날짜	금 현물가격	6월물 금 선물가격	베이시스
4월 1일	29,000원	29,600원	−600원
5월 1일	29,500원	30,000원	−500원
6월 1일	29,400원	29,800원	−400원

---

011 ①

$$\text{순매수가격} = S_2 - (F_2 - F_1) = 27,800 - (27,900 - 27,550)$$
$$= 27,450$$

tip 순매입가격 계산

• 옵션행사 시 : 순매수가격＝매수가격－옵션행사이익＋프리미엄
• 옵션포기 시 : 순매수가격＝매수가격＋프리미엄

tip 순매도가격 계산

• 옵션행사 시 : 매도가격＋옵션행사이익－프리미엄
• 옵션포기 시 : 매도가격－프리미엄

012 ②

유동성선호가설은 투자자들은 장기채보다는 단기채를 선호한다는 전제에 바탕을 두고 있다.

tip 수익률곡선의 의미

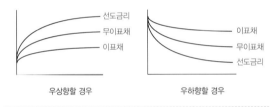

013 ③

최소가격의 변동을 이용하여 매매차익을 실현하고자 하는 투기거래자를 스캘퍼라고 한다.

tip 투기거래자의 분류

• **스캘퍼** : 시장가격의 미세한 변동, 최소가격의 변동을 이용하여 매매차익을 실현하고자 하는 투기거래자
• **데이트레이더** : 일중 가격 차이를 이용하여 매매차익 실현하고자 하는 투기거래자
• **포지션트레이더** : 몇 주간, 몇 개월 동안의 장기적인 가격 차이를 이용하여 하루 이상 포지션을 유지하는 투기거래자

014 ③

㉠ 당장 행사했을 때 이익이 생기는 옵션은 내가격옵션이다.
㉡ 풋옵션의 경우 대상물의 현재가격이 행사가격보다 낮을 때 내가격옵션이 된다.

tip 옵션의 내가격, 등가격, 외가격

구분	콜옵션	풋옵션
내가격옵션	대상물의 현재가격＞행사가격	대상물의 현재가격＜행사가격
등가격옵션	대상물의 현재가격≧행사가격	대상물의 현재가격＝행사가격
외가격옵션	대상물의 현재가격＜행사가격	대상물의 현재가격＞행사가격

015 ④

예를 들면 행사가격은 $210.00 - 212.50 - 215.00 - 217.50 - 220.00$의 순으로 배열된다.

오답해설

① 주가지수선물 및 주가지수옵션의 거래승수는 50만 원이다.
② 상장결제월은 비분기월 4개 및 분기월 7개이다(3, 9월 각 1개, 6월 2개, 12월 3개).
③ 최종거래일은 해당 결제월의 둘째 주가 아니라 두 번째 목요일이다.

tip 최종거래일의 계산

최종거래일은 두 번째 목요일이므로 다음의 경우 7일이 아니라 14일이 결제일이다.

월	화	수	목	금	토	일
				1	2	3
4	5	6	7	8	9	10
11	12	13	14	15	16	17

415

016 ③

콜옵션의 매수/매도포지션에 따른 민감도의 부호는 감마와 세타의 민감도가 서로 반대 방향이고 감마와 베가의 민감도가 옵션의 종류에 관계없이 매수/매도에 따라 부호가 같다.

tip 풋옵션의 매도/매수포지션에 대한 민감도 부호

구분		델타	감마	세타	베가
Put	매수	−	+	−	+
	매도	+	−	+	−

017 ①

콜옵션의 가치 $C = \dfrac{pC_u + (1-p)C_d}{1+r}$

$\qquad\qquad = \dfrac{0.4 \times 70 + (1-0.4) \times 0}{1+0.10}$

$\qquad\qquad = \dfrac{28}{1.1} = 25.45$

(u : 상승확률, d : 하락확률, C_u : 상승 시 콜옵션의 내재가치, C_d : 하락 시 콜옵션의 내재가치)

tip 이항정리 모형

콜옵션의 가격은 상승 시 100pt의 70%이므로 70이고, 하락 시 0이 된다.

헤지확률 $p = \dfrac{r+d}{u+d} = \dfrac{0.10+0.30}{0.70+0.30} = 0.40$

018 ④

스트랭글 매수는 이익은 무제한, 손실은 제한되는 구조이다.

tip 손실 무제한

풋 매도, 콜 매도, 스트래들 매도, 스트랭글 매도

019 ②

베가와 잔존기간의 관계는 잔존기간이 많이 남아 있을수록 주가의 변동 가능성 역시 높아지며, 잔존기간이 짧을수록 변동폭 역시 예측가능한 범위 내로 좁혀진다. 즉, 잔존기간이 길수록 베가는 높아지며, 잔존기간이 짧을수록 베가 역시 낮아진다.

020 ①

스트래들 전략은 스트랭글과 마찬가지로 변동성의 방향은 모르지만 향후 큰 변동이 예상될 때 사용되는 전략이다. 행사가격이 같은 콜옵션과 풋옵션을 매수하여 구성한다.

021 ②

감마와 기초자산 간의 관계는 등가격일 때 가장 높고, 잔존기간 간의 관계는 잔존기간이 짧을수록 등가격의 감마가 빠르게 높아진다.

022 ①

합성선물의 매수포지션을 구성하고자 할 경우 콜옵션은 매수하고 풋옵션은 매도하는 전략을 취한다.

tip 합성 옵션기준물 매수

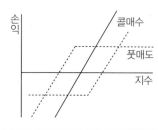

023 ③

선도금리계약과 동일한 효과를 주는 것이 장외금리옵션이고, 금리옵션계약과 동일한 효과를 주는 것이 금리캡이다.

024 ④

델타는 선물가격이 변동할 때 옵션 프리미엄의 가치가 얼마나 변동하는가를 반영하므로 헤지비율로 사용할 수 있다. 옵션헤지비율은 델타의 역수로 구해진다.

tip 헤지비율

$$헤지비율 = \frac{1}{델타}$$

025 ①

선물의 풋-콜패리티의 공식은 $C + X e^{-rt} = P + Fe^{-rt}$이다.

오답해설

② 컨버전의 경우에는 $C - P > (F - X)e^{-rt}$이므로, 선물이 저평가되어 있어 선물을 매수하고 합성선물은 매도한다.
③ 미국형 금리선물옵션의 가격결정모형으로는 whaley모형과 이항모형이 있다.
④ 채권 포트폴리오 관리자는 향후 금리변동성이 증가할 것으로 예상되면 옵션을 매수한다.

026 ②

금리상승이 예상될 때는 차입자의 금리고정화 수요가 증가하고 이에 따라 스왑스프레드가 확대되는 경향이 있다. 반대로 금리하락이 예상될 때는 투자기관의 금리고정화 수요가 증가하며 스왑스프레드가 축소되는 경향이 있다.

tip 스왑스프레드의 변동요인

- **시장의 신용위험** : 유로시장에서 신용위험이 증가하면 유로달러 금리와 Treasury 금리 간의 차이가 확대되고 스왑스프레드가 확대된다. 반대로 신용위험이 줄어들면 두 금리 간의 차이가 축소되고 스왑스프레드가 축소된다.
- **금리변동에 대한 예상** : 금리상승이 예상될 때는 차입자의 금리고정화 수요가 증가하고 이에 따라 스왑스프레드가 확대된다. 금리하락이 예상될 때는 투자기관의 금리고정화 수요가 증가하고 스왑스프레드가 축소된다.
- **미 재무채권 금리 수준** : 미 재무부채권 금리가 높은 상태에 있을 때에는 자금운용기관의 자산스왑이 증가하고 이에 따라 스왑스프레드가 축소된다. 금리가 낮은 상태에 있을 때에는 장기차입자의 금리 고정화 수요가 증가함으로써 스왑스프레드가 확대된다.
- **스왑은행의 현재 포지션 상태** : 스왑딜러의 고정금리 지급 스왑포지션이 많은 경우 딜러들이 헤지를 위해 고정금리 수취스왑을 해야하므로 스왑스프레드가 축소된다. 스왑딜러의 고정금리 지급스왑을 해야 하므로 스왑스프레드가 확대된다.

027 ④

Zero-Coupon Swap에 대한 설명이다. Zero-Coupon 채권은 중도이자수입의 재투자위험이 없기 때문에 이표채권에 비하여 가격이 다소 비싸고 조달비용은 저렴하다.

028 ②

Swap 이익의 합계는 '고정금리의 차-변동금리의 차'에서 Swap 딜러의 이익을 차감한 값이다.
Swap 이익의 합계 $= (1.0 - 0.4) - 0.1 = 0.5$

029 ③

고정금리 지급자가 기준 스왑 포지션을 취소시킬 수 있는 옵션을 달 수 있는 것을 callable swap이라고 한다. 이와는 반대로 고정금리 수취자가 취소권을 가지고 있는 것을 puttable swap이라고 한다.

tip 비표준형 스왑의 종류

- 베이시스 스왑
- zero-coupon 스왑
- 원금변동형 스왑
- step-up, step-down swap
- 선도스왑(forward start swap)
- Libor in-arrear 스왑
- CMS 스왑
- over-night index swap
- callable, puttable, extendible 스왑
- 스왑션

030 ③

receiver금리스왑과 채권투자(long 포지션)는 금리위험면에서 동일하고, payer금리스왑과 채권발행(short 포지션)은 서로 동일하다.

031 ②

사례 A에서는 고정금리에서 2.37%, 변동금리에서 0.5% 차이가 나며 양 시장에서의 금리차 간의 순차이는 1.87%이며, 비교우위에 의해 각기 변동금리와 고정금리로 차입한 후 스왑을 통해 리스크를 헤지하면 전체적으로 1.87%의 이익이 발생한다. 사례 B에서는 고정금리에서 0.73%, 변동금리에서 0.5% 차이가 나며 양 시장에서의 금리차 간의 순차이는 0.23%이므로 사례 A가 비교우위에 의한 스왑의 이익이 사례 B보다 많다.

032 ④

특정 프로젝트를 위한 자본조달을 위해 처음에는 차입액을 늘려나가다가 단계적으로 차입금을 상환해나가는 프로젝트 파이낸싱에서 롤러코스터 스왑(roller-coaster swap)을 활용하여 미상환차입금과 명목원금을 대응시킬 수 있다.

tip 원금변동형 스왑

- **원금증가형 스왑** : 스왑기간이 경과함에 따라 명목원금이 증가하는 것
- **원금감소형 스왑** : 스왑기간이 경과함에 따라 명목원금이 감소하는 것
- **롤러코스터 스왑** : 기간에 따라 증가하기도 하고 감소하기도 하는 것

033 ④

경로의존형, 첨점수익구조형, 시간 의존형, 다중변수의존형, 중첩옵션형, 레버리지형 등은 이색옵션(exotic option)의 형태에 따른 구분이다.

tip 구조화상품의 분류

- 구조화상품의 거래형태, 구조화상품에 내재되어 있는 파생상품의 유형과 기초자산에 따라 수많은 종류의 구조화상품이 있을 수 있다.
- 거래형태에 따라 구조화채권, 구조화 파생상품펀드와 같은 구조화 예금으로 나눌 수 있고 내재된 파생상품의 유형에 따라 단순한 옵션으로 구성되어 있느냐 이색옵션으로 구성되어 있느냐로 구분할 수 있다.
- 이색옵션의 형태에 따라 경로의존형, 첨점수익구조형, 시간의존형, 다중변수의존형, 중첩옵션형, 레버리지형 등으로 더 나눌 수도 있다.

034 ④

장외파생상품은 만기 이전에 손익이 정산되지는 않으나 정기적으로 가치평가가 필요하며 금융기관은 평가액을 재무제표에 반영하여야 한다.

035 ③

레인보우옵션은 다중변수의존형 옵션에 속한다.

tip 경로의존형 옵션

- 경로의존형 옵션은 기초자산의 가격이 옵션계약기간 동안 어떠한 가격경로를 통해 움직여왔는지에 따라 만기 시 결제금액이 결정된다.
- 경로의존형 옵션에는 평균옵션(아시안옵션), 장애옵션, 룩백옵션, 래더옵션, 샤우트옵션, 클리켓옵션 등이 있다.

036 ③

룩백옵션에 대한 설명이다. 룩백옵션에서는 그 동안의 가격데이터를 검토하여 가장 유리한 가격을 선택한 후 행사를 할 것인지 여부를 결정한다. 실제로는 실용가능성이 낮기 때문에 행사가격은 고정시키고 기초자산의 가격을 가장 유리한 가격으로 설정하는 수정룩백옵션이 많이 사용된다.

037 ③

샤우트옵션에 대한 설명이다. 예를 들어 초기 행사가격이 100인 샤우트콜옵션이 있다고 할 때 기초자산가격이 107일 때 샤우트하면 행사가격이 107로 재확정되면서 7만큼의 콜옵션 이익이 보증되고, 이후 만기에 110이 되면 그 차액인 3이 추가로 지급된다.

tip 샤우트옵션

스텝록래더옵션이나 클리켓옵션과 달리 옵션 보유자가 유리한 가격을 선언(shout)하여 새로운 행사가격을 결정한다는 점이 특징이다.

038 ④

레인보우옵션이 변형된 형태는 바스켓옵션이다. 클리켓옵션은 초기에 행사가격을 정해 두지만 일정시점이 되면 그 시점의 시장가격이 새로운 행사가격이 되도록 하는 옵션이다.

039 ④

Knock-out형 ELS에 관한 설명이다. ELS는 원금보존형 주가지수연계증권이다. ELS는 주가지수의 성과에 따라 증권의 수익률이 달라지는 특성을 갖고 있다.

040 ③

VaR에 대한 정의이다. VaR(95%, 5일)이 10억 원이면 현재 포지션을 유지하는 경우 5일 동안 발생 가능한 손실이 10억 원보다 클 확률이 5%라는 의미이다.

tip VaR

- 금융회사의 위험을 측정하기 위하여 광범위하게 활용되고 있는 위험지표
- 하나의 수치로 위험 정도를 표현하기 때문에 이해가 쉽고 의사소통에 편리하며 상계효과를 감안한 전체적인 위험측정이 가능함
- N일의 VaR = 1일의 VaR × $\sqrt{N}$

041 ③

기본계약서, 부속계약서, 거래확인서로 구성된다.

042 ③

Reverse Convertible형 ELS는 주가하락 시 원금보장이 되지 못하고 손실이 늘어난다.

tip Rerverse Convertible형 ELS

옵션 매도전략을 통해 수취하는 프리미엄으로 높은 수익률을 추구하는 풋옵션 매도가 내재된 원금비보장형 상품구조를 가진다.

043 ②

촉발가격인 105가 2일째(107) 통과하였으므로 옵션은 소멸하고 rebate 4를 수취한다.

044 ④

기초자산가격이 knock-out 옵션의 trigger level에 도달하면 옵션이 무효화되므로 가치가 없어진다.

045 ④

외환스왑 거래의 설명이다. 외환스왑거래는 통화스왑 거래와 혼동되는데, 통화스왑도 현물환 거래에 해당하는 초기 원금교환과 선물환 거래에 해당하는 만기 원금교환이 발생하지만, 스왑기간이 장기이고 주기적으로 이자교환이 발생한다는 점에서 서로 구별된다. 외환스왑은 주로 만기가 단기이며 외환시장에서 주로 이용된다.

046 ①

신용디폴트스왑(CDS : Credit Default Swap)에서 만약 이전에 서로 정한 신용사건이 발생할 경우 보장매도자는 손실금(채무원금－회수금액)을 보장매입자에게 지급한다. 신용위험의 인수대가인 CDS프리미엄은 준거자산의 신용사건 발생가능성, 신용사건 발생 시 준거자산의 회수율, 보장매도자의 신용도 등에 따라 결정된다. 여기서 보장매수자는 준거기업에 대한 신용위험을 이전하는 대신 보장매도자의 신용위험을 인수하게 된다.

047 ②

CLN 투자자는 준거기업의 신용위험뿐만 아니라, 발행자의 신용위험을 감수해야 하기 때문에 또 다른 형태의 CLN 구조를 고안하게 되었는데, 특수목적회사(SPC or SPV :Special purpose Company/Vehicle)를 통해 CLN을 발행하면 이러한 문제를 해결할 수 있다.

> **tip** 신용연계채권(CLN : Credit Linked Note)
>
> 고정금리 채권에 신용파생상품이 내장된 신용구조화상품이다. 즉 채권에 TRS, 신용스프레드상품, CDS 등의 신용파생상품이 가미된 것이다.

048 ②

대표적인 파생결합증권으로 주식워런트(ELW), ELS(주가연계 증권)/DLS(비주식기초자산연계증권), ETN(상장지수증권) 등이 있다.

049 ①

Managed 합성 CDO의 신용 포트폴리오는 운용전략에 따라 적극적으로 대체 가능하며 개별 준거기업의 기간별 long/short 포지션 등 다양한 포지션을 구성할 수 있다.

> **tip** 운용 합성 CDO와 정적인 합성 CDO
>
> | 구분 | 운용 합성 CDO | 정적인 합성 CDO |
> |---|---|---|
> | 운용사 | 있음 | 없음 |
> | 거래상대방 위험 | 개별 CDS 거래상대방에 대한 위험 존재 | 보장매수자에 대한 거래 상대방위험만 존재 |
> | 신용 포트폴리오 | • 거래시점에 포트폴리오 설정
• 운용전략에 따라 포트폴리오를 적극적으로 대체 가능
• 개별기업에 대한 신용보장 매수/매도 가능 | • 거래시점에 포트폴리오 설정
• 만기까지 대부분 지속, 제한적으로 대체
• 신용보장 매도만 가능 |

050 ①

BIS는 파생금융상품거래에 수반되는 리스크로 시장리스크, 신용리스크, 유동성리스크, 영업리스크, 법적리스크도 고려할 것을 강조하고 있다.

051 ②

미국식과 유럽식의 혼합형이 버뮤다옵션이다.

tip **이색옵션의 형태에 따른 구분**

- **경로의존형 옵션** : 평균옵션, 장애옵션, 룩백옵션, 래더옵션, 클리켓옵션, 샤우트옵션
- **첨점수익구조형 옵션** : 후불옵션, 디지털옵션, 디지털배리어옵션
- **시간의존형 옵션** : 버뮤다옵션, 선택옵션, 행사가격결정유예옵션
- **다중변수의존형 옵션** : 레인보우옵션, 다중행사가격옵션, 피라미드옵션, 스프레드옵션, 바스켓옵션, 퀀토옵션

052 ①

VaR는 규제 관련 보고서나 자본요구량과 관련하여 이용되기도 한다. 금융기관 영업형태에 정책당국의 규제방향이 자산운용의 건전성 추구로, 특히 자기자본 규제로 집중되는 경향을 보이고 있고 필요한 자본요구량 수준을 VaR를 통해 결정하고 있다. 자본량 수준을 정하기 위한 손실가능액 추정에 VaR가 적용될 수 있다.

053 ②

비선형위험을 제대로 고려하기 위해서는 완전가치평가법이 필요한데, 완전가치평가법은 시장가격의 실제 분포를 이용하는 것으로 주로 시뮬레이션 기법을 이용한다. 분석적 분산-공분산 방법인 델타-노말 방법은 가치평가모형이 반드시 필요하지 않다(부분가치평가법 이용).

054 ②

short 원화자금 포지션은 국내채권을 발행한 것과 같고, 원달러 현물환 포지션은 현물환거래, long 달러자금 포지션은 외국채권에 투자한 것과 같다.

055 ④

사후검증은 보통 1일 보유기간과 99% 신뢰수준을 기준으로 250일(1년 기준) 동안 추정한 VaR와 실제의 이익과 손실을 매일 비교하여 실제의 이익과 손실이 VaR를 초과하는 횟수를 기초로 이루어진다.

tip **VaR 모형의 사후검증(back testing)**

- VaR가 나타내는 최대손실규모를 분석하여 포트폴리오의 위험 노출 정도를 파악하고 이를 바탕으로 위험에 대한 헤지전략을 취하기 위해 VaR 모형의 정확도를 검증할 필요가 있다.
- 금융기관이 자체 모형에 의해서 계산하는 VaR의 정확성을 검증하는 수단으로, 일정기간 동안 실제 포트폴리오의 손실액과 모형에 의해 사전에 추정된 VaR를 비교하여 손실액이 VaR를 초과하는 횟수의 비율을 통계적으로 살펴보는 것이다.

056 ①

재무상태표상의 항목들을 조정하여 환위험을 줄이는 부내기법으로는 상계(netting), 매칭(matching), 리딩(leading)과 래깅(lagging), 자산부채종합관리전략(ALM) 등이 있다. 통화선물계약 체결은 부외기법에 속한다.

057 ③

국내수출업자가 장래 자국통화가 수출상대국 통화에 대하여 평가절하(즉 환율상승) 될 것으로 예상하는 경우에 수출상품의 선적이나 수출환어음의 매도를 가능한 한 지연시켜 결제시점에서 자국통화표시 수출대금을 높이려는 것이 래깅(lagging)의 방법이다.

058 ②

파생상품 거래에서는 거래구조의 복잡성으로 인해 자료입력 시 오류가 생길 수 있는데, 이 경우에 심각한 영업리스크를 초래할 가능성이 있다. 또한 자동화수준도 영업리스크를 줄이는 데 큰 도움이 된다.

059 ①

기본예탁금은 전액 위탁증거금으로 충당이 가능하다.

060 ④

단일가호가인 경우에는 최유리지정가호가의 입력만 제한된다.

tip 호가의 입력제한

적용 대상	입력제한
원월종목	시장가호가, 조건부지정가호가
단일가호가	최유리지정가호가(취소호가는 입력 가능)
종기단일가호가	조건부지정가호가(취소호가는 입력 가능)
최종거래일 도래 종목	조건부지정가호가
시장조성계좌	시장가호가, 조건부지정가호가, 단일가호가시간의 호가

061 ③

실시간가격제한제도는 (미니)코스피200선물, 코스닥150선물, 주식선물, 3년/10년국채선물, 미국달러선물 등 일부 종목이 해당된다.

062 ④

착오 거래의 정정 신청은 착오가 발생한 날의 장 종료 후 30분 이내에 하여야 한다.

063 ③

관리종목, 정리매매종목, 매매거래정지종목, 투자위험종목은 대용증권에서 제외된다.

064 ②

직무윤리는 자율적 규범에 속하지만 그 내용의 대부분이 실정법과 연계되어 강제적인 제재를 수반하게 된다.

065 ④

투자자 이익의 관리는 고객에 대한 기본적인 업무내용으로 최선을 다하여 투자수익을 올려야 함을 의미한다. 자본시장법 상의 영업행위규칙에는 포함되지 않는다.

066 ③

금융감독원장은 분쟁조정의 신청을 받은 날로부터 30일 이내에 당사자 간 합의가 이루어지지 아니하는 때에는 이를 조정위원회에 회부하여야 한다. 조정위원회는 조정의 회부를 받으면 60일 이내에 이를 심의하여 조정안을 작성하여야 한다.

067 ③

손해액의 산정 시 계산산식은 해당 증권의 취득으로 지급하였거나 지급하여야 할 금전의 총액에서 증권을 처분하여 회수하였거나 회수할 수 있는 금전의 총액을 차감한 금액으로 추정한다.

068 ④

신의성실의 원칙 위반이 법원에서 다투어지는 경우는 강행법규에 대한 위반이기 때문에, 당사자가 주장하지 않더라도 법원은 직권으로 신의성실의 원칙 위반 여부를 판단할 수 있다.

069 ③

신임의무가 특히 문제되는 상황은 수임자와 신임자의 이익이 상충하는 경우이다.

070 ③

Know－Your－Customer－Rule로써 고객의 재무상황, 투자경험, 투자목적, 기간 등을 충분하게 파악하여 투자의 권유가 이루어져야 한다.

071 ②

투자상담업무종사자는 정밀한 조사분석에 입각하여 합리적인 근거에 의하여야 한다는 윤리기준을 위반하고 있다.

072 ④

회사비용으로 적립된 마일리지는 원칙적으로 회사의 재산에 속한다. 따라서 K가 이들 회사가 정한 마일리지 처리방법에 의하지 않고 이를 자신의 사적인 용도로 사용하는 행위는 회사재산을 부당하게 이용한 행위에 해당한다.

073 ④

근무시간 외라도 일정한 대가를 받고 참석하는 것이므로 이를 보고해야 한다.

074 ②

직무윤리의 위반이 되는 동시에 법위반으로 되는 경우, 사법적 제재로 당해 행위의 실효(失效)에 대한 설명이다.

075 ④

자금세탁은 불법재산의 취득 · 처분 또는 발생원인에 대한 사실을 가장하거나 그 재산을 은닉하는 행위이자, 외국환거래 등을 이용하여 탈세목적으로 재산의 취득 · 처분 또는 발생원인에 대한 사실을 가장하거나 그 재산을 은닉하는 행위를 말한다. 자금세탁은 배치, 반복, 통합의 3단계를 거친다.

----

tip 자금세탁의 3단계 모델 이론

- **배치단계** : 자금세탁을 하기 위해 돈이 들어오는 단계
- **반복단계** : 복잡한 금융거래를 반복하면서 자금세탁을 하기 위해 돈이 굴러가는 단계
- **통합단계** : 자금세탁을 마치고 돈이 나가는 단계

----

076 ④

자본시장법은 규제를 일부 투자자에게만 집중함으로써 규제의 과도화에 대한 우려 없이 효율적이고 강력한 규제수단을 확보할 수 있고 실질적인 규제비용의 감축효과를 볼 수 있게 되었다.

077 ③

지배구조법 시행령 제19조 제2항에서 금융회사는 내부통제기준의 운영과 관련하여 최고경영자를 위원장으로 하는 내부통제위원회를 두어야 한다고 규정하고 있다.

078 ②

금융투자상품의 가치 또는 금융투자상품에 대한 투자판단에 관하여 조언하는 것을 영업으로 하는 것은 "투자자문업"에 해당된다.

----

tip 금융투자업의 분류

금융투자업은 경제적 실질에 따라 다음의 6개로 분류함
- 투자매매업
- 투자중개업
- 집합투자업

- 투자자문업
- 투자일임업
- 신탁업

079 ②

전문투자자만을 대상으로 금융투자업을 영위하는 경우 필요 자기자본은 1/2이다.

tip 전문인력요건
- **투자자문업** : 상근 임직원인 투자권유자문인력 1인 이상
- **투자일임업** : 상근 임직원인 투자운용인력 2인 이상

080 ②

금융투자업자는 이해상충이 발생할 가능성을 낮추는 것이 곤란하다고 판단되는 경우에는 매매, 그 밖의 거래를 해서는 안 된다.

081 ①

증권시장이나 파생상품시장을 통해 거래를 하는 경우 투자자의 이익침해 가능성이 거의 없으므로 자기계약금지 규정이 적용되지 않는다.

오답해설
② 임의매매는 금지되며 위반 시 형사처벌된다.
③ 매매형태의 명시는 문서에 의하건 구두에 의하건 상관없다.
④ 자본시장법 개정(2013.5.28.)에 따라 시장매매의 의무가 폐지되고 최선집행의무가 신설되었다.

082 ②

장내파생상품의 매매를 유인할 목적으로 그 증권 또는 장내 파생상품의 매매가 성황을 이루고 있는 듯이 잘못 알게 하거

나 그 시세를 변동시키는 매매 또는 그 위탁이나 수탁을 하는 행위는 현실거래에 의한 시세조종행위에 해당된다.

오답해설
①, ④ 가장매매
③ 통정매매

083 ③

상장증권 또는 장내파생상품의 매매를 유인할 목적으로 실제 매매거래 등에 의한 시세조종행위는 10년 이하의 징역 또는 5억 원 이하의 벌금에 처한다.

오답해설
① 거짓, 그 밖의 부정한 방법으로 금융투자업인가를 받은 경우는 5년 이하의 징역 또는 2억 원 이하의 벌금에 처한다.
② 손실보전 또는 이익보장 행위를 하는 경우에는 3년 이하의 징역 또는 1억 원 이하의 벌금에 처한다.
④ 투자자로부터 파생상품시장에서 매매의 위탁을 받은 경우 파생상품시장을 통하지 않고 매매가 이루어지도록 한 경우는 1년 이하의 징역 또는 3천만 원 이하의 벌금에 처한다.

084 ④

인가제를 채택한 금융투자업자의 진입요건은 사업계획의 타당성 요건 등을 적용하여 등록제를 채택한 등록제보다 엄격하게 설정하고 있다.

tip 강화된 진입규제

투자자의 위험에 대한 노출도에 따른 진입요건	인가제와 등록제로 구분하여, 인가제가 적용되는 금융투자업의 진입요건을 등록제가 적용되는 금융투자업자의 진입요건보다 엄격하게 설정
위험크기에 따른 진입요건	장외파생상품 등 위험 금융투자상품을 대상으로 하는 인가에 대해서는 일반 금융투자상품에 비해 강화된 진입요건 설정

투자자의 위험 감수능력에 따른 진입요건	전문투자자를 상대로 하는 금융투자업에 대해 강화된 진입요건 설정

---

085 ③

온라인소액투자중개업자가 금융위에 등록하기 위해서 필요한 자기 자본 요건은 5억이다.

---

tip 온라인소액투자중개업자의 등록 요건

- 상법에 따른 주식회사
- 5억 원 이상의 자기자본
- 타당하고 건전한 사업계획
- 투자자 보호가 가능한 충분한 인력과 전산설비

---

086 ②

지방자치단체는 일반투자자로 전환이 가능한 선분투자자이다.

---

tip 일반투자자로 전환이 가능한 전문투자자

- 주권상장법인
- 지방자치단체
- 해외 증권시장에 상장된 주권을 발행한 국내법인
- 법률에 따라 설립된 기금
- 법률에 따라 공제사업을 경영하는 법인

---

087 ④

자본시장법 제71조 제4호에서 주권, 전환사채, 신주인수권부사채, 교환사채를 모집 또는 매출과 관련된 계약을 체결하는 경우 체결한 날부터 증권시장에 상장된 후 40일 이내에 해당 증권에 대한 조사분석자료를 공표하거나 특정인에게 제공할 수 없다고 규정하고 있다.

088 ③

대주주 또는 그의 특수관계인의 소유주식 1% 이상 변동되었을 경우에는 7일 이내 금융감독원장에게 보고해야 할 사항이다.

---

tip 투자매매업 · 투자중개업의 경우 공시사항

- 거액의 부실채권, 손실 또는 금융사고 등이 발생한 경우
- 적기시정조치를 받은 경우
- 주요사항보고대상에 해당하는 경우
- 경영과 관련하여 해당 법인이나 그 임직원이 형사처벌을 받은 경우
- 증권시장, 파생상품시장 등의 결제를 하지 않은 경우

---

089 ①

투자자문계약의 체결을 권유하는 경우에도 '의사에 반하는 재권유금지 원칙'이 적용된다. 다만, 증권에 대한 투자자문계약, 장내파생상품에 대한 투자자문계약 및 장외파생상품에 대한 투자자문계약의 체결 권유는 '의사에 반하는 재권유금지 원칙'의 적용에 있어 각각 다른 종류의 투자권유로 본다.

090 ③

예치금융투자업자가 예치기관에 예치 또는 신탁하여야 하는 "의무예치액"을 산정함에 있어 기준이 되는 투자자예탁금은 위탁자예수금, 장내파생상품거래예수금, 집합투자증권투자예수금, 조건부예수금이 있다.

---

tip 투자자예탁금의 예치기한

- 의무예치액을 영업일 단위로 산정하여 다음 영업일까지 예치기관에 예치 또는 신탁하여야 한다.
- 금융감독원장은 예치기관에 예치 또는 신탁한 투자자예탁금을 인출함으로써 의무예치액에 미달된 예치금융투자업자에게는 인출일로부터 5영업일 이내에 의무예치액의 부족분을 예치기관에 예치하게 할 수 있다.

---

091 ②

위장거래에 의한 시세조종에는 통정매매와 가장매매가 있다. 같은 시간에 타인과 사전에 약속하여 매도와 매수를 하는 행위를 통정매매라 하고, 권리 이전의 목적 없이 거짓으로 꾸민 매매를 가장매매라 한다.

092 ④

법 제38조 제7항에 따르면 신탁업자가 아닌 자는 그 상호 중에 "신탁"이라는 문자 또는 이와 같은 의미를 가지는 외국어 문자로서 대통령령으로 정하는 문자를 사용하여서는 아니된다. 다만, 집합투자업자 또는 제7조 제5항에 따른 업을 영위하는 자는 그 상호 중에 "신탁"이라는 문자 또는 이와 같은 의미를 가지는 외국어 문자로서 대통령령으로 정하는 문자를 사용할 수 있다.

----

tip 상호규제

금융투자업자가 아닌 자가 금융투자업자로 오인될 수 있는 문자를 상호에 사용하는 것을 금지하며, 해당 문자와 비슷한 의미를 가지는 외국이 문지 및 한글표기도 시용금지된다.

대상	사용금지 문자
금융투자업자가 아닌 자	금융투자
증권 대상 투자매매업자 및 투자중개업자가 아닌 자	증권
파생상품 대상 투자매매업자 및 투자중개업자가 아닌 자	파생, 선물
집합투자업자가 아닌 자	집합투자, 투자신탁, 자산운용
투자자문업자가 아닌 자	투자자문(부동산투자회사법에 따른 부동산투자자문회사는 사용 가능)
투자일임업자가 아닌 자	투자일임
신탁업자가 아닌 자	신탁

----

093 ①

일반투자자를 대상으로 투자권유를 하는 경우에는 투자설명

서를 교부한 후, 고객이 이해할 수 있도록 설명하고 고객이 이해하였음을 서명 등의 방법으로 확인받아야 한다.

오답해설

② 핵심설명서는 설명을 위한 추가자료, 투자설명서의 보조자료일 뿐이므로 설명의무를 다한 것으로 볼 수 없다. 그러므로 설명서를 교부하지 않고 핵심설명서만을 교부해서는 안 된다.
③ 금융투자회사는 협회의 투자설명서 기본양식을 토대로 해당 회사에 맞게 수정하여 사용할 수 있다.
④ 모든 파생결합증권에 대하여 모두 적용되는 것이 아니라 공모의 방법으로 발행되는 것에 한하며, 주식워런트증권 및 상장지수증권은 제외된다.

094 ①

계좌의 잔액과 잔량이 0이 된 날로부터 6개월이 경과한 경우 해당 계좌를 폐쇄할 수 있다.

095 ④

환매신청 후 환매금액의 수령이 가능한 구체적인 시기는 펀드 투자광고시 의무표시사항에 해당한다.

----

tip 투자광고 시 일반적 표시사항

- 금융투자업자의 명칭
- 금융투자상품의 내용
- 투자에 따른 위험
- 수수료에 관한 사항
- 회사로부터 설명을 듣고서 투자할 것을 권고하는 내용
- 통계수치나 도표 등을 인용하는 경우 해당 자료의 출처
- 최소비용을 표기하는 경우 그 최대비용과 최대수익을 표기하는 경우 그 최소수익
- 과거의 재무상태 또는 영업실적을 표기하는 경우 투자광고 시점 및 미래에는 이와 다를 수 있다는 내용 등

----

096 ③

약관내용 중 고객의 권리 또는 의무와 관련이 없는 사항을 변경하는 경우는 사후보고 사항으로 변경한 후 7일 이내에 협회에 보고하여야 한다.

---

tip 협회 보고사항에 해당되는 경우

금융투자회사는 약관의 제정 및 변경이 다음 중 어느 하나에 해당하는 경우 약관을 제정 또는 변경한 후 7일 이내에 협회에 보고하여야 한다.
- 약관내용 중 고객의 권리 또는 의무와 관련이 없는 사항을 변경하는 경우
- 협회가 제정한 표준약관을 그대로 사용하는 경우
- 제정 또는 변경하고자 하는 약관의 내용이 다른 금융투자회사가 이미 협회에 신고한 약관의 내용과 같은 경우
- 전문투자자만을 대상으로 하는 약관을 제정 또는 변경하는 경우

---

097 ④

10년국채선물은 만기 10년, 표면금리 5%, 6월 단위 이자지급방식의 국고채권이 거래대상이다.

098 ①

달러선물, 엔선물, 유로선물, 위안선물의 최종결제방법은 인수도 결제이다.

오답해설

② 주식옵션의 상장결제월은 모두 6개이다. (분기월 4개, 비분기월 2개)
③ 주식선물은 단계별로 10%, 20%, 30%의 가격제한폭이 있다.
④ 돈육선물의 1계약 금액은 1,000kg이다.

099 ③

돈육선물을 제외한 모든 선물 · 옵션 상품의 거래시간은 09:00~15:45이며, 돈육선물은 10:15~15:45이다.

100 ②

기본예탁금을 예탁하지 않고 파생상품거래가 가능한 계좌는 사후위탁증거금계좌(일반계좌, 할인계좌)를 개설한 적격기관투자자뿐이다.

제3회 정답 및 해설

001 ①	002 ③	003 ④	004 ④	005 ②
006 ②	007 ④	008 ①	009 ④	010 ②
011 ①	012 ②	013 ②	014 ③	015 ②
016 ①	017 ③	018 ①	019 ①	020 ②
021 ①	022 ①	023 ②	024 ④	025 ④
026 ①	027 ④	028 ③	029 ①	030 ③
031 ④	032 ③	033 ③	034 ①	035 ②
036 ④	037 ①	038 ①	039 ③	040 ②
041 ③	042 ④	043 ③	044 ②	045 ④
046 ②	047 ①	048 ④	049 ④	050 ①
051 ③	052 ④	053 ②	054 ④	055 ③
056 ④	057 ④	058 ①	059 ②	060 ④
061 ③	062 ③	063 ④	064 ②	065 ③
066 ②	067 ④	068 ②	069 ②	070 ④
071 ①	072 ③	073 ①	074 ②	075 ②
076 ②	077 ③	078 ④	079 ②	080 ②
081 ④	082 ①	083 ③	084 ②	085 ④
086 ①	087 ③	088 ②	089 ④	090 ①
091 ④	092 ③	093 ③	094 ④	095 ②
096 ③	097 ②	098 ②	099 ①	100 ①

001 ①

매도차익거래는 선물 저평가 상태, 즉 실제선물가격이 이론선물가격보다 낮은 경우에 발생한다.

002 ③

현물가격과 선물가격 간의 변동이 다르게 나타나면 그 차이만큼 완전헤징이 불가능해진다.

003 ④

헤지거래에는 선물의 매매방향에 따라 매도헤지와 매수헤지가 있고, 헤지대상의 현물에 대응하는 선물의 존재 여부에 따라 직접헤지와 간접헤지(교차헤지)가 있다. 또한 헤지범위에 따라 완전헤지와 부분헤지로 분류되기도 한다.

004 ④

주가지수 차익거래를 실행하는 과정에서 현물바스켓의 일부 종목이 유동성 부족으로 체결이 안되는 경우를 유동성위험이라 한다.

----

tip 주가지수선물 이용 차익거래의 리스크

- **추적오차** : 주가지수 차익거래를 실행하는 과정에서 대상 주가지수를 제대로 추적하지 못하는 경우
- **유동성위험** : 주가지수 차익거래를 실행하는 과정에서 현물바스켓의 일부 종목이 유동성 부족으로 미체결되거나 매우 불리한 가격에 체결되는 경우(미청산위험)
- **시장충격** : 현물바스켓을 주문집행할 때 순간적으로 대규모 금액을 체결하기 때문에 개별종목이나 선물의 가격변동이 불리하게 되는 경우

----

005 ②

청구금액＝(선물정산가격 × 전환계수)＋경과이자
$$= (92.00 \times 1.2450) + 2.67 = 117.21$$

tip 청구금액

T-Bond선물시장에서의 호가는 6%의 표면금리를 가진 T-Bond를 표준물로 하여 행해지므로 표준물이 아닌 T-Bond로 인수도가 이루어질 경우 T-Bond의 선물매도자가 매수자로부터 받게 되는 청구금액은 표준물 기준으로 호가되는 T-Bond선물의 정산가격에 전환계수를 곱하여 얻을 수 있다.

006 ②

직접헤지란 해당 현물을 기초자산으로 하는 선물계약으로 현물을 헤지하는 방법이고, 헤지하려고 하는 현물과 유사한 가격변동을 보이는 자산을 기초자산으로 하는 선물을 이용하여 헤지하는 것을 교차헤지라고 한다.

007 ④

외환시장은 구매력의 이전기능, 신용기능, 헤징기능을 제공한다.

tip 외환시장의 기능

- **구매력의 이전기능** : 외환시장이 내국통화와 외국통화의 교환을 통하여 구매력의 국제적 이전을 가능하게 하여 국제거래를 성립시키는 기능
- **신용기능** : 외국환 은행이 신용장이나 수출어음 등을 통하여 국제거래에 신용제공
- **헤징기능** : 환율변동의 위험을 파생상품을 이용하여 헤징할 수 있는 기능을 제공

008 ①

지정환율이 계약환율보다 높으므로 매수자인 은행은 결제일에 $98,039를 수취하게 된다.

$$\frac{(1,020-1,000)\times 5,000,000}{1,020}=98,039$$

tip NDF거래 결제금액

- 매수자의 경우 지정환율이 계약환율보다 높으면 결제금액을 수취하게 되고, 지정환율이 계약환율보다 낮으면 결제금액을 지급하게 됨(매도자의 경우는 반대)
- 결제금액$=\dfrac{(\text{지정환율}-\text{계약 시 선물환율})\times \text{계약금액}}{\text{지정환율}}$

009 ④

이자율평형이론은 선물환율과 현물환율의 차이가 두 통화 간의 이자율 차이에 의해 결정된다는 원리를 말한다.

tip 이자율평형이론(Interest Rate Parity Theory)

- 선물환율 F, 현물환율 S, 자국의 이자율 r_1, 외국의 이자율 r_2라고 하면 다음과 같은 균형식을 얻을 수 있다.

$$F=S\times \frac{1+r_1}{1+r_2}$$

- 이 식에서 자국통화의 이자율이 외국통화율의 이자율보다 높으면 자국통화로 표시한 외국통화의 선물환율이 현물환율보다 높은 할증 상태가 되고, 반대의 경우는 할인 상태가 된다.

010 ②

금선물 거래단위는 1kg(1,000g)이다.

tip 금선물의 계약명세

거래대상	순도 99.99% 이상의 금괴
거래단위	1kg(1,000g)
가격표시방법	원(gram당)
호가단위	10원/gram, 1 thick의 가치=10,000원
최종결제방법	실물인수도
가격제한폭	기준가격 대비 상하 ±9%

011 ①

듀레이션은 회수시간이란 점에서 착안한다면, 이표율이 높을 수록 듀레이션은 짧아진다.

tip 듀레이션 구하는 공식

$$듀레이션 = \frac{1 \times 현물흐름}{1 + 만기수익률}$$

012 ②

$$최적선물계약수 = 0.9 \times \frac{200,000g}{1,000g} = 180$$

tip 최적선물계약수의 계산

$$최적선물계약수 = h \times \frac{현물포지션의\ 크기}{선물\ 1계약의\ 크기} \quad (h : 회귀계수)$$

013 ②

선물환율은 외화금리 하락 시 올라간다. 따라서, 현물환율 상승 시, 자국환율 상승 시 올라간다.

tip 선물환율 가격결정

• 자국통화의 이자율이 외국통화의 이자율보다 높으면 자국통화로 표시한 외국통화의 선물환율이 현물환율보다 높은 할증상태가 된다.
• 자국통화의 이자율이 외국통화의 이자율보다 낮으면 선물환율이 현물환율보다 낮은 할인상태가 된다.

014 ③

기초자산의 가격변동폭이 크지 않을 것으로 예상될 때 적절한 위험관리방법으로 기초자산 보유포지션에 콜을 매도하는 전략을 커버드 콜이라 하며, 합성풋매도와 같은 의미이다.

tip 용어설명

• **프로텍티브 풋** : 기초자산 보유포지션에 풋을 매수하는 전략이다.
• **리버설** : 과대평가되어 있는 풋옵션을 매도하고 합성 풋매수포지션을 구성하는 것이다.

015 ②

변동성, 잔존기간, 이자율은 시간가치 결정요인이다.

tip 옵션가격 결정요인

• **내재가치 결정요인** : 기초자산의 가격, 행사가격
• **시간가치 결정요인** : 기초자산가격의 변동성, 옵션만기일까지의 잔존기간, 이자율

016 ①

옵션의 거래비용과 세금은 없다.

오답해설

② 대출과 차입은 동일한 무위험 이자율이 적용되며 복리로 계산한다.
③ 옵션의 잔존기간 동안 이자율은 변화하지 않는다.
④ 변동성은 옵션의 잔존기간 동안 고정되어 있다.

017 ③

세타포지션이 양(+)의 방향을 가지는 것은 옵션의 만기가 빨리 오기를 원함이다.

tip 세타포지션

• **세타포지션(+)** : 옵션의 만기가 빨리 오기를 원함(매도자)
• **세타포지션(−)** : 옵션의 만기가 늦게 오기를 원함(매수자)

018 ①

풋옵션 매도를 만들기 위한 조합은 '콜옵션 매도＋선물 매수' 이다.

tip 합성옵션

- 콜옵션 매도＋선물 매수＝풋옵션 매도
- 콜옵션 매수＋선물 매도＝풋옵션 매수
- 풋옵션 매수＋선물 매수＝콜옵션 매수
- 풋옵션 매도＋선물 매도＝콜옵션 매도

019 ①

스트랭글 매도는 이익은 제한, 손실은 무제한 구조를 갖는다.

tip 이익, 손실 제한

수직적 강세 풋 스프레드, 수직적 강세 콜 스프레드, 수직적 약세 풋 스프레드, 수직적 약세 콜 스프레드, 버터플라이 매도, 버터플라이 매수

020 ③

콜옵션을 매도하는 포지션이 커버드 콜이다. 즉, 가격이 상승하여 매도한 콜옵션에 대해 매수자로부터 권리를 행사당해도 당초 프리미엄을 수취하고 있고, 현물보유로 인한 시세차익과 배당수입이 있어 상당한 이익을 기대할 수 있다.

021 ①

시장가격의 강세가 예상될 때 같은 종류의 옵션으로 포지션을 구성하는 수직적 강세 스프레드이다.

022 ①

이항분포를 이용하여 옵션가격을 결정하는 방법이다. 이항분포 옵션가격결정이론에 대한 가정과 특성에 대한 설명이다.

023 ②

선물을 매수하고 풋옵션을 매수하면 콜옵션의 매수포지션을 합성할 수 있다.

tip 합성 콜옵션 매수포지션 만기 시 손익

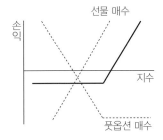

tip 합성포지션 구성방법

- 풋 매수(매도)＋기초자산 매수(매도)＝합성 콜 매수(매도)
- 콜 매수(매도)＋기초자산 매도(매수)＝합성 풋 매수(매도)
- 콜 매수＋풋 매도＝합성 기초자산 매수
- 콜 매도＋풋 매수＝합성 기초자산 매도

024 ④

국채선물 콜옵션 매수는 금리하락 리스크를 관리하는 전략이다.

tip 금리리스크 관리기법

금리상승 리스크	금리하락 리스크
• 캡 매수 • 캡 매수＋플로어 매도 • 채권(선물) 풋옵션 매수 • 채권(선물) 풋옵션 매수＋채권(선물) 콜옵션 매도 • 채권(선물) 콜옵션 매도	• 플로어 매수 • 채권(선물) 콜옵션 매수 • 채권(선물) 콜옵션 매수＋채권(선물) 풋옵션 매도

025 ④

신용위험은 장외거래인 선물환에서 나타나는 문제이다.

---

tip 양(+)의 베이시스

양(+)의 베이시스는 선물가격>현물가격이고, 만기시에는 $F=S$ 가 되므로, F는 하락하고 S는 상승하게 된다. 따라서 매도헤지가 이익이 된다. 또한, 양(+)의 베이시스는 선물가격이 높은 형태인데, 결국 원화금리가 높다고 볼 수 있다. 이것은 이자율평가이론을 통해서 유추할 수 있다.

---

026 ①

시장금리가 상승하면 채권의 가치는 하락하고 시장금리가 하락하면 채권가치는 상승한다. 시장금리가 상승하면 발행자의 입장에서는 이익이 발생하고, 시장금리가 하락하면 손실이 발생하는 역의 관계에 있다.

027 ④

선도스왑(Forward Start Swap)에 대한 설명이다. Step –Up과 Step–Down 스왑은 변동금리와 교환되는 고정금리가 표준스왑과 달리 몇 단계로 커지거나 작아지는 스왑을 말한다.

028 ③

두 기업의 신용의 차이는 '고정금리의 차이－변동금리의 차이'인 $1\%-0.4\%=0.6\%$이다.

---

tip 시장금리 변화에 따른 채권과 이자율스왑의 손익 변화

구분	채권투자	채권발행	고정금리 지급 이자율스왑	고정금리 수취 이자율스왑
시장금리 상승	손실(－)	이익(＋)	이익(＋)	손실(－)
시장금리 하락	이익(＋)	손실(－)	손실(－)	이익(＋)

---

029 ①

1980년 중반 이후 은행들은 단순한 중개자의 역할이 아니라, 적극적으로 시장조성자의 역할을 수행하기 시작한 단계이다. 은행들은 고객의 요구에 의한 스왑거래들 뿐만 아니라 자신의 투기적 거래를 포함한 적극적인 수익창출의 수단으로 스왑거래를 하게 되었다.

030 ③

장래 금리하락이 예상될 때는 투자기관의 금리고정화 수요가 증가하며 따라서 스왑 스프레드가 축소되는 경향이 있다. 반대로 금리상승이 예상될 때는 차입자의 금리고정화수요가 증가하고 이에 따라 스왑 스프레드가 확대되는 경향이 있다.

031 ④

스왑가격산정(pricing)의 절차는 다음과 같다.
순할인채 수익률과 할인계수 산출 → 수취하는 현금흐름과 지급하는 현금흐름 파악 → 각 현금흐름 발생일의 할인계수 산정 → 각 현금 흐름의 현재가치 산정 → 현금흐름의 순현재가치 산정

---

tip 스왑의 가격산정(princing)

• 시장에서 거래되는 스왑금리를 바탕으로 비정형 스왑의 가격을 산정하는 것
• 이미 체결된 스왑거래나 스왑 포트폴리오(스왑 book)를 평가하는 것
• 이미 체결된 스왑을 중도에 청산할 경우 그 정산할 금액을 계산하는 것

---

032 ③

스왑을 이용하는 최종수요자들의 스왑거래에 대한 니즈 (needs)가 낮았기 때문에 원화 스왑시장의 생성과 발전이 더디게 된 원인이다. 원화 이자율스왑 시장에서 음(−)의 스왑 스프레드가 지속되는 또 다른 원인으로는 국내에는 국고채를 담보로 한 효율적인 repo 시장이 존재하지 않아 금리스왑을 효과적으로 관리할 수 없기 때문이다.

tip 원화 스왑스프레드
- 양(+)의 스왑스프레드 : 스왑금리 > 국채수익률
- 음(−)의 스왑스프레드 : 스왑금리 < 국채수익률

033 ③

초기원금 교환, 주기적인 쿠폰 교환, 만기원금 교환을 각각, 현물환 FX거래(FX spot 거래), 이종통화의 쿠폰스왑(원금교환 없이 서로 다른 통화의 쿠폰만을 교환하는 스왑), 선물환거래(FX forward : 단, 선물환 환율은 FX spot과 동일)로 나눌 수 있다.

034 ①

아시안옵션에 대한 설명이다.

035 ②

선도계약의 매수자는 미래의 정해진 날짜에 선도계약의 매도자에게 정해진 금액의 현금을 지불하고 그 대가로 기초자산을 받는다. 기초자산은 주식이나 채권, 외국환 등이 있으며 특히 기초자산이 금리인 경우 선도금리계약이라 하고, 환율인 경우 선물환이라 한다.

tip 장외파생상품
- **선도** : 미래의 정해진 날짜에 사전에 정해진 가격으로 기초자산을 사거나 팔 것을 약속하는 계약
- **옵션** : 미래의 기초자산가격에 대해 미리 정한 행사가격에 기초자산을 매수하거나 매도할 권리를 거래하는 계약
- **스왑** : 일련의 현금흐름을 다른 현금흐름과 서로 교환하는 계약

036 ④

버뮤다옵션은 시간의존형 옵션에 속한다. 첨점수익구조란 옵션의 수익구조가 일정하게 점프하여 불연속점을 가지는 경우를 말한다. 후불옵션, 디지털옵션, 디지털배리어옵션이 있다.

037 ①

클리켓옵션에 대한 설명이다. 예를 들어 초기 행사가격 100인 3개월 만기 콜옵션에 대해 1개월 후와 2개월 후에 당일의 시장가격을 행사가격으로 재확정하도록 하는 클리켓옵션을 설정할 수 있다. 1개월 후 시장가격이 105라면 5의 이익이 보장되면서 행사가격은 105로 재확정되고, 2개월 후 시장가격이 103이 되면 행사가격은 103으로 재확정된다. 3개월 후 만기가 110이었다면 110−103=7의 이익이 지급된다. 표준옵션이면 110−100=10의 이익이 발생하지만 클리켓옵션에서는 5+7=12의 이익이 발생하는 구조를 갖는다.

038 ①

레인보우옵션의 변형인 바스켓옵션에 대한 설명이다. 바스켓을 구성하는 자산들의 가격이 완전한 양(+)의 상관관계를 갖지는 않으므로 전체적으로 변동성이 작아져 개별옵션보다 프리미엄이 저렴한 편이다.

039 ③

장외파생상품의 설계순서는 일반적으로 요구사항의 개념화 → 대안의 제시 및 가격평가 → 헤지수단의 파악 → 시뮬레이션의 순서로 이루어진다.

040 ②

'자본시장과 금융투자에 관한 법률'에 따라, 투자대상이 되는 기초자산에 대한 제한이 사라졌다. 따라서 원자재뿐만 아니라 날씨, 탄소배출권, 인플레이션 등 각종 권리에 기초한 파생상품의 거래가 가능하게 되었다.

041 ③

중첩옵션은 옵션에 대한 옵션이다. 중첩옵션의 기초자산은 기초옵션이라 불리우는 다른 옵션이 된다.

---

tip 중첩옵션의 형태

- 콜옵션에 대한 콜옵션(call on call)
- 풋옵션에 대한 콜옵션(call on put)
- 콜옵션에 대한 풋옵션(put on call)
- 풋옵션에 대한 풋옵션(put on put)

---

042 ④

다운 앤 아웃 콜옵션은 표준적인 옵션보다 프리미엄이 작다.

043 ③

각 자산의 가치를 가중치로 계산한 것은 바스켓옵션이고, 각 자산의 수량을 가중치로 계산한 것은 포트폴리오옵션이다.

044 ②

기초자산가격>행사가격이므로 디지털 콜옵션 매수자는 10을 얻게되고, 후불 콜옵션은 프리미엄을 차감한 $(102-95-5)=2$를 얻게된다.

045 ④

두 포지션의 상관계수가 0이면 포트폴리오 $VaR=\sqrt{10^2+5^2}$ 이므로 11.2억 원이다.

---

tip 포트폴리오 상관계수

$$VaR=\sqrt{AVaR^2+BVaR^2+2\times 상관계수\times AVaR\times BVaR}$$

---

046 ②

VaR는 VaR보다 더 큰 손실이 발생할 확률에 대한 정보는 얻을 수 있으나 얼마나 더 큰 손실이 발생하는가에 대한 정보를 얻을 수 없는 한계점이 있다.

047 ①

금융당국의 입장에서 신용파생상품의 경우는 부외거래가 많아 규제와 감독의 틀을 벗어날 수 있어 적시에 대응하기가 힘들다.

---

tip 신용파생상품의 유용성

- 금융기관에게는 효율적인 신용위험 관리수단이 된다.
- 유동성이 떨어지는 자산에 유동성을 증가시킬 수 있다.
- 신용위험에 대한 새로운 투자기회를 제공한다.
- 신용위험의 가격발견 기능이 제고될 수 있다.

---

048 ④

조건부프리미엄옵션(후불옵션)에 대한 설명이다.

049 ④

옵션의 가격(프리미엄)은 미국식 옵션, 버뮤다옵션, 유럽식 옵션 순으로 장애옵션은 일반적으로 표준옵션보다 가격이 저렴하다.

---

tip 신용파생지수와 신용스프레드 옵션

- **신용파생지수(Credit Derivative index or CDS index)** : 신용파생지수 거래는 금융시장에서 거래되는 복수의 CDS 가격을 기초로 산출되는 시장지수를 이용한 거래를 말한다. 따라서 신용파생지수는 단일 준거자산상품이 아닌 복수 준거자산상품이다.
- **신용스프레드 옵션(credit spread option)** : 신용스프레드가 일정한 범위 내에 머물거나 혹은 범위 밖으로 벗어나는지 여부에 따라 수익률이 달라지는 형태이다. 옵션매수자(보장매수자)가 프리미엄을 옵션매도자에게 지급하는 대신, 약정된 가격으로 기초자산을 매수 또는 매도할 수 있는 권리를 가지는 계약으로 기초자산의 신용노변화에 따른 미래비용이나 수익을 사선에 확성시킬 수 있다.

---

050 ①

CDS 프리미엄은 기초자산인 준거기업의 신용위험만을 분리한 가치를 의미한다.

오답해설

② 채권투자와 다른 점이다. 즉, 채권투자자는 투자시점에 원금을 지급한다. CDS의 보장매도자는 원금의 투자없이 레버리지효과를 거둘 수 있다.

③ 회사채는 공매도 전략이 어렵지만, 신용파생상품의 경우 보장매입을 통해 신용위험에 대한 매도포지션을 쉽게 취할 수있다.

④ 신용파생상품은 대출과 같은 매각곤란자산에 비해 쉽게 거래가 가능하다.

051 ③

"재무상태표상의 자산과 부외자산이 주식시장에서 금리, 환율, 상품가격에서의 불리한 움직임으로 발생하는 손실에 대한 위험"으로 BIS가 정의한 파생금융상품거래에서 수반되는 리스크는 시장리스크(market risk)에 대한 설명이다.

---

tip 리스크의 유형

- **시장리스크** : 시장상황이 나빠져서 손실이 발생할 수 있는 리스크로 구체적으로는 기초자산과 기타 가격결정변수들의 가격변동에 따른 계약가치의 변동이라고 할 수 있다.
- **신용리스크** : 거래상대방이 채무를 이행하지 않을 리스크로 보유한 포지션이 채무불이행위험에 어느 정도로 노출되어 있는지 현재노출과 잠재노출을 모두 고려해야 한다.
- **운영리스크** : 정보시스템이나 내부통제의 결함으로 인해 예상치 못한 손실이 발생하는 리스크를 말한다.
- **유동성리스크** : 파생금융시장의 침체 등으로 인해 금융기관이 보유한 포지션을 시장가격으로 반대매매를 통해 청산하거나 또는 파생상품의 만기일에 유동성부족으로 결제가 이루어지지 않는 경우에 발생한다.
- **법적리스크** : 계약이 법적으로 무효화되거나 계약 내용의 일부 흠결 등에 따라 발생하는 리스크를 말한다.

---

052 ④

파생상품의 경우 스왑의 경우 길게는 30년까지로 계약의 만기가 상대적으로 길고 거래되지 않으므로 가격 정보가 없다. 때문에 가치는 가치평가모형으로 이론적으로 평가된다. 파생상품은 이와 같은 이유로 리스크관리가 어렵다.

053 ②

상관계수가 0인 경우는 두 자산 간의 상관성이 없다. 즉, 포트폴리오의 VaR는 개별 VaR의 단순합보다 작다.

---

tip 포트폴리오의 VaR와 분산효과

- 상관계수는 1과 −1 사이의 값을 가지며, 상관계수가 −1에 접

근할수록 분산효과는 커진다.

- 상관계수가 −1로서 두 자산 간에 완전 부(−)의 관계가 성립하면 분산효과는 가장 극대화된다.

054 ④

선물계약의 포지션을 계산할 때에는 증거금만을 고려하지 않고 액면금액을 고려하여야 하는데 이는 선물계약이 높은 레버리지 효과를 가지고 있기 때문이다.

055 ③

위기상황분석의 첫 단계인 시나리오의 생성은 현재 금융자산 또는 포트폴리오 포지션에 최악의 시나리오를 설정하는 것이다.

tip 위기상황분석의 과정

- 1단계 시나리오 생성 : 현재 금융자산 또는 포트폴리오 포지션에 최악의 시나리오를 설정(적절하고 신뢰성이 있어야 함)
- 2단계 포지션 가치의 재평가 : 1단계에서 만들어진 시나리오를 기초로 모든 금융자산의 시가를 계산하여 포지션을 재평가함
- 3단계 결과요약 : 각 시나리오가 어떤 영향을 미칠 것인가를 평가하고 위험을 줄이기 위해 어떤 조치를 취할 것인가를 결정

056 ④

장내파생상품시장의 경우 거래상대방이 거래소에 해당되므로 포지션 청산시의 유동성리스크는 극소화되어 있으나, 장외파생상품시장의 경우 유동성리스크로 다른 장내상품으로 대체하거나 또는 시장상황의 변화를 주시해서 대체시장의 이용 가능성을 항상 염두에 두어야 한다.

057 ④

금리상승 시 고정금리 지급자가 채무불이행할 경우에는 새로운 고정금리 지급자를 찾는 대체비용이 감소하기 때문에 금

융기관이 이익을 본다. 반대로 고정금리 수취자가 채무불이행할 경우에는 채무불이행하지 않은 고정금리 지급자 포지션의 가치가 증가하기 때문에 금융기관이 손실을 입는다.

058 ①

내부적 환리스크 관리기법으로서의 상계란, 다국적 기업의 본사와 지사 간의 거래에서 일정기간마다 채권과 외화채무를 서로 상쇄하고 잔액만 수취 또는 지불하는 방법을 말한다.

오답해설

② 채권투자와 다른 점이다. 즉, 채권투자자는 투자시점에 원금을 지급한다.
③ 회사채는 공매도 전략이 어렵지만, 신용파생상품의 경우 보장매수를 통해 신용리스크에 대한 매도포지션을 쉽게 취할 수 있다.
④ 신용파생상품은 대출과 같은 매각곤란자산에 비해 쉽게 거래가 가능하다.

059 ②

거래증거금으로 대용증권을 사용할 경우에는 투자등록증이 필요하다.

tip 외국인의 계좌개설

- 외국인이 파생상품거래를 위한 계좌를 개설하는 경우 외국인의 관계법령에서 인정하는 실명확인증표가 필요함
- 거래증거금으로 대용증권을 사용할 경우에는 외국인이 유가증권을 취득 또는 처분시 사전에 금융감독원에 본인의 인적사항 등을 등록한 증명서인 "투자등록증"이 있어야 함

060 ④

사이드카는 코스피 5%, 코스닥 6% 이상 급등락 상태가 1분간 지속될 경우 주식 시장의 현물 거래를 5분 중단시키는 것이다.

061 ③

위탁거래와 자기거래의 구분 및 투자자의 구분에 대한 착오는 해당 내용을 사실에 부합하게 정정하는 것으로 종료한다. 즉 자기거래로 인수하지 않는다.

---

tip 착오거래의 정정

- **거래소 착오거래** : 거래소 시스템, 프로그램 운영 장애 등으로 인해 호가내용에 부합되지 아니하게 성립된 거래
- **회원 착오거래** : 주문의 접수, 호가의 입력 등을 함에 있어 착오로 주문내용에 부합하지 아니하게 성립된 거래

---

062 ③

정산차금은 당일차금과 갱신차금의 합이다.
- 당일차금 $= 2 \times (176.20 - 176.50) \times 50$만 $= -30$만 원
- 갱신차금 $= 5 \times (177.00 - 176.20) \times 50$만 $= 200$만 원
따라서 정산차금은 '$-30 + 200 = 170$만 원'이다.

---

tip 당일차금 산출방법

- 당일 매수거래 = 당일 매수수량 × (당일 정산가격 − 당일 체결가격) × 거래승수
- 당일 매도거래 = 당일 매도수량 × (당일 체결가격 − 당일 정산가격) × 거래승수

tip 갱신차금 산출방법

- 매수미결제약정 = 전일 매수미결제약정수량 × (당일 정산가격 − 전일 정산가격) × 거래승수
- 매도미결제약정 = 전일 매도미결제약정수량 × (전일 정산가격 − 당일 정산가격) × 거래승수

---

063 ④

1일 거래일 동안 1천만 원 이상의 현금을 입금하거나 출금하는 경우 거래자의 신원과 거래일시, 거래금액 등을 금융정보분석원에 보고하여야 한다.

064 ②

자본시장법에서 금융투자업자의 겸영업무 및 부수업무의 범위를 확대함에 따라 투자자 간 또는 투자자와 금융투자업자가 이해상충이 발생할 가능성이 더욱 증가하고 있어 내부통제와 직무윤리의 역할과 중요성이 더욱 커졌다고 할 수 있다.

065 ③

법률 등의 준수 여부를 감시하는 준법감시인은 감사 또는 감사위원회와는 상호 독립적인 지위에 있다. 준법감시인은 이사회의 결의로서 임명해야 하며, 대표이사가 단독으로 임명할 수 없다. 또한 운용업무 외의 겸직을 허용해서는 안 된다.

066 ②

불확실한 내용에 대해서 단정적 판단을 제공하거나 어느 정도가 아니라 확실하다고 오인하게 할 소지가 있으면 안 된다.

067 ④

회사의 위법행위로 인하여 투자자에게 발생한 손해를 배상하는 행위에도 손실의 전부 또는 일부를 회사의 고유재산으로 보전해줄 수 있다.

068 ④

애널리스트 P는 "항상 해당 직무에 이론과 실무를 숙지하고 그 직무에 요구되는 전문능력을 유지하고 향상시켜야 한다."는 윤리기준과 A금융투자회사는 "금융투자업종사자가 소속된 회사 및 그 중간감독자는 당해 업무종사자가 관계법규 등에 위반되지 않고 직무윤리를 준수하도록 필요한 지도와 지원을 하여야 한다."는 윤리기준을 위반하고 있다.

069 ②

행위 당시에 고객 등의 이익을 위해 최선의 노력을 다하였다면, 설령 결과에 있어서 고객에게 이익이 생기지 않더라도 무방하다.

070 ④

투자자료는 객관적인 사실을 기초로 하여야 하며 사실과 의견을 구분하여 설명하여야 한다. 고객의 투자설득을 위해 투자성과를 보장하는 것은 금지된다.

071 ①

'사회상규'에 벗어나지 않은 금품수수는 허용된다. 불특정 다수인에게 배포하기 위해 홍보용으로 만든 물품을 제공받는 것은 사회상규에 의하여 허용된다.

> **tip** 수수가 허용되는 금품
> • 금융투자회사가 자체적으로 직성한 조사분석자료
> • 경제적 가치가 3만 원 이하의 물품 또는 식사
> • 20만 원 이하의 경조비 및 조화, 화환
> • 국내에서 불특정 다수를 대상으로 하여 개최되는 세미나 또는 설명회로서 1인당 재산상의 이익의 제공금액을 산정하기 곤란한 경우 그 비용
> • 금융투자상품에 대한 가치분석, 매매정보 또는 주문의 집행 등을 위하여 자체적으로 개발한 소프트웨어 및 해당 소프트웨어의 활용에 불가피한 컴퓨터 등 전산기기

072 ③

P는 소속회사의 직무에 영향을 줄 수 있는 지위를 겸하거나 업무를 수행하고 있어 소속회사에 대한 직무전념의 의무를 위반하고 있으며, 사이버공간에서 별도의 투자상담업무를 수행하고 있는 것은 회사와 이해상충관계에 있다. 또한 상법에 의한 겸업금지의무에도 반하는 것으로 해임 및 손해배상의 사유가 된다.

073 ①

조정신청 → 사실조사 및 검토 → 합의권고 → 조정위원회 회부 → 조정안 작성 및 수락권고 → 조정의 성립 및 효력의 순서를 밟는다.

> **tip** 조정위원회 회부
> 분쟁조정의 신청을 받은 날부터 30일 이내에 당사자 간 합의가 이루어지지 않으면 조정위원회에 회부한다.

074 ②

만일 고객에 관한 어떠한 사항이 비밀정보인지 불명확할 경우에는 일단 비밀이 요구되는 정보인 것으로 취급해야 한다. 고객의 금융거래와 관련해서는 「금융실명거래 및 비밀보장에 관한 법률」이 적용되어 법관이 발부한 영장에 의한 경우 등의 예외적인 경우를 제외하고는 금융기관 임직원이 고객의 금융거래정보를 타인에게 제공하거나 누설하는 것이 원칙적으로 금지되어 있다.

075 ②

고액현금거래보고제도(CTR)는 1일 거래일 동안 2천만 원 이상의 현금을 입금하거나 출금한 경우 거래자의 신원과 거래일시, 거래금액 등을 금융정보분석원에 자동으로 보고해야 하는 제도이다.

076 ②

전문투자자의 경우 자기방어능력이 있다고 인정되므로 법률에 따른 후견인적인 보호규제를 최소화하여 감독기구의 역량을 일반투자자 보호에 집중하고 있다.

> **tip** 자본시장법의 주요내용
> • 금융투자상품의 정의방식을 포괄주의 방식으로 전환

- 금융기능별 규율체계로의 전환
- 금융투자업 상호 간 겸영허용으로 업무범위 확대
- 일반투자자 보호의 강화

077 ③

파생상품은 거래소시장 거래 여부에 따라 장내파생상품과 장외파생상품으로 나뉜다.

오답해설

① 추가지급의무 또는 원본초과손실이 있는 금융투자상품을 파생상품이라고 한다.
② 파생상품으로서 장내파생상품이 아닌 것은 장외파생상품이 된다.
④ 금융투자상품은 원본초과손실가능성이 있는 금융상품이다.

tip 금융투자상품의 분류

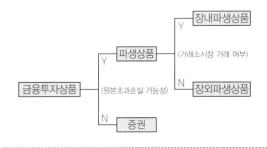

078 ④

불특정 다수인을 대상으로 발행 또는 송신되고, 불특정 다수인이 수시로 구입 또는 수신할 수 있는 간행물·출판물·통신물 등을 통해 조언하는 경우는 투자자문업이 아니다.

오답해설

① 자산유동화에 관한 법률 제3조의 자산유동화계획에 따라 금전 등을 모아 운용·배분하는 경우는 집합투자로 보지 않는다.

② 투자권유대행인이 투자권유를 대행하는 것은 투자중개업 적용이 배제된다.
③ 지분증권의 가격과 연계된 파생결합증권을 발행하는 것은 투자매매업에 해당한다.

079 ②

투자매매업자가 발행한 주식을 취득하여 대주주가 되고자 하는 자는 대주주요건을 갖추어 사전에 금융위원회의 승인을 받아야 한다.

tip 대주주의 요건

- 진입요건보다 다소 완화된 요건 적용
- 진입요건 > 대주주 변경승인 요건 > 유지요건

080 ②

투자권유대행인은 위탁한 금융투자업자 또는 투자자를 대리하여 계약을 체결할 수 없다.

tip 투자권유대행인의 금지행위

- 위탁한 금융투자업자 또는 투자자를 대리하여 계약을 체결하는 행위
- 위탁받은 투자권유대행업무를 제3자에게 재위탁하는 행위
- 둘 이상의 금융투자업자와 투자권유 위탁계약을 체결하는 행위
- 제3자로 하여금 투자자에게 금전을 대여하도록 중개·주선 또는 대리하는 행위 등

081 ④

자본시장법상 미공개중요정보 이용행위금지 규제에서 '중요정보'란 '투자자의 투자판단에 중대한 영향을 미칠 수 있는 정보'를 말한다.

오답해설

① 미공개중요정보 이용행위 금지의 대상인 "특정증권 등"에는 그 법인이 발행한 지분증권 등으로 교환을 청구할 수 있는 '타법인 발행 교환사채권 등'도 포함된다.

② 단기매매차익 반환의무는 미공개중요정보의 이용 여부와 관계없이 발생된다.

③ 직원의 경우 그 법인의 주요사항의 수립 · 변경 · 추진 · 공시 등의 업무에 종사하는 등 '미공개중요정보'를 알 수 있는 일정한 자에 대해서만 단기매매차익 반환의무가 있다.

tip 규제대상 행위

• 특정증권 등의 매매, 그 밖의 거래에 이용하는 행위
• 다른 사람에게 이용하게 하는 행위

082 ①

그 증권 또는 장내파생상품의 시세가 자기 또는 타인의 시장조작에 의하여 변동한다는 말을 유포하는 행위와 그 증권 또는 장내파생상품의 매매를 함에 있어서 중요한 사실에 관하여 거짓의 표시 또는 오해를 유발시키는 표시를 하는 행위는 허위표시에 의한 시세조종행위에 속한다.

tip 시세조종행위의 유형

• **위장거래에 의한 시세조종** : 자기가 매도(매수)하는 것과 같은 시기에 그와 같은 가격 또는 약정수치로 타인이 그 증권 또는 장내파생상품을 매수(매도)할 것을 사전에 그 자와 서로 짠 후 매도하는 행위

• **현실거래에 의한 시세조종** : 장내파생상품의 매매가 성황을 이루고 있는 듯이 잘못 알게하거나 그 시세를 변동시키는 매매 또는 그 위탁이나 수탁을 하는 행위

• **시세고정 · 안정** : 증권 또는 장내파생상품의 시세를 고정시키거나 안정시킬 목적으로 매매 또는 그 위탁이나 수탁을 하는 행위

• **현선연계 시세조종** : 장내상품의 매매에서 부당한 이익을 얻거나 제3자에게 부당한 이익을 얻게 할 목적으로 장내파생상품의 시세를 변동 또는 고정시키는 행위

083 ③

부수업무를 영위하고자 할 경우 7일 전에 신고하면 된다.

tip 금융투자업자의 업무범위 확대

• 6개 금융투자업 상호 간 겸영허용
• 부수업무의 포괄적 허용
• 투자권유대행인 제도 도입 및 자격제한
• 정보교류차단장치 등의 이해상충방지체계 도입
• 금융투자업자의 배상책임 등

084 ②

대주주요건의 경우 사회적 신용요건만 적용된다.

오답해설

① 자기자본의 경우 유지요건이 될 때 최저자기자본의 70% 수준만 유지하면 된다.

③ 인가업무 외 다른 업무를 추가하려는 경우 금융위원회에 변경인가를 받아야 한다.

④ 금융위원회는 인가신청서를 접수한 경우에는 그 내용을 심사하여 3개월 이내에 금융투자업인가 여부를 결정하고, 그 결과와 이유를 지체 없이 신청인에게 문서로 통지하여야 한다.

085 ④

파생상품거래를 위한 계좌개설 시 파생상품 영업관리자의 계좌개설에 관한 확인 및 투자자 보호에 필요한 조치에 관한 사항이 포함되어야 한다.

086 ①

종래의 선물회사는 개별적으로 위험액 산정 시 상계를 인정하지 않고 위험액 간에 위험상쇄액을 산정하여 총위험액에서 차감하고 있었으나, 이제는 모든 금융투자업자가 동일하게 개

별적인 위험액 산정시에 상계를 인정하게 되어 기존에 선물회사에 인정되었던 위험상쇄액산정기준이 폐지되었다.

---

tip 총위험액의 산정

- 총위험액＝시장위험액＋신용위험액＋운영위험액
- 금융투자업자가 시장상황 악화 등으로 회사가 입을 수 있는 손실규모를 위험발생 요인별로 3가지 위험액으로 구분

---

087 ③

금융투자업규정은 영업용순자본비율을 기준으로 비율단계별 적기시정조치를 두고 있다. 낮은 단계부터 영업용순자본비율 150% 미만은 경영개선권고, 120% 미만은 경영개선요구, 100% 미만은 경영개선명령의 3단계로 구분된다.

088 ②

수탁자의 부도 등 우발상황에 대한 대책에 관한 사항은 업무위탁 운영기준에 포함할 사항에 속한다.

---

tip 위탁계약 기재사항

- 위탁보수 등에 관한 사항
- 위탁하는 업무의 범위
- 수탁자의 행위제한에 관한 사항
- 업무위탁계약의 해지에 관한 사항
- 위탁하는 업무의 처리에 대한 기록유지에 관한 사항

---

089 ④

전보적 손해배상은 손해액과 동일한 금액을 배상하는 것이고, 개인정보보호법에서는 피해액의 3배까지 배상하도록 하는 징벌적 손해배상을 도입하였다.

090 ①

투자일임보고서는 투자일임업자가 투자일임계약을 체결한 일반투자자에게 일임재산의 운용현황 및 이해상충이 발생할 우려가 있는 고유재산과의 거래실적 등에 관한 결과를 3개월마다 1회 이상 보고하는 서류이다.

091 ④

자본시장조사심의위원회는 조사결과 보고 및 처리안을 심의하기 위한 자문기구로서 증권선물위원회에서 속해 있으며 조사한 결과에 대한 처리사항, 이의신청사항 및 직권재심사항을 심의한다.

---

tip 증권선물위원회의 소관사무

- 자본시장의 불공정거래 조사
- 기업회계의 기준 및 회계관리에 관한 업무
- 금융위 소관사무 중 자본시장의 관리·감독 및 감시 등과 관련된 주요사항 사전심의
- 자본시장의 관리 감독 및 감시를 위하여 금융위로부터 위임받은 업무 등

---

092 ③

주요주주는 매도·매수한 시기 중 어느 한 시기에 주요주주가 아닌 경우는 제외된다.

---

tip 내부자의 단기매매차익 반환대상자

- 주권상장법인의 주요주주
- 임원(업무집행지시자 포함)
- 직원(미공개중요정보를 알 수 있는 자로 인정한 자)

---

093 ③

협회의 분쟁조정은 비공개를 원칙으로 한다.

094 ④

협회로부터 적격통보를 받고 유효기간 만료일 3영업일 전까지 유효기간 연장신청을 하고 협회의 승인을 받은 후 다시 투자광고를 사용할 수 있다.

> **tip 투자광고의 유효기간**
> • 운용실적, 수수료, 수익률 등 변동 가능한 계량적 수치가 포함되어 있는 투자광고의 경우 : 기준일로부터 3개월
> • 그 밖의 투자광고의 경우 : 1년

095 ②

협회규정에는 금융투자분석사 24시간 매매거래 제한의무는 금융투자분석사로만 한정되어 있지만 회사의 내부기준으로는 금융투자분석사 이외에도 리서치담당부서 내 근무직원에 대하여도 동일한 기준을 적용하여야 바람직할 것이다.

096 ③

회원의 임원에 대해서는 해임, 6개월 이내의 업무집행정지, 경고, 주의의 제재를 할 수 있다.

> **tip 제재의 종류**
> • **임원** : 해임, 6개월 이내의 업무집행정지, 경고 또는 주의
> • **직원** : 징계면직, 정직, 감봉, 견책, 주의

097 ②

거래소의 파생상품시장에서 거래되고 있는 선물스프레드 종목 중에서는 미국달러선물이 7종목으로 가장 많다.

098 ②

종가 단일가호가접수시간은 11:20~11:30이다.

> **tip 최종결제되는 상품의 최종거래일 도래종목**
> • 현금결제방식 : 접속거래로 거래종료
> • 인수도결제방식 : 단일가거래로 거래종료

099 ①

통화상품을 기초자산으로 하는 주가지수상품군은 가격상관율이 45%이다.

> **tip 파생상품시장 기초자산군의 가격상관율**
>
> | 상품군 | 기초자산군 | 가격상관율 |
> |---|---|---|
> | 주가지수상품군 | 코스피200, 스타지수 | 50% |
> | 통화상품군 | 미국달러, 엔, 유로 | 45% |
> | 국채상품군 | 3년국고채권표준물, 5년국고채권표준물, 10년국고채권표준물 | 50% |
> | 자동차제조업군 | 기아자동차(주), 현대자동차(주) | 70% |

100 ①

최종결제가격확정전거래증거금액은 돈육선물과 미니금선물에만 적용되는 것으로, 돈육선물의 최종결제가격이 최종거래일의 다음 거래일에 발표됨에 따라 최종거래일로부터 최종거래일 익일까지의 가격변동에 대한 위험을 커버하기 위한 증거금이다.

www.siscom.co.kr ○—————————

좋은 결과 있길 SISCOM이 응원합니다.